光启新史学译丛

主编

陈恒 陈新

编辑委员会

蔡萌（上海师范大学）
陈恒（上海师范大学）
陈新（上海师范大学）
董立河（北京师范大学）
范丁梁（华东师范大学）
顾晓伟（中山大学）
郭子林（中国社会科学院）
洪庆明（上海师范大学）
黄艳红（上海师范大学）
赖国栋（厦门大学）
李根（东北师范大学）
李勇（淮北师范大学）
李隆国（北京大学）
李尚君（上海师范大学）
李文硕（上海师范大学）
李腾（上海师范大学）

梁民愫（上海师范大学）
刘文明（首都师范大学）
刘耀春（四川大学）
刘永华（北京大学）
吕和应（四川大学）
彭刚（清华大学）
宋立宏（清华大学）
王大庆（中国人民大学）
王献华（上海外国语大学）
徐晓旭（中国人民大学）
俞金尧（中国社会科学院）
岳秀坤（首都师范大学）
张越（北京师范大学）
张作成（东北师范大学）
赵立行（复旦大学）
周兵（复旦大学）

光启
新史学
译丛

[美]唐纳德·R.凯利 著
李根 译

多向的历史：20世纪的历史学探询

Frontiers of History:
Historical Inquiry in the 20th Century

Donald R. Kelley

上海三联书店

Frontiers of History: Historical Inquiry in the Twentieth Century
By Donald R. Kelley
@ 2006 by Yale University
Originally published by Yale University Press
Simplified Chinese Version @ 2025 Shanghai Joint Publishing Company Limited
All Rights Reserved

"光启新史学译丛"弁言

20世纪展开的宏伟历史画卷让史学发展深受其惠。在过去半个世纪里,历史研究领域延伸出许多令人瞩目的分支学科,诸如性别史、情感史、种族史、移民史、环境史、城市史、医疗社会史等,这些分支学科依然聚焦于人,但又深化了对人的理解。举凡人类活动的核心领域如经济关系、权力运作、宗教传播、思想嬗变、社会流动、人口迁徙、医疗进步等等都曾在史学的视野之内,而当代史家对这些领域的研究已大大突破了传统史学的范畴,并与普通人的日常生活息息相关。如今,一位普通读者也能够从自身生存状态出发,找到与历史作品的连接点,通过阅读历史,体悟人类过往智慧的种种精妙,进而在一定程度上主动去塑造自己的生活理念。通过阅读历史来定位我们的现在,通过历史研究为当下的种种决策提供依据,这已经是我们的现实中基于历史学的一种文化现象。不论是对物质生活或情感世界中细节的把握,还是期望对整个世界获得深邃的领会,当代历史学都提供了无尽的参照与启迪。这是一个史学的时代,也是一个人人都需要学习、参悟历史的时代。千百种貌似碎片化的历史专题研究、综合性的学术史研究、宏观化的全球史研究,都浸润着新时代的历史思维,为亿万读者提供了内涵丰富、层次多样、个性鲜明的历史读本。

微观史学或新文化史可视为一种新社会史学的重要方向,对此国内有不少译介,读者也较为熟悉。但新社会史学的研究远不止这两个方向，它在各方面的成就与进展，当然是我们这套译丛不会忽视的。除此之外，我们尤为关注代表着综合性史学思维的全球史，它是当代西方史学的重要分支，是新的世界史编纂方法和研究视角。

全球史的出现是一个非常重要的"历史性时刻"，它不仅是"从下往上看历史"新视角下所包括的普通民众，而且这标志着全球史已深入到前殖民，囊括第三世界的方方面面。为纠正传统西方中心论和以民族国家为叙事单位所带来的弊端，全球史自 20 世纪 60 年代诞生以来，越来越受到史学界的重视。全球史关注不同民族、地区、文化、国家之间的交往与互动，强调传播与接受，重视文化多元与平等，摈弃特定地区的历史经验，犹如斯塔夫里阿诺斯所说，要站在月球上观察地球，"因而与居住在伦敦或巴黎、北京和新德里的观察者的观点迥然不同。"

当代史学的创造力所在，可从全球史研究的丰富内涵中窥见一斑。全球史研究奠基在一种历史写作的全球语境之中，诉诸全球视野，构建起全球化叙事，突出历史上民族、国家、文化之间的交流、碰撞与互动。在当代史家笔下存在以下几种全球互动模式：一是阐述世界历史上存在的互动体系或网络，如伊曼纽尔·沃勒斯坦的《现代世界体系》（1974—1989 年）、德烈·冈德·弗兰克的《白银资本》（1998 年）、彭慕兰《大分流》（2000 年）；二是关注生态与环境、物种交流及其影响的，如艾尔弗雷德·罗斯比的《哥伦布大交换》（1972 年）、约翰·麦克尼尔《太阳底下的新鲜事：20 世纪人与环境的全球互动》（2001 年）；三是研究世界贸易、文化交流的，如卜正民的《维梅尔的帽子》（2008 年）、罗伯特·芬雷《青花瓷的故事：中国瓷的时代》（2010 年）、贝克特的《棉花帝国》（2014 年）；四是以全球眼光进行比较研究的，这包括劳工史、移民史等，如菲力普·方纳的《美国工人运动史》（1947—1994 年）、孔飞力的《他者中的华人：中国近现代移民史》（2009 年）；五是审视区域史、国别史之世界意义的，如迪佩什·查卡拉巴提的《地方化欧洲》（2000 年）、大卫·阿米蒂奇的《独立宣言：一种全球史》（2007

年)、妮娜·布雷的《海市蜃楼：拿破仑的科学家与埃及面纱的揭开》(2007年)等；以致出现了所谓的跨国史研究。"跨国史"(transnational history)这一术语自20世纪90年代以来一直和美国历史研究的那些著作相关联。这一新的研究方法关注的是跨越边疆的人群、观念、技术和机构的变动。它和"全球史"(global history)相关，但又并不是一回事。"跨文化史"(transcultural history)或"不同文化关系"(intercultural relation)是与"跨国史"相匹配的术语，但研究者认为在阐明那些跨国联系时，这两个术语过于模糊。"跨国"这个标签能够使学者认识到国家的重要性，同时又具体化其发展过程。该方法的倡导者通常把这一研究方法区别于比较史学(comparative history)。尽管如此，他们认为比较方法和跨国方法彼此是互为补充的。(A. Iriye and P. Saunier, ed., *The Palgrave Dictionary of Transnational History*, Macmillan, 2009, p. 943)

全球史研究不断尝试以全球交互视角来融合新社会史学的微小题材，总体看来，这些新趋势和新热点在一定程度上纠正了全球史对整体性和一致性的偏好，为在全球视野中理解地方性知识乃至个体性经验做出了示范，同时凸显了人类历史中无处不在、无时不在的多样性与差异性。

本译丛是以当代历史学的新发展为重点，同时兼及以历史学为基础的跨学科研究成果，着眼于最新的变化和前沿问题的探讨。编者既期望及时了解国外史学的最新发展，特别是理论与方法上的新尝试和新变化，又要选择那些在研究主题上有新思路、新突破的作品，因而名之为"新史学译丛"。

近现代史学自18世纪职业化以来发展到今天，已经走完了一轮循环。时至今日，史学研究不再仅限对某一具体学科领域作历史的探讨，而是涉及哲学、文学、艺术、科学、宗教、人类学等多个领域，需要各个领域的专家协手共进。在一定意义上，史学是对人类文化的综合研究。这是一种现实，但更是一种理想，因为这意味着当代新史学正在努力把传统史学很难达到的最高要求当作了入门的最低标准。

  历史演进总是在波澜不惊的日常生活里缓慢地进行着，无数个微小的变化汇聚累积，悄悄地改变着人类社会生活的整体面貌，因此，历史发展的进程，以长时段的目光，从社会根基处考察，是连续累进的。知识的创造同样如此，正如我们今天的全球史观，也是得益于人类漫长智识创造留给我们的智慧。历史研究虽然履行智识传播的使命，未来会结出什么样的智慧之果，我们很难知晓，也不敢预言，但愿它是未来某棵参天大树曾经吸纳过的一滴水，曾经进入过那伟大的脉络。无论如何，我们确信的是，通过阅读历史，研究历史，人们体验到的不仅仅是分析的妙处与思维的拓展，而且是在潜移默化中悄悄促进包容性社会的发展。

"光启新史学译丛"编委会

2017年9月1日于光启编译馆

目　录

译者序 ……………………………………… 001
序言 ………………………………………… 001
引言：视域，1914 ………………………… 001

第一章　一战之前 ………………………… 001
第二章　重新评估 ………………………… 081
第三章　一战之后 ………………………… 161
第四章　现代 ……………………………… 249
第五章　正义的战争结束之后 …………… 314
第六章　现状和前景 ……………………… 380

结论：千年纪 ……………………………… 449
人名索引 …………………………………… 466

本书献给邦妮，她伴随我走过了整个这段旅程，也献给我们的孩子，J.，P.，以及 P.。

一个人打算描画这个世界。数年过去了,他将行省、王国、山脉、海湾、船只、海岛、鱼群、房屋、器具、星辰、马匹以及一个个人的图像布置进一个空间。在死前的片刻,他发现,这幅精心布置的错综复杂的迷图是按照他自己的脸的轮廓勾勒的。

——豪尔赫·路易斯·博尔赫斯(Jorge Luis Borges,1899—1986)

译者序

唐纳德·凯利以"史学史三部曲"的形式讲述了西方史学自希罗多德到 20 世纪末漫长而复杂的发展过程。第一部 *Faces of History* 梳理了从希罗多德到 18 世纪的西方史学脉络。第二部 *Fortunes of History* 集中评述了 19 世纪至一战期间西方史学从理性主义到民族-国家主义,再到"新史学运动"的各阶段表现。第三部 *Frontiers of History* 主要考察了 20 世纪西方史学模式越发多元化的趋势和样态。有趣的是,凯利这三部曲所使用的关键词均以字母"F"开头,恰切描述所谈内容之余,还为之增添了一分形态学上的妙趣。如此,倒是给中译者带来了一点小麻烦:如何在如实翻译这三个关键词同时,保持这种表述上的"对仗"。最初接过第三部 *Frontiers of History* 的翻译工作时,我将标题直译成"史学前沿",可是总觉未能达意。凯利使用的"frontier"一词采用了复数形式。结合书中内容,可知这个词在这里用以描述的,是西方史学在 20 世纪先后或同时出现的彼此相异、甚至背道而驰的多种主题、模式、视角、路径、方法的多元状态,甚至作者有意以此引导读者们去感受晚近的西方史学那种百花齐放、应接不暇,却又感觉茫然失措、无所适从的处境。而由于中文里并不总是能够找到与抽象的名词概念恰好对应的复数表达形式,将复数状态的"frontiers"译成"前沿",会给人一种线性的、单向的表意暗示,映入读者脑海的是一种以单体状态出现,并呈线性发展的历史学。这很容易使读者产生一种牧歌式的想象,即一个志同道合的历史学家群体前赴后继,不断摸索进取,虽举步维艰,却也步步为营,时有阶段性突破,也终将通达体认。可是,"一元""线性",恰恰是作者在书中一直试图破除的误解。如果以画面呈现的方式去描绘,凯利眼中的20世纪西方史家们所面对的,不是一条前方晦暗不明的通道,而是只有周遭可见,四方却皆笼罩于阴影之中的原野;历史学家无论去往哪个方向,哪里都会有路;此外,即便各方阴影区被探明,新探明的区域之外,还是阴影区。基于这种体会,我始终觉得"史学前沿"的译法不够到位。后来与东北师范大学王邵励教授聊起这一想法。他给出了一个建议:既然作者使用"frontiers"意在描述的是西方史学的多元、多向的趋势,同时考虑到第一部 *Faces of History* 的中译本已由陈恒、宋立宏二位学者译出,标题为"多面的历史",不如对应此种组词形式,译成"多向的历史",而鉴于第二部 *Fortunes of History* 评述了西方史学在19世纪虽明确了自身的学科地位,但在理论上却游离于哲学和文学之间,又受到科学主义的冲击,自身的知识属性越发尴尬模糊的局面,那么第二部不妨译成

"多舛的历史"。如此,既遵从了凯利对三部曲各自主题的概括,又保持了三部作品名称上的"家族式"特征。对王教授的建议,我深表钦佩和认同,并欣然接受。

以"多*的"修饰历史是凯利历史观的显著标志。在他眼中,历史学一直是以复杂、多元、不稳定、不唯一的状态存在和发展的。换种说法,他的史学史书写是在"后现代"的语境下展开的。这当然不是说凯利是一位"后现代主义"学者,只是说他是站在理性主义遭到解构,历史学的相对性被多向度揭示的认识论境地去回望西方史学的悠长过往。这就好比一个身处战争乱世的人并不一定是个战争狂热分子,但战乱的遭遇多少会使他的处世态度因一再见证了触目惊心的场景而显得消极或玩世不恭。

唐纳德·凯利属于美国二战后成长起来的那批历史学家。他本科阶段就读于哈佛大学,起初最感兴趣的是文学批评,但在接受了全面的人文教育后,被文艺复兴史和那一时期的史学活动所吸引。大学毕业后,他前往德国服兵役。之后,他又到哥伦比亚大学读研究生,师从欧洲现代早期历史研究专家加勒特·马丁利(所著《无敌舰队》一书于1960年获普利策奖)。期间,他相继对马克思主义社会理论、历史哲学、法律史、新经济史、心理学分析、女性史产生兴趣。在女性史研究中,凯利结识了他的妻子博妮·史密斯。此后,他以福布莱特学者身份参加了布罗代尔的研讨会。不过,他对"年鉴"学派的"总体史"宏图不以为然。凯利由于他自己也说不清的原因始终对历史的细腻、活跃、多变的样态保持着兴趣。他的博士后经历在普林斯顿的高等研究院度过。在那里，他接触到托马斯·库恩、克利福德·格尔茨、莫顿·怀特、罗伯特·达恩顿和昆汀·斯金纳等在人文学科和社会科学前沿领域有国际影响力的众多学者。

在纽约州立大学宾汉顿分校完成教育实习后，凯利的教学生涯第一站是罗切斯特大学。20世纪80年代，凯利成为《观念史杂志》的编辑，随后又成为拉特格斯大学的教师。他曾是"语言学转向"的信徒，重视文学批评和文学理论对历史叙事的解构意义，认为历史学本身具有无可回避的阐释属性，或者说是诗性。不过，他并未走向后现代怀疑论。在其史学史书写中，他的意识指向始终是在追问如何获取可靠的历史事实。书到尾声，他与读者讨论的不是"历史的终结"，而是在承认历史复杂性的前提下，提倡以多元呈现而非倚重权威的方式尽量克服历史学的相对性。如他所说："尽管我从来不想成为一个民族史家，但我从不相信历史学家可以作为一个全知全觉的观察者，即可以在回避偏见或倾向的借口庇护下最终实现'客观'，摆脱他或她的文化状态……而对于历史探寻的历史学，我更倾向避免谬误。"[1]

的确，相比于之前一些经典的史学史作者，凯利有着不同的预设。我们印象中的史学史书写大多以兰克式的客观主义史学为观念基点，认为记述所见和发现材料是历史学家分内最重要的两件事。偏古些的史家如果有某种记述的自觉，并具备流

---

[1] Donald R. Kelley, *Frontiers of History: Historical Inquiry in the Twentieth Century*, New Haven & London: Yale University Press, 2006, p. 214.

畅明晰的文字水准,偏近些的史家如果能够勤勉地通过材料的发现、搜集和整理,勾勒出过去的轮廓,那他们多半能彪炳史学史。而如果谁在这两点上哪里做得不好,要么遭到批评,要么默默无闻。凯利的预设不同。在他那里,事实和材料仍然重要,但能否认识到历史事实的复杂性,以及是否具有开放多元的史学视野,则是凯利尤其看重的。

按照凯利的理解,西方历史有两副颇具代表性的面孔,一副是希罗多德那种以好奇心为指引的、包罗万象地探询未知的面相,另一副是修昔底德那种客观冷峻地讲述重大政治军事事件的面相。后者长期以来,特别是到兰克时代,都被奉为西方历史写作和研究的范式,前者则一直在不同时期以各种形式出现,扮演着反主流的角色。[1]在谈到"修昔底德的后人"时,凯利多是交代史家及其作品的简单信息,有时一下子就历数一大串,似乎是在"例行公事"。而在讲起"希罗多德的后人"时,他却总是要兴致勃勃地品评一番,有时还要将其思想特质与前人进行对比分析。这种"去中心主义"和带有"碎片化"暗示的倾向,可能会被很多学者视为后现代思维的不经意流露。可如果纵览他的"三部曲",则可以清楚地看到,文化史、微观史、地方史、种族史、日常生活史、女性史,实际上都被凯利视为是历史学"希氏面孔"的再次显现。这与后现代主义者的意识指向,尤其与海登·怀特和汉斯·凯尔纳那种将历史文本代入文学理论模型,以此暗示历史写作的主观性,或是安克斯

---

[1] 参见唐纳德·凯利:《多面的历史:从希罗多德到赫尔德的历史》,陈恒、宋立宏译,北京:生活·读书·新知三联书店,2003年,第2—5页。

密特那种反复强调历史叙事的主观性之不可避免的出发点相比，存在性质上的不同。

凯利对历史学的"希氏面孔"青睐有加，这绝不是因为他推崇碎片化，而是他看重希罗多德的那种不受学理模式和好恶立场限制的、对人类过往的纯粹好奇。与这份好奇相关的不是心血来潮、一时兴起的情绪，而是人文光彩映射下对未知领域不能自已的热情。这是一种凡众难于模仿，科学无法复制的，不求功利但能获得满足，自然而然却又恰到好处的境界。这大概就是凯利在描述20世纪西方史学时使用"inquiry"这一词的用意（该书的副标题：20世纪的历史探询）。凯利在暗示，历史学研究的初始就不是以稳定的结构为自我要求的。历史学活动的初始应该只是来自简单的好奇心——"在这里，过去发生了什么？"接下来的所有处理都是以满足这个简单但纯粹的精神探问为目的的。无所谓学派和主义，不在乎理论和方法，与触碰时间，回味命运，在从传承和变化中体悟人性相比，那些似乎都不过是奇技淫巧罢了。

凯利从后现代的语境出发的史学史考察，既昭示了以修昔底德为端始的西方传统史学的客观性诉求的矫枉过正，也对后现代怀疑论貌似有理的批判，以及由此衍生出的危言耸听或是引人反感的论断或标签做出了回应。实际上，凯利最终在试图告诉读者，"修氏面孔"的后人和后现代怀疑论者在史学属性的理解上都犯了对哲学传统中"观念上的无神论"[1]过于偏执的错

---

[1] Donald R. Kelley, *Frontiers of History：Historical Inquiry in the Twentieth Century*, p. 241.

误。前者一丝不苟地追求普遍性或精确性，将历史学客观性的实现寄希望于其哲学或科学属性的确认。而后者在洞见到前者对客观性的偏执已再次走向"一神论"的同时，却将自己赖以骄傲的观念的"无神论"推向了狂躁的"知识无政府主义"。对于凯利来说，摆脱上述认知偏执的方法很简单，即回到希罗多德式的历史学探询的定位。他说："我们再也不能佯装在一个精确标定的空间内（尽管现代地图制造者成绩斐然）沿着一条单线移动，而唯一不变的是探索新的界域和迷思的好奇心。希罗多德，而非修昔底德，将会明白这是怎么一回事。"[1] 这是凯利在该书结尾的最后一段话。他似乎想告诉读者：一直以来，针对历史学的怀疑论只不过是将矛头指向了她的"修氏面孔"，而无论是怀疑论者和修氏的后人其实都不懂，历史学的真正价值和魅力其实是其"希氏面孔"的那一面。只要历史学以希罗多德式的，对未知的过去那种朴素、纯粹的好奇心为基本立场，不去盲目地以自然科学式的实证逻辑作自我要求，历史学就不会终结。

  此书的中译工作完成的时间比预想要长。凯利精炼的笔触下，涵盖了大量的背景性信息。为了让读者在阅读这本史学史著作的过程中，有更好的时间感，并使读者更方便地确认书中所提到的学者的实际身份。我对书中提到的每位学者的英文名和生卒年都进行了查阅核实，并在其名字首次出现正文中的中文译名后面一一标出。这耗去了大量时间和精力。遗憾的是，

---

[1] Donald R. Kelley, *Frontiers of History: Historical Inquiry in the Twentieth Century*, p. 252.

有个别学者的信息并未能查证准确。一些在中文学界已约定俗成的译法，包括人名或概念，我遵循习惯，未按翻译的规范行事，如"historicism"在中文语境中有时被译成"历史主义"，有时则特指"历史决定论"。我根据语境在这两种译法间切换。

特别要感谢长春师范大学历史文化学院的臧睿和姚焕钰两位同学。他们在文字校对和学者个人信息查对方面为我的翻译工作提供了重要帮助。他们的辛勤付出加快了此书与读者见面的进度。虽然我们始终要求自己避免各类错误，但仍不免有所疏漏。如有文字处理的不妥之处，敬请读者批评指正。

序　言

尽管写作始于我第三次造访"高等研究院",时间还不到十年,并在我从拉特格斯大学(Rutgers University)以及《观念史杂志》(*Journal of the History of Ideas*)编辑的岗位上退休之时才得以完成,但我关于该计划的想法产生于50年以前,且阅读和研究从那时起就一直在相当稳定地进行。至少对于我来说,这的确标志着"历史的终结",我也在此书中解释了如此口无遮拦的一些原因。

大多数我必须要感谢的,鼓励并开阔了我视野的人的名字已经列于头两卷中,而实际上有一些人的名字也出现在当前卷中,但我仍要提到安东尼·格拉夫敦(Anthony Grafton)、彼得·帕雷特(Peter Paret)、丹尼尔·沃尔夫(Daniel Woolf)、佩乐兹·扎戈林(Perez Zagorin)、约瑟夫·莱文(Joseph Levine)、大卫·萨克斯(David Sacks)、彼得·伯克(Peter

Burke)、乔治·伊格尔斯（Georg Iggers）、约翰·波考克（John Pocock）、保罗·亨特（Paul Hunter）、杰里·斯奇尼温德（Jerry Schneewind）、唐纳德·韦勒尼（Donald Verene）、康斯坦斯·布莱克威尔（Constance Blackwell）、阿兰·梅吉尔（Allan Megill）、爱德华多·托塔罗洛（Edoardo Totarolo）、尤里奇·施耐德（Ulrich Schneider）、马丁·穆尔索（Martin Mulsow）、米歇尔·卡哈特（Michael Carhart），以及洛林·达斯顿（Lorraine Daston），还有我已故的朋友查尔斯·施密特（Charles Schmitt）、菲利克斯·吉尔伯特（Felix Gilbert）、保罗·克利斯特勒（Paul Kristeller）、杰克·赫克斯特（Jack Hexter）、理查德·波普金（Richard Popkin）和约翰·萨尔蒙（John Salmon）。我最好的搭档依然是对史学传统进行研究的邦妮·史密斯（Bonnie Smith）。这些在我关于逝去时间的研究中的朋友、同事、合作者，构成了我自己的"文人共和国"（Republic of Letters）。

引言：视域，1914

> 当前形势的特点是，两位古代的对立者——希罗多德和修昔底德——已经成为史学研究公认的奠基人。对于这种并置希罗多德不会介意，但修昔底德一定会感到恐慌。
>
> ——阿尔纳尔多·莫米利亚诺

这番叙事的第一卷开始于对希罗多德和修昔底德这两副面相的纵情想象——有点时代错置地讲，就是文化史与政治史的面相——还要加上第三副面孔，即李维的民族史（或尤西比乌斯的教会史）以及从以欧洲和种族优越论为中心出发的、基于帝国扩张的普遍史（universal history）。并且，这些先贤们仍常常出现于历史学的实践中。阿尔纳尔多·莫米利亚诺（Arnaldo Momigliano，1908—1987）提出的是，在一个仍处于被探知和被勾勒的世界里，希罗多德会继续游历以满足他的好奇心，并寻求地方性意义，而修昔底德则会对那些其后人带来的、拆解不清的混乱局面束手无策。就民族-种族传统而言，尽管智识上的帝国主义（intellectual imperialism）正在囊括人类所在的整个地球，但是这些传统继续占主导地位。第二卷与第一卷在启蒙运动那里有所重叠，它借助第二手和第三手文献、辅助科学、跨学科接触、人口扩张，以及学会性组织，承袭了那些学识累积并叠加争议时期的历史遗产，发散成了对现代性、历史的哲学与神学、国家的发明、帝国的建立以及殖民地的构设的各种历史探究。我受到风靡一时的"后现代"一词的吸引，最初考虑称这第三卷为历史的"诸碎片"（Fragments）或"各种荒诞事"（Follies），但随后决定，"诸前沿方向"（Frontiers）会更好地表明这条脉络。这本书讲的是 20 世纪早期的后欧洲阶段的故事（post-European story），或说是诸故事（stories），并将故事直讲到未来世界的景象，至少在我的狭窄视角看，未来就是这样的，最后是在一个种族中心论的，且焦虑和漫无目的的全球化时代，对当下状况，以及对这项"希罗多德—修昔底德—波里比阿—尤西比乌斯—波丹—赫尔德—兰克—赫伊津哈"计划进行结合我自己历史经历的反思。

　　从一开始，我的言论就不是从意识形态的角度，而是针对保留至今天的历史学的主题、语言以及方法进行论说的，尽管也受到意识形态的干扰，并且再三试图扩大其中的传奇性。即便有哥白尼革命，技术的奇迹，爆炸中的宇宙，以及因它们而起的想象力的天马行空，我们仍在狭小的以地球为中心的视域内**生活**和感知。布鲁诺·拉图尔（Bruno La Tour，1947— ）曾指出，"我们从未现代过"，而此话适用于大多数历史著作。诸多

"新史学"轮番登场,尽管状况未明,且其指向、标准以及目标已经发生改变,但历史学仍在继续探索。对于希罗多德来说,人类的一切都是与**探询**(*historia*)相关的;"人类的"和"非人类的",几乎都相容于希罗多德后继者的"总体史"(total history)的梦想或梦魇。而且,尽管(或可能是由于)修辞的用法经历了断裂、变革、重生以及复兴,但我们的范畴和语汇还是保持了语义上的连续性。

我的第二卷开启于启蒙运动末期,终止于"历史主义危机"和大体上与第一次世界大战的经验相关的文化危机,而当前的续本评论了这场全球性灾难引发的窘况。此时欧洲不再占据世界的中心,或说至少不再垄断学者们的注意力。并且,此时通过便捷的交通运输和媒介,"世界"变成了日常经验的对象——正如马丁·杰伊(Martin Jay,1944—)最近指出的,这一时期的世界正经历着它自己的"危机"。地方性的知识仍必定享有特权,并且在很多方面,民族史继续呈现为常态,但日益高涨的民族主义成为一种问题而不是理想——一种关于政治的、社会的、经济的以及文化的问题而不是解答,不是为政治和种族庆典而是为批判性的历史探询准备的场所。旧史学呼唤"新史学",后者承接的是从权力与政治到和平时期的文化——精神的和物质的,高等、中等、低等的,男性的和女性的——的转移,也是向生物圈范围内所有居住者的生活的转移。"世界史"(world history)并非新的,因为它至少名义上根植于波利比乌斯(Polybius,约前200—前118),尤西比乌斯(Eusebius,约260—340),弗莱辛的奥托(Otto of Freising,1114—1158),

以及很多18世纪的教科书作者，但是其吸引力在一个帝国主义和全球性的时代变得更加逼人。在这一层面上，历史探询渐渐与旧式档案研究和依靠二手文献的研究发生分离，并受助于现代人文科学和"信息过载"问题，被转化为启蒙运动的"推测性历史学"（conjectural history）的版本。

从概念上讲，在这个碎片化的时代，"列强"（great powers）仍占据主导，即使不是在政治上。并且，德国和法国的学者和理论家尤其关注后民族主义、后马克思主义、后殖民主义以及全球化的时代的历史学实践和理论，而英国学者则停留在更为传统的道路上，意大利和西班牙的学者仰赖德国学者，而美国的学者仰赖法国学者，并进一步以衍生的方式关注德国的方法论性的和理论性的引导——至少从我有限的智识视域看，是这样的。在很多方面，人类学取代更具化约性和抽象性的政治科学、经济学以及社会学领域，成为大量阐释工作所中意的学科。然而，尽管越来越关注到外来的特别是中东和远东的观念的影响，欧洲中心主义仍不仅是理解地方史，也是理解世界史的主要观念，而世界主义就如在启蒙运动中那样，仅表现为一种地理意义的，而不是理念性的和意识形态意义上的指向。

如同其他的人文科学家一样，尽管历史学家们追慕的模式和制度上的常规经常摒弃或避免反常物之类的东西，但他们不得不使自己适应战争和意识形态冲突的极端情况。然而，战争在西方——且也的确是全球的——文明中持续不断。而国家重心以及对精英领导阶层内部原因和罪行的追究已使这样一种信念得到加强，即鉴于经济交换、社会结构以及文化模式已大体上心照不宣地以一种稳定、和平、进步的秩序为基础这一事实，战争成了一种例外的文化状况。这种情绪的某些自我感觉良好的状态（古代和现代早期的史学家并没有这种情绪）并没有（迄今为止）在两次世界大战的经历中幸存，但它却更深地扎根于世界史的学术传统和预设中。欧洲各国史家都开始寻找这些传统在世界上的位置，并将它们的过去解释为在全球及周边地方扩散人文活动的不断成熟和调整的过程。在上个世纪的新史学刺激下，历史学家也将他们的注意力转向了和平性的艺术和具有文明属性的行为，特别是家庭的、性的、符号式的、丑闻性的、表象的以及有观赏性的方面。尽管近来的历史学家们对启蒙运动的无限进步和"完美性"的理想感到失望，但还是在公共生活、国际冲突以及国家事务和丑闻等标题重复的故事之外，拥护对文明和文化的价值进行的研究，不仅有低级的还包括高级的，不仅是资本主义的还包括社会主义的。

尽管这项研究是以不断碎片化的形式延续的，且判断这卷书的有效期也没什么意义，但这项研究还是概括了差不多一个世纪。第一章评论了一战前夕历史学技艺的状况，不仅考虑了法国、德国、英国和美国，还有同其历史学实践一样优秀的"小民族的"（mini-national）史学技艺传承，尽管对于西方来说，这些传承史学技艺的、著作尚未被翻译的"小民族的"大师级史家仍然只不过是些名字。第二章着重于"1914年"的观念，是战争的直接遗留物。它关于史前史和"新的过去"（new past），以及历史哲学的多种样貌。而第三章着眼于两次大战期间发生在美国的争论和修正主义，也包括德国、英国和法国的情况。第四章继续关注该领域在第二次世界大战期间的情况（或说是以往世纪三十年战争的延续？）。第五章尝试重建并重温 1945 年以后的历史，包括将视域从欧洲的历史学扩大到已更新了的，从智识上看属于后殖民性和后帝国主义性的世界历史。第六章考察的是更新型的"新史学"，交叉学科的相遇，"语言学转向"，"历史的终结"的问题，以及各种"后现代主义"。并且，在第三个千年的初始，以深化的洞见和拓展的视域对历史陈述作出更个人化的批判。而这个时代里，历史信息以对数式增长*，超越希罗多德与修昔底德所开辟的领域——尽管这在我们看来可能仍是蹩脚的模仿。简略地加入更多的信息不可能给出令人满意的答案，而如尼采（Nietzsche，1844—1900）所见，历史不可能"以对人类历史的解读而告终"——尽管这或许让人想到詹姆斯·乔伊斯（James Joyce，1882—1941）的"历史的梦魇"终结了几代人的乌托邦梦想。无论如何，这是一本关于众多著作的书，一个视野无疆界的主题。可是对我来说，这部专著"该打烊了"——最终在维柯（Giambattista Vico，1668—1744）之路上停了下来。

---

* 也就是前期爆炸式增长，后期势头渐缓的增长形式。——译者注

第一章 一战之前

> 历史学的领域已经渐渐扩展了,它已开始包含了人类生活每个方面。
>
> ——乔治·P. 古奇,1913 年

历史学的处境

1910年这一年因以下这些事件而值得铭记:哈雷彗星出现,列夫·托尔斯泰、马克·吐温以及威廉·詹姆斯(William James,1842—1910)去世,詹姆斯·乔伊斯离开都柏林而去到"文明"之地,国际精神分析协会筹建,无政府主义不断滋长,还有自杀率的显著增长,后来被西格蒙德·弗洛伊德(Sigmund Freud,1856—1939)采用的"死亡本能"(death instinct)概念产生,格奥尔格·齐美尔(Georg Simmel,1858—1918)写下关于"死亡的形而上学"(the metaphysics of death)的思考,表现主义、未来主义以及超现实主义艺术不断涌现,美术、音乐同一些自然科学发生交叉时出现文化"失衡"(dissonance),威廉·勒克(William Le Queux,1864—1927)的《1910年的入侵》(The Invasion of 1910,1906)中虚构描写了德国侵略欧洲的场景。[1]如弗吉尼亚·伍尔芙(Virginia Woolf,1882—1941)在1924年以诙谐的方式所写的那样,这也是"人性变化"的一年。[2]如亨利·亚当斯(Henry Adams,1838—1918)在1910年写信给巴雷特·温德尔(Barrett Wendell,1855—1921)所言:"科学证明,社会主义、集体主义、人道主义、普世主义、泛爱主义以及其他的主义出现了,也终结了。"[3] 如查尔斯·奥尔森(Charles Olson,1910—1970)所写:"把它描述成这样:()1910(",* 且"作为序言的是当下,而不是过去"。[4]抑或,它只是某些人看待过去的一种方式,因为,敏锐的观察家阿诺德·贝内特(Arnold Bennett,1867—1931)发现要写的重要内容莫过于"这一年我写了355900个

---

[1] 参见 Thomas Harrison,*1910*:*The Emancipation of Dissonance*(Berkeley,1996)。
[2] Hugh Kenner,*A Sinking Island*:*The Modern English Writers*(Baltimore,1987),124.
[3] Adams,*Selected Letters*,ed. *Ernest Samuels*(Cambridge,Mass.,1992),526-527.
* 作者是在表现前一阶段和后一阶段以1910年为界。前一阶段已结束,乃"()",后一阶段开始但尚未有结果,是为"("。——译者注
[4] *Poems for the Millennium*,ed. Jerome Rothenberg and Pierre Noris,II(Berkeley,1998),23,409.

词"——这大概比大多数历史学家能够吹嘘得更多。[1]

尽管在20世纪初，普遍相信进步，但人性从心智上和文化上被引向了相反的方向。正如里尔克（Rainer Maria Rilke，1875—1926）的追问：

> 是谁把我们扭曲至如此地步，
> 以至于我们无论做什么，
> 都保持着要离开之人的姿势？[2]

历史学家也是如此，他们在被卷入一系列政治、社会以及道德灾难之前，就一直在和积淀的西方学术重负抗争。与此同时，历史探询在一个凭借文化力量形成的世界里成长，我们知道这种文化力量就是所谓的"现代主义"（modernism），它要改变思考和书写的保守立场。如果够勤奋的话，在学术上追索历史学的遗产是相当容易的，如果更为独断，判断战争和革命的影响则更困难些；但是将历史学的思想和写作联系到20世纪早期的现代主义氛围的想法尚未出现。"现代性"的状况有很长的历史，可追溯回其对立面即"古代性"的时期；而过去这个世纪的现代主义是来自19世纪中产阶级价值观的不满与挑衅情绪的产物，包括自由和自主的主体的观念，历史的连续性，普遍有效的自然科学方法，以及无限进步的开放前景。对于传统来说，

---

[1] *The Journal of Arnold Bennett*（Garden City，1932），402.
[2] "The Eighth Duino Elegy."

现代主义代替了温德姆·刘易斯（Wyndham Lewis，1884—1975）所谓的"艺术中的进步恶魔"（demon of progress in art），在文学中也是如此。在人文科学领域，现代主义质疑和颠覆启蒙观念，后者注重理性、历史、哲学，以及对自然与社会的控制——并且以这种方式也可能质疑和颠覆了历史学本身的意义。

弗里德里希·包尔生（Friedrich Paulsen，1846—1908），1910 年时已去世两年，他在柏林大学讲授哲学史，与兰克（Leopold von Ranke，1795—1886）、蒙森（Theodor Mommsen，1817—1903）、约翰·古斯塔夫·德罗伊森（Johann Gustav Droysen，1808—1884）等人齐名，是旧学派的一位杰出代表。他对更年轻一代反对者的观点表达了忧虑。他最后的文章中有一篇讨论了女人在过去和未来的合法地位，并且这一任务使他"再一次认识到我已经渐渐疏离我们的'现代'写作人士的视域多么远了"。他想知道，这是旧时代导致的吗？"我认为他们与现实世界已失去所有联系，并且正在仙境建立幻想中的乌托邦，这样的想法是正确的吗？"[1] 他因与"异域人士"旅行而感到不舒服，如他在去慕尼黑途中不得不与之共餐的、被他视为"着实可怕的幽灵"的匈牙利犹太人。这一经历使他理解了当时"反犹的愤恨情绪"，并认为，如果他是一个奥地利人，他将更喜欢罗马人统治而不是犹太人。包尔生克服了对汽车的厌恶，但他心力正在变弱，他回忆起成就卓著的一生时，"带着一颗感

---

[1] *Friedrich Paulsen: An Autobiography*, tr. Theodor Lorenz (New York, 1938), 483-487.

恩的心",在作了最后一次讲座之后不到三个星期就去世了。

就现代主义的焦虑而言,一位年纪较轻的见证者是弗朗茨·卡夫卡(Franz Kafka,1883—1924),1910 年时他已满 28 岁,尽管当他思考文化处境时,在他的日记里装作像 40 岁的样子。他写道:"我必须说我接受的教育在某些方面给了我巨大的伤害。"[1]他继而谈道,他喜欢的不是生活在城市中心,而是生活在山峦或湖边的废墟处,在那里,他可以避开所有他认识的人对他的烦扰。以卡夫卡的远离喧嚣,自我觉醒,自我升华,以及自嘲,来洞察当时欧洲的状况,这或许没什么不合适的。欧洲社会已经受到不良影响的侵害,其成员热衷于通过思考和写作来探讨和分析他们的困境。此外,如同卡夫卡的日记是他唯一可以"坚守"的所在,欧洲史学的传统是那个时期的人们可以使自身与过去保持关联的唯一领域。不同之处在于,就其具有的现代主义标签而言,卡夫卡希望批判和超越过去,而历史学家们力求理解联系和连续性,承认他们不可能摆脱他们的"教育",他们的"旧文化"——尽管他们都无法预料即将来到的、噩梦般的,被卡夫卡所预见并明确地编写入其小说的结果。

"你必须成为一个绝对的现代人",阿尔蒂尔·兰波(Arthur Rimbaud,1854—1891)在 1871 年写道。"现代主义"是一个出现时就涵盖了 20 世纪之交的一代人中显现的各种焦虑、乖张、颠覆和独创性的词。对于胡戈·冯·霍夫曼斯塔尔(Hugo von Hofmannsthal,1874—1929)来说,"现代"要么

---

[1] *Diaries 1910-13*, ed. Max Brod, tr. Joseph Kresh (New York, 1948), 14, 15, 16, 18, 22.

是对生活的分析，要么就是对生活的逃离，但无论哪种情况，都将为雅各布·布克哈特（Jacob Burckhardt，1818—1897）所说的"旧欧洲文化"打开新视野。作为城市的产物，现代主义脱离了日常"现实"世界和中产阶级生活，也脱离了热衷于浅薄地追求财富和全球扩张的自鸣得意的欧洲社会。现代主义打破传统，透过弗里德里希·卡尔（Friedrich Karl，1893—1917）曾说的"艺术家主权"（"sovereignty of the artist"），寻找新视域，尤其是通过各种激发新世纪思想先锋派的运动、宣言和杂志，看向未来。[1]

这些运动的中心是人——进行观察、阐释以及创造的主体——自然科学和"科学主义"使人这一主体变得暗淡，而这是艺术拥趸们力求摆脱的。1910年，亨利·贝尔（Henri Berr，1886—1954）在他的《综合评论》杂志（*Revue de Synthèse*）中评论了兰普雷希特（Karl Lamprecht，1856—1915）的德意志史最后一卷，以此强调"现代主观主义"（le subjectivisme moderne）和与之相伴的**印象主义**（*Reizsamkeit*）的核心重要性。夏尔·瑟诺博司（Charles Seignobos，1854—1942）在同期评论中写道："历史学方法的确已经入侵到每件事情当中。"[2]

以这种方式看，现代主义者是华莱士·史蒂文斯（Wallace Stevens，1879—1955）所说的"挎着蓝色吉他的人"，用自己

---

1 *Modern and Modernism: The Sovereignty of the Artist 1885 – 1925*（New York，1988）.
2 *Revue de Synthèse*（1910），204，8.

的表演使聆听者激动不已：1

> 他们说，"你有一把蓝色吉他，
> 却没有如事物本来的样子弹奏。"
> 这个人应道，"事物本来的样子
> 在这把蓝色吉他上被改变了。"

很难以这样一种迂回的方式应对生活，

> 扮演第一个人……，
> 将他的思想钉在门上……，
> 以一种野蛮之蓝色对它撞击，

并且不可能

> 带来一个圆满的世界。

然而，这是艺术家的任务：

> 所以这就是生活，那么：事物须如其所是吗？
> 它在这把蓝色吉他上择路而行。
> 百万人都在一根弦上？

1　*The Collected Poems of Wallace Stevens*（New York，1980），165.

且他们所有的方式，

他们所有对的和错的方式，

以及他们所有软弱和强硬的方式

都不离其宗？

这是兰克的眼界，即如其所是地表现事物，但它遭到康德的反对，他否定"物自体"（"the thing in itself"）之可触及，重视人类作为相关中介的合理性。

这种针对阐释的态度也关涉到历史学写作之中，正如作者们开始认识到，他们所掌握的工具及其对之运用的手法必然会介入他们的研究对象和它成为或明或暗的表达形式之间。诠释学暗示了一种相对性，它要求观察者和阐释者参与到考查的领域中，如威廉·狄尔泰（Wilhelm Dilthey，1833—1911）所写的，这种考查的领域是即时的生活体验，即汉斯-格奥尔格·伽达默尔（Hans-Georg Gadamer，1900—2002）所说的"对传统的经验"（"experience of tradition"）。所以，历史学家享有一种与"艺术家主权"同性质的东西，它不是指如在维多利亚时期的小说中那种无所不知的观察者的姿态，而是从著述者的视角进行自觉式的意义探寻。这种状态是尼采所谓的"'阐释'（'Interpretation'），是意义的介绍——而不是'说明'（'explanation'）……没有事实，每样事物都是不稳定的，不可理解的，难以捉摸的；相对最为持久的是——我们的想法"。由此而来的结果就是，艺术和历史学，都披着现代主义外衣，实为尼采所谓的"权力意志"（"will to power"）的多样形态。

第一章　一战之前

在保守的历史学——尼采所谓的"古物研究式的历史学"——那里,现代主义是一种关于"新奇之物"("novelty")的动人歌吟,聆听者就是20世纪初期的那一代年轻人。对于艺术,赫尔曼·海塞(Hermann Hesse,1877—1962)认为:"你不应该把年轻一代人那些局部革命性的古怪行为太当回事,除了一个方面:他们深切地需要找到新的方式来表达那些实际上未曾体验过的烦恼与情感。"[1] "新史学"的各种形态总是被大张旗鼓地宣扬,即便实践活动不是在德国、法国、意大利、荷兰和美国(也不在英国)。在很多其他学者那里,卡尔·兰普雷希特、库特·布列锡格(Kurt Breysig,1866—1940)、亨利·贝尔、贝奈戴托·克罗齐(Benedetto Croce,1866—1952)、何塞·奥特加·伊·迦塞特(José Ortega y Gassat,1883—1955),以及詹姆斯·哈维·鲁滨逊(James Harvey Robinson,1863—1936)引领了一场有国际影响的新奇潮流,他们相信这股潮流将使历史科学和历史哲学达到新的高度。尽管他们再度唤起了对狭隘的政治军事史的既有不满,但"新史学"并未开发出很多不为人知的资料,因为已有的文化史在一个世纪以前就已经倡导这种努力了。[2] 很明显,他们对于在文学和艺术领域蓬勃发展的经验主义和破坏性的"现代主义"都没有太多办法。在这里,代沟问题更为显著,或许是因为专业权威的分量会被更轻易地回避或摒弃。新奇之物在历史研究中指的就是与其他

---

[1] *Soul of the Age*: *Selected Letters of Hermann Hesse 1891 - 1962*, tr. Mark Harman (New York, 1991), 103 (Nov. 1919).

[2] 参见 Kelley, *Fortunes of History* (New Haven, 2003),第314页以下。

人文科学，包括社会学、经济学、人类学、考古学、古生物学以及哲学史、文学史、科学史、艺术史乃至数学建立密切联系——这种联系继而产生了新的专业和综合的历史。

事实上，推动20世纪早期历史学发展转向的更大的问题大部分是由来自其他学科的学者提出的，尤其是哲学家、社会学家、经济学家、地理学家、人类学家、语言学家乃至神学家，他们都恪守"历史主义"，即便并不总是承认。历史主义作为欧洲思想以及诸文化自我界定的中心问题，显现于20世纪最初的25年中。[1]历史主义作为一个问题，首先出现于经济学中，继而出现在神学中，特别是，它威胁到了社会科学和基督教的普世主义观念。如同"现代主义"和"自然主义"，以及（后来的）"唯心理学主义"和"唯社会学主义"，历史主义遭到教会权威和卡尔·门格尔（Carl Menger，1840—1921）等自由主义经济学家的一致抵制，前者害怕超验的存在被降格为仅是人类的层次，后者在1883年斥责了"历史主义的谬误"。[2]哲学家还担心

1　Heussi, *Die Krisis des Historismus*（Tübingen，1932）；Meinecke，"Von der Krisis des Historismus," in *Zur Theorie und Philosophie der Geschichte*, ed. Ebehard Kessel（Stuttgart，1959），196 - 204；Georg G. Iggers, *The German Conception of History：The National Tradition of Historical Thought from Herder to the Present*（Middletown，Conn.，1982[2]），124 - 173；Charles R. Bambach, *Heidegger, Dilthey, and the Crisis of Historicism*（Ithaca，1995）；and Wolfgang Bialas and Gérard Raulet, *Der Historismusdebatte in der Weimarer Republik*（Frankfurt，1996）.

2　参见 Franco Bianco（ed.），*Il dibatto sullo storicismo*（Bologna，1978）和 Bianco, *Storicismo e ermeneutica*（Rome，1974）；以及 Wilhelm Hennis，"A Science of Man：Max Weber and the Political Economy of the German Historical School," in *Max Weber and His Contemporaries*, ed. Wolfgang J. Mommsen and Jürgen Osterhammel（London，1987），5 - 58。

历史学的反理论化意识的入侵,并且在 1912 年,鲁道夫·欧肯(Rudolph Eucken,1846—1926)正在对"令人颓废的历史主义"感到沮丧。[1]

该问题的经济、神学以及哲学方面都集中于恩斯特·特洛尔奇(Ernst Troeltsch,1865—1923)的著作。作为历史学家,他将注意力转向了《基督教社会思想史》(*The Social Teachings of the Christian Churches*)一书的写作,作为神学家,他将**宗教史**(*Religionsgeschichte*)确立为单独的研究领域,而作为哲学家,他探究了更为广泛的历史主义问题。[2] 他的文章汇入一卷题为《历史主义及其问题》(*Historicism and Its Problems*,1922)的书中。该书遭到奥托·欣策(Otto Hintze,1861—1940)、卡尔·曼海姆(Karl Mannheim,1983—1947)以及其他一些人的批判,并且还为两项更庞大的研究奠定了基础:卡尔·霍伊西(Karl Heussi,1877—1961)在其《历史主义的危机》(*Crisis of Historicism*,1932)中对整个争论的局面做了调查,弗里德里希·梅尼克(Friedrich Meinicke,1862—1954)在《历史主义的兴起》(*Rise of Historicism*,1936)中将该主题追溯到了 17 世纪。这场争论在"后现代主义"的千禧年之际仍没有平息,这从 1997 年出版的讨论"20 世纪末的历史主义"的国际性卷本可以看出——更不必提到近期自称是"新

---

[1] *Main Currents of Modern Thought*,tr. M. Booth(New York,1912),316.
[2] 参见 Hans-Georg Drescher,*Ernst Troeltsch*:*His Life and Work*,tr. John Bowden(London,1992)。

历史主义"了。[1]

20世纪的历史学家们不仅根据新信息的数量来考量其技艺的进境,还看重批判的敏锐和意识形态上的得体。他们比其祖先更明确地意识到因史学流派而产生的恶习,特别是毫无顾虑地进行主观和有派别倾向的概括。现代社会学的奠基人之一的格奥尔格·齐美尔指出了历史学在其阐述中的习惯,即常常是草率地依靠如群体思维或社会心理之类的概念。兰克试图消除这个环节,但对于齐美尔来说,从人性上讲,历史学家不可能不将自己的心境加之于手中的材料。特奥多尔·蒙森在《罗马史》中曾写道,"愤怒的哭泣在整个意大利随处可闻",且"各派都松了一口气",而布克哈特在《意大利文艺复兴时期的文化》中总结道,"佛罗伦萨总是承认其带着糟糕的天真对法国报以归尔甫派式的(Guelphic)同情。"如今,布克哈特成了印象主义历史学写作的代表,蒙森"科学的"一面展现在颇受同行和后辈吹捧的法制与碑铭的研究中,而不是为他赢得诺贝尔奖的更早时的书。但是,齐美尔想要打开历史学研究的推测性思路,包括"历史规律"研究,即便只是开展在"临时的综合"("provisional synthesis")的意义之上。[2] 这尤其成为如兰普雷

---

[1] Gunter Scholz (ed.), *Historismus am Ends der 20. Jahrhunderts: Eine interna-tionale Duiskussion* (Berlin, 1997),并参见 Brook Thomas, *The New Historicism and Other Old-Fashioned Topics* (Princeton, 1991),以及 Stuart Sim (ed.), *The Routledge Companion to Postmodernism* (London, 2001), fourteen topics not including history。

[2] *The Problems of the Philosophy of History: An Epistemological Essay*, tr. Guy Oakes (New York, 1977), 61 - 68.

希特和布列锡格等带有 18 世纪"推测性历史学"风格的文化史家的目标，他们沿着跨学科和"自然科学"的取径追索历史的诸阶段和规律。[1]

转入 20 世纪，历史学家将其分析性的探问扩展到历史性的——以及史前的——过去，或完善已被公认为标准的民族史的叙事，其他学者从更为综合性的和推测性的范畴对历史学的意义提出质疑。古时的观点，即哲学处理普遍性，历史学处理特殊性，在这一时期被德国的思想家做了新的调整。该基本前提由威廉·文德尔班（Wilhelm Windelband，1848—1915）建立，他将**自然科学**（*Naturwissenschaften*）与**人文科学**（*Geisteswissenschaften*）进行了区分。这与海因里希·李凯尔特（Heinrich Rickert，1863—1936）所强调的观点，即"一般的"和"个别的"的区分，如出一辙，尽管后者喜欢更时髦的词，**"文化科学"**（*Kulturwissenschaften*）。[2] 无论怎样，此观点区分出产生自然规律的现象和那些取决于个人、人文价值以及历史的现象。历史主义在某种意义上是从人文科学的前提条件所得出的一般推论，它加剧了相对主义的威胁，因此也无法为很多

---

[1] Breysig, *Der Stufenbau und die Gesetz der Weltgeschichte* (Stuttgart, 1917); 并参见 Stefan Haas, *Historische Kulturforschung in Deutschland 1880 – 1930* (Cologne, 1994), 158 – 166。

[2] Windelband, "Geschichte und Naturwissenschaft" (1894), *Präludien* (Tübingen, 1915), 136 – 160 和 Rickert, *The Limits of Concept Formation in Natural Science: A Logical Introduction to the Historical Sciences*, tr. Guy Oakes (Cambridge, 1986)——不过在 184 页拒绝了卡尔·兰普雷希特式的"文化史"；以及 Guy Oakes, *Weber and Rickert: Concept Formation in the Cultural Sciences* (Cambridge, Mass., 1988)。

哲学家和权威所接受。

这一情况与所有 20 世纪初从事社会学和历史学思考的人都有关联,包括齐美尔、韦伯、特洛尔奇、曼海姆以及狄尔泰。尽管狄尔泰仍是一个康德主义者,但很大程度上走上了像他称之为"历史学派的奠基人"赫尔德(J. G. Herder,1744—1803)那样的批判康德之路,研究批判哲学缺失的维度,即"历史理性的批判"。他借助诠释学以及一种从形而上学转向"生命哲学"(life philosophy)的认识论上的视角转换进行这种批判。并且,他取鉴于文化史,将之再度阐释为"文化系统"("cultural systems")。狄尔泰开始有意将历史经验(以及诗性的洞察)作为哲学的基础性内容,但他从未克服历史主义的悖论("危机"),这使得他在从教条的前提中解放思想的同时,却走向了一种不仅与历史现象有关,也与哲学和宗教有关的、不受欢迎的相对主义。狄尔泰向往分析与综合相结合,尤其是**特殊领域的分析**(*Einzelanalysen*)[1] 和以**生命哲学**(*Lebensphilosophie*)为形式的综合相结合,同时也向往提供一种**世界观**(*Weltanschauung*)意义的人文和自然科学知识的综合。[2] 然而,尽管他持有后康德主义式的综合观点,但狄尔泰的很多著作都致力于追问如何通过**精神史**(*Geistesgeschichte*)的追索

---

[1] Dilthey, *Introduction to the Human Sciences*, ed. Rudolph Makkreel and Frithjof Rodi (Princeton, 1989), 117.

[2] 参见 Carlo Antoni, *From History to Sociology*, tr. Hayden White (Detroit, 1959), 3 和 Fritz Ringer, *The Decline of the German Mandarins* (Cambridge, Mass., 1969), 336。

第一章　一战之前

"使过去得以表现"。[1] 并且他在这个领域的成体系的作品使这一学术研究得到升华，这不仅是在解决康德认识论的含义和缺陷的问题。[2]

狄尔泰持有一种传统的史学史观点。对他而言，希腊史学在修昔底德那里臻至完美，继而却不幸迷失了，走上了修辞学的而不是语文学的道路。即使在《君士坦丁赠与》的证伪重启考证的时期，修辞还是取得了胜利，直到18世纪的伏尔泰和哥廷根学派那里才被摒弃。狄尔泰在柏林大学时才接触到这一问题。19世纪的历史学研究就是由此问题出发，旧式的编年史和"实用的"（pragmatic）（政治）史学在此期间被超越了。与之相应，"普遍史的研究者承担着重建整个内在生命（inner life）的任务，以使类似于第二次史学自省之类的事件得以完成。"历史学经验已经积累了数个世纪，但正是那晚近时代的兴趣才"使那些与我们有关的事实被挑选出来"——由此，语文学和诠释学的基础作用开始被重视，并使得选择性过程得以重建，也重新发现了那些在转化成被设定好的历史"兴趣"的过程中遭遗弃的集体记忆。[3]

在法国，历史学的自然科学化和元史学化，可以追溯至孔

1　"On Understanding and Hermeneutics: Student Lecture Notes"（1867-1868），in *Hermeneutics and the Study of History*，in *Selected Works*，IV，ed. Rudolph Makkreel and Frithjof Rodi（Princeton，1996），233.

2　*The Formation of the Historical World in the Human Sciences*，tr. Rudolph A. Makkreel and Frithjof Rodi（Princeton，2002）；另参见 Larry Frohman，"Wilhelm Dilthey's Philosophy of History，" *Journal of the History of Ideas*，56（1995），263-288。

3　Dilthey，*Introduction to the Human Sciences*，76.

德的实证主义，尤其在埃米尔·迪尔凯姆（Emile Durkheim，1858—1917）的研究中反映得尤为明显，后者（示范了齐美尔的观点）不仅强调个体的代表性反应，还关注"集体意识"和"集体表现"，这也反映了其基于"社会团结"（social solidarity）观念的公众议题。[1] 在其方法论性质的著作中，该观点根据他的"社会事实"（"social facts"）概念，被赋予了理论的合理性，这样——再一次依据个人的和社会的，以及心理学和社会学的二元区分——就将主要是经验主义的和个体化范畴的历史学提升到社会性层面。在《宗教生活的基本形式》（*The Elementary Forms of Religious Life*，1912）中，迪尔凯姆致力于针对澳大利亚图腾崇拜的人类学研究，并且将其社会性的和社会学意义的理论投射到史前阶段，或用近来的说法，投射到"心灵的史前史"（the prehistory of the mind）阶段。[2] 这也是迪尔凯姆的同事吕西安·列维-布留尔（Lucien Lévy-Bruhl，1857—1939）的阐释方式。他撰写了孔德的传记，并采用了迪尔凯姆的"集体表现"概念作为动因，即"集体表现"为一个群体共有且在个体成员那里留下印记，这使得崇拜、敬仰以及恐惧心理产生，并一代代地传承。"原始心态"的考察表现为一

---

1. Steven Lukes, *Emile Durkheim, His Life and Work* (New York, 1972), 6ff. 和 Terry Nichols Clark, *Prophets and Patrons: The French University and the Emergence of the Social Sciences* (Cambridge, Mass., 1973); 以及 Kelley, *The Human Measure: Social Thought in the Western Legal Tradition* (Cambridge, Mass., 1990), 272。
2. Steven Mithen, *The Prehistory of the Mind: The Cognitive Origins of Art, Religion, and Science* (London, 1996), 尽管没有提及迪尔凯姆或列维-布留尔。

种推测性的、旨在扩展历史性阐释和推断范围的史前史。并且，无论是迪尔凯姆还是列维-布留尔，都对想要超越那种狭隘的、政治性的且不加反思的实证主义的约束而进行探险的年轻历史学家产生了强有力的影响。

当然，在外交和军事史方面的兴趣因战争经历而强化，但历史学研究的特殊领域，包括经济史、社会史和文化史也是如此，地理史以及史前史，连同考古学、人类学和社会学，所有这些学科都在1914年之前脱颖而出。这些领域都被要求推动历史学超越其旧有的叙事功用，向历史学提供文字记录无法提供的洞见，并助其成为一种比启蒙运动时期出现的同名概念更为合理的"推测性历史学"。所追求的更广泛语境是历史哲学，以及与之类似的致力于预见的准宗教意味的努力。它们仍对很多学者有吸引力。战争期间，知识分子大部分过于靠近——或远离——发现历史远景的作法，除非是强调对民族的过去有用的方面，如关于两种德意志传统的争论，一种传统来自康德和约翰·沃尔夫冈·冯·歌德（Johann Wolfgang von Goethe，1749—1832），指向了世界的和平，而第二种来自费希特（《告德意志民族书》的那个费希特），与民族扩张相关。

那时的预见还有一派，其特征是摇摆于乐观主义和悲观主义之间的情绪，奥斯瓦尔德·斯宾格勒（Oswald Spengler，1880—1936）作了示范。他在1914年末"正带着巨大的乐观情绪拥护这场战争"，并预言它标志着"一个令人惊叹的纪元的开始"。不过在1918年，他谴责"这场战争的基础性质是愚蠢的，不光彩的，乏善可陈的"。待到之后发生的事情揭示出这场战争的意义时,他正在出版其《西方的没落》,通过它展现西方历史更广泛的意义,并给出关于当代悲剧的说法。[1] 尽管斯宾格勒缺乏依据和学术上的严谨,但是他,以及在他身后的汤因比,都使他在整整一代(以及更广泛的)历史学家那里留下了印记,虽然不乏现代意义上的史学的碎片化特征。斯宾格勒在下一代人那里挥之不去。尽管他并不受学术界和研讨班的欢迎,但人们还是对他作为一个令人好奇的旧式天启的历史哲学样板,或作为自称为"新史学"的怪异先锋而感兴趣。

英国史学的延续性

英国历史学家对碎片状态并不敏感,当时他们正操心的是发扬其国家和帝国传统,且他们设法在两次大规模战争中保持优势的地位。在转入20世纪后,英国学者一直在忙于研究、写作以及教授其国家和帝国传统的历史,出版约翰·理查德·格林(John Richard Green,1837—1883)那种形式的简史,休谟和约翰·林加德(John Lingard,1771—1851)式的长篇历史、传记、特定朝代研究、制度研究、经济活动研究、社会生活研究,甚至文化事物的研究。赫伯特·巴特菲尔德(Herbert Butterfield,1900—1979)所抨击的"辉格史观"遍地开花,同时,除了受到少数极不受重视且在专业领域内遭到排挤的、有社会主义倾向的知识分子的质疑,当时对于议会制政体的优

---

[1] Spengler, *Letters, 1913-1936*, tr. Arthur Helps (London, 1966), 30, 59.

越性乃至帝国使命当时并未进行过严肃的争论。尽管那些有社会主义倾向的知识分子不是坚定的马克思主义者，但启迪了后一代人的批判史学。不仅是在一战以前，即便在战争期间和战争后，这种启迪作用也还在，除了道德上的裁断。英国历史学家在不严格质疑其基础真实性的情况下继续他们的"宏大叙事"，凭借其孤立政策的智慧和独处状态，他们（大多数人）继续大维多利亚时代那批人——威廉·斯塔布斯（William Stubbs，1825—1901）、托马斯·巴宾顿·麦考莱（Thomas Babington Macaulay，1800—1859）、托马斯·卡莱尔（Thomas Carlyle，1795—1881）、詹姆斯·安东尼·弗劳德（James Anthony Froude，1818—1894）、爱德华·奥古斯图斯·弗里曼（Edward Augustus Freeman，1823—1892）、格林（Green Lecky）和威廉·莱基（William Lecky，1838—1903）——在称颂国家的遗产方面的工作，只是现在这批人是以更为专业的方式，也更注重使用较之以往更为卷帙浩繁且成体系的方式整理出版的史料。[1] 如同在德国和法国那样，历史研究成果以大量的合著教科书系列的形式出版，包括威廉·亨特（William Hunt，1824—1879）和雷金纳德·雷恩·普尔（Reginald Lane Poole，1857—1939）主编的英国史（十二卷，1905—1910 年），查理·奥曼（Charles Oman，1860—1946）主编的英国史（七卷，1904—1913 年），特别是阿克顿勋爵（Lord Acton，1834—1902）主编的近代学术的绝响，《剑桥近代史》（*The Cambridge*

---

[1] *Fortunes of History*, ch. 9.

Modern History，十四卷，1902—1912 年）——这部作品，及以上全部作品，都出自维多利亚时期那些史学大师的追随者之手，而他们中的所有人也同样在追随着他们学术先辈的大多数理念和幻想。[1] "研究问题，而不是研究时代"，是阿克顿经常引用的格言，但是《剑桥近代史》走向了这条准则的对立面。无论如何，所有这些都被后来相继更新的，当然也是虚张声势、华而不实且缺乏确定性的系列作品所取代。

1900 年后成年的这代史家即使试图在一个等待战争来临的世界中树立自己的特性，但仍保持着、并在一定程度上强化了大维多利亚时代学者的国家导向。他们的工作既代表了对其前辈的延续，也代表着一种改进——"修正主义"（revisionism）成为描述这种批判现象的流行语，并且或许在学术上取代了先人们的（由古老得多的宗教和哲学争论发展而来的）工作。学者们面对着诗人所面对的问题，用瓦尔特·杰克逊·贝特（Walter Jackson Bate，1918—1999）的新浪漫主义风格的话说，那就是"还有什么可做的？"——答案最起码要对前辈的想法有所改进。[2] 因此，斯塔布斯伟大的经典著作经由弗雷德里

---

1 参见 John Kenyon, *The History Men*: *Macaulay*, *Carlyle*, *Buckle*, *Acton*, *Stubbs*, *Namier*, *Tawney*, *Elton* . . . (London, 1983); Herman Ausubel et al. (eds.), *Some Modern Historians of Britain* (New York, 1951); Victor Feske, *From Belloc to Churchill*: *Private Scholars*, *Public Culture*, *and the Crisis of British Liberalism*, *1900 - 1939* (Chapel Hill, 1996); 以及 Elizabeth Chapin Furber (ed.), *Changing Views on British History* (Cambridge, Mass., 1966)。

2 Bate, *The Burden of the Past and the English Poet* (Cambridge, Mass., 1970), 3, 以及 Harold Bloom, *A Map of Misreading* (Oxford, 1975)。

克·威廉·梅特兰（Frederic William Maitland，1850—1906）、约翰·贺拉斯·朗德（John Horace Round，1854—1928）、威廉·麦基奇尼（William MacKechnie，1863—1930）以及查尔斯·霍华德·麦基文（Charles Howard McIlwain，1871—1968）的工作所修正，也被保罗·维诺格拉多夫（Paul Vinogradoff，1854—1925）、费利克斯·利博曼恩（Felix Liebermann，1851—1925）以及夏尔·佩蒂-迪塔伊（Charles Petit-Dutaillis，1868—1947）等外国史家所修正，而梅特兰和麦基文将重点从强调议会的立法和代议的功能，转向了司法和咨询的功能。[1] 宪政派的思路因行政史在曼彻斯特兴起，经托马斯·弗雷德里克·陶特（Thomas Frederick Tout，1855—1929）的推动而被做了更严格的修正，而法制史，如威廉·霍尔兹沃思（William Holdsworth，1871—1944）的权威研究，开始将非专业范畴的社会性事务纳入其专业研究领域。无论如何，从方法的角度讲，英国学者们大体上还是一如既往，但业余爱好者和专业人员之间的区别依然存在。塞缪尔·罗森·加德纳（Samuel Rawson Gardiner，1829—1902）及其门徒和继承者查尔斯·弗思（Charles Firth，1857—1936）所实践的旧式科学史学以对于史料和细节的关注而出名，这与麦考莱忠实的外甥乔治·麦考莱·屈维廉（George Macaulay Trevelyan，1876—1962）那种以旧式文风所写的面向公众和有教育用意的历史形成鲜明对比。托利党和辉格党之间的意识对立仍在延续，但受

---

[1] 参见我在 *Fortunes of History* 中的论述。

调和性的自由主义影响，如屈维廉和艾尔伯特·弗雷德·波拉德（Albert Freder Pollard，1869—1948）等追求国家层面的——且的确也是在帝国意义上——包含了所有党派和阶级的宏大叙事，敌对关系已趋于缓和。大部分知识上的新事物零散地从大陆传过来，但几乎无法改变和挑战由传统辉格史学所把持的不容撼动的导向——"我们"才是最重要的。

不像其近代史研究，英国的中世纪史研究长期受大陆学术和思维的影响。例如，斯塔布斯引进了格奥尔格·魏茨（Georg Waitz，1813—1886）、康拉德·莫伊雷尔（Konrad Maurer，1823—1902）、弗里德里希·卡尔·冯·萨维尼（Friedrich Carl von Savigny，1779—1861）和雅各布·格林（Jacob Grimm，1785—1863）的著作，而梅特兰得益于同费利克斯·利博曼恩和保罗·维诺格拉多夫建立联系，还向英国读者介绍了奥托·冯·吉尔克（Otto von Gierke，1841—1921）的法团主义史学观念（the corporatist historical ideas）。利博曼恩出版了 1903—1916 年间益格鲁-撒克逊主要法律的汇编。维诺格拉多夫开启了关于布莱克顿（William Bracton）的研究，梅特兰紧随其后，而前者接替后者的合著者弗雷德里克·波洛克（Frederick Pollock，1845—1937）成为牛津大学法学教授。维诺格拉多夫写作了关于欧洲立法传统的多个方面，包括他 1910 年关于罗马法的开创性概述。这项工作以斯塔布斯的精神为指导，但目的是挽救处于日耳曼主义攻击下的罗马法观念。雷金纳德·莱恩·普尔出自杰出的学术世家，且多年担任《英国历史评论》（English Historical Review）的编辑。1912 年出版其关于 20 世纪财政的标志性著作之前,他取得了莱比锡大学的博士学位。此后,他又出版了关于中世纪史学的颇具价值的研究。[1]

梅特兰仍是英国中世纪主义者的偶像和标志,尽管与其他同行不同,他吸取了大陆学术精神,特别是"历史学派"(the Historical School),包括萨维尼、格林、吉尔克以及奥托·布伦纳(Otto Brunner,1898—1982)的思想。如同其德国先辈们,梅特兰坚持英国法制史的延续性,尽管这其中也"汇聚"了其他传统,尤其是教会法的传统,但他还是强调法制史由来已久的独特地位。[2] 尽管他使英国学者注意到吉尔克关于法团主义的研究,但是预见了"语言学转向"的梅特兰极少运用政治理论,并且他相信语言是历史学家关注的中心,"因为语言并不简单的是我们可以随意控制的工具;是它在控制我们"。[3] 所以梅特兰的史学是由原始资料驱动的,且在英国,他的学术示范比较新的历史学解释风潮的影响更为持久。在其著作中,辉格史观的强化不是由于政治意识形态的异想天开,而是凭借自成一体的英国习惯法传统留下的坚实证据基础。

梅特兰本人拒绝了剑桥皇家历史学教授的职位,打算专攻法律史领域,但是他的影响所及远远超出其学术专长,以至于后来的观察家将"剑桥学派"视为其遗产的一部分。约翰·内

---

1 Reginald L. Poole,*Chronicles and Annals* (Oxford,1926).
2 *Selected Essays of F. W. Maitland*,ed. Helen M. Cam (Cambridge,1957),97;并参见 C. H. S. Fifoot,*Frederick William Maitland* (Cambridge,Mass.,1971)。
3 Pollock and Maitland,*The History of English Law* (Cambridge,1895),I,65.

维尔·菲吉斯（John Neville Figgis，1866—1919）是其学生之一，他写了关于君权神授（1896 年）和近代早期政治思想（1907 年）的书。对于菲吉斯来说，君权神授不是一种学术理论，而是一种根深蒂固的与神学形成联盟的流行观念，尽管它之后被以法律形式确定下来且与统治权相关联。作为教会与国家之间冲突的产物，它关系到宗教改革论争和现代政治的出现；它也是"无法估量的遗产"的根源，即"一种法律权威和守法义务深入人心的意识"。菲吉斯研究了从格尔森到格劳秀斯的立足于这一说法之对立面的政治思想，即反对君权的理论，认为它也不是理论化的产物，而是中世纪和近代过渡时期宗教、社会以及政治条件的产物——并且意在显示"现在距过去是多么接近，以及从播种到丰收的成长是多么缓慢"。[1] 这使人看到，"辉格史观"与英国眼中的欧洲大陆是多么容易适应。

另外的来自传统的宪政史的分支是由曼彻斯特大学的托马斯·弗雷德里克·陶特及其学生引领的行政史探究。这是一种与梅特兰的经验主义模式一致，但也被聒噪政治下官僚主义持续施加影响的现代意识所推动的研究。陶特谴责这样的事实，即英国没有如德国那样的"历史学派"，并且他试图为中世纪研究创建一个独具特色的历史学派。[2] 1913 年，他在牛津发表"福

---

[1] *The Divine Right of Kings* (Cambridge, 1896), 266; *Political Thought from Gerson to Grotius: 1414 – 1625* (Cambridge, 1907), 40.

[2] *The Collected Papers of Thomas Frederick Tout* (Manchester, 1932), I, 94; *The Present State of Medieval Studies in Great Britain* (London, 1913); P. B. M. Blaas, *Continuity and Anachronism: Parliamentary and Constitutional Development in Whig Historiography and in the Anti-Whig Reactions between 1890 and 1930* (The Hague, 1978), 345 – 373.

特演讲"(Ford Lectures),他发问"在宪法发展已推动议会体系形成之后,英国国王的宫廷与家室何以在国家行政和金融方面仍保持核心地位的程度?"[1] 该研究要求调查各种大大小小的君主印玺,并调查君主及其附属机构管理的其他技术性方面。在陶特看来,爱德华二世的统治标志着王室和国家行政分离的转折点。陶特在其不朽的《中世纪行政史纲》(*Chapters in Medieval Administrative History*,1920—1933)中贡献了开创性研究,它启迪着直至斯坦利·伯特拉姆·克赖姆斯(Stanley Bertram Chrimes,1907—1984)和杰弗里·鲁道夫·埃尔顿(Geoffrey Rudolph Elton,1921—1994)等后来一些史家,他们将研究计划投射到近代早期,以平衡对议会史地位的过分强调。而这的确形成了直到战后时期的英国史的宏大叙事。看起来这种行政史导向很可能为之后埃尔顿自己就参与其中的历史"修正主义"学派开辟了道路。

在20世纪早期的现代史家中,波拉德和屈维廉是领袖人物。不幸的是,波拉德致力于一个在某些人看来是由弗劳德主导的领域,而屈维廉不止在一个方面被公认为其伟大的舅舅托马斯·麦考莱的继承人。波拉德以对摄政王萨默塞特公爵的修正性研究开始了他对都铎王朝史的考查,尽管萨默塞特公爵野心勃勃,贪婪,且归于失败,但他是一个有洞见的人,并且"其洞见着眼于未来",这不仅在于他废除了针对异端和叛国行为的法令,还在于他同情穷人并推动宗教与公民自由,这些都

---

[1] *The Place of the Reign of Edward II in English History*(Manchester,1936〔1914〕),vi.

"成为英国宪法的基石"。萨默塞特公爵推行宽容政策,"至少是为自由的殿堂添了砖瓦"。[1] 接续这本书的是一本亨利八世的传记。这本不止被一代人立为标杆的作品使用了弗劳德时代以来公开的资料,"含有至少一百万条关于亨利八世统治时期的确凿事实"。波拉德谴责弗劳德,指斥他篡改史料,玷污了"引号的神圣",但是波拉德本人却不肯在手稿上下太多功夫,而是更喜欢依靠重大事件一览表。[2] 此外,像弗劳德一样,波拉德意识到事实的可塑性,并在该领域故技重施,刻画出都铎王朝第二任国王的一个修正主义的形象,即在关于其种种矛盾的历史记述背后亨利八世是议会制政府的奠基者。与萨默塞特公爵不同,亨利不是空想家,因为他遵循的是效率而不是原则:"他追求英格兰的强大",波拉德写道,"并且,在宗教改革不可避免的风暴中",他的行为和影响力,包括不择手段地与罗马决裂,很可能"阻止了比诱发这些不幸更为严重的罪恶出现"。[3] 这预示着以霍布斯为首席理论家、最终以"新君主制"为特征的现代世界的出现。

1906 年,波拉德以"现代史学中的要素"为主题举办了一系列公共讲座。期间,他勾勒了其规模更庞大的研究架构,并由于杰克·赫克斯特(Jack H. Hexter,1910—1996)出版于半个世纪后的犀利讽刺,得到了新的恶名。除了"新君主制"(一个取自 J. R. 格林的概念),波拉德按照 19 世纪的习惯,强调现

1　*England under Protector Somerset*(London,1900),323;并且参见 Blaas,*Continuity and Anachronism*,274-344。
2　*Henry VIII*(London,1905),vii;*Somerset*,338;Garrett Mattingly 谨慎地将该警告传递给他的学生。
3　*Henry VIII*,352.

代欧洲形成中的几个重要因素：民族性的出现，中产阶级的产生，（英国）宗教改革，议会和"社会革命"，以及随之而来的殖民扩张。他没有以任何教条的形式呈现这些，因为"历史学不是一种精确的科学，并且任何真实的和具体的事物都不可能是精确的"。[1]但即使历史没有规律，它还是受到有机连续性原则（the principle of organic continuity）的操控（戈特弗里德·威廉·莱布尼茨［Gottfried Wilhelm Leibniz，1646—1716］说**自然不会一下子创造出任何事物**［*natura nihil facit per saltum*］），且即使法国大革命完成了"飞跃"，但只见高不见远——而且，历史当然不得不包含政治之外的其他方面。连续性原则也体现在其筹划已久的议会史和英国史的小体量的教科书中，这些书称颂现代民族国家是"已知最强大的政治组织形式，因为它在主观上和无意识中都代表着民意"。[2]

波拉德的主要成就是他关于"议会演变"的书作。该书出版于1920年，但在一战前就已动笔。他引用了一位历史学家为另一位历史学家所作的传记（卡莱尔的弗劳德传）作为开篇。其中，后者宣称民主的议会不会带来什么好东西。波拉德的言论当然截然相反，因为"议会制度实际上是英国人民送给世界文明无比伟大的礼物"——远远超越如苍白的效仿或盎格鲁-撒克逊的创造物之类，如"德国国会（reichstag）和杜马（duma），瑞典议会（riksdag）和挪威议会（storthing），保加利亚议会（sobranje）和meiljiss（可能是中亚某个地区的议

---

[1] *Factors in Modern History* (New York，1926)，30.
[2] *The History of England：A Study in Political Evolution* (London，1912)，225.

会——译者注）"。[1] 议会——以及被他称为"政治的共产主义"，即平民地位的上升——也是英国人民从爱德华一世统治时期开始逐步完成民族统一和最终获得自由的主要手段。在其原始形态中，议会——波拉德在这里遵循梅特兰和备受瞩目的麦基文的看法——是理事会和"高等法院"，只是后来被加上了外国的"三等级神话"。并且，代议制和立法功能如此受到维多利亚时期学者的青睐。下议院在爱德华三世统治时期已完整地建立起来。"随后，如同现在，"波拉德写道，"议会的本质是王权和平民之间，统治者和被统治者之间的协商。"对于波拉德来说，议会是三重"历史因素"的结晶，这些因素构成了现代世界的基础：平民的增长，中产阶级的崛起，对个人自由的渴求，以及民族主义的出现，所有这些都在现代国家的庇护下发生，亨利八世是其奠基者。波拉德遵循国王权力和帝国权力分开的原则，追溯了这一有重大影响的制度的发展，直至一战这次"决定性的检验"——一战（如同波拉德在 1915 年 8 月用轻蔑的口吻所写的）将会在打击"议会制人民"（parliamentary people）的敌人过程中结束。[2]

尽管受到梅特兰的影响，波拉德在相当长的职业生涯中，除了其对都铎王朝的专项研究，还涉猎了英国历史的整个跨度，但他仍是一个另辟蹊径的学者。屈维廉也是如此，不过他还冒险涉足大陆领域。这开始于他关于朱塞佩·加里波第（Giuse-

---

[1] *The Evolution of Parliament* (London, 1926²), 3.
[2] Ibid., 379.

ppe Garibaldi，1807—1882，屈维廉的父亲乔治·奥托·屈维廉早已试图着手研究他）的研究和现代意大利的风靡一时的三部曲。三部曲在 1907 年至 1911 年间出版。这三卷书从加里波第 1849 年企图反对罗马共和国的事迹入手，到其 1854 年返回意大利，及与加富尔（Cavour，1810—1861）结盟，再到他率军横扫意大利并解甲归田于卡普雷拉（Caprera）。它是对"真命天子"所经历的"有史以来最传奇命运"的颂扬，他不但象征着人性和自由，也象征着英雄主义——并且他集屈维廉试图兼顾的自由主义和军人的美德于一身。不过，屈维廉甚至在一战前就开始要摆脱这部青涩作品中的自由理想主义，并转向其真正的毕生事业，即英国人民的故事——屈维廉与格林那种丰富多彩且大众化的历史不同，他看重更专业化的研究。尽管享有盛誉，但屈维廉是一个老派绅士，他带着尤为旧式的对文字艺术的追求，行走于职业历史学的边缘。

屈维廉是一个雄心勃勃的自由派历史学家，期待——也获得了——广泛的阅读受众，就如同他著名的大舅所完成的那样。[1] 1899 年，即 23 岁时，他的第一本书出版。该书起初是一篇为争取剑桥奖学金而写作的论文，且几次再版。《威克利夫时代的英国》(*England in the Age of Wycliffe*) 不是对于问题的分析，而是对一个时代的全方位刻画，"一幅呈现英国在特定阶段内社会、政治和宗教在其进步过程中的广袤图景"，他借鉴了安德烈·雷维尔（André Reville，1867—1894）和夏尔·佩蒂-

---

[1] David Cannadine，*G. M. Trevelyan：A Life in History*（New York，1992）.

迪塔伊关于农民战争的作品，并承认他还得益于斯塔布斯主教（William Stubbs，1825—1901）和弗朗西斯·艾登·加斯奎特（Francis Aidan Gasquet，1846—1929）博士（他补充说，"无论我们"与这位基督教学者"会有多少不同"）。杰弗雷·乔叟（Geoffrey Chaucer，1343—1400）时代的英格兰与这位"快乐诗人"（jolly poet）描绘的景象并不对应，因为它被中世纪社会的腐朽所控制。然而——按辉格派的说法——"尽管中世纪精神已病入膏肓，但现代世界的观念却在那个时代最伟大的众多心灵中逐渐形成。"[1] 那是一个堕落的黑暗时代，但农民起义最终推动了变革，且罗拉德教派（Lollardy）为路德主义打下了基调（屈维廉在这里援引了伊拉斯谟[Desiderius Erasmus，1466—1536]和卡斯伯特·滕斯托尔[Cuthbert Tunstall，1474—1559]的观点），并且在威克利夫（John Wycliffe，1331—1384）的推动下，不仅"行统治权的教会衰落了"，"自由思想"也开始萌发。

不过，英国宪政自由的关键时期还是斯图亚特王朝时期，其与议会的争斗相当于16世纪德意志宗教改革和18世纪的法国大革命。屈维廉对于斯图亚特王朝时期英国的全面性研究在1904年出版，考察了正在转向政教冲突，王室与议会间冲突，以及领导了内战的政党崛起等"英国历史上的决定性事件"发生之前的英国社会和文化。[2] 在屈维廉看来，内战不是一场阶级性的，而是区域性的战争，是北部与西部打击南部与东部的战

1　*England in the Age of Wycliffe 1368 - 1420*（New York，1963），2.
2　*England under the Stuarts*（London，1949），186.

争。而接下来的是一系列革命政府治下的保守做法，随后就出现了王室复辟和"恐怖统治"，在"有必要与当时的主流趋势和最具前景的可能性保持一致"的时候，怀柔的革命才建立了君主立宪制。在欧洲的宗教政策仍在一味偏执的时代，英国最终出现的规定即使算不上宗教平等，也称得上宗教宽容。然而如同波拉德那样，屈维廉对于辉格式"宏大叙事"的坚守被相对主义乃至多元主义的意识冲淡了；因为他总结道，有千百个其他故事"只在其自己的时代为人所知，它们的崇高和重要意义并不逊于那个以浅显和不完善的形式被铭记瞻仰的故事，因此，我们如今将之挖掘出来，并使之成为历史"。[1]

屈维廉的历史思想最为引人注目的表达体现在他与 J. B. 伯里（John Bagnell Bury，1861—1927）的交流中。1902 年，伯里在其作为阿克顿的继任者，成为剑桥钦定教授的就职演说上宣称，历史不是文学的分支，而"单纯就是科学，既不多，也不少"，并且 11 年之后，屈维廉——1927 年他接替伯里身居同样的职位——公开对他做出回应："克里奥，一位缪斯。"就"科学"的意义而言，伯里指的不是研究普遍的法则，而是在荷马式学者弗里德里希·奥古斯特·沃尔夫（Friedrich August Wolf，1759—1824）那里被展现得淋漓尽致的语文学（且更近似于考古学）传统。沃尔夫的方法与凭着发展的观念考察遥远过去的民族的研究融合，并得到了强化，而且如今在英国学者那里被认为是最有前途的方法。这种模式没有出现在蒙森

---

[1] *England under the Stuarts*（London，1949），430.

青年时期的《罗马史》中,而是体现在《铭文集成》(*Corpus Inscriptionum*)中。相比之下,屈维廉从本质上拒绝德国那种推崇被伯里视为古老的"政治伦理"取径的升级版观念。这种理念又涉及屈维廉所崇信的德国人的另一种立场,即解释的必要性,因为它与容易引起误导的物理科学模式相区别。他认为,历史不遵循"规律",也不给出判决,而是根据(像他这样的)历史学家的心智和想象而塑造的。它是"关于已发生过的事情的传言",不是关于原因的推论,是根据美学和教导价值进行调整的——并且在这里,屈维廉毫不犹豫地引用了瓦尔特·司各特(Walter Scott,1771—1832)的例子为纯粹的"文学式的历史学"辩护。对于这一概念,学术界的批评家使用它时则带有轻蔑的意思。在其他情况下,这种争辩反映了英国关于历史学专业在研究与教导方面相关价值的争论,但是屈维廉尤其在意不要剥夺后来人欣赏古典文学叙事——"现代的吉本,睿智的卡莱尔和擅质疑的麦考莱"——的机会。

伯里和屈维廉之间的疏离并不是巨大的概念差别,事实上有必要从他们选择的领域上去做区分。屈维廉致力于英国(仍主要是维多利亚时代的)的政治、制度和社会传统,尽管与其大舅不同,他回避了公众事务。而伯里专注古希腊和之后的罗马帝国与拜占庭帝国,不仅关注文学传统,还关注近来与特洛伊有关的考古发现,特别是阿瑟·埃文斯(Arthur Evans,1851—1941)在克里特的考古发现。尽管如此,伯里的讲述仍秉持着对希腊文化成就的辉格解释,尤其显示了人性中"思想无所畏惧的自由"。[1] 他也推测希腊人自己对于历史进程的深刻理解——"亚里士多德死前是否预言希腊的城市不会是人类历史留下的最后讲述"——可以确定的是这些城市无法预见现代历史主义所开创的视角。

无论如何,伯里对希腊史学投注了特殊的兴趣,并于1918年在哈佛大学开设了专题课。希腊对于西方文化的贡献包括历史学的理论和实践——肇始于史学的诗性开场,散文作家,以及其他先驱,其中有"奠基者"赫卡泰乌斯(Hecataeus,约公元前550年—公元前476年)。不过,像通常那样,集中关注的是希罗多德和修昔底德的古典叙事。希罗多德展现了史诗的影响力,修昔底德展现了戏剧艺术。是希罗多德引入了批判原则,包括对奇迹的怀疑,保持开放的思想,并且坚持一手信息(**尸体解剖**[autopsy]);而这些原则由修昔底德在转向当代史和"理性主义"时得以发扬。[2] 然而伯里补充道,作者们都没有给予经济因素足够的重视,而是在"仇怨"的意义上关注原因。历史探询的特殊意义是哲学和古物研究(**刨根究底**[polypragmosyne],**好奇**[curiositas])。在创始人的模仿者中,波里比阿是最重要的,他笔下的历史"包含着与历史学方法指南有关的材料"。[3] 拉丁历史学家在希腊人的光芒笼罩下工作,但是他们将历史学研究扩展到民族传统的范畴,尤其是李维、撒路斯特、塔西佗的作品。对古代历史学家来说,历史学有各种用

---

[1] *England under the Stuarts* (London, 1949), 821.
[2] *The Ancient Greek Historians* (New York, 1958), 69-70, 81.
[3] Ibid., 212.

途——实践的、古物研究的、哲学的［例如波里比阿的正文体循环理论（theory of constitutional cycles）］——且他们甚至有某种在历史上和道德上或许是进步的相对主义意识。当然，历史观念既是科学性的，又是人文性的。对于伯里来说，在任何情况下，历史学研究与考证的地位提升都是进化过程进入晚近阶段的一个要素，且因此它仍属于20世纪。

进步是伯里史学概念中的关键词，并且它成为了或许被视为其最著名的著作——《进步的观念》（The Idea of Progress）——的主题。该书出版于第一次世界大战结束后的第三年，用于纪念艾比·德·圣皮埃尔（Abbé de Saint-Pierre，1658—1763）、马基·德·孔多塞（Marquis de Condorcet，1743—1794）、孔德、赫伯特·斯宾塞（Herbert Spencer，1820—1903），"以及在这卷中提到的其他乐观主义者"。[1] 伯里重新讲述了从文艺复兴时期开始的普遍史，特别是以路易·勒卢阿（Louis Le Roy，1510—1577）和波丹（Jean Bodin，1530—1596）为开端，他们对人类经验的看法胜过马基雅维利。他们预言，"世界并未退化；现代并不逊于古典时代；地球上的种族如今组成了'世俗共和国'（mundane republic）"；并且他们有以弗兰西斯·培根（Francis Bacon，1561—1626）和勒内·笛卡尔（Rene Descartes，1596—1650）为代表的、更为细致精深的自然科学代言人继承了事业。[2] 进步的观念更直接地关系到17世纪的古今之争，尤其是圣皮埃尔的"革命性的投机

1　*The Idea of Progress*（London，1932），352.
2　Ibid.，49.

活动"(revolutionary speculations)所引发的争论,继之以孟德斯鸠、伏尔泰、杜尔哥、孔多塞,以及百科全书派与重农主义者。在此之后,伯里追溯了英、德、法思想发展的历程,以及圣西门(C. H. Saint-Simon,1760—1825)、孔德、亨利·托马斯·巴克尔(Henry Thomas Buckle,1821 –1861)、欧内斯特·勒南(Ernest Renan,1823—1892),特别是达尔文的著作中对科学规律的探索过程。然而,即便总结出这些思想和规律,可能还是要服从更为基本的历史演变模式。因为伯里的追问一针见血,"进步本身使人明白,相比于一个并不十分进步的文明阶段,进步的价值难道不只是相对的吗?"[1] 在伯里看来,尽管他站在"科学"的立场,但我们还是可以看到他那以滑向不确定性和自由意志论的辉格史观为基调的孤立偏狭的自以为是。

法国史学的模式

在法国,"进步"学说仍笼罩于实证主义的暮色中,知识的碎片状态采用了学科间相对良性的竞争形式。以历史事件为形式的"现实"仍占统治地位,并且实证主义史学的事业本身仍继续保持兴旺。[2] 专业教席和学生都在显著增长,并且在1896

---

[1] *The Idea of Progress*(London,1932),352.
[2] 关于专业历史学方面的新调查,参见 Christian Amalvi(ed.),*Les Lieux de l'histoire*(Paris,2004)。

年法国高等教育已经完全达到了与德国的大学相比——并与之形成竞争——的完备的"大学"（university）建制。历史学研究几乎成为"第三共和国"的世俗宗教。以加布里埃尔·莫诺（Gabriel Monod，1844—1912，《历史评论》[*Revue Historique*]的创办人），恩斯特·拉维斯（Ernest Lavisse，1842—1922）以及他们的学生夏尔·瑟诺博司和夏尔·维克托·朗格诺瓦（Charles Victor Langlois，1863—1929）为首的旧式学术护卫者自豪于自己已经摆脱了传统文学和说教式史学的恶习（皮埃尔·多努[Pierre Daunou，1761—1840]一个世纪之前的作品对此做了充分的阐释），并且想要根据其"科学"方法训练历史学研究者。有点矛盾的是，他们也想根据其反教会的史观以及法兰西民族的物质与文化进步，教育更广泛的公众。拉维斯（以米什莱为其"导师"）的雄心通过他与阿尔弗雷德·朗博（Alfred Rambaud，1842—1905）编写的两套系列丛书在一定程度上得到了实现。这两套丛书在二战后很长时间依然是标准教科书。这些书卷的目的是教育性的，而尽管大量地引用了原始文献，但还是更多地依靠二手文献。对于现代史学来说，不可能读到一个国家的所有文献。朗格诺瓦承认，"因此，从本质上说，也就不可能写出一部符合自然科学原则的欧洲当代史"。[1]

拉维斯的《法国史》（*History of France*，类似于他所编写的西方普遍史）是一种合作性的事业，是战前一代人的遗产，可追溯到圣丹尼斯（St. Denis，公元3世纪时期）和保罗·埃

---

[1] *A Political History of Europe since 1814*，tr. S. M. Macvane（New York，1900），扉页。

米利奥（Paolo Emilio，1455—1529）的长线条的官方历史产物，包括米什莱和亨利-让·马丁（Henri-Jean Martin，1924—2007）在内的史学模式，也包括众多进入之前世纪的制度史和社会史领域的研究者，以及弗朗索瓦·基佐（François Guizot，1787—1874）等人推动的文明史。然而如朗格诺瓦的论述所指出的，这并不明了，且评论的形成实际上通常与进一步探索某些重要主题或是搜集与之相关的文献的需求相关。十八卷丛书的参与者包括拉维斯、朗格诺瓦、瑟诺博司、阿希尔·吕谢尔（Achille Luchaire，1846—1908，库朗热职位的继任者）、菲利普·萨尼亚克（Philippe Sagnac，1868—1954）以及其他杰出的历史学家。第一卷包括一篇保罗·维尔达·德拉·白兰士（Paul Vidal de la Blache，1845—1918）所写的反映"法国地理的生动状态"的文章，类似于米什莱，但比米什莱更广泛，还包括古斯塔夫·布洛赫（Gustav Bloch，1848—1924）关于高卢的"开创性"研究。他利用了考古学和铭文方面的研究成果。下一卷承续了传统的分期方法，以政治和军事事件以及诸王朝为主要内容，尽管也分出章节关注文化，即艺术和自然科学，以及法国的教育。

这些学者型教师的历史解释仍保持着欧洲中心主义，事实上是法国中心主义，但相对于他们的德国同行，他们更大程度地受到国际主义、和平主义、民主主义甚至是社会主义价值观的影响，而德国大学的注册人数远超法国大学的注册数，这一点并不令人意外。"德雷福斯事件"期间，这些法国学者们被夹在左派和右派的骚动之间，这不仅引起了法国社会的不安，也影响到"教授共和国"（"the Republic of Professors"）。他们也夹在"科学"史学和新的学科交叉取径之间，前者强调客观性、档案研究和出版专题论著，后者追求更有意义的——且具社会功用的——理解模式。拉维斯和瑟诺博司专门涉猎教育学的理论、实践和政策，而朗格诺瓦则致力于推出文献目录方面的参考性作品。在该时期，越发突出的是阿尔方斯·奥拉尔（Alphonse Aulard，1849—1928）及他的学生皮埃尔·卡龙（Pierre Caron，1875—1952）和萨尼亚克提倡的"当代的"历史。然而，历史教学对于"1914年那一代"的很多人来说仍然不够与时俱进（或者说不够民族主义）。[1] 1912年，"阿伽通"〔"Agathon"，亨利·马西斯（Henri Massis，1886—1970）和阿尔弗雷德·德·塔尔德（Alfred de Tarde，1880—1929）的笔名〕发表了题为《今日的年轻人》（"The Young People of Today"）的声明，谴责索邦大学的保守派——拉维斯、瑟诺博司和塔尔德——不仅就其迂腐而言，也是对于德国社会学等国外影响的侵入的回应。可是一战带来更紧迫的问题，掩盖了这场发生在两代人之间的冲突。不过，一种逐渐向法国史学的正统发起挑战的"新史学"的信号已经出现了。

正统性——19世纪法国职业历史学家的共同态度和实践标准——实际上是由拉维斯以前的学生朗格诺瓦和瑟诺博司出版的伟大的指南整理确认的。该指南出版于1897年并在几年后被

---

[1] Robert Wohl, *The Generation of 1914* (Cambridge, Mass., 1979), 5-18, and Martha Hanna, *The Mobilization of Intellect: French Scholars and Writers during the Great War* (Cambridge, Mass., 1996), 26-49.

译成英文，之后又再版了几次。这些人不是诉诸孔德的"历史法则"来坚持实证主义的概念立场，而是通过经验基础，即文献或铭文得来的"事实"。不同于早些时候德罗伊森和爱德华·伯恩海姆（Eduard Bernheim）*的论著，他们的手册避开了哲学问题，对话的不是专业精英而是公众，尽管使用的不是米什莱和拉维斯的那种大众化风格。他们的出发点是历史学的老式原则，即缺乏史料和事实的推论就不是历史。因此基于档案和图书馆的研究是获取关键历史认识的主要途径，而德国人所谓的"经探究获得启示的方法"（heuristic）以及与之相关的"辅助科学"（auxiliary sciences）才是历史学研究者专业训练的基础。不言而喻，政府的文件有了特殊地位，构建这些资料库的政治和法律制度也一样。然而它们不仅限于政治性条件，因为他们认识到六种关于历史事实的外延性条件：物质性的（包括生物学、地理学和人口学），知识性的（艺术、科学、哲学），社会性的（食品、服饰、私人生活），经济性的（运输、贸易），以及制度性的（家庭、教育、阶级），还有公众性的（国家、教会、行政）。[1] 其中，只有最后一个是"强制性的"，而第二个和第三个并不是"强制性的"；并且——带着一种缺乏历史意识的好奇——他们认为所有这些历史科学的特点只是在之前的半个世纪才有所发展。

在经探究获得启示的方法之后出现的是"诠释学"，即对文

---

* 原文和索引呈现的人名为 Eduard Bernheim，推断此处实际指的是欧内斯特·伯恩海姆（Ernst Bernheim，1850—1942）。——译者注
1 *Introduction to the Study of History*, tr. G. G. Berry (London, 1898).

献资料的阐释——事实的真相和意义,然后是基于事实筛选和分类的"综合性操作"。朗格诺瓦和瑟诺博司尽管批判其对立一方,却也承认文明史和"斗争史"(battle-history)都是必要的,但在两个例子中,隐喻性阐释(指兰普雷希特的文化史)都无法得到认可,并且不得不谨慎看待史料中的"裂缝"。最后也最无争议的是"阐述"(exposition),它只在后浪漫主义时期才再次从文字意义上升到一种"科学的"层面。至于"相同社会下人的不同习惯"与更广泛的历史变化与发展模式之间相辅相成的原因,"是尚未彻底完成的研究的一个分支领域"。这是对迪尔凯姆模式下的当代社会科学的一种暗示,实际上它是社会科学主要的存在形式。事实上,在几年前,保尔·拉孔布(Paul Lacombe,1837—1927)出版了他的《作为科学的历史学》(*History Considered as Science*),该书拒绝草率的经验主义,并且号召历史学家探索社会性规律。[1] 历史"事实"("facts")和历史"意义"("meaning")之间存在差异,而历史学家必然要通过探寻规律性和因果联系来追求后者。像兰普雷希特、狄尔泰和亨利·贝尔那样,拉孔布探寻科学历史学的关键在于心理学,尽管他借鉴的不是德国唯心主义而是法国的理性主义传统。在这里,他与亚力山德鲁·克塞诺波尔(Alexandru Xénopol,1847—1920)不同,后者在追求建立历史学的科学自治时诉诸一种生物学模式。[2] 另一位推测性的历史学家是阿尔

---

[1] *L'Histoire considerée comme science* (Paris,1894);并参见 William R. Keylor,*Academy and Community: The Foundation of the French Historical Profession* (Cambridge,Mass.,1795),116 - 121。

[2] *Les Principes fondamentaux de l'histoire* (Paris,1899),and Al. Zub,*L'Historiographie roumaine d'âge de synthèse* (Bucarest,1983)。

弗雷德·富耶（Alfred Fouilié，1838—1912），他通过一种从轶事文学中借鉴而来的"社会人类学"（anthroposociologique）方法和一种"应用性的观念心理学"（*idées forces*），企图确定欧洲人民的心理和民族特征。这使得自我理解以及对他者的理解成为可能。[1] 所有这些学者立志超越那种简单的历史事实考察的史学追问，即实现对那种圈定了传统的历史学艺术与科学范围的"文献猎取活动"的超越。

瑟诺博司本人对社会理论进行了持续不断的批评，包括兰普雷希特的文化史，以及迪尔凯姆和弗朗索瓦·西米昂（François Simiand，1873—1935）的社会学观念。他反对有些历史学家的"心理学方法"，他们以社会学家的集体性方法去考察历史性变化的特定原因，他也反对有些历史学家——运用旧式的孔德式实证主义——探索普遍和抽象的规律。瑟诺博司对由西米昂制定的那种抽象的决定论式"规则"发起了批判，后者痴迷于科学性理论，拒绝认识历史事实（在时间上以及空间上）的局部特点及其与"文献"的不可分割性。[2] 此外，瑟诺博司认为："所有时期都需要定义社会现象，包括意图、目标、信念、忧惧、动机、观点、情绪，这些在本质上都是精神上的，并且正对应于只有通过内在心理观察才可加以理解的个人意识表现。"[3] 至于迪

---

[1] *Esquisse psychologique du peuples européens*（Paris，1903²），并参见 James T. Kloppenberg，*Uncertain Victory: Social Democracy and Progressivism in European and American Thought*，*1870 - 1920*（Oxford，1986），35 - 37。

[2] *Etudes de politique et d'histoire*（Paris，1934），26 - 59（"Les conditions practiques de la recherche des causes dans le travail historique"［1907］）。

[3] Ibid.，16.

尔凯姆的"集体意识"（collective conscience），仅仅是一种"唯录论者"说的俏皮话，一种用任何具体的或历史的方式都无法证明的假设。类似的还有社会有机论的观念，这是一种来自"德意志历史学派"并由伊波利特·泰纳（Hippolyte Taine，1828—1893）引入法国的神秘理论。[1]对于瑟诺博司来说，实际的过去的根本范畴是个体的"事件"。通过不断地重复和超越人为的司法性条款，它也已成为社会习俗和制度的来源——这也是瑟诺博司立足指责实证主义狭隘和幼稚的基点。[2]他补充道："无论如何，历史学仍然处在这样一种情况，它太过初级，以至于试图使它的方法转化为其他既有科学太过勉强，哪怕是像最不完美和粗糙的科学，如动物学和地质学也不行。"

瑟诺博司的批评也适用于史前史的研究，这种研究考察原始人的踪迹和物件，但不能确定动机和意义。[3]在这里，最著名的遭批评者是吕西安·列维-布留尔，他从1908年开始出版了一系列关于"原始心态"的书。这些书以人类学家和人种学家的研究为基础，试图将史前人类的集体意识定义为一种个体与其所在群体保持一致性的表现。[4]他关于"前逻辑性的心态"的讨论是瓦解现代人类优越性的幼稚看法的工具，此外还为**心态**（mentalité）理念开辟了道路。该理念对瑟诺博司及老一代学

1　*Etudes de politique et d'histoire* (Paris, 1934), 26 - 59 ("Les conditions practiques de la recherche des causes dans le travail historique" [1907]), 56.
2　Ibid., 120.
3　Ibid., 54.
4　*The "Soul" of the Primitive*, tr. Lilian A. Clare (New York, 1928), 59; 以及 *How Natives Think* (1909), tr. Clare (London, 1926), 还有 *Primitive Mentality* (London, 1928)。

者来说是如此遥远，不过它却得到年轻一代学者，如吕西安·费弗尔和马克·布洛赫的热烈拥护，布洛赫请列维-布留尔为其关于国王显神迹的冒险性著作进行评论。[1]

那么显而易见，除了朗格诺瓦和瑟诺博司所重新规划的简单和狭隘的旧式道路之外，还有其他的历史理解路径正在被探索。这包括在一战前确立的历史学专业，如像埃米尔·勒瓦瑟（Emile Levasseur，1828—1911）那样的经济史家，像埃米尔·梅勒（Emile Mâle，1862—1954）那样的艺术史家，像皮埃尔·迪昂（Pierre Duhem，1861—1916）和亚历山大·柯瓦雷（Alexandre Koyré，1892—1964）那样的科学史家，甚至还有夏尔·勒努维耶（Charles Renouvier，1815—1903）、埃米尔·布特鲁（Emile Boutroux，1845—1921）以及亨利·柏格森（Henri Bergson，1859—1941）那样的历史学家的工作；但是它还不得不面对与之并行的和外围的研究思路，如地理学、考古学、人类学、社会学，以及其他发现时空中人类经验的意义的学科；并且这些努力实际上至少在拉维斯所收集的内容中处于边缘位置，并在后一代人自称的**"新史学"**中占中心地位。

对维达尔·白兰士来说，法国是一个被人类代理人强加了"集权化"外表的"地理意义上的存在"："尽管经历了多种人类的'革命'，土壤和气候都没有改变"人类本身作为

---

[1] Lévy-Bruhl, *Primitive Mentality*, II (preface of 1921). 列维-布留尔直到他的第二本著作才开始使用原始心态的概念，在一战之前，这个词从未流行起来。也参见 Jacques Le Goff, "Mentalities: A History of Ambiguities," in *Constructing the Past: Essays in Historical Methodology*, ed. Le Goff and Pierre Nora (Cambridge, 1985), 166-180.

"土壤的门徒"。土壤和气候超出了持续时间较短的现象的作用（effects），对人类有根本性的"影响"（influences）——一个本身与占星术和医学相关联的词。这是一个为托勒密（Ptolemy，90—168）和鲍桑尼亚（Pausanias，110—180）之类的古代作家察觉，得到近代早期历史学家认同，并在让·波丹的"地理史"（geohistory）中加以阐述的事实；但是直到19世纪末期，在亚历山大·冯·洪堡（Alexander von Humboldt，1769—1859）、卡尔·里特尔（Karl Ritter，1779—1859）、弗里德里希·拉采尔（Friedrich Ratzel，1844—1904）等德国先驱那里，"人文地理"（连同其更为臭名昭著的姐妹，"地缘政治"），或如拉采尔所说的，"人类学式的地理学"，以一种在现代人文科学的范畴内与历史学相关联的学科身份出现了。[1]

考古的发现以及在更大范围的编年框架中对其进行解释的尝试，在过去几个世纪以前的欧洲就已出现。在1900年之前的半个世纪里，它的突破式进展加强了"人之古代性"（antiquity of man）原则和"史前史"作为一种独特学科的地位。在法国，"国家古代博物馆"（Museum of National Antiquites）于1867年建成，且于1872年，在布鲁塞尔成立了"史前史国际会议"（International Congress of Prehistory），纪尧姆·德·莫尔蒂

---

[1] *Anthropo-Geographie, oder Grundzüge der Anwendung der Erdkunde auf die Geschichte* (Stuttgart, 1882); 以及 Günther Buttmann, *Friedrich Ratzel: Leben und Werke einer deutschen Geographen* (Stuttgart, 1977)。

耶（Guillaume de Mortillet）*声称第三纪的人（生活于距今70000000年前）是**智人**（*homo sapiens*）的"祖先"（precurwor）。1904年，莫尔蒂耶去世后的第六年，"法国史前史学会"（Prehistorical Society of France）成立。由此，人类的和原始人的零散遗留物产生了诸种理论及故事。这些理论和故事的形式不断更新，被纳入旧式世界史的叙事之中。[1] 如果稍加注意，其中还有吕西安·列维-布留尔这样的人类学家和埃米尔·迪尔凯姆之类的社会学家的观念。前者关于"原始社会的心智功能"的著作于1910年出版。后者的著作是《宗教生活的基本形式》，该书以推理方式展现概念化思想如何产生出抽象化"社会"，1912年问世。

对于迪尔凯姆来说，以人种学研究为辅助的社会学是"关于制度的科学"；并且尽管基于不同的概念性结构，他本身也受益于历史学家的研究，尤其是莫诺和福斯特尔·德·库朗热（Fustel de Coulanges，1830—1889）。如斯蒂芬·卢克斯（Steven Lukes，1941—　）所说，《宗教生活的基本形式》颠覆了《古代城市》的观点，"以宗教解释社会组织，而不是相反"。[2] 作为一种解释社会变革的系统，迪尔凯姆社会学也基本上是一种推测性历史学，它不仅联系到社会政策，尤其是突出

---

* 　原文和索引呈现的人名为 Guillaume de Mortillet，但可能是法国人类学家 Louis Laurent Gabriel de Mortillet，1821—1898。——译者注
1 　Nathalie Richard（ed.），*L'Invention de la préhistoire*（Paris，1992）.
2 　Steven Lukes，*Emile Durkheim，His Life and Work：A Historical and Critical Study*（New York，1972），61.

了社会的"团结",还涉及社会的预见性。可是,它也被作为对历史解释的辅助工具,以古斯塔夫·格罗兹(Gustav Glotz,1862—1935)为例,他的学位论文(迪尔凯姆读过且予以批评)处理了"古希腊刑法中的家庭连带关系"。他在论文答辩时强调:"迪尔凯姆先生乐于看到历史学家越来越重视的一个事实,即历史学和社会学之间不存在一条无法逾越的分界线。"[1]

总之,这些无甚关联的和外延性的历史学取径被用来赋予历史建构以意义、深度以及内在的一致性(solidarité——在世纪之交,它也是一个政治意义上具有煽动性的词)。[2] 即使瑟诺博司认识到了历史学"综合性操作"的重要性,但是他只意在以教育为目的、以文字说明的方式对事实进行分类和串联,并且他尤其否定其与当下(以及"当下主义"[presentist])的关注——换句话说,通常是与专业历史编纂学有关的事情——存在直接的联系。或许令人好奇的是,除了在一些情况下加重了其观点中的民族主义和排外情绪的腔调,一战的经历也没有从根本上改变专业人士对"科学"及其历史性解释的坚守。

不过,以亨利·贝尔及其朋友的工作为中心的、与历史学相关的"综合"有着更为远大的眼界,尽管它超出了职业历史学的领域。1898 年,贝尔写了一篇论"哲学的未来"的文章为"综合"目标辩护。两年后,他创办了《综合评论》(*Revue de*

---

[1] Steven Lukes, *Emile Durkheim, His Life and Work: A Historical and Critical Study* (New York, 1972), 625.
[2] D. R. Kelley, *The Human Measure*, 274.

Synthèse)杂志,且在1911年,他出版了著作《历史综合,它与普遍综合的融合》(*La Synthèse en histoire, son rapport avec la synthèse générale*),1953年再版。宣称历史学是"科学"乃是瑟诺博司和朗格诺瓦坚持的主要目标,也是莫诺所坚持的。在莫诺的哲学观点之上,这一目标呈现在其学术和论文之中。库朗热曾说过"一朝综合,需数年分析";但贝尔认为,面对专题论文铺天盖地的局面,是时候面向综合了。贝尔从孔德、勒南、泰纳,以及安托万·库尔诺(Antoine Cournot,1801—1877)这些"综合"先驱的时代开始寻找关于科学的概念的视域,并加以评论,涉及历史哲学、人类学、德国的**民族心理学**(*Völkerpsychologie*)、兰普雷希特的文化史、柏格森的"创造进化论",以及美国的实用主义、当代社会学,还有人种学;同时,他的确规划了史学理论的历史,尽管他从未使之完成;因为他真正的兴趣是"史学的未来"。

  历史学曾是什么,也就是说,它对于其他学者而言被当作什么?对于这个问题,贝尔援引史学史,回顾了各种各样的回答:"历史学是针对**险阻**(*hazards*)的研究[爱德华·迈尔(Eduard Meyer,1855—1930)],关于个别**现象**(*phenomena*)的研究(李凯尔特),关于**事实**(*facts*)的研究[贝奈戴托·克罗齐、阿德里安·纳维尔(Adrien Naville,1845—1930)]。它与**规律**(*law*)相对应(纳维尔),或与**普遍性**(*universal*,李凯尔特)相对应,或者,它是关于**事实之连续性**(*succession of facts*)的研究,与**事实的可重复性**(*repetition of facts*,克塞诺波尔)相对应。它完全不同于**系统化的**(*sys-*

tematic）科学（E. 迈尔），**理论化**的（*theoretical*）或**概念化**的（*conceptual*）科学（克罗齐），**定理式**的（*theorematic*）科学（纳维尔），**律定式**的（*nomothetic*）科学（文德尔班），或是**自然**的（*natural*）科学（李凯尔特）。"[1] 贝尔大体上认同这些与中世纪和近代早期的历史学概念也都相一致的定义和区分，即认为历史只处理特殊性，处理"事件"，而科学应对普遍性，尽管不是在一种唯心主义的或先验的意义上而言。不过，他对这种公认的二元论并不满意，因为它将史学研究归入一种分析性的和草率的经验主义。他期待的是通过他称之为"历史学综合"的新科学脱离这种区分。这种"历史学综合"借鉴于如迪尔凯姆、西米昂、马塞尔·莫斯（Marcel Mauss，1872—1950）以及列维-布留尔之类的社会科学家的研究，并"将个体置于人类整体中，将人类整体置于现实之中"。[2] 这是他坚持了半个世纪的目标和信念，并未从本质上受到两次世界大战的影响。贝尔代表了旧式历史科学和他那个时代以及我们所属时代的"新史学"之间的集中关联——甚至或许呈现出"新""旧"历史主义之间的集中关联。

德国史学的道路

由于充满了对哲学和政治的关注，德国学者比其他国家的

1　*La Synthèse*（Paris，1911），24.
2　*La Synthèse*（ed. 1953），308.

同行更多地在历史学的属性和价值问题上花费心思。步入 20 世纪之际，德国的"历史科学"经由一场围绕方法的争论也形成了分化。这场争论的一方是受大师兰克教导或嘉许的、坚持政治史的兰克的追随者，另一方则是卡尔·兰普雷希特与新出现的文化史拥趸。格里高利·冯·贝罗（Georg von Below，1858—1927）在一篇 1898 年发表的评论中对这种新的文化史予以谴责，下一代学者对之继续加以抨击。这种形式就是希罗多德式的旧式文化史与修昔底德的新式政治史之间展开的古代对应的翻版——以开阔的视野和深度的时间审视人类，对应于对政治性质和战争原因的考察。

事实上，这场 20 世纪的争论早在迪特里希·舍费尔（Dietrich Schäfer，1845—1929）与艾伯哈德·戈泰因（Eberhard Gothein，1853—1923）进行辩论时就开始了。[1] 1888 年舍费尔宣布政治凌驾于"所谓的文化史"的优先地位，而戈泰因则将关注的层次从国家降低到日常生活的琐事。舍费尔宣称："没有政治生活，就没有历史意识成长，也没有历史过程"，因此"历史学的真正领域是政治史"。在其自传中，他坦言："我政治工作和学术工作的最终目标始终都是为一个强大的德意志民族-国家的出现做出贡献。"[2] 次年，戈泰因对舍费尔做出回应，戈泰因是一位从事意大利文化研究的史家，他开始试着解释"文化史的任务"，特别是以布克哈特［以及兰克和特赖奇克

1　*Fortunes of History*，ch. 12.
2　*Mein Leben*（Berlin，1926），101；并参见 Kelley，*Fortunes of History*，304-306。

（Heinrich von Treitschke，1834—1896）]为范例的文化史。[1]他认为："如果政治史想要达成其构建政治生活之普遍因果过程的目标，就应该接受由文化史的细致研究带来的拓展。"[2]

伟大的德国**文化史**（*Kulturgeschichte*）实践者和理论家是卡尔·兰普雷希特，其引发争论的《德意志史》（*German History*，共十九卷，1891—1909 年陆续出版）集中关注物质文化和布克哈特式的以"精神"因素为特征的艺术史。[3]他以"不同于兰克的另一条道路"为口号开展其活动。这种不同不仅体现在文章及其在莱比锡开办的研讨班中，在他力压很多代表正统的反对派而主持建设的文化史研究院中也有所体现。19 世纪 90 年代期间，围绕文化史而展开的**方法论之争**（*Methodenstreit*）达到了顶峰，由于兰普雷希特的作品遭到来自"新兰克派"（*Neurankeaner*）的抨击，包括贝罗、费利克斯·拉赫菲尔斯（Felix Rachfels）、海因里希·芬克（Heinrich Finke，1855—1935）、马克斯·伦茨（Max Lenz，1850—1932）、赫尔曼·翁肯（Hermann Oncken，1869—1945）以及弗里德里希·梅尼克［《历史杂志》（*Historische Zeitschrift*）的主编］，与之同时，埃德阿尔德·伯恩海姆和奥托·欣策采取了更为温和的立

---

1 *Die Aufgaben der Kulturgeschichte*（Leipzig，1889）；并参见 Peter Alter，"Eberhard Gothein," in *Deutsche Historiker*，ed. H. -U. Wehler（Göttingen，1982），III，40–55。
2 *Die Aufgaben*，II。
3 Lamprecht，*Deutsche Wirtschaftsleben in Mittelalter：Unterzuchung über die Entwicklung der materiellen Kultur des platten Landes auf Grund der Quellen*（Leipzig，1885–86），以及 *Deutsche Geschichte*（Leipzig，1891–1909）。

场，格奥尔格·斯坦豪森（Georg Steinhausen，1866—1933）、库特·布列锡格和瓦尔特·格茨（Walter Goetz，1883—1961）以不那么教条的方式执行着文化史的任务。[1] 根据罗杰·奇克林（Roger Chickering，1942— ）的说法，随着兰普雷希特在1916年去世，他的职业声誉完全被毁坏，且其学生的生涯也受到影响。随着德国的**文化**（*Kultur*）和法国与英国的**文明**（*civilisation*）之间的矛盾卷入到导致1914—1918年世界大战的国家敌对之中，"新史学"在德国戛然而止。那时，军事和政治事务再次占据了主导地位。文化史边缘化的例外情况是其转型成宣传性的，通常是种族主义的**民族史**（*Volksgeschichte*）。它在第三帝国时期再次兴旺起来。

尽管遭到由兰普雷希特发起的文化史挑战，但20世纪早期的德国史学是由普鲁士学派主导的，并且这种**小德意志**（*kleindeutsch*）倾向的确通过"兰克-复兴运动"（"Ranke-Renaissance"）的那一代人和特赖奇克的影响得到了加强。后者尽管不是一个值得钦佩的人，但在战争年代也再次受到欢迎。[2] 弗里德里希·梅尼克、奥托·欣策、汉斯·德尔布吕克（Hans

---

[1] Eberhard Kessel (ed.), *Zur Geschichte der Geschichtsschreibung* (Munich, 1968), 321-330.

[2] Heinrich Ritter von Srbik, *Geist und Geschichte vom deutschen Humanismus biszur Gegenwart* (Munich, 1951), II, 1-32; Hans-Heinz Krill, *Die Rankerenaissance*: *Max Lenz und Erich Marcks* (Berlin, 1962), 也参见 "Ranke-Epigonen," "Jungran-keaner," "Rankebewegung," "Neurankeanismus," 等等; 并参见 Wolfgang Weber, *Priester der Klio*: *Historisch-sozialwissenschaftliche Studien zur Herkunft und Karriere deutsche Historiker und zur Geschichte der Geschichtswissenschaft 1800-1970* (Frankfurt, 1987)。

Delbrück，1848—1929）、乔治·冯·贝罗，以及特奥多尔·蒙森［还包括舍费尔、埃里希·马克斯（Erich Marcks，1861—1938）、埃里希·布兰登伯格（Erich Brandenburg，1868—1946）、马克斯·伦茨和约翰内斯·哈勒尔（Johannes Haller，1865—1947）］都以旧式政治倾向的风格教授古代史、中世纪史和现代史。出版这种风格的历史著作，这或许甚至与柏林的政局有更密切关联。[1] 如兰克一般，他们摆脱了狭隘的古典式先例，但的确没有全然对来自哲学领域的观念表示不满。尽管他们与那时已臭名昭著的粗俗的伪兰克式的"客观性"保持距离，但也意识到了历史阐释的复杂性——即便不是通过黑格尔的唯心主义，那么至少也是通过德罗伊森的诠释学——并需要面对社会学和历史主义的挑战。

关于德国史学模式公认优秀的讲述是爱德华·伯恩海姆的手册。该书第一版出版于1889年，追溯了这种体裁的早期著作。其中包括德罗伊森、克拉登尼乌斯*、埃里希·科勒（Erich Köhler）、福西厄斯（G. Viossius，1577—1649），以及波丹，但它也涉及哲学、自然科学和人文科学方面的当代文作——文德尔班、李凯尔特、西美尔、迪尔凯姆、克罗齐、贝尔、罗伯特·弗林特（Robert Flint，1838—1910）——以及以兰普雷希特为代表的"所谓的文化史"。伯恩海姆识别了历史科学的三个阶

---

[1] Charles E. McClelland, "Berlin Historians and German Politics," *Historians in Politics*, ed. Walter Laqueur and George L. Mosse (London, 1974), 191-222.

* 索引呈现为 J. W. Chladenius，推断此处实际指的是德意志18世纪哲学家、历史学家 Johann Martin Chladenius，1710—1759。——译者注

段：叙事的历史，或是"可作为参照的"（referring）历史，包括神话、铭文、纪念碑，以希腊**散文作家**（*logographoi*）和希罗多德为代表；"实际的"（pragmatic）历史，它不可避免地与政治功用和公民生活有关，以修昔底德和塔西佗为代表；"传承的"（genetic）历史，或发展的（developmental）历史，它包括原始史料的筛选和批判，材料的组织编排，哲学性的反思，即**历史知识理论**（*Historik*），以及地域和编年的划分问题。[1] "分期"的问题已从"四个世界君主国"* 概念发展到由康拉德·策拉留斯（Conrad Cellarius，1574—1636）在17世纪确立的古代-中世纪-现代的公认惯说。不过，再加上一个"史前"（prähistorisch）阶段，它就变得更为复杂了。[2]

以奥古斯特·伯克**和德罗伊森为传统的"百科全书"体，也（在一种现代的、科学的、教育性的、波丹的意义上）开启了关于"方法"的追问，并开启了关于历史学与其他学科——语文学、政治学、自然科学、艺术、人类学、民族志，等等——之间关系的追问。这些接触使历史学更丰富，并且历史学方法借鉴了语文学的"内"证和"外"证方法，其本身就与怀疑论，以及那些在**经探询获得启示的方法**（*Heuristik*）和**史料考证法**（*Quellenkritik*）的实践者那里挥之不去的"吹毛

---

[1] *Lehrbuch der Historischen Methode und der Geschichtsphilosophie*（Leipzig, 1908 II），22.

* 出处参见《圣经·旧约·但以理书》八章22节。——译者注

[2] J. H. J. Van der Pot，*De Periodisierung der Geschiedenis*（The Hague, 1951），以及 D. R. Kelley，"Periodization in the West"（即将发表）。

** 原文和索引呈现的人名为 P. A. Boeckh，但可能是德罗伊森的老师 August Boeckh，1785—1867。——译者注

求疵的殚精竭虑"格格不入；但是历史学方法尚未扩展至极限，使"普遍史"真的成为可能。历史学既可以客观，也可以主观——可分别以兰克关于罗马人与日耳曼人的首部伟大作品和弗里德里希·克里斯托弗·施洛瑟（Friedrich Christoph Schlosser，1776—1861）关于18世纪的研究为代表。二部作品均于1825年问世——但不可能脱离爱追问且善阐释的历史学家那种特有的文化圈子。[1] 谈及科学意义上的客观性，甚至蒙森还补充认为，这是"每一个科学家都追寻，但却从未触及的理想化的目标"。[2] 然而，身处那些限制之中的学者，尽管会意识到奥古斯丁和弗莱辛的奥托那种天命论的先例和"范型"（"prototypes"），也包括伏尔泰、孔多塞、弗里德里希·冯·施莱格尔（Friedrich von Schlegel，1772—1829）、黑格尔、马克思，以及很多其他人的先例和"范型"，但他们还是会转向"比较史学"和现代意义上的历史哲学。

然而，在进入20世纪之际，新德意志帝国的过去和未来——传统和命运——引得这些学者陷入深思。斯特凡·乔治（Stefan George，1868—1933）的学生弗里德里希·贡多尔夫（Friedrich Gundolf，1880—1931）在1931年去世之前开始研究德意志史学的起源。其中，他称颂来自赫尔德、兰克，以及其他希罗多德式沉思的追随者那种文字优美和民族主义的倾向。其目的不仅要揭示事实和展现新的意义，还要以路德的**民族的**

1　*Lehrbuch*，II，750.
2　引自 Friedrich Meinecke，*Autobiographische Schriften*，ed. Eberhard Kessel (Stuttgart，1969)，141。

方式而不是天主教的方式,以及回顾查理五世的**大德意志**（grossdeutsch）的方式颂扬德意志传统。[1] 据贡多尔夫所言,彼特拉克、马基雅维利、儒安维尔（Jean Joinville,1224—1317）、菲利普·德·科米纳（Philippe de Commines,1447—1511）都如同西班牙和英国的作家那样,支持他们的民族传统,奉罗马和凯撒为典范;并且德国史家抛开人文主义和启蒙运动虚伪的普世主义,吹奉民族至上理念。这种从政治出发看待过去和未来的视角,其核心是与塔西佗有关的旧日耳曼主义,以及腓特烈大帝、**解放战争**（Freiheitskriege）的英雄和俾斯麦有关的新普鲁士主义。这种战前作品的例子有德尔布吕克于1900—1927年间写成的《战争艺术史》（History of the Art of War）,梅尼克于1906年完成的《德意志崛起的时代,1795—1815》（Age of the German Uprising, 1795-1815）和1907年写成的《世界主义与民族国家》（Cosmopolitanism and the National State）,欣策于1915年写成的《霍亨索伦家族及其成就》（The Hohenzollern and Their Work）,舍费尔于1910年写成的《德意志史》（History of Germany）,1903年写成的《殖民史》（Colonial History）,布兰登伯格于1916年写成的《帝国的建立》（Founding of the Empire）,伦茨和马克斯分别于1902年和1909年撰写的俾斯麦传记,还有贝罗在1900年完成的《德国政治、宪法和经济史》（German Political, Constitutional, and Economic History）,1914年写成的《德意志城市》（The

---

[1] *Anfänge deutscher Geschichtschreibung*（Amsterdam,1938）,31.

German City），及 1916 年的《德意志史学史》(*German Historical Writing*)，这些著作都称颂以民族统一和无上美德为目标的奋斗，以及德国人的雄才和文化的力量。这些作品中的最后一部探向了贝罗所不屑的兰普雷希特的"新史学"，认为作者偏离了神圣的民族传统，而倾向于普世主义及和平主义的软弱。

兰普雷希特不是新奇故事的唯一传播者，因为还涉及汉斯·德尔布吕克的"新"军事史，尽管它指向相反的政治倾向：不是那种和平（以及以兰普雷希特为标签的**文化史**中的和平主义意味）的艺术，而是战争。德尔布吕克是最直接地瞄向那些表现德意志之骄傲与成功的史料的学者。这些骄傲与成功是普鲁士的军国传统——如他认识到的那样，最终都成了悲剧。他是公认的兰克追随者："我只是一个历史学家，想要以利奥波德·兰克的精神为历史学领域的朋友写一本书，写一本历史学家的指南。"[1]尽管他有关于战争艺术的名著并在柏林继承了特赖奇克的地位（虽然他已经与那位资格更老的学者决裂了），但综观其学术生涯和政治生涯，德尔布吕克都不算成功。[2]他在"所有战争中最伟大的战争"期间，围绕"以胜利取得和平"政策的战略，与军事专家发生冲突；针对古代德意志部落的原始秩序，与中世纪专家发生冲突；他通过对腓特烈大帝的修正主义阐释，否认其是一个"横扫千军的战略家"，与搞民族研究的

---

[1] *History of the Art of War within the Framework of Political History*, tr. Walter J. Renfroe, Jr. (Westport, 1995), I, 17.
[2] Arden Bucholz, *Hans Delbrück and the German Military Establishment: War Images in Conflict* (Iowa City, 1985).

历史学家发生冲突；并且更频繁地就凯撒的推崇者蒙森之类的主流学者对社会、经济和战争技术条件的重视发起争论，暗示其做法给新的社会科学施加了一种持续的破坏，背离了舍费尔和贝罗主张的兰克模式。实际上，德尔布吕克与其谦和的且最终成为**理性共和派**（*Vernunftsrepublikaner*）的朋友欣策和梅尼克（后者也曾是一个**赤诚的君主制拥护者**）更为亲近。

离开普鲁士和路德教背景，梅尼克师从德罗伊森、海因里希·冯·西贝尔（Heinrich von Sybel，1817—1895）和特赖奇克。他跟随西贝尔埋头于普鲁士档案之中，恰在1886年兰克去世前的三天取得了博士学位。[1] 同年，他接替西贝尔的继任者特赖奇克，成为《历史杂志》（*Historische Zeitschrift*）主编，直到纳粹统治时被迫离任。梅尼克不仅长期是兰克的钦慕者，从个人角度讲，他更推崇特赖奇克。兰克和特赖奇克就像是耶稣和保罗的关系，保罗（如同特赖奇克）具有到民众中去的能力。[2] 在围绕兰普雷希特展开的**方法论之争**期间，梅尼克站在贝罗（他不仅熟识兰普雷希特，而且由于在波恩的共同岁月而与梅尼克熟识）和伦茨一边，支持兰克传统，尽管他是以更为温和的方式接受民族史的经济、社会、文化方面。[3] 如他在1896年同贝罗说的那样："经济学家、哲学家、法学家比碌碌无为的历史学家思考更多关于普遍性的历史学问题。"[4] 此外，梅尼克

1　Meinecke，*Autobiographische Schriften*，76.
2　Meinecke，*Autobiographische Schriften*，120.
3　Ibid.，117；*Ausgewählter Briefwechsel*，ed. Ludwig Dehio and Peter Classen (Stuttgart，1962)，15以下部分。
4　*Briefwechsel*，12.

越发专注于历史经验的唯心主义方面,以及**观念史**(*Ideengeschichte*)。这就是他所谓的"新史学"的教益。他的"新史学"渴望将德国的文化与德国的政治结合起来,它在德意志民族为国家统一而崛起的时期兴起了。[1]

这就是梅尼克第一本主要著作所采用的思路,该书通过介绍俾斯麦使理想和现实——德意志民族和普鲁士国家——成为一个有活力的和不断扩张的结合体之前的那些诗人、哲学家和历史学家,称颂了形成中的德意志民族。《世界主义与民族国家》(*Cosmopolitanism and the National State*)建立在很多二元性,或说是两极性基础上,开始是(政治的)普遍性和(心理的)特殊性,也包括民族与国家,权力与自由,和平与战争,理想(黑格尔?)与现实(俾斯麦),理念与行动,利益与信念,以及之后的文化史(布克哈特)与政治史(兰克)。实际上还有梅尼克自己在其漫长的两个帝国和两个共和国的生命中于这些立场间的游移。像兰克一样,在世界历史的框架里研究的过程中,梅尼克看到了一种普遍的模式,"一种错综交织的民族的和普遍层面的发展"。[2] 拿破仑时期的德意志,一种观念上的契合在新兴的公仆(civil servant)阶级的庇护下表现出来。一方面是以文学和哲学方式表达的理念——如在威廉·冯·洪堡(Wilhelm von Humboldt,1767—1835)、诺瓦利斯(Novalis,

---

1　*Cosmopolitanism and the National State*,tr. Robert B. Kimber(Princeton,1970),93;并参见 Richard W. Sterling,*Ethics in a World of Power: The Political Ideas of Friedrich Meinecke*(Princeton,1958),32-102。

2　*Cosmopolitanism*,19。

1772—1801)、施莱格尔和费希特的作品中的理念。另一方面是在施泰因（Karl von Stein，1757—1831）、格奈泽瑙（August von Gniesenau，1760—1831），以及洪堡（又一次出现）那里被提到的有关国家和行为的普鲁士概念的现实。同时，受到战争经历的激励，"正在历史化的浪漫主义"（"historicising Romanticism"）将个性带入集体的民族发展，然而是以一种不同于法国专制主义的自由方式进行的。1905年，梅尼克已经脱离了其同事舍费尔、欣策和贝罗构设的兰克范式，与其朋友恩斯特·特洛尔奇，以及狄尔泰、李凯尔特和文德尔班，转向了"人文科学"（*Geisteswissenschaften*），思考其此后三十年间从事的主题，即"历史主义的兴起"。

梅尼克的书的中心主题是"来自非政治的、普遍性的观念的政治思想解放"，以及这里所说的统一前的"三个伟大的国家解放者"，黑格尔、兰克和俾斯麦，他们标志着理想到现实的进程。[1]黑格尔和兰克都曾借鉴了萨维尼以及历史学派的民族性概念，而兰克尤其在其"划时代的进步"中更为坚决地将这个概念与完全个性化和自主化了的"民族化国家"观念联系起来。梅尼克遵循其朋友（和俾斯麦传记的作者）伦茨的观点，将兰克与那位"伟大的读者"俾斯麦同题并论。对于伦茨来说，"兰克的历史观念成为我们帝国的伟大奠基者所实行政策的第二属性"——尽管他更钦慕特赖奇克，"我国统一的最伟大战士和我国建设最伟大的设计师之一"。[2] 对梅尼克和伦茨来说，俾斯麦

---

1 *Cosmopolitanism*，197.
2 Lenz，*Kleine historische Schriften*（Munich, 1910），391（"Bismarck und Ranke"[1901]），and 475（"Heinrich von Treitschke"[1896]）.

独自认识到理想与现实的契合——文化的民族和民族化的国家在启蒙时代的欧洲价值观和普鲁士传统中生发而来,当然也包括军事方面。在1848年的经验和错误之后,由普鲁士到一个更强大的德意志的过程清晰起来,特别是兰克——相比于"政治"史家德罗伊森和马克斯·邓克尔(Max Duncker,1811—1886)——颇具远见,高瞻远瞩地从民族的视角看到了这一过程。[1]由此,这位高龄的大师"继续转动着世界历史的线轴"(通过公共活动,也通过学术成就),梅尼克显然也想在两个方面都追随和效仿。

如梅尼克所说,他的观点不仅"从历史阐释向政治阐释转移",还转向回顾性的预言(retrospective prophecy),因为它实际上是以黑格尔哲学的世俗视角加以计划的目的论。[2]由于带着德意志统一的憧憬写作,他专注于指摘失败、弯路、弊政,并依这一目标去品评主要人物和知识分子。这个故事并不新颖,很多历史学家都讲述过,但梅尼克对他要介绍的主体的选择具有原创性。他把必然进行的旧有政治性叙述,与思想史结合起来,并且还结合了普鲁士的传奇过往,这种传奇凭借档案研究得到强化,至少在1914年以前,一直都作为德国历史的主要叙述内容。不过,在又一场世界性危机初露端倪的年代,梅尼克的讲述并未完成,他通过较晚些的版本和另一部战后的版本不断予以检审和修正。

至少在历史学家看来,虽不能确定一战期间普鲁士主义

---

[1] *Cosmopolitanism*,322.
[2] Ibid.,375.

第一章 一战之前

（Prussianism，或是 Borussianism）在文化方面的失败，但军事方面很不成功。梅尼克认为所有强国都感知到了共同的民族主义狂热——"1914 年精神"，坚持论证其"是生命中最美妙的时刻之一"，堪比另一些时候（1813 年、1848 年和 1870 年）的"德意志的解放"，但接续这种狂热的，是在 4 年多的时间里一步步走向清醒、消沉和社会革命——从"钢铁时代"到"钢铁的牢笼"。[1] 普鲁士的骄傲变成了悲伤的怀旧之情。他评论道："只有生活在 1914 年之前的人才会知道日子是什么样的。"[2] 起初，梅尼克与其满怀热情地参与研究的同行，尤其是欣策、特洛尔奇、德尔布吕克，以及之后的恩斯特·卡西尔（Ernst Cassirer，1874—1945）和阿洛伊斯·李格尔（Alois Riegl，1858—1905）*，将 1914 年的一系列事件比作一个世纪以前的解放战争——且将协约国比作那时的拿破仑威胁——并支持帝国继续扩张。在到柏林那一年，梅尼克被选入科学院。也就是在那时，他接任伦茨成为"星期三古典学者社团"（Wednesday Society of classicists）成员。该社团中有德罗伊森、蒙森、恩斯特·罗伯特·库尔提乌斯（Ernst Robert Curtius，1814—1896），且后来还有赫尔曼·迪尔斯（Hermann Diels，1848—1922）和卡尔·霍尔（Karl Holl，1866—1926）。此外，他还参

1　*The Age of German Liberation，1795–1815*，tr. Peter Paret and Helmuth Fischer（Berkeley，1977）；and *Briefwechsel*，51（to Alfred Dove，4 Nov. 1914）.

2　*Autobiographische Schriften*，220.

*　李格尔 1914 年前已去世，此处可能作者书写有误，说的是其他人。——译者注

加了其他古典学者的圈子,与特洛尔奇、德尔布吕克和维拉莫威茨-莫伦多夫(Willamowitz-Moellendorf,1848—1928)进行讨论。[1]

不过,讨论的不可能是往常那样的学术——梅尼克痛惜地表示,他大多数的学生都是女性——并且战败的征兆越来越明显。虽然历史学家关于"普鲁士传奇"的看法改变了,却对遏制事态发展的过程毫无办法,甚至那些接近权力的人在他们看到即将到来的失败时只是回避性地抗拒。军事策略遭到德尔布吕克的批评,梅尼克逐步提出"尽管胜利也要和平"("peace though victory"[*])的观念,在其他人中也是如此。他们也被迫要回应其他西方学者对德意志民族政策和文化的激烈抨击。那些学者也是被招募才来参加这场国际冲突,其民族主义情绪的恶性程度毫不逊于特赖奇克。特赖奇克也成为英法相应的宣传机构在事后攻击的主要目标。[2] 正是在这方面,梅尼克在写作流传广泛的关于世界大战的文章时,越发意识到**权力的恶魔**(*die Dämonie der Macht*)并酝酿写一本关于"国家理性"的书。[3] 到了1918年夏天,战争大势已去,进一步兼并的迷梦破碎,且如"世界大战或许会转化成世界革命"的观念出现之时,对梅尼克及其朋友们所持历史观的彻底检审势在必行——尽管

---

[1] *Autobiographische Schriften*,238.

[*] 参见本书原版32页德尔布吕克的"以胜利取得和平"("peace through victory")。——译者注

[2] Charles E. McClelland,*The German Historians and England:A Study in Nineteenth-Century Views*(Cambridge,1971),168以下部分。

[3] *Autobiographische Schriften*,259,312.

尚未放弃国家统一思想中的老信念。梅尼克本身内心里是一个君主制主义者，但理智上是一个共和派，其立场越发从民族的走向世界的。

梅尼克的老朋友和同行奥托·欣策也长期专注普鲁士档案，在一战前的梅尼克多年从事的领域内耕耘，尽管欣策采用的是一种更为传统的形式。[1] 他写作了关于德意志贵族，解放战争之前的普鲁士改革，宪法的发展，军事和政治组织，行政史的比较研究的文章，并在批评兰普雷希特的文化史那种"个体化和集体化取径的历史"之后，写了他自己全面阐释德意志史的著作，即《霍亨索伦家族及其成就》（*Hohenzollern and Their Work*，1915）。在其书中，欣策认为地理因素不重要并强调普鲁士王国的地位，突出勃兰登堡家族的徽章，并且认为德意志帝国不是自然的产物，而是王朝的、王室的和帝国意志的产物。当然，如梅尼克和其他普鲁士学派人士那样，他以民族目的论写作，坚信德意志顺应天意；但是作为**新兰克派**（*Neurankeaner*）中温和的一员，他避免了庸俗的党派偏见。并且，尽管他抛弃了对二手文字材料的标注和考证，但他的叙述基于其大量的档案研究。他远比梅尼克更强调未来"主权国家"的社会、经济和制度基础。

不过，这个 1648 年后在民族竞争的"钢铁时代"崛起，并在 1740 年后成为"伟大力量"的新国家，与显要的欧洲国家体系的其他列强有所不同。因为它不是借助地主的联合，而是通

---

[1] 参见 Otto Büsch and Michael Erbe (eds.), *Otto Hintze und die moderne Geschichtswissenschaft, ein Tagungsberich* (Berlin, 1983)。

过其统治者的活动，凭借军事雇佣和"历史必然性"实现统一的。[1] 欣策主要谈到了与柏林大学建立有关的"智识生活"（intellectual life），并且他提到了紧随1848年革命而来的文化主题——"国家的内在生活"，主要谈到了《日耳曼历史文献汇编》（MGH）*和格林的词典，但他最关注政治、军事和立宪主题。他沿着统一的过程调查冲突的细节，直到普法战争最终结束了法国趁德意志弱小和分裂而称霸数世纪的局面，并开启了一个"欧洲国家体系的新历史纪元"。欣策以统治者"和平大帝"（Kaiser of Peace）的时代为结尾结束了他的讲述。他还写作了一篇关于1914年面临挑战的后记，认为它决定着德意志能否像在腓特烈大帝时代那样，继续作为一股"伟大力量"而存在。欣策断言"这个杰出的王朝会赐予我们祖国多位领袖，他们将领导我们强大而幸福"。[2]

另两位与民族史有关的"兰克-复兴运动"的成员是马克斯·伦茨和埃里希·马克斯。后者与梅尼克有着"50年的友谊"，他们与舍费尔和欣策在1915年一并讨论比利时问题，并在一年后，他们与舍费尔通过柏林科学院共同出版了一套基于并非完全可靠的资料汇编。梅尼克支持伦茨抵制兰普雷希特，

---

[1] *Die Hohenzollern und Ihr Werk*：*Fünfhundert Jahre vaterländischer Geschichte*（Berlin，1915），111，202.

* MGH，即 *Monumenta Germaniae Historica*，首卷问世于1826年，创始人是德意志学者施泰因。——译者注

[2] *Die Hohenzollern und Ihr Werk*：*Fünfhundert Jahre vaterländischer Geschichte*（Berlin，1915），685.

但怀疑他过分注重资料（这是古斯塔夫·冯·施穆勒［Gustav von Schmoller，1838—1917］所反对的，是兰克学派的又一目标）。[1] 马克斯·伦茨和埃里希·马克斯都是新教历史学家，其作品都以兰克式的经典阐释方式从列强格局的显现写起。这与梅尼克相似，只是更激进，更强调德意志历史的文化和意识形态之间的一致。两者也都通过像赞美兰克的成就那样赞美特赖奇克的成就，并通过将思想先驱和实干家联系起来——伦茨将俾斯麦和兰克相联系，马克斯将之与歌德相联系——以称颂德意志的文化传统。[2] 认为文化（宗教）与政治之间存在连续性的信念的强化来自歌颂——兰克认为的——数百年来的重要人物和事迹的学术习惯，如歌颂路德宗教改革（1917 年）、路德诞辰（1883 年）、沃姆斯会议（1921 年），以及俾斯麦诞辰（1915 年），这些成为伦茨和马克斯主编的一卷书的时间标记。[3] 伦茨或许更多的是秉承特赖奇克而不是兰克的精神，他（官方委任的俾斯麦传记的作者）不仅歌颂不可一世的民族主义，也包括同样加强了政治统一性的"令人惊叹的战争的力量"。[4] 对德国人来说，在他们将之视作"从路德到俾斯麦"的过程中，宗教因素不仅通过俾斯麦向基督教会发动的**文化争端**（*Kultur-*

---

[1] *Briefwechsel*，19。
[2] Lenz, *Kleine historische Schriften*，383 – 408（"Bismarck and Ranke"［1901］）; Marcks, *Männe und Zeiten*（Leipzig, 1912），3 – 29（"Goethe und Bismarck"）; 赞美的文字都是写给特赖奇克的；并参见 Krill, *Die Rankerenaissance*，211 – 225。
[3] *Das Bismarckjahr: Eine Würdigung Bismarck und seiner Politik in Einzelschild-erungen*（Berlin, 1915）。
[4] 引自 Krill, *Die Rankerenaissance*，213。

kampf）得以保留，也包括"1914年观念"——使老兰克派为之着迷的东西也将发展为从俾斯麦到希特勒的过程。

兰普雷希特的坚决反对者格奥尔格·冯·贝罗也是研究中世纪德意志社会经济史起家的学者。他尤其关注东德意志，研究中世纪后期东德意志和北德意志的世袭邦国。这些地区与天主教控制的南德意志有鲜明区别（如同普鲁士与哈布斯堡王朝的差异）。在其专著《中世纪德意志邦国》（*The German State of the Middle Ages*，1900）中，贝罗对大量德意志经济、司法、制度和立宪方面的历史材料进行了批判性考证。该书包括法学家、政治理论家以及历史学家的书作，着重采用了比较的方法，期待着君主制和德意志帝国取得成就。当时，相比于史实性探究，他对史学批判和论辩更感兴趣，并且他在伦茨、欣策、翁肯对兰普雷希特的批判之后，投入大量精力揭发其错误和理论误区。战争加剧了他对意识形态的关注。1916年，贝罗出版了他关于德国史学史的考查，并在1924年在由他和梅尼克主编的一套丛书中扩充了上述内容。[1] 此时，贝罗以一种不讨好的方式继续着梅尼克开创的领域，即强调沿着兰克传统来发展"德意志史学的统一性"。对他来说，世界主义，连同理性主义、抽象的个人主义、民族主义、启蒙思想之下的机制论、实证主义、自由主义，以及当代和平主义，完全与历史学派的浪漫主义价值观、有机社会学说、**民族精神**（*Volksgeist*）以及随之出现的

---

[1] *Die deutsche Geschichtschreibung von den Befreiungskriegen bis zu unsern Tagen*（Munich，1924）.

第一章 一战之前

已完成统一的民族国家是相悖的。[1]

贝罗的阐释很明显借鉴了保守派的政治学和普鲁士学派史家的意识形态前提，但它在"1914年观念"的狂热氛围中采用了更鲜明的形式。那时，民族团结是通过自卫性质的、却是以扩张主义和更为鲜明的排外主义情绪的战争实现的。他的观点也通过当代哲学得到强化，特别是文德尔班、李凯尔特和狄尔泰关于区分自然科学和人文科学的思想。对于贝罗来说，由已故的卡尔·兰普雷希特所实践的那种文化史，在其与依靠生物学和生理学分析的启蒙思想的科学主义和法国实证主义的结合过程中被污染了。并且，他像拒斥社会学那样拒斥这种文化史，推崇以兰克为传统的政治史——事实上是推崇"历史主义"。以兰克为传统的政治史不仅从史料研究汲取力量，还从司法、制度以及特别是经济史学家的学识那里求得养料。文化史的确不可或缺，但只是在其最高表达层面，即在兰克反复强调的、特别是特赖奇克的作品中所赞美的那种民族国家的层面。特赖奇克的德意志史于1879年俾斯麦的**强国政治**（*Realpolitik*）达到高潮之时出版。也是出于这种关系，贝罗否定了兰克"如其所是地"描述历史过程以使之体现"深刻的科学，或抽象、科学的'客观性'"的格言。并且，他引用了路德的观点，即"你不能以冷血的方式去理解，而是要用情感和热忱"。无论如何，历史不得不成为国家的历史，实际上是"强国"（Machtstaat）的

---

[1] *Die deutsche Geschichtschreibung von den Befreiungskriegen bis zu unsern Tagen*（Munich, 1924），155.

历史，因为"没有国家一切无从谈起"。与梅尼克不同，经历战争似乎并没有使贝罗改变他看待 1870 年以来德意志史之意义的方式。

或许也该提到一种反"兰克-复兴运动"的趋势。一定程度上，它是由天主教的（和奥地利的）史学传统保护和强化的现代性和德意志史概念，与普鲁士学派的路德式阐释完全不同。该趋势的核心人物是路德维希·帕斯托尔（Ludwig Pastor，1854—1928）。他的教宗史从中世纪结束开始（写于 1886 年至 1930 年），旨在替代和修正兰克基于 19 世纪 30 年代以来积累的信息写成的教宗史。尽管遵循了兰克的广泛且批判性的史料考证思路，但比起因俾斯麦发起的**文化争端**而强化了反天主教立场的特赖奇克和其他普鲁士学派成员，帕斯托尔这本由天主教会资助的书则更为不加掩饰地趋附其资助者。帕斯托尔比兰克更认同中世纪晚期和文艺复兴标志着现代世界开端的观点，但是他谴责异教徒以及洛伦佐·瓦拉（Lorenzo Valla，1407—1457）等人文主义者针对教会的破坏性观点，后者歌颂愉悦并质疑教宗的权威。帕斯托尔评论道："由此看出，是瓦拉，而不是马基雅维利，开启了长久以来的说法，即教宗应因所有意大利的不幸而受到谴责。"[1] 在帕斯托尔那里，文艺复兴中重要的是基督教的人道主义，以及修道院的虔诚，尽管它的腐败不堪是公认的。不过，与普鲁士历史学家以亲历的德意志统一

---

[1] *The History of the Popes from the Close of the Middle Ages drawn from the Secret Archives of the Vatican and Other Sources*, tr. Frederick Ignatius Antrobus (London, 1899), 20.

的视角写作类似,帕斯托尔仍旧置身于教宗权威的传统中写作。

在战后那段时期,文化史发展并不顺利。斯特凡·哈斯(Stefan Haas)问道:"文化史会在 1918 年后终结吗?"[1]的确,依据格奥尔格·施泰因豪森(Georg Steinhausen,1866—1933)出版的文献书目,文化史著作仍在继续问世——包括像埃贡·弗里德尔(Egon Friedell,1878—1938)关于现代世界的文化史这样受欢迎的书,但除了涉及跨学科的领域,却少有谈论理论或方法的作品。文化史的外延性特点在马克斯·韦伯的弟弟阿尔弗雷德·韦伯(Alfred Weber,1868—1958)的作品中被指明,其《文化社会学视域中的文化史》(*Kulturgeschichte als Soziologie*,1935、1950)尽管自诩为一部"世界史",将西方视作唯一的"本初文化"(primary culture),但在宗教和自然科学主宰的时代过去之后,却看到了一个由(非超越的)社会宗教主导的"第三"种类,抑或是第四种类的**科技治国论**(technocracy,德语为 *Funktionarismus*),即他的兄长所定义的"官僚体制"的进一步延伸。[2] 导致此情况的一个原因或许是种族主义的**民族史**(*Volksgeschichte*)的兴起。它在 1933 年发展到顶峰,从弗里德里希·黑尔瓦尔德(Friedrich Hellwald,1842—1892)和威廉·里尔(Wilhelm Riehl,1823—1897)等人实践的保守的**民族的**(völkisch)——以及非专业的——"文

---

1 *Historische Kulturforschung*,268.
2 *Kulturgeschichte also Soziologie*(Munich,1950),446.

化史"发展而来,而黑尔瓦尔德和里尔等人的工作在纳粹时期找到了新的方向。德国的历史学研究就像这个国家在一战后的岁月里那样,充斥着内争和分裂。

小国的史学传统

这是一个非常古老的故事,奥古斯特·施勒策(August Schlözer,1735—1809)追溯到 18 世纪,历数了日耳曼地区内的二十四部"民族史"。[1] 然而,19 世纪才是民族觉醒和摆脱大邦国和帝国政治主导,获得民族自由的伟大时代——这与意大利和德国的扩张性统一无关,法国大革命、1848 年革命以及之后的国际事务影响起到突出作用。[2] 在变动的边界背后,社会史和文化史更为复杂,但从政治上看,一些界标却为人熟知。1809 年芬兰宣布(在俄国控制下)独立以及 1917 年再次宣布独立;1815 年维也纳会议后比利时建国,这是形成于 1789 年以来的分离主义运动的结果,与此同时,原为瑞典一部分的挪威独立;1867 年匈牙利成为二元君主国的一部分,并在 1919 年宣布独立;1878 年,罗马尼亚、塞尔维亚和保加利亚实现独立;1918 年捷克斯洛伐克、拉脱维亚、立陶宛,以及爱沙尼亚

---

1 Martin V. Pundeff, *Bulgaria in American Perspective: Political and Cultural Issues* (Sofia, 1993), 298.
2 Bernard Michel, *Nations et nationalismes en Europe centrale XIXe - XXe siècle* (Paris, 1995).

也实现独立。1848年,很多民族暴动流产或稍纵即逝,但它们鼓舞了接下来的那些反抗镇压革命的欧洲压迫者的民族独立运动。在列强的意愿通过约法进行表达的背后,欧洲语境下对民族复兴和文化身份认同的诉求首先是通过研究历史,搜罗民族记忆,以及研究和构建民族的过去——还有神话——的方式获得动力。这种研究不得不搞些与西方风格的罗马帝国基础无关的东西。这种复兴的载体最初是语言和文学,其中一般涉及从口头话语到书写话语的发展过程,有时包括对古代文学作品,尤其是诗歌的重新整理,以及正在消亡的语言的复原。

列强已经结合相应的文化和政治上的传统建立了他们民族的方言,而小的民族与这些发展并行不悖或紧随其后,通常是抵触正在扩张和兼并的现代国家的霸权。这些(小)民族的一些文字出现于中世纪或文艺复兴,特别是以诗歌和《圣经》译本的形式出现,并继而由启蒙运动和浪漫主义时期的知识分子更积极地推动,直到19世纪后期开始采用更为有组织的、政治性的,且有时是排外的形式。这样的例子有芬兰语、瑞典语、丹麦语、匈牙利(马扎儿)语、波兰语、罗马尼亚语、塞尔维亚语、捷克语、立陶宛语、拉脱维亚语和爱沙尼亚语(由20世纪初的"年轻的爱沙尼亚"运动所推动)。所有这些语言都处于文化防御状态——如挪威语是一种在丹麦霸权控制下的口头土语,而丹麦人反复抵抗德语的入侵。借助伊凡·奥森(Ivan Aasen,1813—1896)在语法(1864年)与词典(1873年)方面付出的努力,挪威语摆脱了口头的、乡土的形式,1900年得到官方的认可。[1] 塞尔维亚语拥有丰富的口头文学传统，18 世纪时得到赫尔德和歌德的赞誉，并在之后引入了文字形式，一些组诗在 20 世纪 30 年代由安东宁·巴尔托克（Antonin Bartok）编辑出版。作为近代的国际外交产物，比利时在荷兰和法国的敌对中被瓜分，这不仅导致了两种语言并置的状况，还激化了佛兰芒人和瓦隆人的冲突。在这些文字方面的运动中，新闻工作者、小说家和诗人通常处于领导地位，但是一些作者也诉诸历史写作。这些历史写作尽管凭着资料和文献的勤勉搜集可谓是有据可依且经得住推敲，但它们通常采用近似于文学式的想象性写作方式——按照《日耳曼历史文献汇编》、"主簿丛书"（Rolls Series），以及基佐始创的法国资料汇编的模式——这些历史作品同时被作为正在编辑和出版的文学传统的补充。在其他国家中，匈牙利和波罗的海地区的国家出版了他们回溯性的民族"纪念文集"（Monumenta），并且这类丛书在 19 世纪末和 20 世纪成为国家的一项要务。在小民族的传统中历史学研究职业化的其他基本要素都效仿德国、法国、英国、意大利等国的过程，或是与之保持同步，最初的形式是很多历史学、民俗学和考古学研究牵头的职业历史协会——例如，里加的历史协会（1840 年）、乌特勒支的历史协会（1845 年）、挪威的历史协会（1869 年）、丹麦的历史协会（1877 年）、瑞典的历史协会（1880 年）、匈牙利的历史协会（1867 年）和罗马尼亚的历史协会（1910 年），相应地都推出了出版物。[2] 它们也必然包括国家

1　William H. Hubbard et al. (eds.), *Making a Historical Culture: Historiography in Norway* (Oslo, 1995).
2　参见 Daniel Woolf (ed.), *A Global Encyclopedia of Historical Writing* (London, 1998) 中的民族方面的词条。

性的历史期刊的创办（以《历史杂志》《历史评论》《英国历史评论》以及《美国历史评论》的模式创刊，但有些创办时间在前），大多数创办于19世纪下半叶；〔以达尔曼-魏茨编本、莫诺编本和查尔斯·格罗斯（Charles Gross，1857—1909）编本为模式的〕国家性的书目汇编，如比利时的皮朗编本（1895年），西班牙的桑切斯-阿隆索（Sanchez-Alonzo）编本（1919年），瑞士的汉斯·巴尔特（Hans Barth）编本（1914—1915年），波兰的卢德维克·芬克尔（Ludwig Finkel，1858—1930）编本（1889—1896年），以及其他一些包含了大多数小民族传统的编本；国家传记辞典（national biographical dictionaries）的汇编和其他参考材料的辅编；档案的组织、开放和编排；如阿诺尔德·黑伦（Arnold Heeren，1760—1842）等人主编的《诸公国史汇编》（*Allgemeine Staatengeschichte*，1829年至今），拉维斯和朗博主编的《通史》（*Histoire générale*，1893—1901年），阿克顿组织编写的《剑桥近代史》（*Cambridge Modern History*，1902—1912年）等正规的近代史丛书的出版；博物馆的建立；史学史考查性的作品；已树立的学术形象的接续者和接续学派的出现，如尼德兰的罗伯特·弗勒因（Robert Fruin，1823—1899）和后来的佩特鲁斯·约翰内斯·布洛克（Petrus Johannes Blok，1855—1929），捷克斯洛伐克的弗兰基谢克·帕拉茨基（František Palacký，1798—1876）没有留下学派，但有雅罗斯拉夫·戈尔（Jaroslav Goll）紧随其后，比利时的戈德弗鲁瓦·屈尔特（Godefroid Kurth，1847—1916）身后有皮朗；自由派和保守派之间的分歧（如波兰学术界克拉科夫学派和华沙学派之间的争执),天主教派和新教派(或世俗派)之间的分歧,"科学"派历史学家和"文学"派历史学家之间的分歧,以及兰克式政治史的拥护者与"新的"文化史和心智史的拥护者之间的分歧;以代际划分的大师和学生(尤其是1870年之后,较小国家来的学生去到德国和法国学习,1900年时已很普遍);以及尝试进行更高等级的教育改革,且在公共文化和政治纲领中,即便不是试图将历史学置于统治地位,也是较为中心的位置。

还必须提到各学科召开的国际代表大会(模仿维也纳会议之类的大型外交定期会议)。它最初在人类学和史前史研究领域尤其突出,最著名的是1866年在纳沙泰尔举行的会议,此后到1912年的日内瓦,已陆续举办了另外13次学术会议。还有很多其他人种学、民俗学、考古学、东方研究、科学史和艺术史方面的国际性聚会。所有这些都体现了旧体制时期"文人共和国"的一种现代形式,与之相似,为数众多的各路国际历史协会建立起来,最初的会议恰是于1898年——一个帝国主义战争一触即发的时代——在海牙召开,这些会议集中于外交史,召开会议的地点包括巴黎(1900年)、罗马(1903年)、柏林(1908年)以及伦敦(1913年)。[1] 在巴黎,主题是比较史学和

---

1 Karl Dietrich Erdmann, *Die Ökumene der Historiker: Geschichte der Internationalen Historikerkongresse und der Comité International des Sciences Historiques* (Göttingen, 1987); Ulrich Muhlack, "Universal History and National History," in *British and German Historiography: Traditions, Perceptions, and Transfers*, ed. Benedikt Stuchtey and Peter Wende (Oxford, 2000), 34; and Gioacchino Volpe, *Storici e maestri* (Florence, 1967 [1925]).

"历史决定论"以及跨学科研究的日益显著,会议坚持的是很多学者眼中的世界主义和和平主义的措辞——尽管国与国之间的合作与友善的精神被民族性争论所破坏,如奥托·欣策、马克斯·伦茨、爱德华·迈尔、迪特里希·舍费尔以及特奥多尔·蒙森(在其晚年)对 1903 年柏林会议的反对,德国和意大利学者在罗马的争论,兰普雷希特引发的柏林"方法论之争"的延续,皮朗和阿尔方斯·多普施(Alfons Dopsch,1868—1953)在伦敦的争论。无论如何,这些群贤毕至的会议的国际性特点被主要的历史期刊的报道广而告之——莫诺在《历史评论》,贝罗在《历史杂志》,以及查尔斯·哈斯金斯(Charles Haskins,1870—1937)在《美国历史评论》的刊文,意大利、瑞典和荷兰的期刊上的通知。这些会议被战争打断了,但某种程度上借助美国的资助(特别是对文献的搜集和出版),它们于 1923 年在布鲁塞尔得以恢复,并延续到今天。[1] 当然,战争破坏了旧有的合作精神,例如,1919 年贝罗收到了来自《社会经济史季刊》(*Vierteljahrschrift für Sozial und Wirtschaftsgeschichte*)的编委皮朗和乔治·埃斯皮纳斯(Georges Espinas,1869—1948)的辞职信,该刊物的地位也在一战后被法国《年鉴》杂志取代。[2]

无论如何,到了 1900 年,这些民族和小民族的国家已经成为学术网络的一部分,其论述采用共同的价值观、形式、主题

---

[1] 参见 *An Historian's World: Selections from the Correspondence of John Franklin Jameson*, ed. Elizabeth Donnan and Leo F. Stock (Philadelphia, 1956), 248。

[2] Minnie von Below, *Georg von Below* (Stuttgart, 1930), 143.

以及多语言并用的风格（显然仅限于主要的几种语言）。无论演变成何种样子，它们都产生了讲述其自身的"宏大叙事"，也就是权威式的多卷本的民族通史。这种通史以印刷的形式实施一种民族教育计划，也是一种文化强化的方式。它们在某些情况下脍炙人口，堪比那些更直接地诉诸文学情感和寻求愉悦的作品，就像米什莱、麦考莱、班克罗夫特、德罗伊森、特赖奇克、巴尔博（Cesare Balbo，1789—1853）、皮朗、布洛克、瓦西里·奥西波维奇·克柳切夫斯基（Vasilii Osipovich Kliuchevskii，1841—1911）和梅南德斯·佩拉尤（Menéndez Pelayo，1856—1912）的历史作品做到的那样。德国、法国和盎格鲁学者在 19 世纪已进行了大量的民族史研究，大多以六卷本丛书的方式编辑。编者包括黑伦、弗里德里希·尤克特（Friedrich Ukert，1780—1851）、威廉·冯·吉泽布莱希特（Wilhelm von Giesebrecht，1814—1889）、兰普雷希特、翁肯。英国、法国、意大利、西班牙、荷兰、奥地利、德国、俄国、波兰、丹麦、瑞士、波西米亚、芬兰和土耳其的主要学者都写了有特色的作品。很多小民族传统的学术研究是以德语、法语或英语出版（或是译成了这些语言），如瑞典的埃里克·古斯塔夫·耶伊尔（Erik Gustaf Geijer，1783—1847）的作品（1832—1836 年），捷克斯洛伐克的帕拉茨基的作品和康斯坦丁·伊尔查科夫（Constantin Jireček，1854—1918）的作品（1876 年）；丹麦的约翰内斯·斯滕斯楚普（Johannes Steenstrup，1844—1935）等人的作品（1876 年，八卷本）；朗博对俄国的研究（1877 年），以及各种对于波罗的海国家的研究，最著名的是德国的 E. 谢拉菲姆（E. Seraphim）和A. 谢拉菲姆（A. Seraphim）的三卷本通史。然而，另一些引人注目的官方历史从未被翻译成任何一种主要语言，如挪威的约翰·萨尔斯（Johan Sars，1835—1917）的作品（1873—1891年，四卷本）；瑞典的埃米尔·希尔德布兰（Emil Hildebrand，1806—1884）的作品（1903—1910年，十一卷本），希尔德布兰是《历史杂志》（*Historisk Tidskrift*，创立于1881年）的主编；匈牙利的山多尔·西拉吉（Sándor Szilágyi，1827—1899）的作品（1895—1898年，十卷本）；罗马尼亚的亚力山德鲁·克塞诺波尔的作品（1888—1893年，六卷本）；塞尔维亚的斯塔诺耶·斯塔诺耶维奇（Stanoje Stanojeviç，1874—1937）的作品（1908年）；捷克斯洛伐克的雅罗斯拉夫·戈尔的作品（1897年），及其他国家的作品，包括克罗地亚和斯洛文尼亚。这些研究总是被之后的学者借鉴，但是它们的文学价值仍然隐藏于语言之中，这种价值只有专家可以发现。不幸的是，主流历史学，甚至是晚些时候的参考书目都对之视而不见。

民族和小民族的历史学术在20世纪早期的蓬勃发展，一战前后呼应也交织着相应的文化群体的诉求。这种态势一如既往地因假定存在的"种族"社群（在历史学家间仍是一种主要的范畴，无论是以现代人类学还是"科学的"研究形式进行处理），特别是因政治议程性的、语言学意义上的少数民族而变得复杂。在战争期间，学者们被拉到政治舞台上，不仅是沿着传统路线拥护或攻击民族传统，也设想在战后重新区划国家边界，以缓和乃至消除传统的政治或种族冲突。在这里，科学和政治形成了另一种结合,例如,关于边界——民族、语言、种族以及文化——的讲述和"科学的"研究被用于规划外交蓝图,使语言的交界进一步等同于政治主权的交界,语言地理学由此成为了地理政治学判断的基础。利昂·多米尼安(Leon Dominian,1880—1935)基于"欧洲的语言和民族性边界"的"应用地理学"研究是一个典型例子。他的研究 1917 年出版,得到了"美国地理学会"的支持,并得到了种族主义作家麦迪逊·格兰特(Madison Grant,1865—1937)的引介,后者倡导主要语言压制方言并得以推广。[1] 对于他来说,爱尔兰克尔特语、盖尔语、威尔士语以及阿莫里克语必定会被法语同化,就如同魁北克地区的法语(!)会遭到英语排挤一样。无论如何,格兰特坚信,多米尼安的考察对战后语言/文化边界与政治边界尽可能重合至关重要,或许在塞尔维亚主导的巴尔干地区亦是如此。

在此努力中,历史研究为战后主要势力的格局划分提供了合理合法的基础,它越来越多地被用来支持大国(或小国)打破由斯堪的纳维亚、奥地利、俄罗斯和巴尔干所保持的旧格局意志。对于多米尼安来说,欧洲中心视角——或是欧亚中心视角——的基础性前提一如既往。他写道,"纵观这个狂躁的世纪,法国、德国和俄国的民族性在此期间都得到了阐明","无论在哪,我们都注意到语言的塑造性力量"。而法国和德国蛮横的语言帝国主义就包含其中。从语言到文化再到政治的历史性

---

[1] Leon Dominian, *The Frontiers of Language and Nationality in Europe* (New York,1917).

运动是历史进化的必然形式，且相似的形式应在一战后沿用。因此，多米尼安不仅将历史结合于预见性事务，还将之用于国际政策，并在此基础上将他的"科学"分析投射到欧洲，乃至欧亚的未来。如同法国和德国的例子，"意大利语最终的主导地位已很明显"，斯拉夫语进入斯堪的纳维亚和波罗的海地区看起来也势不可挡，只有阿尔萨斯-洛林地区的原住民使用的语言看起来保持原状。其他地区的情况则是天然的和来自政治"功用性"的历史因素相结合，即地理和语言因素的结合。尽管比利时出现了这种语言上的分化，但仍应保持完整；考虑到实际状况，波兰不得不更多地凭借自然的区分而不是语言的界限；波西米亚在语言上的"民族解放运动"与王室领地的恢复步调一致；罗马尼亚民族宣言既要以历史和地理，也需要以语言为依据；瑞士尽管有语言分化，但也必须保持其主权的独立；匈牙利面临德国和奥地利施加的压力，已经实现了民族上的一致立场，甚至巴尔干地区也欢迎乐观的、地理-语言性的、历史性的分析："无论克罗地亚地区、达尔玛提亚地区、斯洛文尼亚地区、波斯尼亚地区或是斯尔维亚地区冠以什么名字，都说塞尔维亚语。几个世纪以来，这些地区都努力提升其作为一个民族的独立性。使他们认识到自己本身是一个政治性的整体，仅仅意味着这个本源于自然的过程在延伸罢了。"至于土耳其，多米尼安认为它之所以是东方问题的关键，是由于其三洲交界的地理位置，但他认为土耳其"更多地属于它的邻居而不是自身"，并认为"在此方面，其未来将会和其过去类似"。他无法预见到土耳其在几乎全面溃败之后非同凡响的复兴——也预见不到威尔逊总统那种根据民族特性促成的教条和解方案所导致的诸多结果。1

1918 年后，在三个帝国终结，小国民族性政治身份凸显，以及达尔文主义的连续性被破裂的观念乃至革命的观念所取代的情况下，碎片化成为世界自身的主题。放眼欧洲，作为"接续火种的一代"的历史学家肩负起他们在灾难面前，或是认识到曾在灾难之际被他们置之一旁的任务，并在某种世界秩序下信念坚定地这样做着。然而，他们中的很多人，的确对从政治意义上解释欧洲世界现状的思路失去了信心，并更多地在不计较旧有民族范畴的情况下，走向人类命运和竞争的更深入和微妙的研究。无论如何，他们在错误的估算，错误的概念化以及错误的预见之后，采用了不同角度进行着探询，并且当历史看起来——再一次——失控之际，他们的探询是在赫伊津哈（Johan Huizinga，1872—1954）所说的"明日的阴影之下"着手实施的。

---

1 新近的讨论请参见 *Minor Transnationalism*，ed. Françoise Lionnet and Shu-mei Shih（Durham，2005）。

第二章　重新评估

> 一切世界观、意识形态、宗教信仰、狂热和幻想皆可通过战争而找到其自身确定性和正当性。
>
> ——托马斯·曼

1914年时的诸种史学观念

罗伯特·穆齐尔（Robert Musil，1880—1942）曾说，1914年夏的生活毫无意义可言。而对于很多人来说，正是由于这个原因，战争产生了一种宗教体验式的作用。尤其是在德国，1914年8月3日，德国海军官员们翘首以待的一天终于来到了，并且战争以法国的宣战开始。[1] 世界就此变得不同，学者们

---

[1] David S. Luft, *Robert Musil and the Crisis of European Culture 1880 - 1942* (Berkeley, 1980), 129；并且参见 Roland G. Usher, *Pan-Germanism* (Boston, 1913), 1, 附有先前"这一主题下的数量令人咋舌的文献"的参考书目。

也是如此,老一代和年轻一代学者正在试图维系其职业操守和生涯之际,又都被迫为国家服役去了。离开里雅斯特(Trieste),正着手写《尤利西斯》的乔伊斯,开始了第二次流亡旅程。这一次是去苏黎世,直到1920年才又到了巴黎。对于穆齐尔来说,尽管"一战"最初是令人兴奋的,但也使他的看法变得显著,即离开了对于所有人类来说都混乱不堪的局面,历史就失去了根本意义。不过,一两年的时间里,一种可怕的消极意味出现了。战争期间,托马斯·曼(Thomas Mann,1875—1955)在其深入灵魂的求索反思中感觉战争是"无所谓善恶的纯粹命中注定的过程",而那种可怕的消极意义似乎使这种感觉变得真切起来。[1]

这是小说家对于彼得·盖伊(Peter Gay,1923—2015)所谓的"战时精神错乱"("the war psychosis")的反应。[2]可历史学家又如何呢?战争对于他们的探询和阐释有什么影响?某种意义上讲,它强化了既有的趋势,在强调民族性和民族文化的立场——也是排外情绪的对立面——方面尤其如此。从另一角度讲,它破坏了之前无需争论的前提,特别是颠覆了进步观念和普世和平观念。20世纪早期的历史学研究大多处在服务国家的状态——不仅是"欧洲国家体系"中的大国成员,还有那些将期待建立在其深远的民族传统和使命之上的小国和将成为国家的地区。凭借他们的历史学家,法国继续辩称自己是产生

---

1 *Reflections of a Nonpolitical Man*, tr. Walter D. Morris (New York, 1983), 33.
2 *Weimar Culture*: *The Outsider as Insider* (New York, 1968), 11.

于中世纪时期的，并经过多个王朝、多场革命、多个共和国而经久不衰的"民族"。英国自我标榜其与欧陆"哥特遗产"毫无关联，称颂其坚实的代议制政体一脉相承；德国和意大利尽管完成国家统一较晚，但追溯其"民族传统"时即便没到史前，也上溯到古德意志和古罗马；如此行事的还有西班牙，斯堪的纳维亚国家，甚至荷兰和比利时，以及东欧和巴尔干半岛的国家。罗马尼亚历史学家着手论辩其所谓的对古罗马帝国时期达契亚人（Dacians）的继承性，及其作为"斯拉夫海区的拉丁孤岛"的现状，而持怀疑态度的学者采用批判其民族传说和偏见的方式对此表示反对。[1] 在期待战争爆发时，大多数历史学家调整其民族主义的前提以顺应世界性的冲突局面，并将其对政治进步理念的热情转向了军事胜利的目标。一些历史学家，尤其是德国的历史学家，在歌颂战争积极的、鼓舞人心的和振奋士气的方面。埃里希·布兰登伯格在1916年写道，战争的发动是为了"我们民族的未来"，它赋予德国在列强中的荣光之地。[2] 卡尔·布兰迪（Karl Brandi，1868—1946）在其向"前线的同志"致敬的文字中持相同的观点。[3] 埃里希·马克斯盛赞道："从人类角度而言，再没有比战争更伟大，更富男子气概，在灵

---

[1] Lucian Boia, *History and Myth in Roumanian Consciousness* (Budapest, 2001), 37；还有 Stelian Brezeanu, *La Continuité Daco-Roumaine : Science et politique* (Bucarest, 1984), and Alain DuNay and André DuNay, *Transylvania : Fiction and Reality* (Hamilton, 1997)。

[2] Brandenburg, *Die Reichsgrüngung*, 2 vols., (Leipzig, 1916), Vorwort.

[3] Brandi, *Geschichte der Geschichtswissenschaft* (Bonn, 1952 [1922]), Vorwort (1 Nov. 1918).

魂深处也没有什么比战争更振奋人心。"[1]

在战争过程中，这种荒唐的乐观主义有所消退，可是历史学家甚至更为热烈地坚持其民族主义立场，乃至用一种仇外情绪强化它。[2]各方面都承认民族中心主义的核心地位，甚至公认这种现象在历史上首先出现在英国和法国——例如，约翰·罗斯（John Rose，1855—1942）1915年在剑桥发表的关于民族性的讲演中就有这样的内容。至少自马基雅维利以来，罗斯没有找到这种观念的痕迹，直到18世纪，一名瑞士无名作家才结合威廉·退尔（William Tell）精神提出了**民族荣耀**（Nationalstolze）观念。德国对这一传统的参与尽管开始于唯心主义哲学，但来得晚却带来更消极的东西——罗斯总结道："费希特的天马行空终结于普鲁士的练兵场。"而这出剧的最终一幕是一战的灾难性爆发。[3]

军国主义使民族性理念妖异化，并且伯恩哈迪（Friedrich von Bernhardi，1849—1930）将军的《德意志与下一场战争》（Germany and the Next War，1912）中所说的臭名昭著的方程式——"世界和平还是衰退"，为即将到来的争论打下了基调。[4]一面是英法学者，一面是德国学者，双方唇枪舌剑，体现

1　Stefan Berger, *The Search for Normality: National Identity and Historical Consciousness in Germany since 1800* (Providence, 1997), 30.
2　*Reflections of a Nonpolitical Man*, 335.
3　J. Holland Rose, *Nationality in Modern History* (New York, 1916), 51.
4　并可参见 Fritz Fischer, *World Power or Decline: The Controversy over Germany's Aims in the First World War*, tr. Lancelot L. Farrar, Robert Kimber, and Rita Kimber (New York, 1974).

了在以论证军事力量已成为国家建设重大任务的情况下,历史学是如何被弃之不顾的。在以常规的学术性论证和论说的面貌之下,政治思想史学者 J. W. 艾伦(John Willian Allen,1865—1944)恰在战争一开始以"德意志与欧洲"为主题开设了一系列讲座,解说战争爆发的原因——也谈论战争义务的意涵。他看重的是从特赖奇克等德国历史学家发展而来的国家和军国主义理论。[1] 对于艾伦来说,不仅是德国政治,也包括德国"文化",都为德国发动一战做了铺垫,而这场战争是英国从未期待过的。德国为征服而战,也就是"特赖奇克所幻想的""有益于人性的"战争。英国为了"家乡和自由"而战,也为了与关于"全球文明"的新政治现实息息相关的和平而战。"即将来到的伟大条约"(这里艾伦引用了丘吉尔的说法)的目的是"用国境线——我猜这也是社会性的分界线——重新规划欧洲版图"。某种程度上,国家原则在四年惨烈空前的腥风血雨中诞生,并开始用于其他那些参战的"小国"。1917 年,艾尔伯特·波拉德的《战争中的联邦》(*The Commonwealth at War*)出版,该书为德国的"军事集团"和那种将战争视为历史本然一部分的"粗鄙哲学"感到悲哀。

英国这种布道式的历史学得到其他一些杰出史家的追捧。他们因过于年老而无法参战,并被迫要为失去这一代人中很多年轻的学生而悲伤。他们对重要的战争毫无经验,也没有直接

---

[1] *Germany and Europe*(London,1914);参见 J. A. Cramb,*Germany and England*(London,1915);以及 Stuart Wallace,*War and the Image of Germany: British Academics,1914 - 1918*(Edinburgh,1988)。

的记忆,却被拉来总结战争的成就。1912年,《历史》(*History*)期刊是在陶特、福塞·赫恩肖(Fossey Hearnshaw,1869—1946)、托马斯·霍奇金(Thomas Hodgkin,1831—1913)、阿道弗斯·沃德(Adolphus Ward,1837—1924)及其他学者资助下,作为更具技术性的专业期刊的教学性补充而被创办的。"讽刺的是",该杂志恰在1814年敌对局势开始的一个世纪之后,出版了一期以1814年和平谈判为主题的专刊。战争期间,它发表文章的特色除了侧重于讲解军事和海军的历史,还讲授"爱国主义",也有关于尼采、特赖奇克、德尔布吕克及其他人的煽动性文章。也是在1914年,牛津大学发行了一系列小册子,讨论战争的"多重原因"和德国的罪行。恩斯特·巴克尔(Ernest Barker,1874—1960)将尼采和特赖奇克指斥为"或许是正确的"德意志信仰背后的邪恶精神[这是按照英国文学教授瓦尔特·雷利(Walter Raleigh,1554—1618)的说法]。他宣称:"正是意识陈旧、政府愚蠢粗鄙、看不清如今什么是欧洲政治进步的必备条件的德国,迫使欧洲武装起来,并从1870年开始就持续加强军备。"[1] 保罗·维诺格拉多夫(Paul Vinogradoff,1854—1925)甚至撰文称赞俄国及其即将来临的"重生",并将之与德国的野蛮政策进行对比,认为斯拉夫人也"理应在世界上有其机遇"。波拉德对此表示认同,并补充指出,这等机会不会来自科学途径,因为科学"将无助于公平对待俄国人和波兰人的期冀,也不会有助于德国人和丹麦人、捷克人

---

[1] "Nietzsche and Treitschke: The Worship of Power in Modern Germany," *Oxford Pamphlets* ([Oxford],1914),90.

和匈牙利人、塞尔维亚人和意大利人、保加利亚人和希腊人所盼望的"。[1]

1915年，中世纪研究专家亨利·戴维斯（Henry Davis，1874—1928）出版了一些文选，痛斥特赖奇克的《政治学》（*Politics*）一书，抨击其中指责英国"堕落"和穆斯林般的狂热（"唯独穆斯林是人；蔑视其他所有民族，他们都是不洁的"）的观点。[2] 或许最好的官方说法来自一位名为詹姆斯·布莱斯（James Bryce，1838—1922）的学者。他在一战期间写作的文集将英国对自由的热爱和德国人的"国家崇拜"进行了对比，并进一步认为，负责说明德国现有政策的是"事实"，即"三场胜利的战争"，而非黑格尔和特赖奇克。[3] 布莱斯还谈道，世界的进步依靠的不是打斗，而是思考，并且这种唯心论引导了很多同盟国一方的舆论。1913年至1931年期间，弗朗西斯·马尔文（Francis Marvin，1863—1943）公布了五次关于西方历史的民意调查。尽管他对一战期间及战后的调查结果做了调整，但对他来说，1914年以来的沮丧情绪绝不会影响到整体民意，或影响到期待中的最终真理——他据此认为欧洲的未来将越来越光明。[4]

在法国，民族主义的狂热曾呈蔓延之势。因此，如福斯特尔·德·库朗热的学生，高卢历史学家卡米尔·朱利安

1　*The Commonwealth at War* (London, 1917), 115 (April 1916).
2　*The Political Thought of Heinrich von Treitschke* (London, 1914), 287.
3　*Essays and Addresses in Wartime* (London, 1918), 65, 153.
4　*The Living Past: A Sketch of Western Progress* (Oxford, 1931), vii.

（Camille Jullian，1859—1933）专注于从高卢的过去到危机中的**祖国**的历史，将受推崇的"法兰西之魂"（soul of France）与德国唯以征服为动力的精神——这种精神动力甚至存在于学术方面——进行对比："那些人总体上已经搞了太多的历史学和太多的自然科学。"[1] 战争如同历史，可以不偏不倚地讲授，但只限于法国追求"普遍自由"的范畴。并且在这里，朱利安在费希特的狭义民族主义和法国捍卫人权精神之间做了一种有失公允的比较。在其他众多学者中，夏尔·瑟诺博司对逝者倡导的德意志主义进行谴责，主要的被告是特赖奇克及其马基雅维利主义的观念。他认为国家的自我确认凭借的是权力，它凌驾于道德之上，且是自我的终极体现。伟大的研究宗教改革的基督教史学家皮埃尔·安巴尔·德·拉图尔（Pierre Imbart de la Tour，1860—1925）在德意志历史哲学中寻找解释，但其他历史学家更明确地诉诸当下的反应。联同拉维斯、布特鲁、伯格森、迪尔凯姆、古斯塔夫·朗松（Gustav Lanson，1857—1934）、夏尔·安德莱（Charles Andler，1866—1933），瑟诺博司针对一战组建了"研究与文献委员会"（Committee for Studies and Documents），在法国和英国发行小册子。其中有拉维斯和安德莱的记录了德国暴行的《德国的战争理论与实践》（*German Theory and Practice of War*）。[2] 1915 年迪尔凯姆抨击

1　*Aimons la France: Conferences 1914‑1919* (Paris, 1920), 22.
2　参见 Martha Hanna, *The Mobilization of Intellect: French Scholars and Writers during the Great War* (Cambridge, Mass., 1996), 86‑90; also Robert Wohl, *The Generation of 1914* (Cambridge, Mass., 1979)。

第二章　重新评估

"德国的战争心态",再一次将特赖奇克作为标靶。尽管他重点指向的是当下比利时违反中立约定的问题和由德国发起的并以变态的情绪延续的"有组织的惨绝人寰的战争"。[1] 阿尔方斯·奥拉尔提取了在法国和美国发表的热门文章的内容,对战争进行实况介绍,用以告诫德国 1792 年入侵导致法国大革命爆发的事件"被复制"。[2]

德国学者们试图辩解,称他们自身,他们的民族,以及他们的文化遭到了世界史研究界同行的攻击。1914 年 10 月,德国站出来"呼吁文明世界",也称"93 人宣言"("Manifesto of 93"),由卡尔·兰普雷希特、威廉·冯特(Wilhelm Wundt,1832—1920)、恩斯特·海克尔(Ernst Haeckel,1834—1919)、格哈特·霍普特曼(Gerhart Hauptmann,1862—1946),以及其他德国学者和作家签署,不仅引起了克里斯蒂安·普菲斯特(Christian Pfister,1857—1933)、夏尔·波蒙特(Charles Bémont,1848—1939)等法国学者的响应,还有阿瑟·O. 洛夫乔伊(Arthur O. Lovejoy,1873—1962)等美国学者。[3] 奥托·欣策、弗里德里希·梅尼克和赫尔曼·翁肯——都是兰克的追随者——在 1915 年出版了一部以"德国与世界大战"为主题的文集。其中声明他们对"科学"的共同理念做出的贡献,

---

[1] "*L'Allemagne au-dessus de tout*":*La mentalité allemande et la guerre*(Paris,1915),起初发表于 *Sur le vif* 这部文集中,Seignobos、Bergson、Boutroux、Durkheim、Lanson、Lavisse 以及其他学者为该文集供稿。
[2] *La Guerre actuelle commentée par l'histoire*(Paris,1916)。
[3] 参见 Hanna,*Mobilization*,78–97,以及 Fritz Stern,*Dreams and Delusions:The Drama of German History*(New Haven,1987),257。

并辩论德国文化的普适性毫不逊于法国文化和英国文化。[1] 也是在那一年,迪特里希·舍费尔出版了一本文集,收录了其早些时候关于英国和德国间的政治竞争和海军竞争的文章,他在文章中将之与一战联系起来。[2] 欣策也诉诸地缘政治响当当的必要性,即普鲁士"孤注一掷的处境"以及其因力求统一而发动战争的需要,还否认这种政策类同于德国的敌人那种"帝国主义",并将英国("上帝的选民")比作拿破仑时期的法国。埃里希·马克斯和保罗·达姆施泰特(Paul Darmstädter,1873—1934)通过抨击英国和法国都实施过的"武力政策",以表示对上述观点的赞同,并指出英国的敌意早已有之。翁肯(他为阿克顿的《剑桥近代史》写了关于德意志帝国的一章)提到了1896 年《星期六评论》(*Saturday Review*)的说法:"德国必须灭亡"("Germania est delenda")。特洛尔奇同样谴责英国的好斗传统及其"肆无忌惮、不择手段的做法",包括历史学研究。他用传统的方式称颂"德国文化的精髓"及其"内里",如其诗歌、艺术和宗教生活所体现的那样。[3] 费利克斯·吉尔伯特(Felix Gilbert,1905—1991)在他题为《为什么我成为一位历史学家》("Why I Became a Historian")的回忆性文章中提

---

1 *Deutschland und der Weltkrieg*, ed. Hintze, Meinecke, Oncken, and Schumacher(Berlin,1915),也包括 Troeltsch, Delbrück, Marcks, Schmoller, Hampe 等众多编者的贡献;英译本为 William Wallace Whitelock, *Modern Germany in Relation to the Great War*(New York,1916);另参见 Michael Dreyer and Oliver Lembcke, *Die deutsche Diskussion um die Kriegschuldfrage 1918/19*(Berlin,1993)。

2 *Deutschland und England in See- und Weltgeltung*(Leipzig,1915)。

3 "The Spirit of German *Kultur*," in *Modern Germany*, tr. Whitelock, 56.

到，作为一个在柏林的男孩，他在学校不得不学习一首"憎恨英国的歌"。[1]

1914年后，一些美国学者仍旧对德国青睐有加，或至少是钟情于德国的文化和学术，但对于大部分人来说，还是反德国的。阿瑟·洛夫乔伊（他出生于柏林，极力倾向德国学术，且之后在《观念史杂志》[Journal of the History of Ideas]成了吉尔伯特的同事）为德国人感到惋惜，认为其在"客观性"的理论与实践方面起到了引领作用，在其历史学最关键的问题上拒绝了空想。[2] 盖伊·福特（Guy Ford，1873—1962）所描述的"普鲁士精神的吹嘘者们"成为受政府（公共资料委员会[Committee for Public Information]）扶持的美国御用历史学家攻击的对象，而其他已搜集材料的公布则为主张军事干涉的研究者和专家们提供了便利。如果是在德国，这种干涉会被认为是抵触于历史科学宗旨的。的确，亨利·门肯（Henry Mencken，1880—1956）所谓的"星条旗人"中的部分人士在此之后就为其不顾客观的行为感到后悔。且1920年从西德尼·布拉德肖·费伊（Sidney Bradshaw Fay，1876—1961）开始，"修正主义者"们也转而攻击这种令人厌恶的路数。[3]

---

[1] *A European Past: Memoirs, 1905-1945* (New York, 1988), 33.
[2] 引自 Peter Novick, *That Noble Dream: The "Objectivity Question" in the American Historical Profession* (Cambridge, 1988), 115；也参见 Carol S. Gruber, *Mars and Minerva: World War I and the Uses of Higher Learning in America* (Baton Rouge, 1975), 以及 Georg G. Iggers, "Historians Confronted the War," *Storia della storiografia*, 42 (2002), 3-22, 进而联系到参考文献。
[3] *Conquest and Kultur: Aims of the Germans in Their Own Words* 的序言部分，ed. Wallace Notestein and Elmer E. Stoll (Washington, 1917), 7；另参见 George T. Blakey, *Historians on the Homefront: American Propagandists for the Great War* (Lexington, Ky., 1970)。

对于德国来说，最极端的例子或许是伟大的古代史学者爱德华·迈尔一手缔造的。迈尔在1915年出版了一本书（且次年出了英文译本），不仅攻击英国的政治传统、社会政治、"道德堕落"以及罪恶行为，还指责其"在科学和艺术方面的缺陷和低能"，并进而认为即使德国战败了，德国也必定要维持其军事和经济组织形式，保持"强有力的君主制政府凌驾于党间竞选之上，且不受任何制约，即自由地行使和创造性地运用国家所具有的全部力量"。[1]迈尔用记忆中的迦太基战争作比，预见西方文明将如德国人所理解的那样走向没落。1917年，约翰·罗伯逊（John Robertson，1856—1933）驳斥了迈尔这本"一文不值的书"，否定德国文化的优越性，并痛斥德国的"十恶不赦"及对发动战争应负的责任。[2]德国在国际间并不是没有朋友。因为哥伦比亚大学的约翰·伯吉斯（John Burgess，1844—1931）就鼓动他的同胞同情一战的同盟国，认为其"打破了庞大且恶名昭著的'殖民帝国的托拉斯体制'，给世界带来了海洋的自由和门户开放……"[3]

德尔布吕克用另一种迥异的辩说方式捍卫德国的军事文化及其教育、社会和政治价值。实际上，将毕生精力投入多卷本战争史的他，避免不了将这些经历带入其个人观点之中，他认为，"意大利加入敌方，才致使德国无法赢得战争。但另一方

1　*England：Its Political Organization and Development and the War against Germany*, tr. Helene White（Boston，1918），60，64，328.
2　*Britain versus Germany：An Open Letter to Professor Eduard Meyer*，*Ph. D.*, *Ll. D.*, *of the University of Berlin*（London，1917）.
3　*America's Relation to the Great War*（Chicago，1916）.

面，我们也将证明德国是无法被征服的"。[1] 德尔布吕克从战争角度进行辩护，而古斯塔夫·施穆勒则面向德国体制和自治政府的更为和平的传统。梅尼克慨叹学者们的各种言论，如雷利将德国人比作祖鲁人（斩尽杀绝，这是祖鲁人唯一认准的事），且前者不认为令人反感的军国主义和文化的糅合造就了德国人，因为"我们现代德国的历史写作走的是兰克的路子，而不是特赖奇克的"。并且他再一次提出了其第一本巨著——《世界主义与民族国家》（*Cosmopolitanism and the National State*）中的观点，即德国的任务是促成联合，或是平衡政治个体与世界的关系："我们想要在国家间的世界体系中找到一种新的权力平衡。"

一些学者似乎借鉴了以上这些偏颇的乐观主义。德尔布吕克在1918年12月回首过去那些他铸成大错的问题时，至少是以策略性的措辞写道："我犯了多么大的错误啊。"[2] 当然，各个国家的历史学家都有对一战原因和结果的认识，并在1914年以前均围绕相同的固定原则和价值观进行写作，即民族和种族的原则与志趣。对于战争罪责的认识不仅基于政治和军事决策，还有民族性格和发展取向的深层次因素，如古斯塔夫·勒庞（Gustav LeBon，1841—1931）的教条性作品，1915年的《反抗中的世界》（*World in Revolt*），争议性地提出了关于"民族

---

[1] Hans Peter Hanssen, *Diary of a Dying Empire*, tr. Oscar Osburn Winther (Bloomington, 1955), 103 (20 May 1915).
[2] *Delbrück's Modern Military History*, tr. Arden Bucholz (Lincoln, Neb., 1997), 169.

性格"和"民族魂"的翻新概念,认为是它们决定了德国的战败和法国及其协约国的胜利,并认为这种概念经过妥当的教育方法塑造,将决定欧洲的未来。[1]战后,筹建和平的计划同样关系到民族自决和显著的宿命(prominent destiny)的问题。根据《凡尔赛条约》,德国承认对发动战争和因之产生的破坏负责。而战后的争论围绕这个明显已被回答了的问题——另一种"修正主义"——继续着,它试图更深入地看待这个被罪责的法律性问题遮蔽了原因的问题。一个更大的问题是,历史理论和实践受这种创伤经历影响的程度:历史学家们从这场"终结了所有战争的战争"中了解了关于历史进程的实质了吗——乃至了解了关于推动这种思路的愚蠢的乐观主义了吗?一些人的确有所收获,不过是旧式的历史思考和塑造神话的另一些路数,如盖伊所说,"转入地下并乔装出现"而已。[2]

很多美国历史学家被卷入战争事务,尤其是通过 1917 年 4 月成立的"历史服务国家委员会"(National Board of Historical Service)。其中,约翰·詹姆逊(John Jameson,1859—1937)扮演了重要角色,哥伦比亚大学的詹姆斯·肖特韦尔(James Shotwell,1874—1965),哈佛的弗里德里希·特纳(Frederick Turner,1861—1932)以及其他人也是如此。一些人也参加了和平谈判。肖特韦尔身为威尔逊总统指挥的"和平谈判美国委员会"(American Commission to Negotiate Peace)历

---

[1] *The World in Revolt: A Psychological Study of Our Times* (New York, 1921), 21.
[2] *Weimar Culture*, 91.

史部首脑，连同其同僚致力于提出新的关于全球稳定的专家建议。[1] 除了像 C. H. 哈斯金斯、乔治·路易斯·比尔（George Louis Beer, 1872—1920）、威廉·伦特（William Lunt）、R. H. 洛德（R. H. Lord）、华莱士·诺特斯坦（Wallace Notestein, 1878—1969）、威廉·韦斯特曼（William Westermann, 1873—1954）、阿奇博尔德·柯立芝（Archibald Coolidge, 1866—1928）、达纳·芒罗（Dana Munro, 1866—1933）、詹姆斯·斯科特（James Scott）以及詹姆斯·亚当斯（James Adams, 1878—1949）等美国人，还有很多欧洲人，包括恩斯特·拉维斯、安德鲁·塔迪厄（André Tardieu, 1876—1945）、费迪南德·洛特（Ferdinand Lot, 1866—1952）、乔治·普罗瑟罗（George Walter Prothero, 1848—1922）和 J. W. 黑德勒姆-莫利（J. W. Headlam-Morley, 1863—1929），他们提供技术建议，并在很多情况下，在集会后反思会议的成败得失。黑德勒姆-莫利在英国外交部与阿诺德·汤因比（Arnold Toynbee, 1889—1975）、刘易斯·纳米尔（Lewis Namier, 1888—1960），以及阿尔弗雷德·齐默恩（Alfred Zimmern, 1879—1957）共事。他出版了一本关于战争为何爆发于 1915 年的书，且他在谈判期间与肖特韦尔和哈斯金斯基本上达成了共识。[2] 战后，他参与了

---

[1] Morey Rothberg (ed.), *John Franklin Jameson and the Development of Humanistic Scholarship in America* (Athens, Ga., 2001), 129; 以及 *At the Paris Peace Conference* (New York, 1937); 还有 Charles Homer Haskins and Robert Howard Lord, *Some Problems of the Peace Conference* (Cambridge, Mass., 1920)。

[2] 参见 Agnes Headlam-Morley, Russell Bryant, and Anna Cienciala (eds.), *A Memoir of the Paris Peace Conference, 1919* (London, 1972)。

由乔治·皮迪·古奇（George P. Gooch，1873—1968）和哈罗德·泰姆普利（Harold Temperley，1879—1939）主持的出版会议文件的工作，并发起创办关于国际事务的《年度调查》（*Annual Survey*）杂志。1924 年起，由汤因比出任该刊主编，后由杰弗里·巴勒克拉夫（Geoffrey Barraclough，1908—1984）主持。

民族主义不仅在强加于德国头上的"迦太基式和平"和民族自决信条中仍是一项突出的原则，在威尔逊的"国际联盟"筹建计划中也是如此。尽管全球理念和"社会公义"也位列其中，就如同在"国际劳工组织"（International Labor Organization）中肖特韦尔将之拢在一处那样。肖特韦尔也对会议做了日常记述，包括他对巴黎的印象，法国战线令人担忧的瓦解，兰斯（Rheims）之类的城市被摧毁，以及他接受哈斯金斯之类人士的邀请到索邦大学做中世纪史方面的讲座。不过从 1920 年开始，历史学家的主要中心就是战争罪责的老话题，这当然从动员和开战的第一天起就牵动着他们的神经，而如今它凭借大量且与日俱增的（尽管仍显不足的）史料之利，要解决空前的民族精神创伤问题。国家的立场充斥于战争期间，"修正主义"及其抨击也混杂其中。在 20 世纪 20 年代，这实际上表现为一种家庭手工业的状态，并为即便在现今也盼它"关门大吉"的修正主义历史学家提供了素材。

战败的遗产

通过战争廓清自身的德国史学界不再抱有幻想，但其在民族的过去中寻找意义的决心没有动摇。战前成名的这代历史学家，包括梅尼克（1954年去世）、布兰登伯格（1946年去世）、布兰迪（1946年去世）、翁肯（1945年去世）、欣策（1940年去世）、伦茨（1932年去世）、迈尔（1930年去世）、舍费尔（1929年去世）、德尔布吕克（1929年去世）、特洛尔奇（1923年去世）、莫里兹·里特尔（Moriz Ritter，1840—1923）以及哈勒尔（1947年去世），都深受这场悲剧性冲突的影响。可是，当他们改变其关于过程乃至关于历史方向的观点时，还多是坚持其民族主义价值观，无论他们是否支持在紧随战争和严苛的和平解决方案而来的革命动荡中产生的共和制。1914年之后，这些学者构建了一个小规模的知识分子社团，争论这一政治和军事过程的挫折和转向。梅尼克、特洛尔奇、欣策和德尔布吕克尤为亲密，他们讨论这并不仅仅是其祖国的"危机"，也是"历史主义"的危机。[1] 他们也慨叹男性学生人丁不旺——"Männerarm"是梅尼克的说法——以及年轻人的心都从学术飞到了商业和科技上去了。然而，就像他们以各种各样的方式回应"对战争的呼吁"，尤其是通过新闻业那样，老一代历史学

---

[1] Hans-Georg Drescher, *Ernst Troeltsch: His Life and Work*, tr. John Bowden (London, 1992), 261ff.; 并参见 Pietro Rossi, *Le storicismo tedesco contemporaneo* (Turin, 1971).

家继续追求他们的"科学"。时值"萧条时期",梅尼克遵循着其办一部文献汇编性质的《德意志档案》(*Acta Germanica*)的愿景,与反魏玛历史学家埃里希·马克斯一同计划此事。这使人想起了因早在一个世纪前的战争所推动出现的带有爱国性质的《日耳曼历史文献汇编》。在其学术中,也仍有一种民族主义的锋芒,就像梅尼克,他在文章中认为,伴随战争末期从国外流入的革命威胁而出现的集体主义和组织观念会对自由和个性产生影响,并认为对之进行抵制是日耳曼和罗马"精神"的体现。

伦茨之类保守的新兰克学派称颂"战争那令人赞叹的神圣力量",并坚决拥护"日耳曼之神"。而且,约翰内斯·哈勒尔在 1914 年谴责任何怀疑胜利"纯洁性"的人。然而,在那段时间里,战争的过程摧毁了那些上了年纪的学者的乐观主义和自信。[1] 1915 年,相信战争正在推动民族团结的梅尼克,可能仍然认为德国正处于一个"新时期"的门槛上;但是到了 1917 年,他的希望破灭了,他所想的满是公正的和平。他承认"我们的愚蠢"。"我们都是罪人。"他写道。而在 1918 年,他的朋友特洛尔奇表达了对他的认同:"旧体系在其罪恶之下崩塌。"[2] 梅尼克越发对兰克学派的"列强"("great powers")观念持批评态度。他对出现于 1912 年到 1920 年间的特赖奇克的书信进行评论,为这位伟大的引导者辩护,以免其遭到英国历史学家不公

---

[1] Krill,*Die Ranke Renaissance*,214;并且关于哈勒尔的内容参见 Fischer,*World Power or Decline*,1。

[2] Drescher,*Ernst Troeltsch*,271.

正的抨击。尽管他没有评判其民族主义的偏激,这在19世纪80年代无论如何是可以理解的,但这种做法也的确保留了这些书信的持久价值。[1]他引用了一句诗性的哀叹,试图在党派分流基础上提出一种民族主义调和论:"先知在右,先知在左,这个世上的可怜孩子夹在中间"["Prophets to the right, prophets to the left, and in between this poor child of the world"。出自《世界孩童》(Weltkind)]。不过,到了1918年9月,他意识到一切都完了。他能看到终结的先兆,11月的"决堤",以及由革命的恐怖导致的未来进一步暗淡。他也转向了"民族主题下的自我批判"。然而,即使这预示着社会民主和共和主义,但民族统一的使命仍旧留存,他的所有作品都基于这一信条。

梅尼克的作品和他跨越战前和战后的年代经历都与大量敏感的主题有关,包括国内外的国家政治,以及战争的作用,关于这些,他出版了文献集成和专著:尤其是关于如下这些主题:宗教改革和路德(伦茨的文章"from Luther to Bismarck",1920年),自由战争和拿破仑(伦茨,1904年;梅尼克,1905年);柏林大学(伦茨,1910—1918年);俾斯麦与普法战争(伦茨论俾斯麦,1902年;马克斯论俾斯麦,1909年;翁肯论拿破仑三世,1926年);民族统一(布兰登伯格论帝国的基础,1916年;翁肯关于"关税同盟"的史料集,1934年;马克斯论统一前的德意志,1936年);以及1914年的帝国冲突(舍费尔论1903年的殖民活动,1921年;布兰登伯格论俾斯麦对一战

---

[1] *Zur Geschichte der Geschichtsschreibung*, ed. Eberhard Kessel(Munich,1968),183及以下诸页。

的影响，1924年），还有德意志史的更大范围考察（舍费尔，1910年，1922年；以及欣策，1915年）和世界史（德尔布吕克，1896—1920年）。他们也出版了多种多样的直接涉及战争的争议性作品，如翁肯论"1813年的观念"和另一场欧洲大战的可能性，德尔布吕克、舍费尔和古斯塔夫·沃尔夫（Gustav Wolf）论德意志史学的民族主义目标（1918年）；欣策、翁肯和梅尼克论德意志与战争（1915年）；并且梅尼克也致力于撰写其他很多文章，就**战争罪责问题**（*Kriegschuldfrage*）进行争论。这些民族主义历史学家中的大多数人也探讨方法论问题，他们相当大程度上跟随兰克的传统，无论是以实证主义的还是唯心主义的形式，都反对兰普雷希特（1915年去世）及其学生所提倡的文化史的侵蚀。在众多参与这场争论的撰文中，紧随伯恩海姆的手册之后的，是舍费尔最初对于文化史的攻击（1888年）；伦茨对兰克的称颂（1912年）；贝罗针对兰普雷希特的多番论争，社会学讨论，德意志史学的考察（1915年，1924年）；里特尔（1919年）和布兰迪（1922年）的类似考察工作；德尔布吕克论兰普雷希特、斯宾格勒以及历史哲学；欣策论德罗伊森、特洛尔奇、社会学以及比较方法；还有梅尼克论及的关于"历史主义"的很多问题和学者。

奥托·欣策在1894年至1936年间是《普鲁士档案》（*Acta Borussica*）的编辑，他以世界大帝国的视角广泛而深入地书写了普鲁士的历史，但不像兰克那样强调国内事务的同时也重视国际关系。对于欣策来说，是德意志的特殊主义（particularism）及其地理上的劣势拖沓了普鲁士的政治发展；并且他强调了军事在社会、国家以及国际关系中的作用。正如他在 1908 年所写,"德意志的政治发展几乎比西方国家落后了 300 年;尽管政治文化层面上最初的迟缓似乎在迅速变小,但一个客观的观察者不可能没有察觉到德意志帝国的人口,也就是普鲁士及其他封建邦国的人口,绝对不可能达到民族稳定的程度,也无法实现社会和宗教矛盾的现实调和,这些皆是一个人决定其自身命运的依据。"[1]

直到战争爆发,欣策才预见到了德意志政治发展与其他西欧国家的代议制是趋同的。他从未像他的一些同行那样持偏激的民族主义立场,而是通过其在体制和官制的比较研究方面的开创性著作展现了宽广的视域。1919 年他关注特派员办公室(the office of the commissary)这一让·波丹在 16 世纪时率先分析的内容,尽管他的研究对于这种欧洲特色机构在未来广泛且多变的历史没有任何意义。随后,他又针对"代议制政府的先决条件"进行了全球性的分析。[2] 从特点上看,欣策将之总结为一种不得不从档案证据的角度而非某种假设性的社会学"规律"进行研究的历史过程。而这种态度得到了他学生的拥护,包括戈登·克雷格(Gordon Craig,1913—2005)和沃尔特·多恩(Walter Dorn,1894—1961)之类的美国人,后者通过撰文讨论 18 世纪德意志的官僚体制获得声誉,在哥伦比亚结束职

---

[1] *The Historical Essays of Otto Hintze*, ed. Felix Gilbert (Oxford, 1975), 266; and Otto Büsch and Michael Erbe (eds.), *Otto Hintze und die moderne Geschichtswissenschaft* (Berlin, 1983).

[2] *Historical Essays*,821 及以下诸页,305 及以下诸页。

业生涯。

欣策在其早期关于集体性与个体性取径相对应的撰文和后来关于特洛尔奇与历史主义的撰文中,继续其对社会学和历史哲学的批评。在早期研究中,欣策的目标是兰普雷希特及其生物学"规律"和社会心理活动"规律",他将之与斯宾格勒——大多数如欣策这类学者对其鲜有提及,尽管在晚年从古代史转向世界史研究的迈尔更为认真地看待他——那种推测性历史学联系起来。关于特洛尔奇的研究,欣策做了很多保留,认为"历史主义是一个相对新颖的词,它的意思尚不十分明确。"[1] 欣策将特洛尔奇的理念比作爱因斯坦的相对论,将之与**生命哲学**(*Lebensphilosophie*)联系起来,并认同其合理性;但欣策也拒绝将之引向相对主义和怀疑主义的危险道路。像斯宾格勒一样,特洛尔奇吸收了浪漫主义的(维柯、赫尔德和卢梭,还有歌德)和历史法学派的有机性观念,这一做法趋向文化史的当代形式绝非偶然。他也借鉴了梅尼克的作品和经济学、社会学、神学、哲学以及艺术史的学理,还如同李凯尔特所做的那样,将从折衷领域产生的历史主义与自然主义进行比对。如梅尼克在几年后更为系统和更为历史性地论辩的那样,历史主义的关键是历史的个体性和有机性的发展。而欣策所不喜欢的,如果不是特洛尔奇的历史理念的循环性特点,就是其神学性,也包括他对人性之普适属性的怀疑论式的和非历史性的否定。在其他一些问题上,他认为这个观点使比较性历史学和赫伯特·乔治·韦

---

[1] *Historical Essays*,372.

尔斯（Herbert George Wells，1866—1946）所展示的那种全球视角都成为不可能（！）。[1]

特洛尔奇思考的历史主义问题是战后继续由欣策、梅尼克、霍伊西等其他人参与争论的中心。可是，他的目标有根本不同。首先，为回避更早些时候的神学家、哲学家和社会科学家赋予这个词的轻蔑内涵，他否认历史主义必然走向相对主义，并与阿道夫·冯·哈纳克（Adolph von Harnack，1851—1930）一并坚持认为新型的或是更新的**宗教史**（*Religionsgeschichte*）是一个次级学科，是如历史学本身一样独立存在的，因为它的活动是"规范性的"。[2] 他从未否定这是个悖论，甚至在评论中认为历史主义相比于教条主义，更"与魔鬼有某种相似性"。[3] 宗教不是纯然绝对地处在一种"进化绝对性"状态，基督教才是"所有宗教发展的中心和顶峰"——尽管他承认这种试图在相对和绝对间，人性与神性间，历史和神学（物质基础和上层建筑）间进行平衡的做法，充斥着只能通过历史探问才能解决的"问题"。无论如何，特洛尔奇反对自然主义涉入社会科学，总是被那些在其不朽名著《基督教社会思想史》（*The Social Teachings of the Christian Churches*，德语初版标题还加上了"及团体"）中论及的人性价值和历史经验相关联的问题、宗教的社会学问

---

1   *Historical Essays*，417.
2   *The Absoluteness of Christianity and the History of Religions*，tr. David Reid (Richmond，Va.，1971；3rd ed. 1929)，25（foreword，1901）；and Robert J. Rubanowice，*Crisis in Consciousness*：*The Thought of Ernst Troeltsch* (Tallahassee，1982).
3   *Religion in History*，tr. James Luther Adams and Walter F. Bense (Minneapolis，1991)，16.

题搞得神魂颠倒。"历史主义"不仅已成为一个宗教问题（1892年被教会斥为"现代主义"威胁的一个方面），也是一个古典政治经济问题，如同1883年古典经济学家卡尔·门格尔论及"历史主义的谬误"时所抨击的。它还是一个哲学问题，特洛尔奇基于此在历史哲学中寻找答案——他认为历史主义是建立在"第六"感，即一种历史感（historical sense）之上，并认为历史主义在历史哲学中不只设置了问题，也以某种方式做出了回答。

特洛尔奇参与了全欧洲关于历史主义及其危机的对话，卡尔·曼海姆、卡尔·霍伊西、贝奈戴托·克罗齐和其他很多人都涉身于该对话之中。实际上，曼海姆认为历史主义实际上就是战后时期的**世界观**（*Weltanschauung*），并且因此其本身不得不"被历史化"（"historicized"），如特洛尔奇实际上已经做的那样。根据克罗齐的说法，历史主义是一种"逻辑原则"且哲学本身是"绝对的历史主义"。[1] 紧随其观念思路的是罗宾·乔治·柯林武德（Robin George Collingwood，1889—1943），他不仅将之结合于可追溯至希罗多德和修昔底德的历史编纂学传统，也将之作为西方哲学传统"自我认知"的盟友。[2] 不过，当然，梅尼克凭其《历史主义的兴起》代表着现代历史主义的顶峰，该书提出了一种批判性的观点，针对的是继承于兰克学派的，按照"个体性"和"发展"的浪漫主义原则加以定义的传统，他专门将这种传统与"赫尔德的学生"歌德联系起来，

1　*History as the Story of Liberty*, tr. Sylvia Sprigge (New York, 1941), 78.
2　*The Idea of History* (Oxford, 1946), 9–10.

第二章 重新评估

并且他同意给文化史留有一席之地（尽管他早些时候敌视兰普雷希特），至少与政治外交史平等对待，最终他甚至认为布克哈特是高于兰克的大师级史家。[1] 他在 1928 年一语双关且带着尖刻的后见之明评价道："历史除了文化史，什么也不是。"[2]

对于梅尼克来说，走向现代历史主义之路是以**国家理性**（德语表述为 *Staatsräson*，*raison d'état*，*ragione di stato*）的观念为先决条件的，它代表着 1914 年之前欧洲国家格局的状况，但直到 1918 年德国瓦解之前，它都没有全部展现其"丰富性"。以此观念，梅尼克再一次着眼政治和历史的重合处。并且，在 1924 年他公布了一个主题调查，其中，他贡献了关于恩斯特·特洛尔奇的回忆，梅尼克为了自己的目的而采用了特洛尔奇在自然主义和历史主义之间的对比。特别是，梅尼克将"国家理性"追溯回马基雅维利，并且从集中于"最优国家"的乌托邦和自然法话题转向了追求适应既有国家利益的实用性政治策略。正如在研究中看到的不仅是从波丹到兰克和特赖奇克的学者，还有如黎塞留和腓特烈大帝之类的政治家，梅尼克通过其公共事业来掩盖他们的反马基雅维利主义立场。腓特烈希望将人道主义与国家理由结合在一处，尽管这项计划没有成功。在另一个层面上，黑格尔同样试图将理性和现实加以结合，尽管他也不能使之合为一体。随着特赖奇克从兰克那里转移，这种转移甚至进一步从政治和道德理念转向国家权力，也转向了

1　*The Rise of Historicism*，492.
2　"Kausalitäten und Werte in der Geschichte," *Historische Zeitschrift*，124（1928），23.

政治和军事行为的纠结。

20世纪20年代中期,梅尼克仍陷于"世界主义和民族国家"(他的1908年成名作的标题)两端之间,并且如同其众多同行,他也试图窥视战后的未来。吞下了战败的苦果,梅尼克拒绝那种从黑格尔到斯宾格勒的德国知识分子,乃至克罗齐所间接和直接宣扬的纯粹权力的理想化,因为克罗齐受到马基雅维利和黑格尔的精神滋养。并且,梅尼克得出结论,最好的事情莫过于"光明正大地为真正的'国家联盟'而奋斗",尽管他是在为一种建立在盎格鲁-撒克逊霸权下的国际秩序做准备,但考虑到德国孕育而生的拿破仑式的经验,至少好过"法国大陆霸权的蹂躏"。他并不期待一个永久的和平时期,因为命运的"自然主义力量"不需要马基雅维利这个"守护神"——关于权力和尚武的矛盾学说——为未来的冲突提供保障。

20世纪20年代,梅尼克与马克斯、格茨、翁肯、布兰登伯格、弗里茨·哈通(Fritz Hartung,1883—1967)及其他人一同投身于"帝国档案历史委员会"(Historical Commission for the Imperial Archives)中(继续着他曾在早些时候与马克斯讨论过的计划)。这个计划符合兰克将国外事务置于经济史、社会史和文化史之先的习惯,集中关注与政治史、外交史和军事史相关的资料。该计划也成为民族主义者和梅尼克本人那样的温和共和派之间争论的中心。而且,它建立在"新德意志历史研究帝国研究院"(Imperial Institute for the Study of the History of the New Germany)基础上,瓦尔特·弗兰克(Walter Frank,1905—1945)在纳粹时期主导了该研究院。另

第二章　重新评估

一场与官方控制的历史有关的争论,在或右或左的政治史(以及以梅尼克为例的思想史)拥护者与新一代政治史家之间展开。新一代史家受马克思和韦伯的影响,感兴趣的是"内政"而不是"外政",埃克哈特·克尔(Eckhart Kehr,1902—1933)关于财政和政治军事史的研究是其中的代表。不过,德国经济社会史的现代追求大体上要延迟至二战余波的影响,甚至还等待着另一个更为深刻的危机、反思和修正的时期,梅尼克悲剧性地见证了它们的发生。

俄国历史学界甚至比德国史学界产生了更深层的分化,**流亡者**(émigré)群体同样重要且广泛,在柏林、东欧尤其多见,而在美国有迈克尔·卡尔波维奇(Michael Karpovich,1888—1959)和乔治·维尔纳斯基(George Vernadsky,1887—1973)的案例。[1]流亡学者将俄国的历史视为一系列的破坏,以及改革与革命企图的混合。他们试图对马克思主义体系以外的俄国旧体制予以新的关注,例如心智史家乔治·弗洛罗夫斯基(George Florovsky,1893—1979)的研究,以及欧亚主义者的观念。俄国历史的马克思主义式的建构,尤其是从米哈伊尔·尼古拉耶维奇·波克洛夫斯基(Mikhail Nikolayevich Pokrovskii,1868—1932)开始的建构。这种建构将传统的对于社会和经济因素的强调联系到革命主义的和斯大林主义的体系,也将之与持续到苏联终结的过程联系起来,这颠覆了20世纪全球历史的宏大叙事,为一项浩大而崭新的修正和重建计划开辟

---

[1] Marc Raeff, *Russia Abroad: A Cultural History of the Russian Emigration, 1919-1939* (New York, 1990), 156-186.

了道路。总体而言,超过一个世纪的马克思主义学术的贡献正处于被 1989 年事件葬送的危机之中。而事实上,从本书的 21 世纪视角来看,找不到抑制马克思主义健忘症的可能性。无论如何,即使马克思主义在过去的那个世纪末已经跟随马克思本人进了坟墓,如雅克·德里达(Jacques Derrida,1930—2004)提醒我们的,它们的"魅影"犹在。[1]

史前史和古代史的前沿

进步的观念在一战之前很久就遭到质疑,在流血冲突的年代以及作为幻灭余波的年代就更无生机。那时,不仅美好往昔的愿想破灭,就连人们重建欧洲的辉煌未来的梦想也开始变得灰暗。正是这种消极的氛围引发了奥斯瓦尔德·斯宾格勒和鲁道夫·潘维茨(Rudolf Pannwitz,1881—1969)的阐释。然而,尽管有战时的仇外情绪,历史知识(尽管不是智慧)在这个压抑的时代仍继续增长。在国际合作的领域,世界各地的学者努力扩展历史的时空感知限度。过失和偏见,无论新旧,都使这些付出打了折扣,但至少通过公共交流和争论的方式扩充了历史记录,为批判和修正开辟了道路,而长远的效果或许是凸显出一种不乏争议的、传统意义上的"进步"形式。在教学、研究、出版、职业组织的国际性支持下,历史的学习与传授顺应了近些年

---

1 *Specters of Marx*,tr. Peggy Kamuf (New York, 1994).

超乎寻常的人口增长趋势,并且国际性交流——在20世纪的头十年里——通过期刊、资料汇编、专著、教科书、大学教席、学术和职业联合会以及国际会议等方式,不断适应着这种增长。

以旧式欧洲史学的有限视角来看,就像现代史始于查理大帝,古代史(或说是"文明史")开始于希腊(实际上开始于希罗多德)。就像瓦纳尔·耶格尔(Werner Jaeger,1888—1961)不朽的《古希腊教化》(*Paideia*,1933)中传递的信息。西方史学的东方文化背景并未被完全忽视。"对未开化之物的崇尚"除了被联系到也作为叙事而存在的《圣经》故事,以及埃及人、巴比伦人、亚述人和其他近东民族,大多数时候,它还被与处在西方宏大叙事边缘的荒诞的、异种的、异教的传统联系在一起。文艺复兴时期,乔瓦尼·皮科(Giovanni Pico,1463—1494)那"所有的智慧来自东方"的箴言不是被作为边缘的或是地下的传统,就是被斥为"神秘哲学"[而以此来看,马丁·贝尔纳(Martin Bernal,1937—2013)引发争论的关于反东方主义偏见的观点,至少就19世纪欧洲历史学术的发展阶段来说还是有效的]。[1] 然而,随着考古学的发现,尤其是从拿破仑远征埃及开始,忽视或是排除这种更早期的阶段已经不可能了。[2]

---

1 *Black Athena*:*The Afroasiatic Roots of Classical Civilization*,I,*The Fabrication of Ancient Greece*,1785-1985(New Brunswick,1987),它修订了艾略特·史密斯和其他考古学家和古典学研究者对"希腊热"("Hellenomania")、种族主义和反犹主义的态度;在第二卷(1991年出版)中,这种感觉主义的研究制造了一部宏大且倾向明显的文学,对此,参见 *Black Athena Writes Back*:*Martin Bernal Responds to His Critics*(Durham,2001)。
2 Robert Sole,*Les Savants de Bonaparte*(Paris,1998).

继而，在上个世纪的第一代人那里，西方历史叙事的形态（如保存于古老且仍兴旺的普遍史或世界史体裁中的形态）发生型变，呈现为很多层面——尽管可以确定的是，这种型变已经持续了一个世纪且更广泛地涉及地理位置、编年和主题等范畴，史学研究与地理学、进化生物学、古生物学、人类学和考古学发生交叉，开始了民族化（同时也世俗化）和全球化的倾向。并且，它以"史前史"的形式再一次诉诸起源、趋势，以及宿命等大问题。对有文字记载之前时期的人类命运的考察不再仅仅依靠语言学、神话学，以及历史推测和类比。目前，在世界各地的考古学家的惊人发现中，有关物质文化的信息体量不断增长。而且，实际上之后的历史时期也被同类的研究组织加以阐明。旧有的人类统一理论和种族观念不会完全被去除掉——实际上它们因战争衍生出的情感而得到强化。经过学者凭着专家地位而非政治缘故的批评，意识形态和民族偏见的侵蚀作用再一次遭到越发强烈的冲击。如雅克·德摩根（Jacques de Morgan，1857—1924）发表于四分之三个世纪之前的综合性文章中所写（且它仍然适用）："我们今天所知道的相比于未知的，简直微不足道。"

史前史（prehistory，*Vorgeschichte*，*préhistoire*，*preistoria* 等）与考古学和人类学不同的是，它在开战前夕助长了疯狂的民族主义。海因里希·施里曼（Heinrich Schliemann，1822—1890）关于特洛伊所在地的发现引起轰动。这体现了最新人文科学的潜力。然而，这个领域真正的"革命"发生在 20 世纪的前二十五年，也就是从阿瑟·埃文斯 1900 年在克诺索斯

第二章　重新评估

（Knossos）的考察到霍华德·卡特（Howard Carter，1874—1939）于 1923 年打开图坦卡蒙墓穴的考察，乃至莱昂纳德·乌利（Leonard Wooley，1880—1960）在 1926 年到乌尔（Ur）的考察。在这个时期，考古学从施里曼式粗陋的挖坑工作进步为科学发掘，并且，赫梯文化和苏美尔文化从其他被遗忘的民族和失传的语言中脱颖而出，它们在历史记录中与埃及和以色列文化并立，占有一席之地。尽管大量的天才考古学家死于战争，发现和阐释仍层出不穷，并关联到普遍史的修正——尽管旧的传播主义理论得到了如 G. 艾略特·史密斯（G. Elliot Smith，1871—1937）、威廉·佩里（William Perry，1887—1949）、威廉·里弗斯（William Rivers，1864—1922），以及 V. 戈登·柴尔德（V. Gordon Childe，1892—1957）等学者的拥护。[1]

关于过去的新旧过渡可以在弗朗索瓦·勒诺尔芒（François Lenormant，1837—1883）的《东方的古代史》（Ancient History of the East，1868）中看到。该书开始于《圣经》内容的叙述，并包括大洪水后诺亚的三个儿子在三个大陆定居的故事，但它强调"史前考古学"这种"全新科学"所开辟的较为悠久的视域，古代语言的研究，以及"人类的古代时期"的观念。[2] 另一个为古代史研究提供科学性基础的尝试是朱利乌

---

[1] Daniel, *The Idea of Prehistory*, 79ff.；并参见 D. R. Kelley, "The Rise of Prehistory," *Journal of World History*, 14（2003），17-36。
[2] *Histoire ancienne de l'orient jusqu'aux guerres médiques*（Paris, 1881⁹），I, 119, 208, 263.

斯·贝洛赫（Julius Beloch，1854—1929）对统计学的引介，但是，约瑟夫·斯卡利杰（Joseph Scaliger，1540—1609）在三个世纪之前所建立的关于历史年代的科学，才是中心。[1] 西尔维斯特·德萨西（Silvestre de Sacy，1758—1838）之类的学者长期以来否定真正的"圣经纪年"的存在。而与此同时，《圣经》相关的问题仍然存在，学者们实际上将之归为神话和诗歌的领域。[2] 这种发展的规划在 18 世纪（实际上是在 16 世纪）已经变得显著。它在达尔文生物学那里获得了科学基础，并且从 19 世纪晚期开始，成为麦克斯·邓克尔和乔治·罗林森（George Rawlinson，1812—1902）——以及兰克——研究的组成部分。然而，他们却是在不熟悉那些东方语言的情况下进行研究的。对于下一代学者来说，这种缺陷被海因里希·布鲁格施（Heinrich Brugsch，1827—1894）在 1867 年至 1882 年推出的关于象形文字和民间手抄本的伟大辞书，以及阿道夫·埃尔曼（Adolph Erman，1854—1937）1926 年之后继之推出的辞书抹平了。

然而，历史学家总还是滞后于考古学的先驱。"历史学的教材是来自过去的遗产"，一位考古学的，也是人类学的支持者在1921 年写道。"它们模仿的是更大规模的，写于史前人类被发现之前（一个民族主义热情高涨的时期）的作品……它们大体上与当前的观念没有关联，并且是'残存之物'，更糟的是……

---

[1] *Die Bevölkerung der griechisch-römischen Welt* (Leipzig, 1886).
[2] Maurice Oleander, *The Languages of Paradise: Race, Religion, and Philology in the Nineteenth Century* (Cambridge, Mass., 1992).

第二章　重新评估

它们是时代错置的,注定会危及到一个像国际联盟那种计划的命运",像普遍史那样,它依靠全球视野(像 H. G. 韦尔斯!)。[1] 所以,历史学家需要将他们的领域扩展到约翰·林顿·迈尔斯(John Linton Myres,1869—1954)所谓的"没有历史的人类"那里。[2] 这为詹姆斯·伯利斯坦德(James Breasted,1865—1935)所说的"新的过去"(new past)打开了一扇窗。

然而,考古学知识最终糅合了古典历史学考察和古代的教科书的历史尤其还有出自爱德华·迈尔(Eduard Meyer,1855—1930)、加斯顿·马斯佩罗(Gaston Maspero,1846—1916)以及詹姆斯·伯利斯坦德的埃及史教材(前两者的材料都写于1884年,伯利斯坦德的写于1896年)。马斯佩罗接替了商博良(Jean François Champollion,1790—1832)在法兰西学院的席位,也是开罗的埃及学研究院的奠基人,而迈尔是莱比锡大学、布列斯劳大学、哈雷大学,最终也是柏林大学(1902年)的古代史教授,在埃尔曼从柏林的埃及学博物馆的领导位置退下来的那一年退休。伯利斯坦德是首个获得芝加哥大学埃及学教席的美国人,1905年出版了其埃及史的第一卷,并致力于将"新的过去"的知识引入历史学。1916年,在按照惯例赞美了"希腊人奇迹般的天赋"之后,他称颂考古学所催生的"广阔新视角"。在对传统过去进行多产的探询之后,他写道:"存在另一值得一提的相似阶段,这是一部隐匿于希腊和罗马身

1　O. G. S. Crawford, *Man and His Past* (Oxford, 1921), 32-33.
2　*The Dawn of History* (London, 1911), 13.

后的附录，一部伟大且重要的人类故事的篇章。"与此同时，英国古代史家 J. B. 伯里实际上通过在"剑桥古代史"的筹划中加入东方序章的方式对这一阶段表示支持。该丛书因战争而推迟出版，1923 年问世。

这种转型已由维克多·杜卢伊（Victor Duruy，1811—1894）、麦克斯·邓克尔（Max Duncker，1811—1886），以及伟大的考古学家亨利·罗林森（Henry Rawlinson，1810—1905）的弟弟乔治·罗林森等上一代历史学家做好了铺垫，包括在其研究中对此类篇章的详述。当然，这些学者在相关的古语言方面缺乏基础，此外也对尚未发现的文明不够了解。这种探索上的进步在乔治·罗林森的作品中被提及。他关于"五大奇迹"（迦勒底文明、亚述文明、巴比伦文明、米底亚文明和波斯文明）的书出版后，又推出了关于第六、第七、第八奇迹的卷集（帕提亚文明、新波斯文明、腓尼基文明）；不过，如伯里在为 1923 年的《剑桥古代史》卷集所作的序言中所评论的，罗林森寿命未能长到将赫梯文明添加进去，赫梯的记载那时正在被破译和研究。更为"科学的"是新一代古代史学者的作品，包括马斯佩罗、迈尔、伯利斯坦德，以及哈里·霍尔（Harry Hall，1873—1930），也包括贝尔的伟大丛书的撰稿者们，"人类的演进"丛书在战前计划（达到 200 册），但直到 20 世纪 20 年代才付诸实践（达到 100 册）。所有这些学者的作品跨度从战前到战后，并开始尝试制造一种合作性的综合——尽管他们都认识到，在当前这种已知和不确定性兼有的状态下，周全的记述是不可能的。

第二章　重新评估

近东古代史认知方面的非凡进步或许在哈里·霍尔的标杆性教科书的版本变更中可以看到。霍尔是大英博物馆埃及和亚述文物管理者。出土物来得太快，以至于无法纳入书中。因此，第五版（1920 年）以来的版本中，霍尔加上了批正性的"附录"，指明错误和新的信息，包括乌尔的巴比伦文明发掘，图坦卡蒙的墓葬，埃文斯在克诺索斯的工作，迈锡尼或"希腊"艺术，以及最近出土的印度西北的"印度河"文明。[1] 诺亚"洪水"事件被再度提及，此次借助的是一份巴比伦文化的资料。（印欧）赫梯语被破解，年代学取得进展的持续报告，对希腊首批人口的更丰富理解，以及很多其他细节都添加到记录中——包括塞缪尔·克莱默（Samuel Kramer，1897—1990）和他研究苏美尔语的同事的破解工作，即使那时尚处于发展阶段——用一位法国学者形容克莱默 1956 年的书的话说，这里是"历史的开端"。[2] 无论如何，广袤的史前世界的问题要比答案更多。

实际上，如乔治·勒纳尔（Georges Renard，1847—1930）在 1929 年所写的，有两种史前史。一是"古代史前史"，即从人类生活的开始对之进行古老而普遍的调查，这（就如勒纳尔的书那样）有赖于阶段的、地质的、进化的和考古的模式，以及它所吸纳的包括卢克莱修（Lucretius，约公元前 99—公元前 55 年）的推想在内的推测性材料；二是"现代史前史"，即

---

[1] *The Ancient History of the Near East：From the Earliest Times to the Battle of Salamis*（London，1960[11]），589 及以下诸页。
[2] 参见 Jean Bottéro（ed.），*Initiation à l'Orient ancien：De Sumer à la Bible*（Paris，1992）。

"局部性的、地方性的,不同种族和人群在不同时期的终结,以及对我们来说是地球的一些遥远角落的扩张"。在历史范畴内增加具体化成分,致使旧有普适的、进化的、传播论的(最终是基督教性的)叙事——与之相伴的还有"宗主种族"(master race)的观念——被文化传统,或文化"圈"的多元性所取代。如同维柯和赫尔德等两个世纪前的史前史学者所接受的,至少是临时接受的历史传统的多样性观念,这种观念的起源不可能是由物质性的、神话性的,甚或语言性的记载决定的,也当然不是人类学式的推测所能决定的。无论是以"古代的"还是"现代的"形式,史前史都已不仅成为一种完善的领域,更有着古代史、世界史和自然史的规律特性。

在德国的考古学领域,史前史成为了一种"民族学科",辅以地方性的**协会**(*Vereine*)和公共组织,也表现为褒日耳曼贬罗马文化和宣扬帝国扩张传统的**双**重立场。统一后,**古物研究**(*Altertumskunde*)凭借政府得到加强,并在大学里开课。蒙森本人就推广史前史的新领域,由此使之与日耳曼起源,一战前的近东外交,以及早期的、尤其与罗马的关系有关的意识形态冲突结合在一起。古斯塔夫·科辛纳(Gustav Kossina, 1858—1931)关于"德意志史前史"的书于1912年问世。他是那些试图"将爱国的考古学和历史学结合起来"的人中的一员,并将国家的命运与其印度-日耳曼根源(Indo-Germanic roots)联系起来。[1]所有这些也是德国战前颂扬其文化传统活动的一部

---

1 Suzanne L. Marchand, *Archaeology and Philhellenism in Germany, 1750 - 1970* (Princeton, 1996), 162 及以下诸页, 182。

分,通常不仅发生在与未经开化的天然民族的令人生厌的对比中,也发生在与英法这种衰败文明的比较之中,而这在战争爆发期间,达到了高潮。古代史研究者中,很多人以攻击性的姿态在著名的捍卫民族文化的"93 人宣言"中签字。不过,被夸大了的德意志文化转而也与德国老派学术权威团体(mandarinate)的古典主义倾向发生抵触。苏珊·马钱德(Suzanne Marchand,1961—)总结道:"战争或许不会戕害语文学,但它的确影响了谦逊的程度,以至于推崇古典传统的教授们一直都不愿意接受学校里的改革者。"[1]

20 世纪早期的古代史研究,仅凭着历史学家抱有的对写作的痴迷,就与史前史分道扬镳了。它在两个极点之间付诸实践,即深入的,埋头于史料的研究和对于综合的追求。爱德华·迈尔分别诠释了这两种趋向。当迈尔如同掌握古典语言一样掌握了主要的东方语言后,他着手扩展埃及年代学以及赫梯、亚述、苏美尔文化,希腊、罗马、犹太和伊斯兰文化中历史科学的边际,特别是在经济和宗教领域,包括基督教的起源。这些研究中的一些,尤其是他的较为大量的调查,并不成熟,但他不断更新他的观点,并在这些领域中尽量与时俱进。因此,迈尔雄心勃勃的**古代史**(*Geschichte des Altertums*)逐日扩展,改编入与"人类学"有关的部分,这也与国家观念成为一种普适的文化形式有关,直接抵触传统的兰普雷希特式的文化史阐释,并对立于维拉莫维茨-默伦多夫(Willamowitz-Moellendorff,

---

[1] Suzanne L. Marchand, *Archaeology and Philhellenism in Germany, 1750 - 1970* (Princeton, 1996), 162 及以下诸页, 240.

1848—1931)的语文学取径，后者认为迈尔的研究即便不是如尼采一般业余，也是同后者一般肤浅。他极其详尽地讲述的希腊故事是一场悲剧。在这场悲剧中，古典文化成熟起来并变得完美，尽管在拥有民主、分权、诉讼的政治财富时，希腊开始拥有了更多的帝国权力。迈尔也写了关于犹太教（用的是阿拉姆文献）和基督教起源的书，将二者都置于广阔的近东语境之下。对他来说，政治是历史的"中心"，不过迈尔也认识到在历史进程中个体人物所创造观念的作用。他拒斥自然法和社会接触的观念，而通过与亚里士多德的**城邦制**（*polis*）类比，认为国家理念是从家长制度演化而来的。他还将该制度与当代人种学家的结论联系起来。迈尔按照他的信念做着他的工作，第一次世界大战前后这段时期，他一直致力于他的古代史研究，直到1930年去世。

迈尔也关注历史和"观念"作用的普遍模式，实际上是有些欣赏地看待斯宾格勒的元历史推测，（如其所述的那样）用一种"人类学"（这是这个时代的特定标志——他称之为"社会学"）的调查作为其古代史的开篇。然而，他的观点遭到当代社会科学研究者和历史学家的批评，被认为在学术上以及政治上表现保守。尽管马克斯·韦伯将迈尔的作品奉为他宗教社会学和魅力型权威的观念，但他还是反对其重视个体、主观性、自由意志、偶然事件、实证研究和历史经验而轻视社会学理论——也轻视神学体系——的方法论。"历史不是系统化的科学"，迈尔在其《历史学的理论与方法》（*Theory and Method of History*，1902）中写道，并且他为此发起了对伯恩海姆、布洛赫、迪尔凯姆、特洛尔奇乃至韦伯的批判。[1] 实际上，迈尔推崇兰克式的个体化和政治中心的历史的那种老式理念，尽管他没有否定复杂多面的历史进程之中的主观因素，且他也坚持认为要在因果和有效性的层面加以评判。无论如何，他相信历史的主体是那些已进入文明高级阶段——即西方传统——的民族。

1900 年，古典主义仍然主宰着欧洲的教育和史学，史前史被作为序幕，非欧洲地区被边缘化。对此，马丁·伯纳尔在其引发争议的观点中亦步亦趋。在以乔治·格罗特（George Grote, 1794—1871)、恩斯特·库尔提乌斯和尤里乌斯·贝洛赫为标准的希腊史研究之后的一代人中，古典研究会被夸大为具有一种非凡的"科学基础"，这反映在专著、教科书、期刊、学术出版物、史料集成、批判性的文本编辑、铭文中，也体现在纸莎草、百科全书、地图册，以及其他历史学研究之类的参考材料性的成果中。希腊和罗马在贝尔的"人类的演进"，古斯塔夫·格罗兹的"普遍史"以及"剑桥古代史"（全书十二卷，J. B. 伯里等人编写）之类的标杆性丛书中也占比过大。回忆起来，只有几个古典研究学者在学术的汪洋中仍旧给人留下印象，最多也只是在现代的著作的注脚中。[2]

法国古代史家中最杰出者是古斯塔夫·格罗兹，他研究迪尔凯姆，并在法国社会冲突和"社会团结"的当代问题的影响

1　Beat Näf, "Eduard Meyers Geschichtstheorie. Entwicklung und zeitgenössische Reaktionen," in *Eduard Meyer: Leben und Leistung eines Universalhistorikers*, ed. William M. Calder III and Alexander Demandt (Leiden, 1990), 292.

2　Paul Petit, *Guide de l'étudiant en histoire ancienne* (Paris, 1959).

下,在1904年出版了其学位论文《希腊刑法中的家庭连带责任》(*The Solidarity of the Family in the Criminal Law of Greece*)。格罗兹于1913年被任命为法兰西学院教授,并一直研究希腊的社会史和经济史,特别是爱琴文明研究、"希腊的劳作"研究,尤其是库朗热式的希腊城邦研究(1928年)。对于希腊人来说,城邦既是伟大的根源,也是懦弱的根源,既是壮大的根源,也是衰落的根源,如其所做的那样,导致了革命,也走向了城邦联合的尝试。格罗兹主张不仅要强调历史发展,还要强调地理情境,后者是库朗热所忽视的,也是亚里士多德所忽视的,同时(如迈尔和当代社会学家那样)不仅要强调家族和城邦,还要强调个体。格罗兹一直将这个故事延续到城邦状态的终结,又以马其顿王国的一个附属国的状态完成统一。他问:"这是好是坏?"并谨慎地总结道,好坏都有,因为希腊人能够在腓力和亚历山大取得短暂政治成功的地方,避难于哲学之下。

在英格兰,J. B. 伯里继续从事关于吉本的伟大文字计划,尽管是以适应于后兰克时代的更"科学的"精神。此外,在其研究罗马帝国灭亡后5世纪到9世纪历史的首部重要作品后,他1914年推出了吉本著作的编辑本,附上了他先前的过于随便的注释,连同修正部分和参考文献的部分。当然,吉本缺乏专业的训练和方法,且他的语文学考察留下了不尽人意的地方。然而,伯里如弗里曼和布莱斯后来所做的那样,称赞他强调西方历史的连续性,尤其是罗马和拜占庭之间的连续性。而且他至少对吉本说教式的离题论述并不反感,这种离题论述——伯里指出,这与兰克的著名忠告相抵触,他在注释中也引用了兰克的著作——被与其他古典史家的有倾向性的主题相提并论,如"塔西佗对帝国的控诉,蒙森为帝国专制的辩护,格罗特为民主制度做的辩解,德罗伊森对君主制的赞同"。伯里制造了另外的离题评论,如惊诧于吉本为什么在他讨论科拉·迪·里恩佐(Cola di Rienzo,1313—1354)时,没有提到但丁的政治纲领。不过绝大部分,他还是着重于通过为吉本的开明形象添加上现代式点缀的方式,改进了事实和参考文献的内容。不过,伯里也慨叹吉本对拜占庭史方面的不公平对待,拜占庭史是伯里的专业领域。

1913年,伯里出版了他对古希腊史的伟大考察的第二版,其中修正了对希腊文明的观点,并由此改写了1900年问世的早期版本。正是在那时,阿瑟·埃文斯在克诺索斯的发现也为人所知。[1] 在此著作中,伯里倚重更老辈的权威们(格罗特、弗里曼、德罗伊森、迈尔和维拉莫维茨-默伦多夫),还使用来自货币、地图、瓶器、铭文以及博物馆的证据。他清楚地意识到由史前史引发的新问题;他经常从更早些的观点出发,如弗里曼将执行条顿制度的希腊人和罗马人归为"雅利安人",尽管他没有接受闪米特人产生重要影响的观点。他意识到,歪曲是由过分强调雅典和斯巴达且忽视其他地区所导致的——"缺席者没有话语权"(Les absents ont toujours tort),尤其是意识到史前史仍是来自朦胧的神话和文学性推测的那种不稳定属性,并且

---

[1] *A History of Greece to the Death of Alexander the Great* (New York, n.d.), "1913年版的序言"和"第一版序言",以及第838页。

他提醒，共识性的希腊史故事或许"随时"会改变。伯里继续跟进他对从基督教帝国至查士丁尼一世去世的历史研究，承认君士坦丁"盛极"一时，但认定希腊和罗马帝国之间的"连续性"，并认为"拜占庭"时期是希腊文化的最后阶段。不过，他在与老一辈权威意见不同时态度坚决地揭示不足信之处，例如，蒙森认为女性任公职是被接受的观点。[1] 他在现代学术的范围内再一次处理吉本关于帝国"野蛮性"的老问题。如他钦定教席的前任阿克顿开始编写《剑桥近代史》那样，伯里接过了开始于1923年的《剑桥古代史》的主编工作，尽管这项工作已经跟不上不断地改变着历史和史前史图景的引发热议的发现。

罗马持久地使西方学者梦牵魂绕。或许，如古格列莫·费雷罗（Guglielmo Ferrero，1871—1942）告诉一位美国听众的，他们"在那里比在别的地方更能发现法国大革命——君主制和共和制之争——之前最伟大的百年政治剧变"。[2] 在蒙森之后的一代人中，罗马史领域涉入了很多原创性的学者，包括加埃塔诺·德·桑克提斯（Gaetano de Sanctis，1870—1957）的著作四卷本，1907—1922年出版；埃托尔·派斯（Ettore Pais，1856—1939）的著作于1898—1920年出版；古格列莫·费雷罗关于罗马帝国的强大与衰落的著作五卷本，1907—1909年出

---

[1] *History of the Later Roman Empire from the Death of Theodosius I to the Death of Justinian*（New York，1958），I，1，9。

[2] *Characters and Events of Roman History from Caesar to Nero*（Lowell Lectures，1908），tr. Frances Lance Ferrero（New York，1909），243；and *The Ruin of Ancient Civilization and the Triumph of Christianity with Some Considerations of Conditions in the Europe of Today*，tr. Ady Whitehead（New York，1921）。

版；安德烈·皮加尼奥尔（André Piganiol，1883—1968）对罗马起源的研究于 1917 年出版；莱昂·奥莫（Léon Homo，1872—1957）对最初的意大利的研究于 1925 年出版，由戈登·柴尔德译出；弗兰兹·屈蒙（Franz Cumont，1868—1947）和威廉·福勒（William Fowler，1847—1921）关于罗马宗教的研究分别从 1896 年和 1899 年开始出版；古斯塔夫·布洛赫（Gustav Bloch，1848—1923）关于共和国的研究于 1913 年出版；爱德华·迈尔关于凯撒的研究于 1917 年出版；凯末尔·朱利安（Camille Jullian，1859—1933）的高卢研究八卷本，1907—1926 年出版；坦尼·弗兰克（Tenny Frank，1876—1939）关于帝国主义的研究于 1914 年出版；塞缪尔·迪尔（Samuel Dill，1844—1924）的著作三卷本，1896 年开始出版；路德维希·弗里德兰德（Ludwig Friedländer，1824—1909）关于帝国的社会研究四卷本，1908 年开始出版；米歇尔·罗斯托夫采夫（Michael Rostovtzeff，1870—1952）关于罗马社会经济史的研究从 1899 年开始出版；奥托·泽克（Otto Seeck，1850—1921）关于古代世界衰落的研究于 1895 年至 1920 年间出版。而且，这再次伴同着源源不断的史料集成、百科全书、参照性研究、新期刊、国际会议，等等。在 20 世纪早期，希腊罗马史，更广泛点说是古典研究，与更高端的教育和学术性出版物中的民族史学形成竞争——虽然与旧传统的对立越发显著。在很多知识分子看来，旧传统即便不是更糟，也是麻烦或负担。一战也没有明显地改变这一趋向。

　　罗马史总是为欧洲学者提供政治范型，马基雅维利和孟德斯鸠只是最值得称道的例子，还有遵循着可以追溯到李维和塔西佗的史学传统的吉本、巴托尔德·尼布尔（Barthold Niebuhr，1776—1831）以及蒙森。学者们的兴趣尤为集中于起源（特别是尼布尔）和衰落（显见于孟德斯鸠和吉本）问题，但是在 20 世纪早期，学术已从这些被视为过时的古典研究中转移了——学者们那时关注起源要感谢考古学，它进一步推动了尼布尔更具推测性地将传说和事实分离的努力，而关注衰落问题归功于经验上的和观念上的练达，它致力于避免老辈史家为了说教式的述说而出现的时代错置。关于更早的分期的争论，吸纳了考古学的证据和人类学的结论，且完全适应史前研究者的四段分期论。这番争论在派斯"过于挑剔的"看法和德·桑克提斯的"温和的批评"之间展开，后者使传统叙事中众多的可靠内容得以保留。[1] 另一方面，如费雷罗所承认的，对于罗马故事的终结，以及"堕落"问题，被他所结合的新观点以另一种方式转回了李维关于奢靡、野心和贪婪造成毁灭性影响的观点。这整体上也是特洛特·格罗弗（Terrot Glover，1869—1943）所采用的思路，以便更好地歌颂基督教的美德。[2] 塞缪尔·迪尔在传统的智识和文化语境下讲述罗马衰落的故事，但也注意到在此过程中公共服务的解体和中产阶层的衰败状况——就像在俄国革命的高压下，罗斯托夫采夫所做的那样。[3] 在很多方面，吉本

---

[1] Léon Homo, *Primitive Italy and the Beginnings of Roman Imperialism*, tr. V. Gordon Childe (London, 1927), 2.

[2] Ferrero, *Characters and Events*, 3; cf. Glover, *The Conflict of Religions in the Early Roman Empire* (Boston, 1909), 3.

[3] 参见他关于罗马帝国社会的三卷本（1898—1926 年）。

仍然保持着"衰亡"问题中的卓越地位,尽管如泽克之类的学者已经认识到范围更广的"原因"。对泽克来说,历史纵使是以众多独立国家的形式作为大帝国的延续,但也是众多相关事件汇成的洪流或环环相扣的链条。[1]

罗斯托夫采夫在 20 世纪 20 年代批判性地考察了现代以来的发现和阐释,评论了吉本的问题,包括物质的、经济的、政治的、道德的、文化的以及精神的方面。可是,他没有找到随着"第三个世纪的社会革命"而出现的"古代文明的衰败"的基本要点。[2]罗斯托夫采夫拒绝或有限地接受费雷罗强调康茂德继位马可·奥勒留和随后元老院的瓦解事件,也以同样的态度面对韦伯和其他人狭隘的经济方面的观点,坦尼·弗兰克的激进主义观念,以及出于纯粹的物质原因的观点,如土壤贫瘠以及尤其是由于基督教的兴起。按照在其故乡俄罗斯流行的马克思主义的物质基础和上层建筑的区分,罗斯托夫采夫区别出上述问题的两个部分——政治-经济-社会方面和思想-精神方面。第一部分关注东部帝国的东正教化,第二部分关心的是西部帝国的蛮人化,尽管他反对日耳曼入侵只是幼稚的军事扩张的看法。对于罗斯托夫采夫来说,最重要的进展是城市的衰落,也就是,"有产阶级"被暴民所取代,且更为普遍的,是古典文明无法吸引农民阶级。的确,这是他将古代文明和导致其被流放

1　*Geschichte des Untergangs der antiken Welt*(6 vols.; Berlin,1895 - 1920),VI,380.
2　*The Social and Economic History of the Roman Empire*(Oxford,1957[2][1926]),532ff.;并参见 Marinus A. Wes,*Michael Rostovtzeff*,*Historian in Exile*(Stuttgart,1990)。

的革命时期进行对比所得出结论的基础。

至于基督教这个对吉本来说注定了罗马帝国瓦解的因素，其历史学方面的研究在持续增加，主要是以必胜论（triumphalist）为特点——以攸西比乌斯、奥罗修斯（Orosius，约375—418）为鲜明传统，而在近代，既有天主教徒，又包括新教徒（大主教巴罗尼乌斯［Baronius，1538—1607］和马赛厄斯·伊利里卡斯［Matthias Illyricus，1520—1575］，道林格尔［Döllinger，1770—1841］和约翰·莫斯海姆［Johann Mosheim，1693—1755］，帕斯托尔和哈纳克）——追索奇迹般的缘起，殉道者的苦难，基督教的广泛传播，异端的分歧，迫害，组织化的成功，作为政治伙伴的帝国的出现，以及最终作为一支独立的（世俗的，也是灵性上的）力量站稳脚跟。一个世界性帝国同一种布道皈依的、一神论的、书约式的宗教之间的接触，为罗马教会的命运及其后来的宗派争斗，乃至认信问题和全国性的问题打下了基调。[1]

在那些后来的遵循教会史传统的学者中，路易·迪歇纳（Louis Duchesne，1843—1922）的叙述以基督教文本的庞大资料为基础，仿照攸西比乌斯的样子，特别是在其对权威的谨慎引用中，很多观点的维护都只是通过"无所不知"的古代作者。迪歇纳从微小的细节中追溯基督教在开始和形成时期的命运。他认为基督教与其帝国主人和敌人相比，一个主要的发展动力就是具民主的倾向，即基于他所谓的"维系着基督教共同体内

---

1 参见 J. G. A. Pocock 关于吉本作品的大量重新评价，*Barbarism and Religion*（Cambridge，1999‑2003）目前为止出版了 3 卷。

所有成员的兄弟情谊的,甜蜜而深切的情感"为基础的民主倾向。[1] 尽管"希腊诡辩论者"也即"罗马故土的捍卫者"朱利安皇帝坚持做最后的努力,基督教仍然通过教父的、教会的和教宗的进程继续着其神圣的普世宣教使命。至于帝国的终结,迪歇纳写道,这"不是灾难"。他认为实际上教宗费利克斯三世(Felix III,483—492年在位)唆使的与东方教会的决裂也不是坏事。迪歇纳在他的书的结论部分像评论其他教宗那样评论费利克斯三世:"上帝站在他那边。"[2] 这也是一种"辉格史观",但此处是以一种超验的模式,且面对的是可怕的对手,不仅包括异教信仰和犹太教,还有罗马地区的国家,它们都有其历史和历史学。

  吉本的作品实际上在像关心政治史一般关注教会史,并且他考察"野蛮人和宗教"的多舛命运的计划已在最近以一种近乎吉本的方式被波考克(J. G. A. Pocock,1924—)进行了评价。波考克重新追溯吉本史诗般的旅程,从罗马共和国下至欧洲启蒙运动的各种历史学语境,以及1776年其伟大著作的第一卷出版。[3] 通过格拉古的、塔西佗的和奥古斯丁的历史学模式,波考克对文艺复兴的学术做了拓展性巡游〔布鲁尼、弗拉维奥·比昂多(Flavio Biondo,1388—1463)、马基雅维利、卡

---

1 *Early History of the Christian Church from Its Foundation to the End of the Third Century* (1906 - 1910),Eng. tr. (New York,1909),I,145.
2 *Early History of the Christian Church from Its Foundation to the End of the Third Century* (1906 - 1910),Eng. tr. (New York,1909),III,469.
3 参见 J. G. A. Pocock 关于吉本的著作。

洛·西格尼奥（Carlo Sigonio，1524—1584）、佩德罗·马克西亚（Pedro Mexía，1497—1551）、尤斯图斯·利普修斯（Justus Lipsius，1547—1606）、詹姆士·哈灵顿（James Harrington，1611—1677）］，并再次回到他自己的理论立足点［后巴龙式的（post-Baronian）"公民人文主义""马基雅维利运动"以及"古代宪法"］以调整他自己的评注。文艺复兴之后出现的，就是阿尔纳尔多·莫米利亚诺所指出的三种启发了吉本的伟大计划的模式，即叙事的、哲学的和古物学的同时勃兴和混合。最终的产物是表现出无与伦比的博学，并结合了在力量和高雅方面匹敌于约翰·弥尔顿（John Milton，1608—1674）《失乐园》（*Paradise Lost*）的大量戏剧性叙事。对于很多如波考克等当代学者来说，在历史学探询和阐释上，吉本仍属上乘。

历史哲学

如保罗·克利（Paul Klee，1879—1940）所写的：

> 昨天那神圣的
> 石头，被剥去了其神秘性。
> 今天，
> 有了意义。[1]

1　*Poems for the Millennium*, ed. Jerome Rothenberg and Pierre Joris, I (Berkeley, 1995), 275.

第二章　重新评估

很多思想家对缓慢的历史探询感到不耐烦，他们追寻的是结论，即使不够周密。到了 20 世纪，历史哲学走过了长期的、复杂的旅程，源自各种各样的内容：哲学史（如 17 世纪所谓的 *historia philosophica*），带有伏尔泰烙印的概念（历史哲学，*philosophie de l'histoire*），苏格兰的推测性历史学，德国的理念化的历史，较宏大地结合了奥古斯丁神学的历史，以及之后精神化的进化主义，还有进行历史预见的各种现代尝试。如果不是在康德之后，就是在黑格尔、施莱格尔、弗里德里希·谢林（Friedrich Schelling，1775—1854）之后，历史学回归了哲学的轨道，并且实际上在意大利、西班牙、俄罗斯，以及法国和英国的一些不太重要的范围内，"哲学史"变成了一种以理想主义风格为追求的研究和推测的显著领域。历史和哲学的联合也经由奥古斯特·孔德的实证主义而加强。它像德国的唯心主义那样，是超越国家边界的，从法国传至欧洲其他地区。[1] 历史哲学从罗伯特·弗林特（Robert Flint，1838—1910）研究著作中获得它自己的历史。弗林特是不列颠第一位维柯传记的作者，他在回溯从波丹到 19 世纪末的现代史发展之前，勾勒出了对历史思考进行全球性考察的大体面貌。[2] 除了其益格鲁式的"分析"模式，历史哲学在整体范畴和概念深度的诉求方面，还吸收了其他学科，包括史前史、地理学、心理学、人类学，以及

1　W. M. Simon, *European Positivism in the Nineteenth Century: An Essay in Intellectual History* (Ithaca, 1963).
2　*Historical Philosophy in France and French Belgium and Switzerland* (New York, 1894); 并参见 D. R. Kelley, "Robert Flint, Historian of Ideas," *Storiografia*, 27 (1995), 1–17。

社会学。它甚至漫延到历史学范畴，使得以赫尔德为传统的欧洲文化史家看向了"真实发生之事"（这是古典的，也是兰克的标准）的背后，看到反映在所记录的人类经验中的更广泛、更根本性的模式和意义——布鲁克斯·亚当斯（Brooks Adams，1848—1927）的研究自不必说。1895 年，他将其晦涩的经济学溯源推及历史的和周期性的"规律"层面。

在世界大战重创的经历之后，这些超越性的目标显现，或是重新显现，尤其是在斯宾格勒、特洛尔奇、卡尔·勒维特（Karl Löwith，1897—1973）、尼古拉斯·别尔嘉耶夫（Nicolas Berdyaev，1874—1948）、埃里希·卡勒尔（Erich Kahler，1885—1970）、埃里希·沃格林（Erich Voegelin，1901—1985）、赫伊津加、奥特加·伊·迦塞特（Ortega y Gasset，1883—1955）、恩斯特·布洛赫（Ernst Bloch，1885—1977）、皮季里姆·索罗金（Pitirim Sorokin，1889—1968）、泰亚尔·德·夏尔丹（Teilhard de Chardin，1881—1955）、汤因比、韦尔斯、莱因霍尔德·尼布尔（Reinhold Niebuhr，1892—1971），以及从信仰的维护者到异端的修正主义者的各种马克思主义者的著作中。这些目标也以缺乏历史性的形式呈现于韦伯、迪尔凯姆、维尔弗雷多·帕累托（Vilfredo Pareto，1848—1923）、塔尔科特·帕森斯（Talcott Parsons，1902—1979），以及很多其他在社会科学领域对宏观理论有贡献的人的作品中。这些思索者，无论他们对研究和启示的态度是怎样的，共同怀有一种期待，即期待通过某种可用于预言、预见、神话化或某种世俗化启示的元历史系统或心智上的范型来超越历史。在他们手中，历史从探询转为预言，从调查转为反思，从开放性转为闭合体，从无知的提问转向积极的（或消极的）回答。这些努力的结果尽管来自宗教目的及残余物，却流失了某种德罗伊森等科学主义史家曾保有的人性。德罗伊森援引了施洗约翰，主张历史"不是'光明和真理'，而是一种探索，因此，是一种讲道，于是，是一种献祭"。[1]

在 20 世纪，历史哲学单成一支流派，或说是学科，其准神学的、准科学的形式以及其分析的形式，与历史研究和写作的实践大体上不是一回事。其前两种形式以人类视角假定历史的"统一性"，而其第三种形式除了决定着因果进程领域内绝对的历时性标度，是不考虑时间问题的。这些思维路径都没有真正面对历史在使之可靠的史料范畴中追问的属性，这个史料范畴大体上可视为堆满了可供处理的"事实"的贮藏室，这种事实可被知晓，且为了解决问题和讲故事而服从于逻辑或文字描述的安排。至少从德罗伊森开始，诠释学的传统对历史学家来说是可行的。不过，对解释证据——从阅读文本或检查文物开始的基础性活动——这一过程进行阐述的问题，从未被以反思的方式探究过，而推测的历史学家和历史哲学家太过注重安排和操纵那些来自未经批判的二手材料阅读的历史资料，并不在乎这种认识论的差异——抑或像柯林武德那样，他们将关于阐述如何解释证据的问题与推测、诊察以及预言的做法区别开，这在西方传统中体现为"自我认知"的重要依据。历史哲学如以

---

[1] *Grundriss der Historik*，38，49.

往那样关注着"人的本性和命运"（尼布尔之语）的伟大问题，它存在于边缘、缝隙，并大体上超越了专业历史探询的视野和所能掌握的范围。

20世纪历史哲学的中心是乔治·塔利亚科佐（Giorgio Tagliacozzo，1909—1996）领导的"维柯文艺复兴"，起推动作用的还有很多新的版本、译本、索引、专著、会议、评论、网页，以及几份杂志，包括《新维柯研究》（*New Vico Studies*），它持续记录着与日俱增的参考书目。[1] 对维柯的兴趣是跨学科的，尽管它属于已经吸引了最大关注的历史思想的领域。如我之前写明的："维柯的《新科学》放眼从人类在自然中起源到文明社会的衰落的所有阶段，以求完全地且历史地理解人类，它是维柯毕生求索之程的最终产物——完全在现代意义上表现了'历史哲学'这一措词。"[2] 并且，这种哲学已经被从很多学科的视角检审和批评——几乎如马克思主义遭到的那样多，只是以新千年视角看，维柯身后的生命力似乎比马克思更为持久。

从长远角度看，马克思主义或许被看作历史哲学的左派，是准神学式的，尽管其用唯物主义颠覆了唯心主义传统（正如若非在一种以神为中心的框架下，就不可能构建出无神论），还与一个革命纲领相关联。就其激进的主张及其作为一种总体化的历史哲学的元历史抱负来说，马克思主义是有吸引力的，而对历史学家来说，它也有其方法论的用途——他们在20世纪关

---

[1] 参见 Tagliacozzo, *The Arbor Scientiae Reconceived and the History of Vico's Resurrection* (Atlantic Highlands, N. J., 1993)。

[2] Kelley, *Faces of History* (New Haven, 1998), 223.

注扩展和深化经济和社会史以及相关问题的研究,而不是通过突出阶级意识或革命行为,将马克思主义的分类和分期强加于西方历史的经验认识上。在某种意义上,尽管他们有着一种"自下而上"的历史观[就如格奥尔格·卢卡奇(Georg Lukács,1885—1971)希望在小说中找到的],但学术性的历史学家的立场处于著名的关于费尔巴哈的十一条论纲的对立面,因为他们坚持认为对他们来说,至少在实践上讲,重要的不是改变世界而是**解释**(interpret)世界。[1]

在广泛的唯物主义红色标语下,马克思主义对历史思想的影响与那些有自身深刻传统的经济和文化史家、地理史学家以及种族理论家相联系,如卡尔·考茨基(Karl Kautsky,1854—1938)在其出版于1927年的关于信念的哲学辩护中指出的那样。[2] 五年前,格奥尔格·卢卡奇已经出版了一本更为正统(且有党派倾向的)著作为辩证的唯物主义——当然也是为颠覆性质的唯物主义——辩护,以抵制历史学家所青睐的兴起中的修正主义潮流。[3] 马克思主义的主要贡献在于宏大的(和伪科学的)社会与经济理论,尤其是阶级矛盾、意识形态以及物质基础和社会的上层建筑的关系等观念。然而,马克思的观点所揭示的问题对20世纪具体的历史研究和阐释有深刻的影响,也有

1　Lukács, *The Historical Novel*, tr. Hannah Mitchell and Stanley Mitchell (London, 1962), 285.
2　*The Materialist Conception of History*, tr. Raymond Meyer, with John Kautsky (New Haven, 1988);并参见 M. M. Bober, *Karl Marx's Interpretation of History* (Cambridge, Mass., 1927).
3　*History and Class Consciousness*, tr. Rodney Livingstone (London, 1971).

着卷帙浩繁的参考文献。尽管，现在很多产生于马克思主义学者的语言，包括修正主义者的语言，大多数（至少是主流上）已经消失了，特别是在东欧。英国的马克思主义是晚出的，但在 20 世纪，如克里斯托弗·希尔（Christopher Hill，1912—2003）、E. P. 汤普森（Edward Palmer Thompson，1924—1993）、埃里克·霍布斯鲍姆（Eric Hobsbawm，1917—2012）之类的历史学家在试图看待"自下而上的"历史学变化方面，为历史学探询做出了重要的贡献，同样做出贡献的还有乔治·勒费弗尔（Georges Lefebvre，1874—1959）、艾尔伯特·索布尔（Albert Soboul，1914—1982）、乔治·吕德（Georges Rudé，1910—1993）、皮埃尔·维拉（Pierre Vilar，1906—2003）和很多前东德的学者等其他欧洲史家。实际上，马克思主义研究中最好的那部分学者摆脱了维多利亚体系的，尤其是以马克思为突出代表的宏观理论的包袱，他们以马克思主义结合社会的和政治的行动论——"实践"（praxis）——的方法，将生活和哲学结合起来，这也是其他历史哲学不希望采用的处理方式。

马克思主义吸引历史学研究者从其关于阐释世界的传统业务中转移开来。虽然历史学家通常关注直接性的研究，但有时他们不能回避更宏大的、超验性的问题，这些问题有时会在政治光谱的所有方面影响着人类。F. S. 马尔文在战争的中期宣称，爆发于 1914 年的世界大战简直是"历史上最大的一场悲剧"，而人们不得不试图诉诸历史来理解它，或去疗愈它。[1] 当

---

[1] *The Unity of Western Civilization*（Oxford，1915），17.

第二章　重新评估

然，这不是没有先例，其他时期的世界危机和宏观事件，如罗马帝国的衰亡、宗教改革或是法国大革命，同样引发了对历史的重新评估。各个国家中，大多数历史学家认同马尔文描述的特点，尽管他们对于这种理解的性质采取了根本不同的立场。对于马尔文和他的伙伴——同样也是对于格奥尔格·齐美尔等德国温和派的"文化"捍卫者——来说，问题在于，面对一种新的野蛮（如弗洛伊德眼中的样子），如何保持着假定中的"西方文明的统一"，且从长远来讲，他们中的大部分人，仍然持乐观态度。可是，在心智和情感的另一个极端上，如斯宾格勒和特奥多尔·莱辛（Theodor Lessing，1872—1933）之类的作者，吸纳了同样的知识传统，却持有灰暗得多的看法。然而，似乎没有人怀疑20世纪早期的世界处于深刻的"危机"状态之中。对于很多经历战争的历史学家来说，这或许是司空见惯的学术事务，尽管重点从政治进步转移向罪责问题。不过，对于很多哲学研究者来说，历史"本身"需要重新评估。这不仅意味着要评价关于统一和进步的旧假设，还要评论关于历史研究的心智和科学属性的论断。虽然在战争之前，关于历史的"科学"身份的质疑已经有所表达，可是后来，这种批评在认识论，也是在政治和道德范畴内被再度提起。

历史能提供何种知识和理解，甚或是慰藉？提供的不是兰克设想的客观性结论，齐美尔在其关于历史哲学问题的新康德主义研究（1892年）中这样认为。对历史写作来说，必然涉及主观因素（实际上就像一个世纪前德罗伊森所提出来的那样）。[1] 历史与

1　*The Problems of the Philosophy of History: An Epistemological Essay*, tr. Guy Oakes (New York, 1977), 39.

经验事实无关，而与心灵过程有关，这种关联比同自然世界的关联更多，这也是历史哲学的"主旨"（"subject matter"）——就像克罗齐和柯林武德也会认为的那样。历史学家能观察到的仅是外在的，而内在的意义不得不通过一种人性的移情（empathy），或是"直觉性的重现"（"intuitive recreation"）来建立，继而也不得不以某种客观的方式来处理——尽管齐美尔（如柯林武德所指出的）对于如何完成的问题从未搞清楚。[1] 齐美尔也没有放弃一种"通理性的"（"nomological"）历史学的希望。其中，规律，至少就一种初级的或是"暂定性的推测"来说，或许是确定的。的确，这就是思想脉络让他从"内容"到形式——从历史哲学到其系统的和抽象的幻化之物，这也是社会学的学理规则。如马尔文那样，齐美尔是西方文明统一的拥护者，至少是以德国"文化"的形式的统一。即使在战前，他在"现代生活的混乱"中看到了悲观的理由，这来自物质文化导致的精神销蚀；而战争本身，因为文化生活的崩溃和堕落已经趋至极端，划定了一种"历史的高标准"，这看起来迎合了他的历史论断，尽管他恪守与"欧洲理念"相关的价值观。对于齐美尔来说，这场被国际冲突凸显并强化的危机是"我们自我灵魂的危机"。无论如何，这个问题在于，精神上的价值观是个人的，而物质文化和"文化斗争"在一个超越个体限度的世界。这是注意力从历史哲学及其对心理活动和"心灵过程"的关注转向试图成为集体科学的社会学的另一个原因。

1　Collingwood, *The Idea of History* (Oxford, 1993[2]), 171.

第二章 重新评估

　　另外一位注定被视作历史哲学家的德国思想家是卡尔·曼海姆,知识社会学的奠基者,且就其本身而论,经常与马克思主义联系起来。除了他关于"意识形态和乌托邦"的经典论文,曼海姆还处理了几个基本的历史思想问题,包括"历史主义"问题、"代际"("generations")问题、"世界观"("Weltanschauung")问题。对于曼海姆来说,历史是"表现人之本质属性的矩阵"。[1] 他所坚持的历史连贯性的关键是**世界观**这个心态概念。沿着狄尔泰的道路,曼海姆坚持认为,这个问题"不是产生于思考",而是要在"前理论"文化的很多层面上加以证明,尤其是艺术层面上(指的是李格尔和斯宾格勒)。[2] 此外,历史主义提供了接近价值观与立场变化的世界的唯一途径。"代际"概念对于理解历史变化的动态模式是必需的,它在战后世界活跃起来,但有着更深远的前身阶段,包括休谟、孔德、狄尔泰的观照,还有来自艺术史的例子,并且,它在弗朗索瓦·门特(François Mentré,1877—1950)关于"社会代际"的书(1922年)中得到考察。

　　知识社会学至少以一种通俗的形式成为从社会基础中衍生出心智行为的途径,且对于很多武断地谋求比实证所见更广泛的视角的历史学家来说,是如此有吸引力。然而,精神取径的历史哲学仍旧延续着。如在保守的哲学家尼古拉·别尔嘉耶夫

1　*Ideology and Utopia*: *An Introduction to the Sociology of Knowledge*, tr. Louis Wirth and Edward Shils (New York, 1952), 82.
2　Paul Kecskemeti (ed.), *Essays on the Sociology of Knowledge* (New York, 1952), 38.

(Nicholas Berdyaev,1874—1948)的推测中就存在。他的推测不是出于盲从,而是出于一种对存在于无限时间内的人类超验性的感知,沿着旧式思路,通过宗教的、天命的乃至神秘的推测,寻求"历史的意义"。[1] 别尔嘉耶夫知道,"不会有一种纯粹客观的历史",因为"历史不是一种客观的实验性数据。它是一种神话"——尽管这里所说的神话不是指幻觉,而是指一种区别于兰克所讲的科学秩序的事实。别尔嘉耶夫的"阐释"(interpretation),是1914年的"灾难"时期及其余波的产物,它不是来自尼采的洞见,而是来自这场灾难的俄罗斯方面的反革命性的反应,以及对精神连续性和"历史的有机理性"的(与"启蒙运动的反历史信息"相对立的)一种信仰。使之强化的,是一种更高层面的因由,以及一种并非在经济学或社会学之类的那种世俗科学的意义上,而是在"'历史的'神秘性"的意义上的信念。历史哲学是如探查过去一般探向未来的"一种颠倒的预言",且相比于命运,更为漠视来源。别尔嘉耶夫谴责由文艺复兴导致反人文主义的"堕落"的"人文主义危机"(尤为明显的是在文艺复兴时期的艺术及其立体主义的传人那里),也谴责与现代社会主义和马克思主义的唯物论有关的内容。别尔嘉耶夫还谴责近来由斯宾格勒勾勒出的从健康"文化"衰落为金钱至上的、资产阶级的以及帝国主义"文明"的趋势,并谴责一种实为野蛮主义新形式的卑劣的"进步宗教"。这种堕落,在战争期间达到极致,发起了一种"历史已失败"的信号,

---

[1] *The Meaning of History*, tr. George Reavey (New York, 1936),基于1919—1920年在莫斯科的讲座。

且对于别尔嘉耶夫来说,唯一的补救措施是回归传统的精神价值观。

一种针对历史哲学的更为敏感和诗性的,并部分地被战争经历所激化的尝试,是特奥多尔·莱辛对历史的阐释。他认为历史学是一种将那些本来"毫无意义的"过程"施予意义"的活动。从总体上讲,他的观点的矛头指向了莫里斯·波威克(Maurice Powicke,1879—1963)之类保守历史学家的假设。波威克拒斥历史主义拥趸阿洛伊斯·邓普夫(Alois Dempf,1891—1982)的推测性观点,后者在其《神圣的帝国》(*Sacrum Imperium*)中"不希望被引导〔而是〕希望进行说明"。据波威克的历史观念看来,这是最低级的谬论,"是给予而不是接受"。[1]这完全与莱辛的规则是相反的,那就是"不在历史中找意义,而是赋予历史以意义",并且"历史不是生活……而是通过人性实现价值的王国"。[2]笛卡尔和维柯都拒斥"虚假的开始",莱辛则诉诸埃德蒙德·胡塞尔(Edmund Husserl,1859—1938)的思想,并谴责来自兰克式历史科学"机械的"历史观。他也向文德尔班和李凯尔特制造的自然和文化之间的区分发起挑战,因为它亵渎了人性意识的统一性,尽管他也诉诸爱因斯坦的相对论以指明观察者扮演的角色——"历史主体"的审视立场,如同提出混沌的、非线性的历史经验特征那样,决定着这个世界的形状和非欧几里得几何学的思想。这

---

[1] *Modern Historians and the Study of History*(London,1955),191(1931).
[2] *Geschichte also Sinngebung des Sinnlosen, oder die Geburt der Geschichte aus dem Mythos*(Hamburg,1962〔1927〕),41,93.

种立场为了获得可理解的形式，不得不屈从于人的意志。莱辛自己的起点是"存在的三个范畴理论"（生活、现实、事实），既没有认同"文化的悲观主义"（*Kulturpessimismus*），也没有接受无限进步的观念，考虑的却是一种特有的自由范畴。对于他来说，历史学不是一门科学，而是神话的一种现代形式和衍生物，也是为了让人类（引自古代格言"人是万物的尺度"）赋予陌生世界以意义。

莱辛的口无遮拦和 20 世纪早期在普遍意义上关于历史学属性的讨论，开始于历史和自然——历史研究和自然科学——之间旧有的以及继而又更新了的差异的背景下。数个世纪以来，历史因其特殊性已区别于哲学的普遍性（类似于中世纪的"共性"问题），可是经过狄尔泰、文德尔班、李凯尔特、特洛尔奇，以及其他人，这种区分又被再度划分为**自然的科学**（*Naturwissenschaften*）和**文化或精神的科学**（*Kulturwissenschaften*，*Geisteswissenschaften*）之间的区别，后者被认为是关注人的立场和价值观，并因此是（用文德尔班的话）"个别的"（"idiographic"）而不是"符合规律的"（"nomothetic"）。狄尔泰在相对于历史的哲学转向或反转中扮演了尤为关键的角色，因为他毕生致力于康德的计划（纯粹理性、实践理性以及审美理性的分析），该计划尚未完成，狄尔泰致力于其四分之一部分，即一种"历史理性的批判"，或说是关于理性的历史批判。方法论争论的结果不仅涉及历史学的概念独立性的基础，还包括历史学和其他人文科学结盟的更大空间。

如其推测性的前身，20 世纪早期的哲学式的历史学着迷于分期问题，尤其努力基于社会学分析而使历史学更为科学。例如，文化史家库尔特·布莱希格（Kurt Breysig，1866—1940）的计划就是如此，他遵循比较方法，不仅试图设立"阶段"（如孔多塞的"时代"），还包括历史"规律"（如孔德）。[1] 如齐美尔和阿尔弗雷德·韦伯一样，他将一般性的范畴应用于历史分析，追求在进化论的范畴里分析历史，而实际上是将历史哲学等同于社会学。在几十本书和文章中，布莱希格等德国学者追求鉴别各个时代的人性、代际关系，以及历史过程的节奏、规律，乃至历史过程的循环，作为一种决定性的历史哲学的基础，也是将这种分析指向未来。[2] 换句话说，历史哲学不仅在文化内容，地理和时间的深化，对科学和系统的结构的畅想这些方面有所拓展，还坚定了可追溯回其宗教和奥古斯丁缘起的预言性，甚或是神学性范畴的野心。

这也是关于历史主义及其自身"危机"的争论在战后方兴未艾的时期。这里，关键的作品是恩斯特·特洛尔奇的《历史主义及其问题》（*Historicism and Its Problems*，1922）。它部分写于"世界性灾难"激起或是加剧后兰克时代的"历史学当代危机"（*heutige Krisis der Historie*）的时期。[3] 以宗教的哲学和

1　Breysig, *Der Stufenbau und die Gesetz der Weltgeschichte* (Stuttgart, 1927 [1905])，并参见 Bernhard vom Brock, *Kurt Breysig: Geschichtswissenschaft zwischen Historismus und Soziologie* (Lübeck, 1971); Alfred Weber, *Kulturgeschichte als Kultursoziologie* (Munich, 1960 [1935])。

2　参见 J. H. J. van der Pot, *De Periodisering der Geschiedenis* (The Hague, 1951)。

3　*Der Historismus und seine Probleme* (Tübingen, 1922)，并参见 Karl Heussi, *Die Krisis des Historismus* (Tübingen, 1932)。

历史为出发点，特洛尔奇追溯了"两个现代世界的伟大科学创造物"之间的区分，即自然主义和历史主义，以及与之相应的自然哲学和历史哲学。他的追溯回到17世纪笛卡尔在其哲学基础上建立的新科学和更新的维柯的"新科学"之间的对立（克罗齐将维柯的更新的"新科学"结合于现代历史主义）。在此领域中，特洛尔奇考察了欧洲的思想史和客观性、个体性、价值观问题，以及其他欧洲学说，包括马克思主义和实证主义问题，并且以一种对深刻危机阶段的文化史和世界史的一般分期进行批判性评论的方式得出结论。

历史主义的问题处于哲学的中心位置，且除了特洛尔奇及其对话者，克罗齐或许是最为激进的评论者。事实上，他最终已将哲学视为"绝对的历史主义"。作为意大利史学家的学徒身份，继而作为欧洲史学的学徒，克罗齐通过研究黑格尔（1906年）和维柯（1911年）为其哲学体系铺平了道路，并继而在细节上更广泛地倚重爱德华·傅埃特（Eduard Fueter，1876—1928）所写的历史学手册。克罗齐对历史学理论与实践的研究更具普遍意义，遗憾的是它缺乏哲学性——多年以后，他继而进行了"作为自由故事的历史"的研究。[1] 如他关于黑格尔的研究的副标题所指出的，克罗齐关注的是过去作者身边"活的内

---

1 *History, Its Theory and Practice*, tr. Douglas Ainslie（New York，1920）；*What Is Living and What Is Dead in the Philosophy of Hegel*, tr. Ainslie（New York，1915）；*La Filosofia di Giambattista Vico*（Bari，1911）；*History as the Story of Liberty*, tr. Sylvia Sprigge（New York，1941）；还有 *Storia della storiografia italiana nel secolo decimonono*（2 vols.；Bari，1920）；并参见 David Roberts，*Benedetto Croce and the Uses of Historicism*（Berkeley，1987）。

容"而不是"死去之物"。并且他以很多方式总结了传统的和"现今的"看法。鉴于所有的历史都是事实的概念化和程式化，或者说是事实的残留物，他认为一切历史都是当代史。"活的"历史：不是如其所是的"真的发生的事情"，而是"真正重要的事情"。

克罗齐遵循着一种旧式的**历史学技艺**（*ars historica*），同时宣称有了新的洞见。他处理了一系列旧有的问题：历史与编年史之间的差别（前者是当代的且尤其是"活的"产物），"语文学"的作用（对克罗齐来说，就代表着对死去之物的盲目推崇），体系化的或"普遍的"系统史学的可能性（一项兰克意义上的超乎我们理解的计划），"历史哲学"（一种术语上的矛盾，因为历史和哲学在克罗齐的"历史主义"中不是各自独立的体裁，不是形式与内容，而是融合为一体），方法论上的怀疑（它拒斥准科学的决定论），进步观念（以其道德失败的形式，从"好"到"坏"），历史的人性价值（它是具体的，并抵触哲学的抽象和社会学理论），历史分期（特定的历史，包括传记、学科式的历史，以及"历史哲学"），最后还有史学史（一种"历史学技艺"的支流它可以追溯回意大利和法国的如波丹和弗朗西斯科·帕特里齐［Francesco Patrizi，1529—1597］的那种论文）——克罗齐追溯的所有这些史学尽管不是"黑格尔所说的抽象之物"，但它们却都在以克罗齐所说的唯心主义的方式制造各时期人们眼中的当下，从希腊人和罗马人的史学到梅尼克及其同代人的"新史学"都是如此。

另一个例子是亨利·伯格森。尽管与历史学实践更为疏离，但他的"创造进化论"代表了一种生命模式的理想化，建立了一种低于人性经验而不是领先之的"一致性"原则,并使历史哲学消融在关于时间的属性和生物的自然属性之间关系的推测中。[1] 实际上,伯格森对历史的这种实践性知识的关注微弱至极,因为他直接移向了内在经验的直觉分析。他所提供的不是一种"历史哲学",而是一种"生命哲学",尽管是就一种比狄尔泰及其追随者的**生命哲学**（Lebensphilosophie）更为一般的意义上而言的。在这种模式背后的,不是文化,而是基于个体的心理学和进化论,一种由唯心主义形式构成的模式。对伯格森来说,历史的兴趣不仅是针对人类行为的记述,而是关于记忆和自由意志的精神王国,以及一种超越了历法和人类记载的时间维度。

历史哲学最普通和最朴素的表达是多元的进步观念,这种观念具有古代和中世纪根源,但也关联到经济扩张和世俗化的过程。克里斯托弗·道森（Christopher Dawson, 1889—1970）回顾了进步观念的启蒙运动背景和社会学贡献,强调这种观念的各种宗教性精神的方面。那时,进步观念成为宗教的替代品并继而走向衰落。这种观念在现代的世俗主义中已被抛弃了。[2] 他认为文化像需要一种物质基础一样需要一种宗教,并且认为它必然要回到旧有的传统,在天主教会掌控下的中世纪式的"统一"中达到极致状态。在颠覆发展进程的人文主义和唯物价

1　*Creative Evolution*, tr. Arthur Mitchell (New York, 1911), 114.
2　*The Making of Europe: An Introduction to the History of European Unity* (London, 1946) 以及 *Progress and Religion* (London, 1960),并参见 Stratford Caldecott and John Morrill (eds.), *Eternity in Time: Christopher Dawson and the Catholic Idea of History* (Edinburgh, 1997)。

值观之前天主教会参与了最初的"欧洲形成"的过程。道森将他的哲学联系到天主教的护教学和欧洲中心视角。但是在他之前，以世俗方式思考的学者，如罗伯特·尼斯比特（Robert Nisbet，1913—1996）和他之前的 J. B. 伯里，也讲了很多相似的故事，但在 20 世纪的各种危机发生后，却没有摆出期待恢复的真理的架势。一种更具推测性的观点是皮埃尔·泰亚尔·德·夏尔丹的生物神学式的推衍（bio-theological extrapolations），即便是建立在一种科学性认识的基础上，夏尔丹在其关于"人的现象"的元历史概念中将生的科学与死的科学——古生物学——结合起来，尽管这个历史过程被归入一种不仅适应于文化，还与宗教和"博爱"相适应的精神进化的宏大视角。

最具雄心的历史哲学之一是由维也纳政治理论家埃里希·沃格林开创的。他在英国、法国以及美国教过书，并从 20 世纪 20 年代开始发表了很多评论、杂文以及关于政治思想史的讲稿。这些讲稿后来在 1956 年时集入其五卷本的文集《秩序与历史》（Order and History），从以色列谈起，而旨在完善斯宾格勒、汤因比，或许也是对《圣经》的完善。他透彻地批评纳粹主义、共产主义以及种族主义的主导意识形态是"诺斯底主义"的当代表达。对他来说，这意味着通过准科学性的理论和强制性地去追求一种"梦想中的现实"。关于梦想中的现实，沃格林写道："诺斯底派不得不谈论它，就像他们已经经历过似的；并且他们不得不如同他们真的能够实现它一样。"[1] 他们这种毫无

---

[1] "Gnostic Politics"（1952），*The Collected Works*，X，*Published Essays 1940 - 1952*（Columbia，Mo.，2000），227；并参见 *Autobiographical Reflections*，ed. Ellis Sandoz（Baton，Rouge，1989）。

根基的自信带来的后果是可怕的破坏,就像"历史实际上是干什么的"之类被误导的观念那样(不仅来自左和右的极端,还来自如埃里希·卡勒尔之类关于"人"的高尚拥护者,卡勒尔在二战之后,如二战之前那样,坚持通过科学"控制"世界的整体期待)。[1]然而,沃格林本身并不是怀疑论者,他构建了一幅人类的愿景(提起但声称超越了奥古斯丁和启蒙运动的愿景),通过哲学寻找自我理解和统一,这种看法不是提供"灵知"的觉醒,而是诊断和补救——也就是提供"秩序"。他也着手处理一个老问题:"历史学是什么?"他指出,历史学除了主观阐释空无一物的现代观点,可以被视为一种无神论的旧观念(诸神不存在,或者即使存在也完全不关心人类,或可以用礼物来安抚)或绝对怀疑主义(什么都不存在,或无论如何都无法理解,以及确实是不可传达的)的复兴,且在无休止的理解人类状况的计划中毫无用处。[2]尽管沃格林死于1985年,他的追随者通过一项庞大的计划,即将其所有著作出版并进行评论,使他的教诲保持着生机。

旧的历史哲学的高潮体现于 R. G. 柯林武德身后出版的《历史的观念》(*Idea of History*)。该书受益于克罗齐,尤其是后者的《历史学的理论和实际》(*History, Its Theory and Practice*)。它呈现了历史思想的传统体系,并同时在一种混合的、

---

[1] *Man the Measure: A New Approach to History* (Cleveland, 1967 [1943]), 639.
[2] *What Is History? and Other Late Unpublished Writings*, ed. Thomas A. Hollweck and Paul Caringolla (Baton Rouge, 1990), 1 - 2 (c. 1963).

第二章　重新评估

阐释性的调查中对整个西方传统进行评论，其中不仅包括神话的、希罗多德-修昔底德为起源的历史写作，以及基督教的、文艺复兴的、启蒙运动的、浪漫主义的、实证主义的，还有延伸至"科学的"史学，和维柯与赫尔德对史学的贡献，以及哲学经典中的主要人物，包括笛卡尔、康德、黑格尔和马克思，也有现代思想家，包括文德尔班、李凯尔特、齐美尔、狄尔泰、迈尔、斯宾格勒，特别是克罗齐，与现代人分享历史知识和科学知识之间的根本区别。[1] 像克罗齐一样，柯林武德认为历史的目的不是"实用的"（pragmatic）政治洞见，而是一种自我理解的形式。它取决于这样一种事实，即历史不是一种自然过程，而是一种"过去经验的想象性重演"。[2] 在柯林武德看来，维柯和赫尔德首先注意到这种观点，而新康德主义者如文德尔班、李凯尔特和狄尔泰有所深入，克罗齐则提供了这种观念与柯林武德自己的历史哲学以及与之解决这个世界的各种问题的潜力的联系。

　　对于旧模式的历史哲学，最著名的努力当然是阿诺德·汤因比的《历史研究》（*Study of History*）。该书在一战前就在酝酿，成型于20世纪20年代，并在1930年问世。汤因比这本他自称是"胡言乱语的书"不仅从修昔底德以及其他古典资料中获得灵感，还有汤因比自己（作为记者和宣传人员）对战争的经验（让他尴尬的是，他从未看到这有过积极作用），以及从他

1　*The Idea of History*, 63, 88.
2　*Autobiography* (Oxford, 1939), 37；并参见 William Dray, *History as ReInactment: R. G. Collingwood's Idea of History* (Oxford, 1995)。

读过的不计其数的书中,如弗雷德里克·约翰·泰加特(Frederick John Teggart,1870—1946)的书,尤其还有他从阅读斯宾格勒的《西方的没落》中得到的思想震撼,这本书是刘易斯·纳米尔在1920年借给他的。汤因比将其著作设计为对斯宾格勒和其他人所识别出的文明进行比较研究。在斯宾格勒之上,他将这种(威廉·麦克尼尔称之为)"诗性的创作"增益为"挑战与应战""退却与重返""内在无产者和外在无产者""模仿形态"和其他形态。汤因比一系列不朽的理论甚至产生了比斯宾格勒所为更大的影响,并遭到了与其德国前辈同样的谴责甚或蔑视。然而从很多方面看,这两部鸿篇巨制凭借着在历史探询方面已出版的成果,保持着这种争议性的、言过其实的、陈旧的、有时有点自以为是的,有诸多诽谤言论的体裁的标杆地位,它们设想着积淀人类经验在时间中的整个序列,并将之化约为或许可延展至未来的可理解的和可解释的模式和轨迹。

还有另一种尝试思考与历史有关的哲学,它也试图回应现代史学的全球化张力,这就是卡尔·雅斯贝斯(Karl Jespers,1883—1969)的"轴心期"理论,这个理论大体上是指公元前第一个千年间(正如同汤因比那样),包括几个主要文明或宗教在内——希腊、以色列、基督教、索罗亚斯德教的伊朗、中华帝国、印度教、佛教,或许还有后来的伊斯兰教,既有"思想革命"的特点,也有重定世界秩序的作用。[1]这种设定给了哲学以特权,强调了一种知识(教士型的、祭司型的,以及先知型

---

1 *The Origins and Diversity of Axial Civilizations*, ed. S. N. Eisenstadt (Albany, 1986).

的）精英的出现和一种凌驾于着眼物质世界的任务之上的超越性视域。在这个精神层面的高度上，出现了政治组织形式和内部张力的新形式。在趋向超常的，某些情况下是一神论世界观的过程中，这些文明也产生了"伟大传统"和自我中心的历史观，这有助于形成共同的历史学实践，形成传统的历史哲学，以及形成世俗的但仍属理想主义范畴的社会组织。并且，雅斯贝斯的历史哲学又变化成后黑格尔式的，原始样态的辉格精神的，隐性的马克思主义的形式，但却也是以宗教的形式在变化。

关于衰落的预言者们

尽管这些历史哲学或许表现出难以置信的差异，但它们大多是在乐观庆贺或是胜利主义的——"辉格主义的"——更倾向于超越短期的失望和幻灭的长远期望。可是其他学者和观察者对现代世界变化方向的观点更具怀疑论意味，且更普遍的是怀疑历史研究不能找到生活的目的。这些危机中最激进和反常的或许是马克斯·诺尔道（Max Nordau，1849—1923），一位臭名昭著的预言者。他预言了"退化论"，相当于心智领域的黑死病。至于历史哲学，诺尔道指出了其久远的起源［这个词本身不是来自伏尔泰从外在上的铸造，而是来自波丹对斐洛·尤迪厄斯（Philo Judaeus，约公元前25—约公元50年）"哲史兼备的智者"（"philophistoricus"）形象的塑造］，及其一直以来的神学基础。诺尔道拒绝如齐美尔之类的作家视角，后者傲慢地宣称，历史只是历史学家的再现。并且，他贬斥大多数伟大的 19 世纪历史学家的自负，尤其是如特赖奇克、西贝尔、梯也尔（Adolphe Theirs，1797—1877）、路易·勃朗（Louis Blanc，1811—1882）和加布里埃尔·阿诺托（Gabriel Hanotaux，1851—1944）。对于诺尔道来说，历史是一种历史学无法控制的完全之物，如康德的**物自体**那样遥不可及，那么因此，历史哲学不是科学而是理论或神话。[1] 对他来说，人文主义的"自然论-唯物论"的各种形而上推测和幼稚的进步理论，并不比从奥古斯丁到波舒哀（Jacques-Bénigne Bossuet，1627—1704），再到维柯和黑格尔的那种天命主义（providentialist）的历史哲学更具说服力。此外，历史记忆是稍纵即逝的，其延伸不会超过三代人，且在任何情况下，历史书写总是为处于统治地位的精英服务，并设定了下层阶级的从属地位（尽管诺尔道没有推动马克思主义的简单化）。诺尔道对保罗·巴尔特（Paul Barth，1858—1922）1897 年所推动的社会学转向，或实际上是社会心理学的各种主张都没有深刻印象。[2] 对他来说，只有个体是"真实的"，而历史理解之路是在假定的人类进化中研究"基础本能"。历史哲学表现的是堕落的狂妄，"恶意或羸弱的标志，病态或陈腐的时代"。并且，它探寻历史中比"生命力"

---

1 *The Interpretation of History*, tr. M. A. Hamilton (New York, 1911), 2，并参见 Daniel Pick, *Faces of Degeneration*: *A European Disorder*, *c*. 1848—*c*. 1918 (Cambridge, 1989), 24 - 25。

2 *Interpretation*, 102；并参见 Barth, "Die Philosophie der Geschichte als Soziologie," *L'Année Sociologique*, 1 (1896 - 1897), 116 - 123。

（"life-force"）更高层面的意义，但这毫无希望。[1]

西格蒙德·弗洛伊德也持有对西方进步观念的悲观态度，尤其是面对导致理想幻灭的世界大战，他对死亡有了新的认识，也明确了他的人性之无意识领域存在破坏性潜能的观念。随着排外情绪以一种崭新且邪恶的形式爆发出来，对国际联盟的"白色国家"的期待遭到了冲击，并且证明，"从原始思维这个词的最丰富的意义上看，原始心性是不会改变的"。人类不可能逃离其最深层的历史，即生物史。弗洛伊德基于全球的战争经验所提炼的历史教训是，如果他们期待和平，就要准备好参与战争。他总结的历史教训不只是针对国家，还针对更为普遍的人类，即认为他们若要承受命运的考验，就要为死亡做好准备。如启蒙时代的历史学家一样，弗洛伊德关于"文明及其令人失望之处"的洞见是，它们从来都是人类心理活动的观念之延伸，但他对起源、过程以及人类命运的方向有不同看法——他否定了人类观望未来的能力，而对人性是否可以克服其侵略和自我毁灭的本能这一问题未做明确判断。从心理分析的角度看，这种本能迄今为止主导着欧洲历史的进程。然而弗洛伊德只是外围的历史哲学家，且其最伟大的影响是在个人经验和潜意识的领域，还有从其基于推测的深度心理学（depth psychology）发展出来的心理史推论。

尽管奥斯瓦尔德·斯宾格勒在其理论中，对于人文行为——诗、艺术、音乐以及数学——的考察比对自然科学的更

1　*Interpretation*，354.

多些,但他不愿意假扮先知的角色,或是假扮不关注推测人性层面的微观历史的那种心灵读者(micro-historical mind-reader)的角色。第二次摩洛哥危机和奥托·泽克的古代世界衰亡史,使斯宾格勒开始了他关于战争将至和更大范围的人类兴衰的推测。战争只不过是这个兴衰中的一小部分。《西方的没落》出版于1918年,德国战败的那一年。这本书受到歌德和伯格森,还有尼采的影响。它不仅是世界文化的比较史,实际上也不仅是一种历史哲学。它是一种"关于未来的哲学"。斯宾格勒宣称从教会的或"托勒密式的"——欧洲中心的观点——转移到一种哥白尼式的或普遍的立场。如维柯那样,他试图在各方面文化的综合观点范围内遵循"形态学"(morphology),即从文化各个方面的综合视角看八种主要文明——埃及文明、中国文明、闪米特文明、印度文明、墨西哥文明、希腊-罗马文明或"阿波罗"文明、后罗马文明(包括犹太文明和阿拉伯文明以及基督教文明),还有欧洲文明,或说是"浮士德"文明——的同轨迹的生命周期。并且,在此后的几年中,他通过史前史研究扩展他的范围。如弗洛伊德一样,斯宾格勒对西方的未来感到悲观,并看到了未来的进一步没落——也就是战争。他的著作尽管几乎没有从职业学者那里做严格的取材,但却在将预言视为历史探询的一种合理功用的知识分子群体中成为争论的暴风中心。

在斯宾格勒的追随者中有广受欢迎的史家埃贡·弗里德尔(Egon Friedell,1878—1938),他除了采用斯宾格勒式的伪先知式的历史学外,还接受了兰普雷希特式的文化史。然而,弗里德尔的主要灵感来源是尼采，后者"留下地球在那颤抖"，并预先宣告了新的时代。[1] 对于弗里德尔来说，幻想是历史的推进器，与他这样的艺术家有关，也与俾斯麦这样的煽动者有关。不过在他自己的时代，弗里德尔看到了这种观点的泛滥，不仅包括"逻辑的没落"，还有"事实的崩塌"以及"艺术的自戕"。他认为这不仅由康德的**物自体**所代表，也是由弗洛伊德的**它**（sic）所代表的事实，它既超越时间和空间，也超越他所处时代的已崩塌的事实，由此突然中断了他未完成的著作。像斯宾格勒一样，弗里德尔只在即将来到的时代看到了一种可能性的启示，但他咆哮似的考察没有进展到这个时代。

另一位被战争深刻影响的德国作者，是卡尔·施密特（Carl Schmitt，1888—1985），他实际上是骄傲甚至是满怀激情地在为战争服务。在其众多著作中，《政治的概念》（*The Concept of the Political*，1932）如其目标那样，将作为基础单元的主权国家的现代历史性探询视作一种澄清政治关系的方式。对于施密特来说，"政治性内容"不仅要从司法或是制度意义上理解，因为它（就像布克哈特，某种程度上也是马基雅维利所做的那样）还与宗教的、文化的、经济的、立法的领域相对应。"政治性内容"将通过"敌友对立"——敌人，即外来者，或"他者"，与朋友的（在一种公共的，而非私人的意义上）对立关系——来定义。至少在其理论化的语境下，施密特的目的不是美化战争。可是，他的确将战争视作一种不可避免的历史部

---

[1] *A Cultural History of the Modern Age*, tr. Charles Francis Atkinson, III (New York, 1933), 457, 467.

分,一种常规,而不是偏颇。并且他拒绝这样的理念,即国家的终结既不是通过和平主义,不是通过科尔(G. D. H. Cole,1889—1959)、哈罗德·拉斯基(Harold Laski,1893—1950)、菲吉斯以及其他英国理论家的"多元主义",也不是通过"国际联盟"——更不用说激进的革命。"一个战争可能性被彻底消灭的世界,一个完全和平化的地球,"他写道,"是一个没有敌友之分并因此没有政治的世界。"[1] 施密特没有专门预言战争,但是他在普遍意义上使之自然化——或是使之历史化。并且,与斯宾格勒一样,他的论证思路走向了评论家所谓的"保守革命"的立场,这种革命与同时发生但动机不同的国家社会主义运动有交集。

何塞·奥特加·伊·迦塞特对人类状况和他所谓的"历史理性"的价值有更为积极的看法,但对于历史的方向并不太乐观。当迦塞特在1910年就早早地诉诸历史哲学,他那时"几乎溺死在德意志科学之中"。[2] 他将自己视作西班牙新一代人的先

---

[1] *The Concept of the Political*, tr. George Schwab (Chicago, 1996), 35, 并参见 Gopal Balakrishnan, *The Enemy: An Intellectual Portrait of Carl Schmitt* (London, 2000); 以及 Jeffrey Barash, *Politique de l'histoire: L'Historicisme comme promesse et comme mythe* (Paris, 2004)。

[2] "History as a System," *Philosophy and History: The Ernst Cassirer Festschrift*, ed. Raymond Klibansky and H. J. Paton (Oxford, 1936), 277-282; 并参见 John T. Graham, *Theory of History in Ortega y Gasset: "The Dawn of Historical Reason"* (Columbia, Mo., 1997), 15, 39, 161, *A Pragmatist Philosophy of Life in Ortega y Gasset* (Columbia, Mo., 1994), 以及 *The Social Thought of Ortega y Gasset: A Systematic Synthesis in Postmodernism and Interdisciplinarity* (Columbia, Mo., 2001); 还有 Rockwell Gray, *The Imperative of Modernity: An Intellectual Biography of José Ortega y Gasset* (Berkeley, 1989)。

第二章　重新评估

驱,不是 1898 年的一代,而是 1914 年的一代,站在"历史边缘"和现代边缘的一代。他在欧洲古典史学领域读者众多,因为历史学家们也陆续受到他的研究影响;可是他的兴趣仍是推断性的、猜测性的和综合性的。对他来说,历史是"过去事件或状况的系统性展示",是通过过去诸代人的时代和状况缔造统一。迦塞特翻译了黑格尔和斯宾格勒的著作,且大体上保持着狄尔泰、齐美尔、李凯尔特、布莱希格和马克斯·舍勒(Max Scheler,1874—1928)这些历史哲学家的传统,也包括孔德和维柯(经由克罗齐)以及之后的约翰·赫伊津加、韦尔斯以及汤因比。

在迦塞特所发展出的、有时是原创性的"史学"观念中,有"视角主义"(perspectivism)、"层代论"(generations,卡尔·曼海姆也做过分析)、"危机论"[与胡塞尔和保罗·阿扎尔(Paul Hazard,1878—1944)有关]、"立场"(point of view),以及"现代化"。如狄尔泰那样,迦塞特将"历史理性"的追求付诸实践;如克罗齐那样,他在其生命哲学的追求中采用了一种历史的和"历史主义"的(也是"历史学的")次序,并且他总结道,"**人就是**不固定的;他'一直'来回摇摆。"而更著名的是,他说:"人,简言之,没有本性;他有的只是……历史。"[1] 迦塞特称颂的是"生命哲学","富于生命力的理性"的观念,其中心是一种海德格尔式的"我和我的各种环境",以及一种遭到"群氓的反抗"威胁的人性文化,后者造就了一个

1　*History as a System*,tr. Helene Weyl(New York,1961),216.

"缺乏道德准则"的欧洲。然而,不像斯宾格勒和其他人,他坚决不做具体的预言,得出的结论是"世界的生命令人厌恶地变为暂时性的东西了"。[1]

1935 年,赫伊津加讲了一系列课程,斯宾格勒的著作即便没有得到恰当的分析,也是被作为标杆来援引。这些内容与赫伊津加自己关于"狂乱的时代"和"明天的阴影"下人性条件的反思是一致的。当前的"危机"(赫伊津加所认识到的危机采用了医疗方面的隐喻)不是独一无二的——他将之比作宗教改革之前和大革命之后的欧洲国家,不过他禁不住怀疑是否前面的道路与罗马衰落时的道路有所不同。如迦塞特那样,赫伊津加谴责伴随群众文明(mass civilization)的兴起而出现的批判标准的遗失:"批判主义的制动器正在松动。"[2]并不是说他将信仰置于"一向专横的理性主义"的旧规矩及它所造成的滥用之上,但他必定哀叹当前的(部分是"存在主义的")倾向,即将"生命"置于理性之上,将热血置于精神之上,将意志置于知识之上,以及将存在置于认知之上的倾向。[3]"生命就是战斗,"他坦言,但是他不同意卡尔·施密特的观点,即历史应被定义为一种取决于敌友的戏剧,不同意弗洛伊德在其最低级的、最幼稚的表现形式("多元主义")的范畴内定义人性,不同意曼海姆和梅尼克关于国家理性的广受欢迎观点,也不同意斯宾

1　*The Revolt of the Masses*,tr. anon.(New York,1950),135.
2　*In the Shadow of Tomorrow*,tr. J. H. Huizinga(New York,1936),89.
3　Ibid.,109.

格勒的战争不可避免的观点。[1] 如同布克哈特，赫伊津加称颂"旧欧洲"的文化，缅怀其逝去，但拒绝向悲观主义投降。"历史什么都预见不了，"他承认，但他仍坚称："我是一个乐观主义者"——像如此多的其他人一样，他唤起的是新一代人的承诺。

除了斯宾格勒在某种程度上是一个历史学家，这些思想家都不是真正的历史学家，但他们都将世界历史视为"能够理解的研究领域"（汤因比语）。他们没有试图超越它（如康德）或使之理性化（如黑格尔），然而他们也没有将之视为幼稚的实证主义的事实探问的对象。他们像海德格尔、特洛尔奇、克罗齐和其他人那样将理念融入事实（尽管是以不同于黑格尔的方式），以各种方式试图对之进行调整，即便不是掌控，也是指挥着历史洪流的整体趋势，并且以这种方式达成一种就个人经验、知识、理性、想象以及 20 世纪视域限制而言可行的预言性理解。

当然，历史哲学招致了多方面的抵制——不仅有宗教和怀疑论方面的，还有旧式唯理派的马克思主义捍卫者，他们所有人都反对那些任意的推测，这些推测似乎只是在衰败和混乱时代里意识形态的表现。最大规模的控诉来自伟大的马克思主义理论家——也是反理论者——格奥格尔·卢卡奇，他的《理性的灭亡》(*Destruction of Reason*) 拒斥了"非理性主义"的整个标准。在他看来，"非理性主义"开始于谢林，而且也在其他

1　*In the Shadow of Tomorrow*, tr. J. H. Huizinga (New York, 1936), 148.

很多人那里有所体现，包括尼采、狄尔泰、齐美尔、弗里德里希·滕尼斯（Friedrich Tönnies，1898—1978），韦伯兄弟、曼海姆、施密特、斯宾格勒、舍勒、亚斯贝斯、海德格尔，以及大量社会学的、激进主义的和法西斯主义的理论家。他认为所有人都在谋划制造一种"国家社会主义"。在这份耻辱的榜单上，卢卡奇还加上了维特根斯坦（Ludwig Wittgenstein，1889—1951）、让-保罗·萨特（Jean-Paul Sartre，1905—1980）、阿尔贝·加缪（Albert Camus，1913—1960）、卡夫卡和其他人，指责他们是荒诞之物和"生命哲学"的拥护者，也是现代（美国的）帝国主义空想的拥护者，还是希特勒主义的直接和间接的支持者。这实际上是一种对衰落进行一种比斯宾格勒的推测更为"原始的"全景审视。然而，卢卡奇和斯宾格勒一样，都因对历史哲学的迷恋而受到牵绊，也摆脱不了历史主义和现代的进步主义崇信者们的纠缠。

更为消极的，或许是旧式的实证主义者和经验主义者，他们否定了"历史哲学"的可能性——或实际上，他们不认为这是一个值得思考的问题。一个极端的例子是西塞莉·维罗妮卡·韦奇伍德（Cicely Veronica Wedgwood，1910—1997），她是一个大师级的叙述者，但她不认为"历史学家要像面向年轻人的旧式作家那样，（必须）永远如讲故事一般指明教训"。并不是说她质疑历史的"存在"，因为塞缪尔·约翰逊（Samuel Johnson，1709—1784）博士的脚踢动的石头足够应付这种无意义之说。不过，遵循屈维廉的建议，她不认为它的构建超过了叙事艺术的范畴。创造性的作者太过尊重他们读者的心智因而

第二章　重新评估

不会犯此错误。并且,韦奇伍德也是吉本的倾慕者,她也对"总是有着回避真理和意见的界限的倾向"的古典式的——庸俗的希罗多德式的或庸俗的兰克式的——史学探询思路感到满意。[1]在她关于"清教徒革命"之前及期间的查理一世的著作中,她针对那个"大叛乱"的时代,"尽可能按照事件发生的次序"描述事件,"刻意地避免分析,宁愿试着给出一种活泼生动的混乱印象"。[2]意义或许是存在的,但起决定作用的不是高高在上的作者或自我标榜的批评家,而是有教养的或至少是可教导的公众。不过,这种态度以其自己的方式也成了一种"历史哲学"。如卡尔·贝克尔(Carl Becker,1873—1945)在1931年提出的:"人人都是他自己的历史学家。"[3]

在现代历史哲学的地图上,马克思主义处于何处?事实上,就像约瑟夫·熊彼特(Joseph Schumpeter,1883—1950)所说的那样,马克思主义成功的原因,在于它作为宗教而不是作为科学的地位。实际上,如格奥尔格·卢卡奇和安东尼奥·葛兰西(Antonio Gramsci,1891—1937)这样的作家曾竭力维护该信仰的正统性,抵制修正主义者和反革命评论家。然而对于西方的历史学家来说,更重要的是它关于人类状况问题提出的问题,而不是它提供的教条答案和治疗方法。[4]一战后的马克思主义,虽然中心是政治激进主义,并且在后来依附于共产党和苏

1　*Truth and Opinion*(London,1960),15.
2　*The King's Peace*(London,1955),16.
3　*Everyman His Own Historian*(New York,1935).
4　Joseph Schumpeter,*Capitalism, Socialism, and Democracy*(New York,1950[3]),5.

维埃的势力范围,但是它不仅渗透到社会科学,在其中激起并加剧了各种理论上的争论,还渗透到学术性历史学中。虽然它更经常地作为研究的先导而不是教义性的承诺而出现,然而无论如何,马克思主义者、准马克思主义者或修正主义者的影响通过诸多马克思主义的正统理论的关键概念,也就是术语,包括历史唯物主义、资本主义、阶级斗争、社会革命、资产阶级革命、辩证法和霸权主义,都对历史解释的形成有所助益。卢卡奇和葛兰西之类作家的著述使马克思的观念和方法适应了现代的状况。他们的观点尽管与历史学探询无甚关联,但都加强了马克思主义在哲学传统中的地位——无论是通过其对资本主义和(经由列宁主义延展出来的)帝国主义的批判而被视为关于衰落的学说,或是通过革命性的末世论而被视为进步主义,尽管在修正主义者的眼中,这已证明是可以分开对待的。可是,马克思主义要么是作为可被吸收的社会思想而存在,要么是以更新的形式存在,这种形式需保持推测性历史学及其在人文学科中的盟友的预见和治愈能力的信念。起码,它的幽灵萦绕于文化史的更为唯物主义的形式周围,至少对于那些记忆追溯至"历史的终结"之前的人来说是这样的。那种危言耸听且伪天启式的历史终结论可追溯到 1989 年。1989 年取代了 1984 年的地位,后者对元史学研究者来说(即便不是最终端的)的确是终结论的重要日期。[1]

---

[1] 参见 Jacques Derrida, *The Spectre of Marx*, tr. Peggy Kamuf (London, 1994)。

第三章　一战之后

> 世界的每一次缓慢转变都产生这种被剥夺继承权的人，他们既不属于过去，也不属于近在眼前的此刻。
>
> ——赖内·马利亚·里尔克

大灾难过后的德国史学

一战教导人类对其关于过去的愿景进行修正。在其关于时间的模式和周期的痴迷中，托马斯·S. 艾略特（Thomas. S. Eliot，1888—1965）专注于：

> 在确认的背后，回望
> 那被记载的历史，转头偷瞄

探过肩头,瞄向那原始的恐惧。[1]

启蒙运动的迷梦因"历史的噩梦"而没了心气。所以,弗洛伊德从愉悦的原则转而关注死亡的本能,也就是,在**死的本能**(*thanatos*)的作用下,**性的本能**(*eros*)成为一种在连贯的时间状态下——也是"在明天的阴影中"——更丰满的文化概念。

1914 年后,在这种诗性的和心智主义的(intellectualist)姿态之外,仍有可能从历史中学到什么吗?一些哲学家认为,是可能的。如卡尔·亚斯贝斯在 1932 年承认的,"真正的事实对我们避而远之",然而他主张对"人类所能变成的样子"保持期待。何塞·奥特加·伊·迦塞特预见到"所有这些群众如今在历史舞台上拥挤不堪",然而他并不认为历史完全失去了进程,而是要受限于某些规约。他写道:"除非其命运是掌握在真正'同时代的'人们手中,掌握在那些在整个历史深处感到颤抖的人们手中,掌握在那些认识到存在的当前层面,并憎恶每一种陈腐的和原始的态度的人们手中,否则欧洲就没什么希望了。我们需要整体意义上的历史。不是陷入其中,而是要看看我们是否要从中摆脱出来。"[2] 年轻的马丁·海德格尔(Martin Heidegger,1889—1976)完成了他的哲学研究和兵役后,从天主教信仰转而关注现象学。这表明他不含政治倾向地接受了战后

1　*Four Quartets*(New York,1943),24.
2　*The Revolt of the Masses*,tr. anon.(New York,1957),194.

第三章 一战之后

的状况,也接受了他这一代人的未来。[1]

不过,战后时代的历史景象是什么样的?如何记述(至少是以 1914 年那一代人为起点的)欧洲记忆中最大的悲剧?直接的答案是由《凡尔赛条约》——签署于 1919 年 6 月 23 日,汉斯·德尔布吕克称之为"德国人最深切蒙羞的一天"——中的胜利者在 1919 年给出的。这个答案旨在找到人类的替罪羊并让其承担责任和罪过,罪犯则是一战的"同盟国",德国及其盟友。[2] 这是通过战争取得话语权者的判决,是起草条约的政治家和法学家的判决,也是后来历史学家的起点。对这些历史学家来说,尤为重要的是继续寻找档案性证据来证明或反驳这些指控。法国、英国和美国的历史学家就像他们在一战期间所做的那样,与德国史家进行了类似的争论——至少在"修正派"将观点颠覆之前,基于"秘密文件"中的新证据的情况少,而基于不同政治利益的,实际上也基于和平主义价值观的情况多。经济的、社会的以及金融的(如果不是文化的)因素被纳入分析。由此,埃里希·布兰登伯格在 1924 年出版了他关于德国在 1870 年到 1914 年间的对外政策史的著作。他写作期间"总是带着心灵的苦痛",但不认同"德国对外政策"的好战目标。而在 1927 年,巴黎大学"一战史教授"皮埃尔·勒努万(Pierre Renouvin,1893—1974)出版了他关于战争直接起因的研究,

---

1 参见 Hugo Ott, *Martin Heidegger, A Political Life*, tr. Allan Blunden (New York, 1993)。

2 *Delbrück's Modern Military History*, tr. Arden Bucholz (Lincoln, Neb., 1997), 192.

呼吁排除"所有先入为主的成见",谴责学者间的"战争精神",以及同样极端的,如哈利·埃尔默·巴恩斯(Harry Elmer Barnes,1889—1968)之类的修正派言论,但他还是声称"德国已注定要背叛世界"。[1] **战争罪责之争**(*Kriegschuldfrage*),无论是否带有民族偏见,的确冗长地持续了三代人,且后来也关联到第二次——尽管是衍生出来的,但"规模更大"——世界大战的起源问题。回想一下,这是一场总计"三十一年的战争"。

在海涅(Christian Heyne,1729—1812)、弗里德里希·伍尔夫(Friedrich Wolf,1759—1824)、黑伦、施勒策、海因里希·卢登(Heinrich Luden,1778—1847)、施洛瑟、路德维希·瓦赫勒(Ludwig Wachler,1767—1838)以及他们的学生那里,一战将德国历史学家的命运和职业生涯一分为二,但以一种更为显著的方式显示了从旧德意志到新德意志的连续性——并且实际上是从"独立战争"(Wars of Liberation)时期开始的连续性。沃尔夫冈·韦伯(Wolfgang Weber,1950—)追溯了兰克、德罗伊森、特赖奇克、蒙森以及其他学者的跨过几代人的数十位学术后裔的谱系。[2] 例如,兰克有五代门生(Enkelschüler),最初是魏茨、西贝尔、舍费尔、翁肯(德尔布吕克、兰普雷希特、布兰登伯格和格茨)、格哈德·里特尔(Gerhard Ritter,1888—1967)[艾尔伯特·布莱克曼(Albert

---

[1] Renouvin, *The Immediate Origins of the War*, tr. Thomas Carnwell Hume (New Haven, 1928), 1.

[2] *Priester der Klio: Historisch sozialwissenschaftliche Studien zur Herkunft und Karriere deutsche Historiker und zur Geschichte der Geschichtswissenschaft 1800 - 1970* (Frankfurt, 1987).

Brachmann，1871—1952)、赫伯特·格伦德曼（Herbert Grundmann，1902—1970)、理查德·施塔德尔曼（Richard Stadelmann)、戈尔德·特伦巴赫（Gerd Tellenbach，1903—1999）〕，以及里夏尔德·尼恩贝格尔（Richard Nürnberger，1912—1999)，下至后期同为德国现代史阐释大师的托马斯·尼佩代（Thomas Nipperdey，1927—1992），而对于德罗伊森来说，（其他人中）有此资格的是欣策、孔策和沃尔夫冈·蒙森（Wolfgang Mommsen，1930—2004)。20世纪30年代，尽管其他人仍在其位或有所精进，但一些政权的反对者却因其贡献而遭流放或是被取代。1945年，纳粹主义的支持者也失去了他们的位置，至少是在一段时间里失去了地位。不过，尽管事件有着革命性的转向且革新和"修正"之类的批判有所成就，可是历史研究和阐释的模式还是遵循着德国**历史学**（*Historik*)、**历史科学**（*Geschichtswissenschaft*)、**历史哲学**（*Geschichtsphilosophie*）的各位奠基之父们所勾绘的道路。

尽管内部斗争突出，但历史学模式在很多路径上也反映出国家的政治、政策以及帝国性的扩张。并且，国家历史的书写沿着常见的思路延续着。1918年11月，法学家和宪法史研究者弗里茨·哈通甚至在从东法兰西的服役中遣散之前就开始了他的历史写作。该书内容始于德意志帝国发轫，结束于历史上和外交上的"空前"和平状态，描绘了无助的德国人，并表现了一种"凯尔特人式的和平，凯尔特人的信条是'成王败寇'（Vae victus）"。[1]

---

[1] Hartung, *Deutsche Geschichte vom Frankfurter Frieden bis zum Vertrag von Versailles* (Leipzig, 1924^2), 373; and *Jurist unter vier Reichen* (Cologne, 1971), 27.

1919 年，德国史学家的情绪普遍是苦涩的，并且他们在惩罚性的《凡尔赛条约》之外，找到了使他们有挫败感的攻击对象，包括他们的宿敌对帝国主义的延续，东方的布尔什维克威胁，德国城市的激进革命，以及对于一些人来说是事与愿违、强制执行的、怪诞的议会民主。然而他们也保持着对重获生命力的德意志**民族**（*Volk*），对一个复兴的帝国以及对一如既往的、尽管是和平意味的扩张的期待。

战争从很多方面干扰了历史学家的判断，即使他们坚持历史学家与评判无关的老套谎话。在所有以国家为立场说教的历史学家之中有一个共同的东西，就是在解释战争的"原因"和更普遍的历史过程时，注重特权政治、外交以及军事政策、决策和事件。对于权力政治问题的痴迷在威利·安德烈亚斯（Willy Andreas，1884—1967）关于文艺复兴时期威尼斯外交政策的文章中可以看到，这对于他来说，是循着兰克的传统，标定了现代世界（而不是布克哈特所提出的文艺复兴的文化，或特洛尔奇所认为的改革）的开端。对于权力政治问题的痴迷也可以在梅尼克关于国家理性的研究中看到，他的研究在同一时期发起，这也是安德烈亚斯的崇信对象。[1]在此语境下，出现了"客观性"的概念，或姿态。这在兰克致力于原始材料的研究时，也鼓舞着他。对于无限权力的关注也可以在战争期间和战争之后继续进行的很多关于德意志帝国的调查中看到，包括布兰登伯格（1916 年）、布兰迪（1919 年）、哈通（1920 年）、

1　Andreas, *Staatskunst und Diplomatie der Venetianer* (Leipzig, 1943).

第三章 一战之后　　　　　　　　　　　　　　　　　　　　167

哈勒尔（1922年）、马克斯（1936年，1920年开始）的调查。马克斯从1903年开始也出版了一系列关于英国**强权政治**（*Machtpolitik*）的文章，并由安德烈亚斯在1940年编订出版。在上述作品以及在那些身居大学教席，研究并推出档案资料的职业历史学家的其他一些作品中，兰克的精神大行其道，而且他的话时常被征引。

这种古板的趋向没有对立面，至此局面，更多是因为与兰普雷希特（1916年去世）相联系的文化史基本上名誉扫地，尽管一些**文化史家**（*Kulturhistoriker*）在继续经营着，尤其是以**民间故事**（*Volksgeschichte*）的形式延续。[1] 一个例外是杰出的年轻历史学家埃克哈特·克尔，戈登·克雷格称其为"德国修正主义之父"。在马克思、韦伯和查尔斯·比尔德（Charles Beard，1874—1948，因其对美国宪法的经济学阐释而获得声望）的影响下，1926年，克尔推出了关于"1884年至1901年军舰建造与党政"这个令人吃惊的主题，并且之后，在"对内**政策**（*politics*）首要性"——对应于"对外"（*äuser*）政策——的醒目标题下，出版了很多文章。这些研究关注的是经济利益、金融家、官僚以及军事建设。[2] 克尔也批判传统的史

1　Willi Oberkrome, *Volksgeschichte*: *Methodologische Innovation und Völkische Ideolosierung in der deutschen Geschichtswissenschaft 1918 – 1945* (Göttingen, 1993).

2　Kehr, *Economic Interest, Militarism, and Foreign Policy*, tr. Grete Heinz (Berkeley, 1937), intro. by Gordon A. Graig, 并参见 Peter Paret, Introduction to Meinecke, *The Age of German Liberation*, xvi; 还有 Hans Schleier, *Die bürgerliche deutsche Geschichts-schreibung der Weimarer Republik* (Berlin, 1975).

学，不仅包括特赖奇克和兰克，还有德尔布吕克、伦茨、马克斯，乃至欣策，批评他们不假思索地效忠于并不神圣的官僚和军官集团的联盟。对于与他同届的研究生，克尔抱怨道，他们仍然写着关于外交的而不是国内事务的主题——且如托马斯·曼所评价的，"'国内政治和外交事务'离不开'智力和权力'"。[1] 兰普雷希特已经成为传统的例外，古斯塔夫·施穆勒也是，尽管就克尔的品位看，他太传统。例外的还有梅尼克，尽管克尔认为他徘徊于观念和权力之间，太老套。据克尔的友人费利克斯·吉尔伯特所说，克尔将自己看作"一种新的历史学派的领导者"。不过，他那有破坏性却受时代限制的研究在纳粹时期被忽视了，只在二战之后才恢复了活力。[2]

有必要注意的是，政治史的一种替代物是经济史的下属学科所提供的，其根基（与马克思主义传统无关）可追溯至"旧式的"和"新式的"19 世纪的政治经济史学派。对历史学家来说，**社会政策学会**（*Verein für Sozialpolitik*）领导人施穆勒的作品（1917 年），以及维尔纳·桑巴特（Werner Sombart，1863—1941）的作品（1941 年）是同类作品中特别重要的。他们的作品映射出一种与自由主义学派相对立的经济学类型的"历史主义"。除了专著性研究，他们还追求以经济因素为基础的更为广泛的西方史学的综合，特别是桑巴特的《现代资本主义》(*Modern Capitalism*，1915) 所阐明的内容，熊彼特称之

---

[1] *Reflections of a Nonpolitical Man*, tr. Walter D. Morris (New York, 1983), 210.
[2] Gilbert, *A European Past: Memoirs, 1905–1945* (New York, 1988), 83.

第三章　一战之后

为"强调论证的**历史理性**（*histoire raisonné*）"。[1] 像马克斯·韦伯将资本主义精神和新教伦理联系起来那样，桑巴特将资本主义精神与犹太精神联系起来，但并不算成功。尽管韦伯批判施穆勒理论有余而方法不足，但他也沉溺于自己推测性的经济史之中。[2] 韦伯在其最初作为1919—1920年柏林讲座讲稿的《普遍经济史》（*General Economic History*）中，刻画了一种推测性的西方经济史，从最初包括康拉德·莫伊雷尔和格奥尔格·汉森（Georg Hanssen，1918—1987）在上个世纪指出的原始共产主义理念的起源，到封建社会，以及私有财产的发展，再到现代工业、商业和金融资本主义——至此脱离了其宗教根源和世俗国家的影响，当然，也不受现代战争的影响。

1918年起，德国史学处于痛苦甚或自责之中，然而却不情愿向国家统———强有力的君主制**国家**（Staat）治下的单一**民族**（*Volk*）——的旧式设想低头。在这种传统之中，**大德意志**（*grossdeutsch*）和**小德意志**（*kleindeutsch*）间仍有差异。历史学家们之间的这一分歧长期存在，包括研究天主教帝国的中世纪史家。该分歧可以追溯回西贝尔和尤里乌斯·冯·菲克尔（Julius von Ficker，1826—1903）之间的争论。[3] 1924年，卡

1　*History of Economic Analysis*（New York，1954），818.
2　*General Economic History*，tr. Frank H. Knight（New York，1961），而关于施穆勒和桑巴特，参见 Wolfgang J. Mommsen and Jürgen Osterhammel（eds.），*Max Weber and His Contemporaries*（London，1987），59，99。
3　Georg von Below，*Die italienische Kaiserpolitik des deutschen Mittelalters mit besonderem Hinblick auf die Politik Friederick Barbarossas*（Munich，1927）.

尔·布兰迪称颂以**大德意志**理念为指引的新方向，但旧的奥地利观念仍在起作用。[1] 争论继续围绕中世纪时的帝王们向东，且尤其是向南发展的扩张主义政策。在一些民族主义批评家看来，这种对意大利的迷梦分散了霍亨斯陶芬王朝的德意志使命。其他人则不同意："奥地利-匈牙利觉醒！"战争期间的小册子和报纸中充斥着这种呼吁，它推动了一种对欧洲的新规划，包括中欧处于主导地位。还有，20 世纪 30 年代时，海因里希·冯·斯尔比克（Heinrich von Srbik，1878—1951）在其四卷本的关于"德意志统一"的研究中，提出了一种基于天主教的奥地利-德意志帝国的相似计划。这个计划被很多批评家斥为乌托邦式的空想。由于有对俾斯麦帝国和更早的"千年德意志"的缅怀之类的话题存在，中世纪史一直是关键的和有争议的研究领域，特别是由于德意志第一——"神圣罗马"——帝国有着争议性的法德渊源。这种渊源从 15 世纪就被提起，不仅可回溯到查理/卡洛斯一世/卡尔五世，还经由哈布斯堡家族在宪法意义上延续，直到其 1806 年被拿破仑瓦解。当德国的衰落使关于旧德意志和仅有可能的继承关系的迷梦泛起之时，"中世纪之争"和寻觅一种说得通的民族过去的热情在战争之后高涨起来，就像经历了战争的一代人所出版的众多书籍中所表述的那样。[2] 据 E. R. 库尔提乌斯所言，从

1　*Die Wandlungen des grossdeutschen Gedankens*（Stuttgart，1924）.
2　Friedrich Schneider，*Die neueren Anschauungen der deutschen Historiker über die deutsche Kaiserpolitik des Mittelalters*（Weimar，1940 [1934]）；Gerd Althoff（ed.），*Die Deutschen und ihr Mittelalter：Themen und Funktionem moderner Geschichtsbilder vom Mittelalter*（Darmstadt，1992）；（转下页）

11世纪开始，包括"德意志的内心活动和心智发展"在内的欧洲中世纪史的很多时期，在魏玛时期的研究者那里产生了反响。[1] 学者中，争论的中心是恩斯特·康特洛维茨（Ernst Kantorowicz，1895—1963）为腓特烈二世所作的令人动容的传记，作者与埃米尔·戈泰因、卡尔·汉佩（Karl Hampe，1869—1936）和阿尔弗雷德·韦伯一同进行研究，且取得了博士学位，但直到很久以后才开始职业生涯。康特洛维茨更为直接的灵感来自斯特凡·乔治的圈子——更像是蜘蛛的网。他是这个圈子的成员，或许也来自贡多尔夫为恺撒作的传记（1924年）的影响。[2]

（接上页）Heinrich Hostenkamp, *Die mittelalterliche Kaiserpolitik in der deutschen Historiographie seit v. Sybel und Ficker*（Berlin，1934）；Raoul Manselli and Josef Riedmann（ed.），*Federico Barbarossa nel dibasttito storiografico in Italia e in Germania*（Bologna，1982）；Patrick J. Geary, *Medieval Germany in America*（Washington D. C.，1996）.

1　*European Literature and the Latin Middle Ages*，tr. Willard Trask（Princeton，1973），7.

2　Kantorowicz, *Frederick the Second*, 1194–1250，tr. E. O. Lorimer（London，1931）. 参见 Robert L. Benson and Johannes Fried（eds.），*Ernst Kantorowicz：Erträge der Doppeltagung. Institute for Advanced Study，Princeton，Johann Wolfgang Goethe-Universität，Frankfurt*（Stuttgart，1997）；Kantorowicz, "Das Geheime Deutschland"（1933），77–93；Yakov Malkiel in Arthur R. Evans，Jr.，*On Four Modern Humanists*（Princeton，1970）；R. Howard Bloch and Stephen G. Nichols（eds.），*Medievalism and the Modern Temper*（Baltimore，1996），including Otto Gerhard Oexle, "German Malaise of Modernity：Ernst H. Kantorowicz and his 'Kaiser Friedrich der Zweite,'" 33–56；Robert E. Lerner, "Kantorowicz and Continuity"；Eckhart Grünewald, "'Not Only in Learned Circles'：The Reception of *Frederick the Second* in Germany before the Second World War," 162–179；以及 Alain Boureau, "Kantorowicz, or the Middle Ages as Refuge," 355–367；Robert E. Lerner, "Ernst Kantorowicz and Theodor E. Mommsen," *An Interrupted Past：German-Speaking Refugee Historians in the United States after 1933*，ed. Hartmut Lehman and James J. Sheehan（Cambridge，（转下页）

到 20 世纪 20 年代，作为其学科领域的"大师"（和领袖），乔治在德国不仅作为诗人有着杰出的知识分子形象，作为教士和先知也是这样。同时，他看不起一般的学术机构，很多学者遭其诅咒，包括文化史家戈泰因和布列锡格，还有著名的钦慕战争超度力量的康特洛维茨和贡多尔夫。乔治那种神秘的或是"秘密德国"的观念弥漫在探索德国历史普遍模式的精神氛围之中，尽管有必要知道，乔治还是一个热情的反普鲁士主义者，且遵循悲观的德意志宿命论，偏爱德意志过去的"大德意志"观念。乔治（通过与纳粹的似是而非的关联）所产生的杰出影响不太显著的方面，是他的诗性和尼采式的思想，也就是艺术家——同样也是历史学家——创造、形成以及裁定世界的意志。[1]

在致力于乔治的狂妄任务的过程中，康特洛维茨抛弃了兰克的历史观念，转而关注神话和与当代相关的主题——不仅有文学艺术，还有一种"秘密德国"或"秘密德意志"的政治和预言式的视角——并且提供了一种高明的阐释性和程式化的统治者形象，即所谓的**"世界奇迹"**（*Stupor Mundi*），这不止呈现了一种英雄式的过去，还以某种方式提出了针对那段时期的问题的解决策略。皇帝腓特烈二世似乎实现了弗洛拉的约阿基

（接上页）1991），188 - 205；Boureau, *Kantorowicz*: *Stories of a Historian*, tr. Stephen G. Nichols and Gabrielle M. Spiegel（Baltimore, 2001）；Karl Hampe, *Kaiser Friedrich II in der Auffassung der Nachwelt*（Berlin, 1925）；还有 Gunther Wolf（ed.）, *Stupor Mundi*: *Zur Geschichte Friedrichs II von Hohenstaufen*（Darmstadt, 1966）。

1　参见 Robert E. Norton, *Secret Germany*: *Stefan George and His Circle*（Ithaca, 2002），以及 Eckart Grünewald, *Ernst Kantorowicz und Stefan George*（Wiesbaden, 1982）。

姆（Joachim of Flora，1135—1202）的，也是维吉尔的预言，且对于康特洛维茨，他"使自己达到了最伟大的帝国封臣、年迈的俾斯麦的成就"。[1] 康特洛维茨表现出的对浪漫主义的沉迷，甚至招致了艾尔伯特·布莱克曼［在他与梅尼克共同主编的《历史杂志》（*Historische Zeitschrift*）中］、赫伯特·格伦德曼、卡尔·汉佩（他自行出版了一部关于腓特烈二世的形象和身后情况的研究）等传统史家的批判。而他后来出版的一册文本有着浮夸的学术性注释，可**注释学研究**（*Anmerkungswissenschaft*）也很难扭转他遭到的批评。布莱克曼本人将现代国家的起始追溯到中世纪德意志以及诺曼的君主制，由此得出结论：直到12世纪末，随着神权维系的世界帝国滑向无序状态，以及世俗力量的支持起到决定作用的第一次**文化争端**（*Kulturkampf*）的出现，"未来就由王公和民族国家掌握了"。[2] 特奥多尔·迈耶尔（Theodore Mayer，1883—1972）* 1935年关于扎灵根（Zähringen）公爵的研究，在向贝罗关于德意志国家的社会经济基础的开拓性研究致敬，如同其中所写的，"像刚开始那样，15世纪政治发展的结局也是如此，国家和民族合为一体"。[3] 康特洛维茨在其最后致力完成的《国王的两个身体》（*The King's Two Bodies*）中，以更为学术的和理论性的方式探

1　*Frederick II，1194 - 1250*，tr. E. O. Lorimer (New York，1931)，688.
2　"The Beginnings of the National State in Medieval Germany and the Norman Monarchies"（1936），*Medieval Germany，911 - 1250*，ed. and tr. Geoffrey Barraclough (Oxford，1948)，281 - 299.
*　此处人名与索引中的 Thomas Mayer 以及 Gostar Mayer 均不对应，无法确定后两者的身份。——译者注
3　"*The State of the Dukes of Zähringen*," in Barraclough，175 - 202.

寻神秘的王权主题。作为对魏玛时期的再次回应,他又加上了"一项中世纪政治神学领域的研究"的副标题。[1] 康特洛维茨的政治神学不是那种可追溯回 1922 年卡尔·施密特的政治神学,而是集中于群体的神秘主义、制度的连续性和持久性("国王永生",社团也一直都在)。不过,它的确做出了神秘的假设,关注社会的精神根源,也关注**祖国**(*patria*)和国家的历史尊严。

正在创造一种新的国家过去的历史学家们——包括安德烈亚斯、布莱克曼、布兰迪、哈勒尔、汉佩、哈通、埃尔温·霍尔茨勒(Erwin Hölzle,1901—1976)、马克斯、迈尔、梅尼克、翁肯、里特尔、弗里茨·勒里希(Fritz Rörig,1901—1976)、斯尔比克,以及施塔德尔曼——所达到的深度,或许不仅在学术历史学中可以看到,还可以在流行的和争议性的文章的大量涌现中看到。前者为主流的话题提供支持和比较对象,后者在出版过程中直接或间接地、有意或无意地得到了纳粹政权的政策性和目标性的支持,即便那通常不是元首本人所给予的支持。然而,在所有这些文章中,学者们延续或是复兴了已争论很多年的德国历史的传统主题——政治与文化,德意志与罗马(还有与法国、英国、俄国以及波兰),清教徒与天主教徒,民族的与普世的,乃至其他彼此抵触的,强化了德意志的民族、国民与国家定位的——并加剧了"历史主义危机"的二元对立。一些历史学家甚至试图将新的德国置于 20 世纪欧洲民族史的更大语境中,用来与之并置

1　*The King's Two Bodies*(Princeton,1957),并参见 Carl Schmitt,*Politische Theologie*(Munich,1922)以及 *Politische Theologie II*(Berlin,1970)。

第三章　一战之后　　　　　　　　　　　　　　　　　　　175

比较的是美国种族主义和三 K 党。[1]

史学史研究继续流行。这在莫里兹·里特尔（他去世太突然，来不及对他 1919 年的书做校对）、布兰登伯格（1920 年）、威廉·鲍威尔（1921 年）、卡尔·布兰迪（1922 年）以及贝罗（1924 年，修订自 1916 年的版本）的考察中表现明显——还有瑞士学者爱德华·傅埃特的经典手册，此文本 1911 年首版于梅尼克和贝罗编辑的系列丛书中（1925 年和 1936 年再版），并被译成法文、意大利文和西班牙文，但没有英文版。[2] 在此书——自一个世纪前瓦赫勒的作品之后第一次的考察——中，傅埃特根据人文主义、启蒙运动和浪漫主义的文学体裁和历史体例，考察的只是"拓荒者"而不是"追随者"。尽管他本人写了一本关于 16 世纪早期的欧洲国家体系的兰克式教科书（1919 年），但傅埃特（他在 1928 年自杀）乐于从政治史转向文化史和社会学。因为他认同克罗齐，他的史学研究遭到他的姐夫贝罗及其他人的批评。相比之下，贝罗的立场绝对是保守的："我们反对用启蒙运动的世界主义对抗［国家的（*staatliche*）］政治和民族意识，反对用曼彻斯特学派的自由市场（free-market）信念对抗民族国家的经济自主，国家控制经济关系是体现系统的流动性的，因为这些系统是在历史性地演变着的。"[3] 德国想坚持

---

[1] Albrecht Wirth，*Völkische Weltgeschichte 1879 – 1933*（Braunschweig，1934），531.

[2] Fueter, *Geschichte der neueren Historiographie*（Munich，1911），并参见 Horst Walter Blanke, *Historiographiegeschichte als Historik*（Stuttgart, 1991），此书是向 Fueter 的致敬。

[3] *Die deutsche Geschichtschreibung von den Befreiungskriegen bis zu unsern Tagen*（Munich，1924），159.

自己的道路，拒绝和平主义"错误"、普世主义和国际主义，并在兰克及其追随者开辟的旧式道路中前行，尽管带有一种对文化、政治组织以及**民族**的气质更为深切的钦慕。

所有民族史学的传统主题都在约翰内斯·哈勒尔出版于1922年对"德国历史纪元"的大众视角刻画中有所体现。哈勒尔自己早期的乐观主义在过去15年里已经发生了根本性变化。在世界大战的视角下，哈勒尔承认，过去的德国看起来"一再地劳而无获，注定一直以失败告终"。不过，各种情况都在好转。哈勒尔考察了主要的"决定性时期"，包括加洛林帝国时期，教会的侵入，"世界帝国之梦"，第一个"伟人"腓特烈一世的生平，东向的德意志殖民（"德国人民在其有史以来的所有世纪中最伟大的成就，即在诸文明先驱的行列中占有一席之地"），西班牙勃艮第的查理五世灾难性的登基，特殊主义（particularism）的兴起，路易十四"帝国性压制"的影响，"普鲁士的胜利和黯然"，莱辛领导的"精神解放之战"，以及俾斯麦治下的最终统一。对于这一混合性的产物，哈勒尔承认他这一代人的希望已经没有了。不过他相信下一代人或许会"找回他们的父亲所丢失的东西"。他因此像其众多同行所做的那样诉诸预言："如果我们德国人履行我们的职责，那么我们凭借心中的信仰着眼未来就是正当的。倾听历史的声音的人会听到回荡在诸世纪间的诺言：我们把希望押在你们身上！"[1] 或以他墓碑上用希腊文刻下的铭文来讲："终将实现！"

---

[1] *The Epochs of German History* (London, 1930), 239; 参见 *Wendepunkte der deutschen Geschichte* (Cologne, 1934)。

第三章 一战之后

在"这一天"成为现实之前,德国历史学家屡次证明了一种高涨的帝国主义情绪的存在。这开始于早已有之的对英法侵犯行为的批评,这种批评远远早于对俾斯麦时期德国的指控。在开始于 1903 年的系列文章中,埃里希·马克斯对自伊丽莎白一世到威廉·皮特的不列颠传统,即"强权政治"进行了分析。随着资本主义扩张,这种政治在战争之前达到高潮。并且,这些阐明了"英国和德国之间长达数个世纪悲剧性交恶"的文章,不失时机地再一次出现在第二次世界大战中,马克斯的门徒安德烈亚斯在 1940 年将之出版。[1] 安德烈亚斯注解道,在"攻击了英国之后",又对准了法国。德法矛盾也有很长的历史。哈勒尔在其关于"千年德法关系"的研究中对此矛盾进行了追溯,认为它始于加洛林时期的封建时代,结束于 1870 年最终的德国胜利,随后是德国的民族意识**觉醒**(*Selbstgefühl*),以及法国的"报复"政策——这本书 1930 年出版,1936 年、1939 年和 1941 年再版。[2] 哈勒尔认为,说法国在面对德国的军国主义时总是追求和平,简直是"无稽之谈"。他认为,即使在 1919 年,战争也没有终结。哈勒尔引用了法国的德国研究专家恩斯特·拉维斯提到的法国不想和谈的打算。虽然法国有朝一日会后悔造成一个孱弱的德国,但不幸的是,这"太晚了",至少从政治上通过外交政策补救这种形势已经太晚了。

另一种抑制德国帝国主义的策略是由来已久的"祸水东

---

1 Marcks, *Englands Machtpolitik: Vorträge und Studien*, ed. Willy Andreas (Stuttgart, 1940).
2 *Tausend Jahre deutsch-französischen Beziehungen* (Stuttgart, 1930).

引",尤其关涉到东普鲁士和波兰。在1902年柏林大学关于东欧史和区域风俗的研讨班上,"东部研究"("*Ostforschung*")被赋予了一种制度性基础。起领导作用的是特奥多尔·席曼(Theodor Schieman,1847—1921)和奥托·赫奇(Otto Hoetsch,1876—1946,兰普雷希特的学生),这也牵涉政治争论,特别是在战争期间,也牵涉1918年所建立的东欧体制。[1] 20世纪20年代,此新领域在那些既想将东欧的政体研究追溯回中世纪,又想将之指向新的帝国命运的学者手中有所开拓。1920年,中世纪研究者卡尔·汉佩出版了他关于"德国人民在中世纪取得的伟大殖民成就"(*die kolonisatorisch Grosstat des deutschen Volkes im Mittelalter*)的研究,在矛头再一次指向布尔什维克之际,或许为更光明的未来做出了努力。[2] 汉佩对未宣明民族性的人们没有丝毫同情,例如认为比利时及其"失败的政策"缺乏合适的文化基础。[3]

"向东挺进"(Drang nach Osten)政策由其他历史学家提出,特别是布莱克曼,他接替了迪特里希·舍费尔在柏林的席位,而后者也将其声望和对学术资源的控制权转移到前者身上。布莱克曼还是《历史杂志》(*Historische Zeitschrift*)的合作编辑(与梅尼克)以及《日耳曼历史文献汇编》和普鲁士档

---

[1] Michael Burleigh, *Germany Turns East: A Study of Ostforschung in the Third Reich* (Cambridge, 1988); W. Wippermann, *Der deutsche Drang nach Osten* (Berlin, 1981); Gerd Althoff, "Die Bedeutung des mittelalterlichen Ostpolitik als Paradigma für zeitgebundene Geschichtswertung," *Die Deutschen und ihr Mittelalter*, 147 – 164.

[2] Hampe, *Der Zug nach dem Osten* (Leipzig, 1935^3), 1921.

[3] *Belgiens Vergangenheit und Gegenwart* (Berlin, 1916).

案——"呈现了德国所宣称的丧失领土的档案"——的主编。档案研究者的前提是将兰克式的客观性与民族使命相结合,并拥护两者的价值,他们做的就是"能将可供政治家得出判断的材料提供给他们进行学术工作"。巨资打造的学术演习在1933年8月华沙举行的"第七届国际历史学会"会议(哈罗德·泰姆普利任主席)上登峰造极。此次会议上,德国的参会人员——包括布兰迪、佩尔西·恩斯特·施拉姆(Percy Ernst Schramm,1894—1970)、赫尔曼·奥宾(Hermann Aubin,1885—1969)、克尔——手中都拿到了指南,以便正确地解释问题。与之直接相关的,是关于1933年布莱克曼出版的关于"德国与波兰"的学术性文集。[1]这些文章的内容是常见的调用兰克式的事实,针对的是法国与其他国家在"不公正"和波兰的"自由"问题上所犯下的近在眼前的错误。参与写作的有翁肯、里特尔、哈通、奥宾等人,他们称颂并论证了德国和波兰之间从史前和中世纪时代直至"德意志浪漫主义"时代,即亚当·密茨凯维奇(Adam Mickiewicz,1798—1855,然而他的塑像此后遭到毁灭)时代的地理、文化和法理联系。这部投入巨大且有官方认定的文集被译成法文和英文,有49份副本被送到德国政府官员手中。因此,如迈克尔·伯利(Michael Burleigh,1955—)所展示的,学术为政治和军事行动铺路,以至于,据"东北德国研究会"(the North-East German Research Community)的说法,到1936年,"人人随心所欲的时代结

---

[1] Brackmann (ed.), *Deutschland und Polen: Beiträge zu ihren geschichtlichen Beziehungen* (Munich, 1933).

束了。"

在战争时期幸存下来的一代历史学家都在期待一个新德国的黎明,不过他们却有着深刻的分歧。有狂热的或是不情愿的反民主的共和党人,也有想要看到德意志帝国复兴的保守派和反改革派,他们拥护希特勒上台,认为这是一个革命的时刻,也开启了这段反动的未来命运。[1] 马克斯、施塔德尔曼、霍尔茨勒、瓦尔特·基纳斯特(Walter Kienast,1916—2001)、哈通、勒里希以及斯尔比克,这些历史学家都被新政权笼络其中,至少他们对新政权有好感,而格茨、弗兰茨·施纳贝尔(Franz Schnabel,1887—1966)、卡尔·埃德曼(Karl Erdmann,1898—1945)、弗里茨·克恩(Fritz Kern,1884—1950)、里特尔、阿尔弗雷德·冯·马丁(Alfred von Martin,1882—1979)以及梅尼克则对纳粹的统治和政策敬而远之,即便他们无法积极地反对它。其他人逃亡或被流放,包括法伊特·瓦伦丁(Veit Valentin,1885—1947)、豪约·霍尔伯恩(Hajo Holborn,1902—1969)、费利克斯·吉尔伯特、汉斯·巴龙(Hans Baron,1900—1988)、阿瑟·罗森博格(Arthur Rosen-

---

1 Karen Schönwälder, *Historiker und Politik：Geschichtswissenschaft im Nationalsozialismus*(Frankfurt, 1992); Karl Ferdinand Werner, *Das N-S Geschichtsbild und die deutsche Geschichtswissenschaft* (Stuttgart, 1967); Bernd Faulenbach, *Ideologie des deutschen Weges：Die deutsche Geschichte in der Historiographie zwischen Kaiserreich und Nationalsozialismus* (Munich, 1980); Weber, *Priester der Klio*; Helmut Heiber, *Walter Frank und sein Reivchsinstitut für Geschichte des neuen Deutschlands* (Stuttgart, 1966);还有 Ursula Wolf, *Litteris et Patriae：Das Janusgeschicht der Historie* (Stuttgart, 1996)。

berg,1889—1943)、汉斯·罗森博格(Hans Rosenberg,1904—1988)、恩斯特·康特洛维茨,特奥多尔·蒙森、格哈德·马苏尔(Gerhard Masur,1901—1975)、迪特里希·格哈德(Dietrich Gerhard,1896—1985),以及年轻的彼得·盖伊。纳粹发动的革命也给历史学行业的领导地位带来重要的变化,包括《历史杂志》和《日耳曼历史文献汇编》的领导地位在1935年被"帝国历史委员会"(Historische Reichskommission)取代。后者在梅尼克和翁肯的引导下,以瓦尔特·弗兰克为首,以书写新德意志的历史为目的,于1928年建立"新德意志帝国研究院"(Reichsinstitut für Geschichte des neuen Deutschlands)。那时,梅尼克已被他忠心效力了40多年的委员会和国家期刊免职了。大量前文提到过的流放者作为他的学生,将其教诲传播至新的世界。

魏玛时期,一些历史学家探索着针对德意志过去的一种更具批判性的视角。例如文化史家瓦尔特·格茨,尽管他遭到恪守兰克模式的史家的抵制。又例如贝罗,1933年,他(作为一项行政法案筛定出的近200位学者中唯一的历史学家)因政治原因失去了其教授职位。[1] 其他左倾批评者众多,有法伊特·瓦伦丁,他的老师是在1848年革命后的德意志历史问题上走反普鲁士路线的马克斯——他在1930年出版了大部头的研究成果,而他同样被免职了。还有汉斯·罗森博格,汉斯-乌尔里希·韦

---

[1] 参见 Douglas Tobler, "Walter Goetz: Historian for the Republic," *Historians in Politics*, ed. Walter Laqueur and George L. Mosse (London, 1974), 223-251。

勒（Hans-Ulrich Wehler，1931—2014）称其为德国的社会史之父。阿瑟·罗森博格以民主的和同情劳动阶级的立场撰写关于魏玛共和国的研究。汉斯·罗特菲尔斯（Hans Rothfels，1891—1976）是俾斯麦研究者中修正主义的领导者，他也流亡到美国，之后写了一本抵制希特勒的书。他也是唯一在战后回到德国的犹太左派历史学家。还有豪约·霍尔伯恩。关于他，费利克斯·吉尔伯特提醒埃克哈特·克尔说："噢，他是我们的一员。"[1] 不过，"他们"中的很多人已经到国外寻求避难，在那里，最优秀的历史学传统在新的且常常是不同的环境下得到贯彻。

1931年，卡尔·雅斯贝斯参照历史，还有理性主义与自我人格的西方前提，考察了"人类当前形势"的危难局面，并且，他将之与东方的"超脱状态"（unworldliness）对比。他写道，空间已经被征服了，那么时间呢？历史经验已经让欧洲人开始意识到当前的"危机"和一种不可能摆脱其"时代"的局限。未来的天际，既意味着无尽的危险（法西斯主义，布尔什维克主义，另一场战争），又意味着无限的可能。而且，对于雅斯贝斯来说，"新世界"只能在人的"意志"（will）中产生，有一个"真正的领导者"在大众文化和"技术至上"的时代把控全局，但也不与过去切断联系。[2] 历史使人明白人类的基业并不长

---

[1] Wolfgang Mommsen,"German Historiography during the Weimar Republic and the Émigré Historians," Michael H. Kater, "Refugee Historians in America: Premigration Germany to 1939," 以及 Felix Gilbert, "The Berlin Historical Seminar in the Twenties," in *An Interrupted Past*, ed. Lehman and Sheehan, 32-66, 73-93, 67-72；还参见 Geoff Eley, *From Unification to Nazism: Reinterpreting the German Past* (Boston, 1986)。

[2] *Man in the Modern Age*, tr. Eden Paul and Cedar Paul (New York, 1933).

久,使人看到人类命数将尽的可能性。雅斯贝斯拒绝追随马克思和斯宾格勒,徒劳地作那种"沉思式的预见"(contemplative forecast),而是醉心于作当下"战场"的"热切的预见"(active forecast),并关注自由选择命运的"可能性"。雅斯贝斯的观点以历史的和自我的意识著称,然而仍是属于在普遍史框架下对统一进程进行的陈旧假设。他没有试图以任何特定的方式去"沉思"人类最基本的琐碎事件,以及这些碎片威胁到的存在之可能性。

后英帝国时代的史学

与德国历史学家不同,对英国历史学家来说,一战的伤痛过后,除了制造灾难的罪责问题,基本上还是一如既往,而且对于罪责问题,哪一方都不会回避对外交史和政治史的关注。即便有对无谓屠杀的苦涩回忆,但英国历史学家保持着对他们国家命运的信心,虽然伴有一些对于帝国过失的焦虑和对社会问题感到内疚。而德国学者则至少暂时失去了向帝国的未来共同进发的胜利情绪。他们深深地意识到自身尚显青涩的国家传统,但是一旦被预言、预见和改变命运的某种期待所吸引时,他们也多半坚持旧式的民族国家主义的理念。此外,德国和英国历史学家相一致的,是对社会史与日俱增的兴趣,尽管是以不同的方式——德国流行的称谓是"民族史"(*Volksgeschichte*),英国出现的则是一种左派倾向的社会的或说是社会主义的历史。

至于在当代史,或说是"当下的历史"(*Zeitgeschichte*)范畴之外的重要领域,英国、德国以及其他欧洲历史学家都加以恢复或延续。合作活动在19世纪已经出现,于1900年成立了此后四年一届的国际代表大会。它在战争期间被政治干扰中止了,在20世纪20年代得以恢复。[1]

总体看来,除了为资本主义和社会主义辩护,英国史学界在战后遵循的是传统路线,并笼罩在由消沉、帝国衰败和下一场规模大过一战的战争之威胁所产生乌云之下。政治史和宗教史仍是主导,这在"剑桥系列丛书"和"牛津系列丛书"中显而易见。不过,它们更在乎细节,并且,这些丛书以散乱的"同时又回归民众的"方式,补充了关于经济、社会和文化事件的讨论。"清教徒革命"成了特殊的调查和推崇对象。乔治·皮迪·古奇(不属于社会史家)是其中典型,他不仅将之与"英国民主思想"相联系,还与现代的社会主义相联系。古奇提到罗伯特·欧文。然而,他没有意识到其信念"直接承袭的是'过渡时期'的思想家"。[2] 社会史转向不仅在社会主义者那里是明显的,在亨利·达夫·特雷尔(Henry Duff Traill,1842—1900)和詹姆斯·索马里兹·曼恩(James Saumarez Mann,1851—1928)合作的多卷作品,以及 G. M. 屈维廉与乔治·马尔科姆·扬(George Malcolm Young,1882—1959)的旧式著

1　Karl Dietrich Erdmann, *Die Ökumene der Historiker*: *Geschichte der Internationalen Historikerkongresse und des Comité des Science Historiques* (Göttingen, 1987).

2　*English Democratic Ideas in the 17th Century* (New York, 1959 [1898]), 304.

作中也得到不带偏见且更为生动的展现。宪政史和法制史传统尽管遭到斯塔布斯对基础性研究的批评，但在教科书和专著中得到继续，就像 H. D. 理查德森（H. D. Richardson，1884—1974）和乔治·奥斯本·塞尔斯（George Osborne Sayles，1901—1994）那些轻率的修正主义的研究。针对议会的分析既遵循旧式的思路，也走上新的思路。旧式的思路如波拉德和约翰·恩斯特·尼尔（John Ernest Neale，1890—1975）在伊丽莎白时代的研究中所做的那样，在 18 世纪尤为突出。新的思路甚至在一战之前就由刘易斯·纳米尔开始了，他鄙夷左倾和右倾的思路，通过集体传记的编纂工作使新思路有了革命化的色彩。

20 世纪早期，英国历史学家热衷于从学术上搜集大约以往三代职业历史学家的资料积淀，偶尔也纳入"业余的"史家作品。他们整理两个多世纪的欧洲学者的研究成果，形成并补充为那种可归结为一个主导叙事。这个主导叙事被设定为普遍意义上有规律的历史，并用来为更深入的探索划定边界。这可以在德国学者开创的民族史的系列丛卷中看到，但在以阿克顿勋爵规划的模式为先导的剑桥大学出版社出版的卷帙浩繁的历史丛书中更多。《剑桥近代史》（开始于 1902 年）之后是《剑桥中世纪史》（1911 年），《剑桥古代史》（1921 年，但在一战前就已开始筹划），此后还有很多更为专题化的丛卷，包括《剑桥英国外交史》（Cambridge Histories of British Foreign Policy，1922）、《英帝国史》（Cambridge Histories of the British Empire，1929）、《剑桥印度史》（Cambridge Histories of India，1963）、以及多套更为精细的（此后是加上插图的）对全球每个地域的和特定研究领域的考察，包括民族文学、哲学以及政治思想。专业化是两场战争之间的史学主题，既体现于历史组织的成立、新期刊、论文和《国家人物传记辞典》(*Dictionary of National Biography*，1885—1900) 及其 10 年后的补充版之类的参考材料的出现，也体现于所有欧洲国家的类似成果，以及如今新的和争议性的替代性成果方面。

战后关于外交史的集中考察可以在乔治·皮迪·古奇的作品中看到。他是阿克顿的门徒，且有着毫不逊色于后者的声望，以剑桥学派成员著称。古奇也研究大陆方面，并开始接触特赖奇克、哈纳克、吉尔克、拉维斯以及乔治·索莱尔（Georges Sorel，1901—1994），但不像阿克顿，他从来没有得到学术席位。[1] 他在社会活动、新闻业、议会（主要是这个领域）以及政府服务领域内都很活跃。而在战后，他对和平的进程，对外交文件的出版和阐释工作也有参与。他与哈罗德·泰姆普利（从 1922 年开始）一起，开始出版一套档案资料汇编，以敌对性的抗议，有针对性地压制德国同时期开始出版的《政治集成》(*Die Grosse Politik*)。1926 年，他还和沃德开始编写一部剑桥的英国外政史。不过，古奇也参与更常规的历史学活动，最有名的是其《19 世纪的历史学和历史学家》(*History and Historians in the Nineteenth Century*，1913)。该书被视作对阿克顿在《英国历史评论》第一期上发表的关于"德国历史学派"的著名

---

[1] Frank Eyck, *G. P. Gooch: A Study in History and Politics*（London, 1982）.

文章的宏大扩展。古奇的书受到爱德华·迈尔、H. A. L. 费舍尔（H. A. L. Fisher，1865—1940）、波拉德以及其他人的钦佩与称赞，尽管有一些批评的声音，称其有点狭隘——如忽视较小的民族传统（情况也并非完全如此）——虽然他对古代和中世纪、美国、拜占庭、近东、犹太教、天主教以及"文明史"都有所考虑。古奇尤其悲叹政治史和文化史之间的对立，他将之归因于二者都太过狭隘地划定了各自的领域。

尽管进行的大体上是职业范畴之外的工作，古奇本人使这种偏狭达到了产生贡献的程度，即他对外交史作为独立领域的出现起到了强化作用。实际上，这只是专业化趋势的一个例子。这种战前就已开始的转向是从宪政史向行政史的转移，由 T. F. 陶特和曼彻斯特历史学派所主导。陶特的《行政史中的篇章》（*Chapters in Administrative History*，1920—1933）部分地是将矛头对准了宏大的辉格叙事，这种叙事由他的老师斯塔布斯作品中的经典表述打下基础，并被 A. F. 波拉德等学者所继承，但之所以保留下来，一定程度上也是由于它在经验上（也或许是在意识形态上）转化为政府的永久工具。它为党派的修辞奠定了基调，并随着议会政治的沉浮得以延续。在集中关注国家构建时，陶特从阿希尔·吕谢尔、保罗·维奥莱（Paul Viollet，1840—1914）等老一辈的法国制度史研究者那里获得灵感。不过，或许他的作品也部分地是他的党派政治和议会传统情结幻灭的产物——即便不如同时期德国历史学家的作品表现得那样激烈。对于陶特来说，真正的权力不是掌握在选举产生的高级官员（甚或是君主）手中，而是在那些幕后官僚手中，他们长期以来一直躲在衣柜、隔间和私人密室之类的办公室里安排政府的人事。而陶特试图从档案中找出的就是他们暗箱活动及其管理机制的证据。[1] 他的研究集中在内部的而不是外部的历史，且无论如何，其秉承的是兰克的精神。因为只有在这里，而不是在年代记或历史中，才有可能再次发现历史策划机构的印记。还有其他一些大体上不相关联的专门领域出现于20世纪。在英国，也在法国，工业革命连同伴之而生的社会问题，将历史学家引向了经济史和社会史（以及殖民地史）。1902年时，埃德温·塞利格曼（Edwin Seligman, 1861—1939）称经济史是通往"研究**表面之下**"（to search *below the surface*）的路径。经济史的开展经由诸多努力，包括威廉·坎宁安（William Cunningham, 1849—1919）在1882年出版并在1915年至1921年再版的对英国工业和商业的前导性考察，威廉·阿什利（William Ashley, 1860—1927）关于英国经济史和经济理论的研究（1883年至1893年；第五版出版于1901年），索罗尔德多·罗杰斯（Thorold Rogers, 1823—1890）关于农业和价格的研究成果（1866年至1902年），以及阿诺德·汤因比（Arnold Toynbee, 1852—1883）*关于工业革命的经典研究

---

[1] *Chapters in The Administrative History of Mediaeval England* (6 vols.; Manchester, 1920‑1933)；参见 P. B. M. Blaas, *Continuity and Anachronism: Parliamentary and Constitutional Development in Whig Historiography and in the Anti-Whig Reactions between 1890 and 1930* (The Hague, 1978), 345‑373, 以及 F. M. Powicke, "The Manchester History School," in *Modern Historians and the Study of History* (London, 1955), 19ff.

* 此汤因比是文化形态史观代表性人物，《历史研究》作者阿诺德·汤因比的叔叔，英国19世纪经济史家。——译者注

(1884年；1908年)。他们使经济史（以统计学为基础）成为比服务于政客意志的政治史更为科学的领域。[1]在坎宁安看来，经济史是一门从政治经济中分离出来的学科。然而这个领域中的诸多部分已经得到几代人的开发，尤其是专门的手艺和贸易的历史。例如，坎宁安的著作问世后的半个世纪里，出现了关于酒业贸易（1906年，三卷本）、运输和交通（1912年）、粮食贸易（1913年）、羊毛和毛纺织工业（1921年）、制革（1924年）、玉米市场（1926年）、黄铜和红铜（1926年）、烟草（1926年）、煤炭（1932年）的著作。其中四个主题在一战前以专题论文形式出现在"哈佛经济史丛书"中，三个主题得到了埃德温·盖伊（Edwin Gay，1867—1946）的指导。而英国甚至在更早的时候就有了亨利·希格斯（Henry Higgs，1864—1940）编辑的一系列包括银行、建筑、船舶、亚麻贸易等"民族工业"的专著。所有诸如此类的视角至少都是心照不宣地以一种经济进步的视角写作，为关于英国经济扩张以及随理查德·亨利·托尼（Richard Henry Tawney，1880—1962）所谓"贪婪社会"而来的社会与政治问题的更普遍的和解释性的著作提供了资料。

这些作品及后续作品以辉格主义的精神书写，根据的是一种经验主义或实证主义的方法——普遍采用英国经济理论——与大陆理念，比如施穆勒领导的年轻德国历史学派所发展的抽

---

[1] Seligman, *The Economic Interpretation of History* (New York, 1902), 163; Toynbee, *Lectures on the Industrial Revolution of the Eighteenth Century in England* (London, 1928), 6.

象的"历史主义"相抵触。[1] 英国历史学家也写大陆的经济史，最著名的是约翰·哈罗德·克拉潘（John Harold Clapham，1873—1946）关于 1815 年至 1914 年间法国和德国经济发展的考察（1921 年），他的研究遵循专门化的精神，以对耕地、工业，以及劳动条件、运输和银行业的细致的统计学研究为基础。不过，这既没有展现广泛的文化维度和对更早时期生产活动的社会性关注，甚至也没有努力与仅在三年前刚刚结束的世界大战联系起来。克拉潘得出的隐晦的功利主义结论仅仅是，抛开负面因素，法国和德国人民物质上是富裕的，且或许在 1914 年比一个世纪前要富裕。[2] 克拉潘止步于一战之前，他也无力提供与之有关的洞见，或是对战争与经济或社会作用力的关系提出见解。

20 世纪早期，英国女性学者——这里指的是职业学者，因为 18 世纪以来，"业余的"女性已经在学术上做出了重要贡献——做得越来越出众。而毫不令人意外的是，她们中的很多人从政治史向经济史和社会史转移，也研究男性学者眼中的"女性主题"，一般来讲就是研究历史上的，或至少是家庭生活中的杰出女性。一个突出的例子是艾琳·鲍尔（Eileen Power，1889—1940），她曾在剑桥（格顿学院）学习，在法国完成她的职业训练。她与朗格诺瓦一同工作，并结识了埃利·阿累维

---

[1] 参见如 William Ashley, "On the Study of Economic History," *Quarterly Journal of Economics* (Jan. 1893), 115 - 136。

[2] *Economic Development of France and Germany*, 1815 - 1914 (Cambridge, 1968⁴), 402.

第三章 一战之后　　　　　　　　　　　　　　　　　　　191

（Elie Halévy，1870—1937）。[1] 在做了一个关于爱德华二世的妻子伊莎贝拉王后的研究之后，她转向了不被关注的英国女修道院主题，她的研究不仅扩展了修女史的领域，也赋予了"女性生活状况"问题以社会维度，这种工作曾是德国学者而不是英国学者做的。她的著作在1922年出版在一套关于中世纪生活和思想的剑桥丛书中。在丛书中，主编乔治·戈登·库尔顿（George Gordon Coulton，1858—1947）借鉴了马比荣（Jean Mabillon，1632—1709），提议要在确定性方面与现代科学分庭抗礼。鲍尔本人在其丰富、博学且厚重的史料研究上，接受了引发争议的库尔顿和 A. H. 汤普森（A. H. Thompson，1873—1952）的训练，其研究考察了记录在案的138个女修道院的世界——社会环境、家庭生活、政府与金融、精神和性行为、教育、改革的尝试，以及文学上的思考。一般来讲，鲍尔回避了有关亨利八世遣散修道院的带有偏见和"遭到污染"的材料，毫不犹豫地对那个时期之前普遍的道德沦丧进行了评论，并（针对《曼彻斯特守护人》[*Manchester Guardian*]中的批判）果断地凭着她对教会"反女性主义"的斥责，为文本基础进行了辩护，特别是乔叟和威廉·朗格兰（William langland，1330—1386）的文本基础。[2]

鲍尔的视野宽度在一本两年后出版的小书《中世纪人》

---

[1] Maxine Berg, *A Woman in History: Eileen Power, 1889 - 1940* (Cambridge, 1996). 以及 Madeline R. Robinton, "Eileen Power (1889-1940)," *Some Modern Historians of Britain*, ed. H. Ausubel et al. (New York, 1951), 358-376.

[2] *Medieval English Nunneries, c. 1275 to 1535* (Cambridge, 1922), xviii.

(*Medieval People*)中体现得更为明显。书中，她接受卡莱尔的呼吁，即不仅赞誉名人，还要将关照赋予普通民众。在这项大受欢迎的研究中，鲍尔试图通过呈现前宗教改革时期不受历史学家关注的个体人物的**日常生活**（*vie quotidienne*），以个案研究展列的形式将社会史从毫无生气的抽象中拯救出来。比如说，一个典型的农民（"博多"［Bodo］），一个威尼斯的旅行家（马可·波罗），"乔叟笔下真实生活中的女修道院院长"，一个巴黎的家庭主妇，一个从事羊毛贸易的商人，以及一个 15 世纪的呢绒商。她用的史料广泛多样，已出版的和未经出版的，文学性的和历史性的，公共的和私人的。鲍尔就是这样将过去诸时代不显见的人物介绍给读者，如她所主张的，"历史大体上是由众多的博多构成的"。而且，不仅是众多的博多，也有同类的女性人物，比如为"历史的厨房"（kitchens of history）打开大门的 14 世纪的经销商的妻子。[1]

鲍尔继承了莉莲·诺尔斯（Lilian Knowles，1870—1924）在伦敦经济学院的经济史教席，对她来说，这是所有历史分支中最新的领域，但事实上它有着可追溯回维多利亚时代的实际传统。1926 年，J. H. 克拉潘——他十五年后将与鲍尔编写剑桥经济史——开始推出他的现代英国经济史，此书是献给阿尔弗雷德·马绍尔（Alfred Marshall，1842—1924）和威廉·坎宁安的。前者在 1901 年敦促他撰写这部研究著作，后者的《英国工业和商业的增长》（*Growth of English Industry and Com-*

---

[1] *Medieval People*（New York，n. d.［1924］），15，16，36，124.

merce，1882 年）从经济方面对应于斯塔布斯的宪政史，并且克拉潘也提出，后来关于英帝国的经济研究也受益于莉莲·诺尔斯。不过，克拉潘宣称一改"半传奇性质的"旧传统，并通过数据的批判性使用，"使故事较之以往更具计量性质"。[1] 克拉潘是一个进步论的虔诚信仰者——他的进步观不仅体现在史学方面，包括人口调查和统计的方法和对德语法语及英语专著的改进，还体现在经济史本身的改变，包括在研究中含蓄地反对社会主义作家的观点，社会主义作家认为随着经济增长，劳动人民的状况却在持续下降。

英国经济史在 20 世纪早期体现为两个方面：一方面是对英国工业和商业进步作编年乃至称颂的处理，另一方面是对工人阶级对进步做出的贡献、牺牲及其所处社会窘境的考察。由于劳工史实际上力求改善剥削性的资本主义体系下的工人生活状况，因此它比起与主要政党——托利党、辉格党和自由党——相关的学术，立场更为鲜明。英国 20 世纪早期的社会主义史学被三支夫妻团队——韦伯夫妇、哈蒙德夫妇以及科尔夫妇——和 R. H. 托尼所主导。这些激进主义学者都有基督教社会主义（Christian socialism）的背景，都试图书写经济史并在政治层面推进社会改革和社会公正。并且，他们成功地达到了这样一种程度，即 20 世纪 20 年代，工人运动的确凭自由党奠定了政治基础，随后也实现了自己凯歌高奏的历史。[2]

---

[1] *An Economic History of Modern Britain*，I，*The Early Railway Age*，1820 - 1850（Cambridge，1926），viii.

[2] Victor Feske，*From Belloc to Churchill：Private Scholars，Public Culture，and the Crisis of British Liberalism*，1900 - 1939（Chapel Hill，1996）.

西德尼·韦伯（Sidney Webb，1859—1947）和比阿特丽斯·波特·韦伯（Beatrice Potter Webb，1858—1943）于1892年结婚，推出了他们的工会主义（trade unionism）史，并于1895年建立了伦敦经济学院。在工会主义史研究中，韦伯夫妇承认有几位先行者，但在材料应用的广度上，他们的研究实际上有前驱性成就，使用了包括报纸、小册子和议会报告之类的一手文稿。对他们来说，现代工会不仅与中世纪的行会以及其他协会有关联，还可以溯及18世纪，就如老阿诺德·汤因比近来所说的那样，主要是对"工业革命"的一种反映。工会经历了19世纪早期的"为了抵抗而进行的斗争"，继而又穿梭于宪章运动时代。并且，尽管遭到迫害，工会最终凭借成千上万的走向"新社会秩序"的地方性组织，在制度上取得了地位。二十五年后，韦伯夫妇推出其著作的新版本（1920年）之时，很多工作仍未完成。西德尼在为威廉·哈斯巴赫（Wilhelm Hasbach，1849—1920）更早些时候关于农业劳动者——以及"自由的历史"——的著作的英文版写序言时，慨叹一位外国学者穷尽心力地填补这个领域的缺陷。他问道："就没有人会付出此等努力了吗？就没有哪位研究者会尽其所能了吗？就没有哪位历史学派的带头人会提出就这些主题进行严格的历史考察了吗？"[1]

约翰·劳伦斯·哈蒙德（John Lawrence Hammond，1872—1949）和芭芭拉·哈蒙德（Barbara Hammond，1873—

---

[1] *A History of the English Agricultural Labourer*, tr. Ruth Kenyon（London，1920），vii.

1961）于 1901 年结婚，尽管他们不是社会主义者，但他们的地位同样因历史学识而在领域内举足轻重。从那时开始直到战争结束，他们不仅投身于新闻业和政治活动，还致力于关于乡村劳动者（1911 年）、城镇劳动者（1917 年）以及技术劳工（1919 年）的伟大的三部曲，对 19 世纪"灰暗时期""毫无人性的资本家们"的罪行和因他们的行为所导致的社会贫困做了编年处理。[1] 他们反对克拉潘保守且学术性的观点，也反对其称颂工业革命积极方面而忽视其所产生的社会问题的"大杂烩"倾向。他们的主张强调贵族统治和资产阶级的非法性，以及工人阶级的艰苦条件，并且，当他们就事实和阐释回应批判者时，他们对自身的党派倾向和看重当前的立场毫无惭愧之意。在《近代工业的兴起》（*Rise of Modern Industry*，1925）中，他们对同志表达了信任，包括哈罗德·拉斯基、科尔、托尼、小汤因比和屈维廉。在三部曲的第一部书中，哈蒙德夫妇否定了私有制精英所声称的财产权且实际上关乎贵族身份的合法性。在第二部书中，他们描述了阶级冲突的"革命性"特点，包括宪章运动活动者和卢德派（Luddites）的暴力运动。在第三部书中，则描述了这些运动所导致的"内战"。

还有一段"历史学界的姻缘"（斯图尔特·韦弗［Stewart Weaver］语），乔治·道格拉斯·霍华德·科尔和玛格丽特·

---

[1] *The Village Labourer*：*A Study of the Government of England before the Reform Bill*；*The Town Labourer*，1760 - 1832；*The Skilled Labourer*，1760 - 1832（3 vols. in 1；London，1995）；并参见 Stewart Weaver，*The Hammonds*：*A Marriage in History*（Stanford，1997）。

科尔（Margaret Cole，1893—1980），他们是上述两对学术搭档的合伙人，且多次跋涉在更为资深的同行走过的道路上，穿梭于工人阶级史和社会主义史的领域。科尔接过了 J. L. 哈蒙德关于威廉·科贝特（William Cobbett，1763—1835）生平的研究计划，在其关于英国工人阶级运动的研究中拓展了韦伯夫妇的研究（1925 年），这不仅是向马克思、韦伯夫妇（玛格丽特·科尔在 1949 年出版了关于他们的传记性叙述）、哈蒙德夫妇、托尼、多布（Maurice Dobb，1900—1976）夫妇致敬，也是在向坎宁安和克拉潘致敬（意识形态的差异在他们共有的对经济史的赤诚克服）。科尔那部经常被再版的著作吸纳了社会主义友人和前辈的研究，包括罗伯特·欧文、韦伯夫妇、哈蒙德夫妇、托尼、多布夫妇、萧伯纳（George Bernard Shaw，1856—1950）、雷蒙德·波斯特盖特（Raymond Postgate，1896—1971，也是他的姐夫和死党），以及他与他妻子的堪比老汤因比、坎宁安、克拉潘和桑巴特一般经典的经济史著作。[1] 对于科尔来说，尽管存在后革命时期的激进主义，但工人阶级运动以及从中觉醒的社会主义，事实上在 1815 年后就开始了，而在 19 世纪晚期的工会主义和 20 世纪的劳工党的宪法机制之前，它采用了很多形式，暴力与合作兼有。科尔最终警告说，工会主义者和资本主义者的"合作关系"会造成灾难性的影响。[2] 不

---

[1] *A Short History of the British Working-Class Movement*，1789-1947（London，1948）；并参见 Margaret Cole，*The Life of G. D. H. Cole*（London，1971）。

[2] *The History of Trade Unionism*（London，1920），718.

第三章 一战之后

过，尽管有这种担忧，且受到马克思的影响，但英国社会主义总是倾向于更温和的革命道路。由于在实际问题上与保守派站在同一阵线，他们相信工人阶级只要通过进一步为财富的生产以及同世界其他部分进行的和平交易做出贡献，就可以改善他们的生活现状。

他们的朋友 R. H. 托尼是一个记者和公务员，而不是一个常规的学术型学者，尽管他 1923 年到 1931 年间任教于伦敦经济政治学院（LSE），还是《英国经济评论》(*English Economic Review*) 的创始编辑，且他更是那些用经济史武装自己（且对经济学说感到厌烦）的坚定的社会主义知识分子的楷模。他是一个社会批评家和布道者，而不是一个革命者，虽然在他步入晚年时有充分的阶级身份认同，拒绝贵族身份。1920 年，他关于"贪婪的社会"的研究表达的不仅是对痴迷于追求财富，尤其是对资本主义下私人财产及其扩张的控诉，也是对"新社会秩序"的审视，认为"新社会秩序"看重功能而不是个体的权利，且也不是以无情无义的经济主义为驱动。[1] 他的杰作是《宗教与资本主义的兴起》(*Religion and the Rise of Capitalism*，1926)，是受到韦伯夫妇、特洛尔奇和桑巴特的作品启发而写成的。此书将他的宗教同情心与社会性关注结合在一起，并试图分析新教道德与经济竞争间莫名其妙的联合。而且，通过一种

---

[1] Tawney, *The Acquisitive Society* (New York, 1948 [1920]); 参见 Ross Terrill, *R. H. Tawney and His Times: Socialism as Fellowship* (Cambridge, Mass., 1973), John Kenyon, "Tawney and Social History," *The History Men* (London, 1983), 235-250, 以及 W. H. Nelson, "R. H. Tawney," in *Some Modern Historians of Britain*, ed. Ausubel et al., 325-340。

不同于与之对立的"辉格"史观的社会主义目的论,他将中世纪式的对于贪婪和高利润行为的谴责与马克思——他称之为"最后的经院派学者"——以及他自己对现代社会的批判联系起来。"历史就是一个舞台,在这里,力所能及就与人争斗,而力所不及就与之合作",托尼给出这样的论断,他希望以这种直面现代大门的态度制定他自己的行动计划。[1]

在一条更为正统的脉系中,英国马克思主义学者研究和争论的是"资产阶级革命"问题,这场革命在17世纪中期的内战期间有所表现,清教徒在其中起到了领导作用。[2] 在克里斯托弗·希尔(Christopher Hill,1912—2003,也是斯大林生平的记述者)看来,经济和社会问题是理解"清教徒革命"的关键。不过,即使1956年脱离共产党之前,他也并不相信贵族和资产阶级之间的阶级划分是明确的,不相信"从封建主义到资本主义的过渡"是明确的。而实际上,围绕这个问题进行的争论集中于这个时代的复杂性,而不是英国社会的二元区分。逐渐地,希尔摆脱了宗教史和宗教社会学的物质基础,转向了如斯图亚特时期的小册子和宣传画所反映的"颠倒的世界"的思想和意识形态问题,并阐释了可至少追溯到罗拉德派的英国激进主义的悠久传统。这里,希尔对他所关注的各种迥异的"激进观念"提出批评。这些"激进观念"都是他在阅读一些小册子和论战文字中挑出来的,往往脱离了语境。他也批评"倾泻的自由",

---

[1] *Religion and the Rise of Capitalism*(New York,1953[1926]),230,239.
[2] 参见 Harvey J. Kaye,*The British Historians*(London,1984),该书讨论了 Dobb,Hilton,Hill 和 Hobsbawm。

这种表述总是以一种暗含辉格意味的方式指向"理性的时代"。[1]他激进的偏见使其成为赫克斯特、佩雷兹·扎戈林（Perez Zagorin，1920—2009）以及其他保守派学者批评的靶子。

英国激进传统在此后的阶段，因工业社会兴起所引发的社会问题恢复了活力。E. P. 汤普森参与了这一阶段——尽管他也将之视为英国"宪政"的低端部分。[2]至20世纪60年代，汤普森将由马克思、汤因比、韦伯夫妇和哈蒙德夫妇率先开创的对工业革命的研究，比作一片"战场"。战斗在"灾难论"学派的批评家和"反灾难论"学派的经济史家之间展开。克拉潘和阿斯顿（William Aston，1841—1911）属于后者一派。[3]如同希尔，汤普森借助雅各宾派的意识形态，围绕丰富的法国大革命时期的英国抗议性文学展开他的故事。并且，他通过将材料范围扩大到诉讼证词和轶事，发现了一种"灾难论"的意识和成长中的阶级意识——各种劳动者群体中都有。英国没有经历过相似的革命体验，但这种"英雄式文化"的确是存在的，即使只是一种"不连贯的表现"，甚至在马克思之前就可以在一种工团主义（syndicalist）运动中看到这种表达，并最终通过某些途径将之归入英国的宪政传统。

另一位形成影响（以一种修正主义的和"人文主义"的方式）的马克思主义者是雷蒙·威廉斯（Raymond Williams，

---

[1] *The World Turned Upside Down : Radical Ideas During the English Revolution* (New York，1972)，336.
[2] *The Making of the English Working Class* (New York，1963)，84.
[3] Ibid.，195.

1921—1988),他接续了英国社会史之后的阶段,更多的是靠未来的前途而不是过去的成就来定义"长期革命"。威廉斯行走在职业历史学的边缘,社会主义的前途仅是他写作中的一部分考虑。他试图将文化、社会以及经济的条件(一种更为精炼的上层建筑和物质基础版本)聚拢为一种文学和语言学的混合体,摆脱了正统的马克思主义,却从未忘记它的权威。在威廉斯看来,"文化"是一个关键词,处于"人文科学"的中心。他将维柯看作一位"令人叫绝的先锋人物",预见了社会和文化自我创造的目标。他还旨在以法国"心态"研究的风格涵盖整个的社会生活,尽管仍然在马克思和与之相伴的文化社会学之类领域的心智(虽然不是革命性的)传统之下展开。[1] 对于威廉斯来说,现代主义已通过向资产阶级价值观投降告终了,尽管他不是以"后现代主义"的方式找到的这个答案,而是从一种调整了的但却仍是社会主义的传统之中。凭着他的个性和"献身精神",以及左翼新闻作品与文学作品,威廉斯成为了"文化唯物主义"的奠基性人物。这种"文化唯物主义"与美国的"新历史主义"学派同期产生,又保有自己那种左倾的辉格式主张,并通过文学文本和艺术类产品对社会进行分析。

---

[1] *Marxism and Literature*(Oxford,1977),16,从 *Culture and Society* 一书开始拓展他的观点(1958),*The Long Revolution*(1961),以及 *Keywords*(1976);也参见 *The Politics of Modernism*:*Against the New Conformists*(London,1989)。

《凡尔赛条约》后的法国史学

一战后，如吕西安·费弗尔回忆起的，经过"罪恶荒唐的4年"，法国史学仍呈现为一种实证主义模式，并在不断复杂且竞争性的跨学科阵丛中谋求生存。被战争震慑和驱使，这一代历史学家不仅迅速回归到民族国家史的轨道，还很快找到了国际合作和全球视野的路径。其开端是1923年在布鲁塞尔重新组织召开的国际会议，两年后，"国际历史科学委员会"（the International Committee of Historical Sciences）建立，马克思主义者哈尔夫丹·科特（Halvdan Koht，1873—1965）任主席，皮朗和阿尔方斯·多普施任副主席，由美国基金会进行资金支持。亨利·贝尔的《综合评论》1914年停刊了，1920年复刊，而他更宏伟的计划，即上百册的丛书"人类的演进"（L'Evolution de l'Humanité）也在20世纪20年代得以恢复。比较史事业得到了贝尔和皮朗的支持，这在世纪之初的第二次会议（巴黎，1900年）上已经很明显，在1928年奥斯陆举行的会议上确立为首要任务。此次会议上，贝尔进一步为他的"综合性历史学"寻找支持，而在此次会议上，马克·布洛赫提出了其关于"比较史学"（histoire comparée）的著名宣言。德国学者在1933年华沙举行的大会上重返国际学界，且他们自己重燃的雄心在会上艰难地表现出来。对他们来说，这与其在思想上向东扩张的计划有关。1938年苏黎世历史学大会是最后一次会议，直到1950年新世界背景下，历史学大会才在巴黎重新召开。

民族历史学受到两次世界大战间隔期的意识形态的深刻影响——也由此被划分为两个阵营。德国学术力主以政治关联"文化",即所谓的**文化国家**(*Kulturstaat*)的民族理念。与之相反,法国学者并不重视国家,而将"文明"构想为所有物质和精神的维度,认为它是社会基础而不是政治基础"稳定性"的前提。一种结果是,恩斯特·拉布鲁斯(Ernest Labrousse,1895—1988)、艾尔伯特·索布尔和乔治·勒费弗尔这些研究法国大革命的史家不仅试图在政治生活的结构方面进行扩展,还在财政问题和阶级冲突方面有所开拓。对拉布鲁斯来说,财政问题本身就制造了一场"革命"。种族问题是法国和德国历史学家共有的焦点,且实际上,他们对其民族以往的中世纪和"野蛮"方面有着共同的看法。不同之处在于,法国有着混合性的文化遗产,衍生出批判激进主义的理论,与一个世纪之前梯叶里的思想保持距离。而在德国,形式粗鄙和浮夸的激进主义在纳粹手里被强化了。

在法国,马克思主义意识形态有所延续,尤其是在法国大革命研究中的大型民族工业方面。实际上,马克思从这里——尤其受到伊曼纽尔·约瑟夫·西哀士(Emmanuel Joseph Sieyès,1748—1836)和基佐的影响——吸收了很多关于阶级斗争的思路,即使不是从民族重新融合方面的观点。让·饶勒斯(Jean Jaurès,1859—1914)、阿尔方斯·奥拉尔(Alfonse Aulard,1849—1928)、艾尔伯特·马迪厄(Albert Mathiez,1874—1932)、勒费弗尔、索布尔以及其他一些人执行了马克思主义路线，而实际上也调整了重点和细节，并拓展其范畴，超越了庸俗的经济决定论、"资产阶级革命"思想，以及（资产阶级）历史的终结论——例如，勒费弗尔强调贵族政治开启了这一广为人知的现象，也打开了革命前骚乱，尤其对革命前夜的"巨大恐慌"的心理学维度。[1]然而，尽管令人遗憾的是"过分了些"，但毫无疑问的是附于其上的观点，即贵族骚动和农村的激进倾向导致了"封建制度"的废除。在此之后，发生的是"民族革命"，是步向宪政自由和民主制度的必要一步。而且，这在人类集体经验中，即便不是史无前例的范畴，也是核心范畴。当然，从那时起，各种修正主义就开始既强调从社会史向政治史的回归，上升至"政治文化"的层面，弗朗索瓦·弗雷（François Furet, 1927—1997）就是一个例子。这进一步远离了正统的马克思主义范式。然而，直到20世纪末，欧洲和很多世界其他地区仍处于"革命"的阴影之下，有的革命是真实的，有的是想象的（而且有的仍在继续）。

不过，对于20世纪的史家来说，法国大革命就像在米什莱所见的那样，只是经年累月、汇聚多广的宏大民族史诗中激动人心的一幕。而且，经过在19世纪的古典式研究背后的摸索，他们推动了一种更新的"新史学"。在亨利·贝尔、吕西安·费弗尔、乔治·勒费弗尔、恩斯特·拉布鲁斯、乔治·杜梅齐尔（Georges Dumézil, 1898—1988）、马克·布洛赫以及亨利·马斯佩罗（Henri Maspero, 1883—1945）一众学者的努力下，这

---

[1] *The Coming of the French Revolution*, tr. R. R. Palmer (New York, 1957) 以及 *The Great Fear of 1789*, tr. Joan White (New York, 1973)。

种新史学的成长和推广超越了其社会经济指向。二战之前，向经济史和社会史的靠拢已有实质性进展，尤其借鉴了迪尔凯姆和西米昂的社会学和维达尔·德·拉布拉什（Vidal de la Blache，1845—1918）的地理史，且在贝尔的"人类的演进"系列丛书的早期作品（它的指南作用真的获得了国际影响）中得以突出，此后在布罗代尔及其弟子那里也广受关注。然而，这套系列丛书，连同贝尔、费弗尔和布洛赫的著作，也显现出对包括艺术、宗教以及文学在内的"文明"的历史的倾向。

在两次世界大战间隔的时期，法国史学的研究方法和出版物独树一帜，而在二战及战后的时期，实际上有两代人接续着这种努力。法国跨学科式的"新史学"根源可以在贝尔的雄心勃勃的计划中找到。这一计划在他的追随者，来自"1905年一代"的吕西安·费弗尔和马克·布洛赫主办的期刊《经济与社会史年鉴》（*Annales d'histoire économique et sociale*）中得以扩展。费弗尔早在1905年就与贝尔建立了联系，并在1911年开始了与之长达一生的通信，那时他也正要出版其关于菲利普二世与弗朗什-孔泰的博士论文。维达尔·德·拉布拉什是贝尔的"人类的演进"丛书第一册的首选作者，也是费弗尔之前的老师。而实际上，在拉布拉什去世后，费弗尔接受了这个任务，也就是写作《土地与人类的进化》（*La Terre et l'évolution humaine*，1922），英文版为《历史地理学导论》（*A Geographical Introduction to History*，1924）。

战争服役回来，费弗尔投入到这本书的写作中。他试图同弗里德里希·拉采尔与埃尔斯沃斯·亨廷顿（Ellsworth Huntington，1876—1947）所暗示的**地理决定论**（*fatalité géographique*）和迪尔凯姆与西米昂的社会学划清界限，亨廷顿的"人文地理学"（"human geography"）和"地理史"（"geohistory"，这个词来自波丹）更青睐生命的复杂性而不是抽象的和系统化的社会学。相比于具体的因素，如边界、前沿、气候和种族，费弗尔对地理的"影响"（他提醒读者注意，"influence"起初是一个占星学的词汇）不大感兴趣。人（*l'homme*）是一种抽象物，而如**政治的人**（*homo politicus*）、**地理的人**（*homo geographicus*）或是**经济的人**（*homo economicus*）这种带有学科属性的虚构为历史学理解设置了障碍。作为推崇迪尔凯姆的比较语言学家安东尼·梅耶（Antoine Meillet，1866—1936）的追随者，费弗尔也以装备"历史学词汇表"为目标，创造了自己的语言学转向，这种历史学词汇会包括如"前沿"（frontier）、"繁衍"（generation）、"时代错置"（anachronism）、"危机"（crisis）、"境况"（milieu）、"资本主义"（capitalism）、"文艺复兴"（Renaissance）以及"文明"（civilization）——它专门针对（德国的）"文化"（culture）而设。

纵观费弗尔的一生，他力求在国际学者圈子中获得他在巴黎的杰出地位。他首先希望在1926年接替他的主要对手瑟诺博司在索邦的位置，并最终在1933年成功获得了法兰西学院现代文明史的新席位。1936年，布洛赫接过了费弗尔在这里的席位，他为其"比较史学"争取地位，付出了很多，收效不理想。布洛赫得到费弗尔的支持，但与更老辈的学者针锋相对。他最终接任了亨利·奥塞尔（Henri Hauser，1866—1946）的经济和社会史新教席。费尔南·布罗代尔作为年轻一代学者中受到垂青的门徒已经崭露头角。

与此同时，费弗尔在特殊的和一般的极限之间、微观史与宏观史之间竭尽全力地进行研究。与之共同奋战的是他的同志——先是1920年在斯特拉斯堡（一个同行称作"通往索邦的等候室"），继而又在巴黎——马克·布洛赫，一位杰出罗马史家的儿子。布洛赫的父亲是福斯特尔·德·库朗热的弟子。对于接下来的三代学人，法国史学的故事主线或许遵循着费弗尔同贝尔和布洛赫通信（最终计划出版）的内容，其中充满了关于当代学者轶闻的评判。[1] 关于《综合评论》和之后的《年鉴》，费弗尔就具体问题写了大量评论和文章——以解决何为历史学的科学使命——同时对如一战后出现的陈旧的外交史之类的过往声音提出反对，为他的历史观念而"战斗"，并沿着贝尔宏大丛书的思路，按照百科全书式的计划组织"普遍史"的研究。对此，他（以及布洛赫）的确持续地做着贡献。

微观的作用力在费弗尔所出版的卷帙浩繁的关于地理史、经济史、社会史、文化史、科技史、语言史、文学史、心理史、心智史以及艺术史问题的文章和评论中有所显现，之后汇集于

---

1 Febvre, *De la Revue de Synthèse aux Annales：Lettres à Henri Berr 1911 - 1954*, ed. Gilles Candas and Jacqueline Pluet-Despatin（Paris，1997），以及Bloch-Febvre, *Correspondance*, ed. Bertrand Müller, I, *La Naissance des Annales 1928 - 1933*（Paris，1994），II and III（Paris，2003）。

第三章 一战之后

一部以"战斗"和"一种完全不同类型的历史"而著称的作品。[1] 宏观的作用力,以一种摆脱狄德罗式百科全书的新法国百科全书计划为支撑,在所有方面都涉及对理论体系的抵制,并以"问题史"("histoire-problème")的形式推崇历史学的权威性(使人想起阿克顿的"研究问题,而不是研究时代"的说法),这带有鲜明的费弗尔的质疑风格。即使是他 1928 年推出的路德传记,也是专注于问题,即个人与社会的关系问题。他对拉伯雷和"不信教问题"的研究〔这是针对阿贝尔·勒弗朗克(Abel Lefranc,1863—1952)写的拉伯雷传记姗姗来迟的回应,前者将拉伯雷呈现为无神论者〕也是如此。同样要提到的还有布洛赫关于"国王的触碰"的人类学式分析。经过长期的讨论和协商,费弗尔和布洛赫共有的历史观最终在 1929 年以他们自己的刊物(皮朗推辞了主编的位置)——《经济与社会史年鉴》的创立——获得了体制形式的明确。而"年鉴范式"凭借它那标榜历时性、国际性和跨学科性的广泛影响,不久就进入了欧洲史学研究的中心,并以多变的形式在这个世纪接下来的时间里长盛不衰。[2]

---

[1] *Pour une histoire à part entière* (Paris, 1962), *Combats pour l'histoire* (Paris, 1953), *Au Coeur religieux du XVIe siècle* (Paris, 1957); 以及 *A New Kind of History*, ed. P. Burke (London, 1973)。

[2] Peter Burke, *The French Historical Revolution: The Annales School, 1929 - 1989* (Stanford, 1990); Philippe Carrard, *Poetics of the New History: French Historical Discourse from Braudel to Chartier* (Baltimore, 1992); François Dosse, *New History in France: The Triumph of the Annales*, tr. Peter V. Conroy, Jr. (Urbana, 1994); 以及 Traian Stoianovich, *French Historical Method: The Annales Paradigm* (Ithaca, 1976)。

整个 20 世纪 30 年代，费弗尔和布洛赫通过他们专门的指挥中心在欧洲学者间征集稿件，范围从斯堪的纳维亚到匈牙利和罗马尼亚，力争扩展他们的影响力，实际上是试图在战后新的"文人共和国"建立学术帝国，并强化他们跨学科的，也是学科交叉的"新史学"观念。尽管史学不是一个"系统"，但史学有它自己的"方法"，就像兰普雷希特所做的那样，不需要如社会学或马克思主义理论等其他科学来提供指引——去将生活化简为一套单一的原则。[1] 对历史学家们来说，"罪大恶极的"，是进行哲学化的解释，即时代错置（anachronism）的原罪，"也就是将当下，将我们现今投射到过去中"，这正是心理学式的历史学和社会学式的历史学——或历史哲学——经常犯下的过错。例如，称拉伯雷为一个"无神论者"或为法国大革命寻找民族的或制度的原点就是时代错置。法国大革命是一场欧洲范围的社会和文化变革。回到由 17 世纪学者所定立的目标，费弗尔瞄准的不是确定性，而只是"历史学和心理学的可能性"。[2] 正是由于这个原因，"新史学"打算回归对语言和传记的研究和回到广泛的经验性研究（尽管不是朗格诺瓦和瑟诺博司的那种过时的经验主义），这个目标没有为这个问题给出决定性的回答，但开辟了更深刻的研究思路，并填补了历史理解的裂缝，可称之为远距离透视下（in a long perspective）的人类生活。

"年鉴范式"［特拉伊安·斯托雅诺维奇（Traian Stoianov-

1　*A New Kind of History*, 11.
2　Ibid., 145.

ich，1921—2005）语〕壮大后放弃了职业历史学要与社会科学平起平坐的努力。他们通过致力于计量性的，特别是统计式的方法和对规律的追求，与历史学的艺术划清界限。如保罗·韦纳（Paul Veyne，1930—2022）所说，从修昔底德对爱奥尼亚医学的应用，到布洛赫对迪尔凯姆的借鉴，历史学探询都在寻求理论依据。[1]尽管在起点和方法上是"独一无二的"（"idiographic"），但历史解释期待的是法则类学科的高度和亨利·贝尔耗尽毕生以推崇的理念，即所谓的"综合"历史学。在这里，他一直跟随的是有引领意义的作者，如路易·布尔多（Louis Bourdeau，1824—1900）和保尔·拉孔贝（Paul Lacombe，1884—1919），也包括埃米尔·迪尔凯姆和弗朗索瓦·西米昂，这些人在世纪之交都公开挑战历史学家。贝尔、费弗尔和布洛赫是这些人中率先迎接这种挑战的人，尽管他们是以不去瓦解历史的自主性和权威性的态度去面对挑战。而结果是随着费弗尔、布洛赫、布罗代尔及其伙伴取得了帝国性质的成就的"新史学"诞生了。

在过去的世纪里，新史学经历了几个阶段，不过，将它们理解为历时性的阶段，未必要比将它们理解为历史学运动的诸方面好多少。这种历史学运动包含了四次学科间的交叉：地理史，在法国史学史上可从维达尔·德·拉布拉什和费弗尔追溯回米什莱、孟德斯鸠和波丹（他像斯特拉波〔Strabo，约公元前64—公元23年〕那样讨论了地理史）；经济史和序列史，即

---

[1] *Comment on écrit l'histoire：essai d'epistémologie*（Paris，1971），296.

计量和统计方法（如恩斯特·拉布鲁斯等遵循西米昂引导的学者）的运用；人类学式的历史，特别是对费弗尔、布洛赫、菲利普·阿利埃斯（Philippe Ariès，1914—1984）以及其他很多人所倡导的"心态"研究；最后是作为合成物的一种"总体史"（total history）——似乎是一种历史理论家和历史哲学家的先验式洞见的复辟［也或许是文艺复兴理论家所说的**完美的历史**（historia perfecta）］——它将所有可在时间范畴内操作的人文科学为我所用，且考察的范围是全球性的，时间是几个层面的，从人类事件的廓清到环境范畴的**长时段**（longue durée）。

这些模式可以在《年鉴》的自我转型中看到。该刊物经过长时间的讨论之后，在1929年打下了基调。继而在奥斯陆会议上，《年鉴》开始寻求与主要西方国家的作者接触，还包括与斯堪的纳维亚和东欧的作者接触。这份期刊已经经历过三次重要的措辞变化。这不仅反映各种公众方面的压力，也由于**年鉴派**（Annaliste）话语视野的拓展——他们同时也没有完全拒绝最低程度的类似马克思的物质基础和上层建筑的伪科学的解释策略。最初，这个期刊致力于"经济与社会史"，提出要认识到经济因素在马克思主义风行和金融萧条时期的头等重要性。随后，1939年，为了避免经济学简化论倾向和经济决定论倾向，题名简化为"社会史年鉴"（Annales de l'Histoire Sociale），并且强调，如后来布罗代尔所说的，资本主义不是一种经济体系，而是一种基本上与国家处于同等层面的社会秩序。而最终，1946年，它的题名变成了"年鉴：经济，社会，文明"，这是为了适应那种有着"总体史"审美需要的全部历史学经验和原则。费弗尔自己的研究中，有很多为新史学而写的著作和"檄文"，在为他人的作品所做的序言和评论中，上上下下涉及整个领域，从地理史到"心态史"，他呼吁放眼整个"叠加于我们面前的伟大剧目"。在追求"一种完全不同类型的历史"（une histoire à part entière）的一生中，费弗尔在"综合"理念的语境下对日益增加的地理史、经济史、社会史、文化史、心智史、艺术史以及技术史的著作一视同仁，并也批判性地就这些主题进行写作。费弗尔的"综合"观点借鉴于亨利·贝尔，更深远地追溯的话，这一伟大的计划来自米什莱——即便他的想法没有成为一种模式，但的确树立了一种风范和抱负。至少此后，他成了"年鉴"学派的主保圣人。[1]

"心态"（mentality），是"年鉴"范式的一个关键概念，借用自吕西安·列维-布留尔在一战以前进行的"原始心态"（primitive mentality）的人类学考察。列维-布留尔用这个词特指神秘之物和神话性内容——未达及理性程度的和理性范畴的内容——的作用力。费弗尔和布洛赫之类的历史学家将之转移到后来的西方社会和文化的语境关照之下。因此，费弗尔不能接受勒弗朗克不考虑16世纪早期法国宗教和文学的"一个奇怪小世界特有的诸多思维习惯，诸多生活、信仰以及思考的方式"——它的复杂性显然堪比地理环境的复杂性——就做出关于拉伯雷是"无神论者"的时代错置指认。[2] 费弗尔尤其拒斥勒

1　*Combats pour l'histoire* and *Pour une histoire à part entière*.
2　*The Problem of Unbelief in Sixteenth-Century France：The Religion of Rabelais*，tr. Beatrice Gottlieb（Cambridge，Mass.，1982），18.

弗朗克的一手文献，那是让·维萨日（Jean Visagier，1510—1542）出版的一部诗集，用以攻击近代的"琉善的模仿者"——然而，费弗尔更想要确认的不是拉伯雷的身份，而是艾蒂安·多莱（Etienne Dolet，1509—1546）的身份，他是受现代自由思想家爱戴的"文艺复兴的殉道者"（尽管他也不是一个无神论者）。在指出这种文献证据的误用之外，费弗尔还进一步走出了语义学的（semantic）领域。首先，他检查"无神论者"——甚至伊拉斯谟都被冠以这个词——在它出现的时代所具有的模糊且多变的含义。继而，他通过探查宗教、哲学、科学以及神秘学的更广泛领域，发现这些都不能为16世纪（那凶暴的宗教战争时代）正在脱离宗教信仰提供支持。有识之士试图复兴思想共同体，自然与历史的事实，还有宗教与哲学理念之间的和谐统一——一种需要由仁慈的上帝认定的和谐统一。这是伊拉斯谟和路德之类的改革者的目标——而且，费弗尔推测，这就是拉伯雷的目标。费弗尔对16世纪的"根深蒂固的宗教狂热"（"deep religiosity"）和真正意义的无神论的"难于想像性"（"unthinkability"）的强调，有些言过其实，但他对那个时代的心态勾勒，使历史学探询建立在更为坚实的方法论基础之上。[1]

马克·布洛赫在四分之一个世纪里一直是费弗尔的同志和搭档，尽管他遵循自己的中世纪研究者的道路，走向了现代性

---

[1] 参见如 Alan Charles Kors, *Atheism in France, 1650 – 1729*（Princeton, 1990），I, 9。

的另一面。而他大体上表示同意的是方法论问题。[1] 和费弗尔一样，他以"法国各区域"（贝尔的《综合评论》中一个板块的标题）中巴黎大区的经济史和社会史调查为开端。此研究首先在1903年至1913年间发表在贝尔的刊物上，当时他也开始转向不那么为人熟悉的文化史领域，尤为深入的是他对仪式的和"有奇术的国王"的人类学式研究——《国王神迹》（*The Royal Touch*）。该书一战前开始写作，但问世于1923年。同样像费弗尔那样，他不信奉历史学的"客观性"而是信奉历史学的自主性，并拒斥将理论强加于历史事实之上的行为，尽管他的确受到迪尔凯姆的"集体意识"概念的启发——他将延续到现代的对国王神迹的崇信视为一种"集体错误"（"collective error"）。[2] 一战后，身在斯特拉斯堡大学的布洛赫，受到迪尔凯姆、皮朗以及语言学家梅耶的影响，或许也受到法-德交互环境（阿尔萨斯地区）的影响，开始使用一种比较的方法，尽管他对旧式的，在18世纪很常见的推测性做法持有怀疑，认为它超出了欧洲文明——也就是法国、德国和英国——的共同基础。相比于遵循历史决定论的臆想，他更倾向于将比较的范畴限定到"关于既是邻近的，又处于同时期的，彼此施加持续性影响的社会之间的平行研究，它们的发展全面袒露于同样广泛的原因作

---

[1] Carole Fink, *Marc Bloch*: *A Life in History* (Cambridge, 1989)，并参见 Hartmut Atsma and André Burghière (eds.), *Marc Bloch aujourd'hui*: *Histoire comparé et sciences sociales* (Paris, 1990)。

[2] *The Royal Touch*: *Sacred Monarchy and Scrofula in England and France*, tr. J. E. Anderson (London, 1973), 243.

用力之下……并且它们的存在至少部分地存在着共同的起源。"[1]这在农村史（就像在费弗尔的"人类地理学"中那样）中尤为显著。他基于行省档案的一项主要研究成果是法国农村史的研究，于1931年在奥斯陆（布洛赫正是在这里发表了他的比较史学宣言）和巴黎同时出版。

推崇比较方法没有为布洛赫打开法兰西学院的大门（在这里，受制于一种反犹主义氛围，布洛赫开始成为一位经济史研究者），不过这的确引领他将眼界从巴黎扩展到对法国农村的更广泛探索，并最终扩展到欧洲的，甚至欧洲之外的"封建社会"的大范围学科间综合。他的研究作为贝尔伟大的系列丛书中的第34卷〔此丛书接下来的是路易·阿尔芬（Louis Halphen，1880—1950）关于加洛林时期的研究〕，出版于1939年，由贝尔作序。布洛赫注明，"封建主义"（*la féodalité*）是1789年的革命者建构出来的，但他将之视为迪尔凯姆的社会"形态"的残留物。

布洛赫的《封建社会》（*Feudal Society*）开篇是对欧洲的边缘考察，特别是阿拉伯人、马扎尔人以及诺曼人。这从强调法制史与宪政史，以及采邑或俸禄的起源——而问题是，开始于日耳曼人还是罗马人？——的旧样式中摆脱出来，以

---

1 "A Contribution towards a Comparative History of European Societies," *Life and Work in Medieval Europe*, tr. J. E. Anderson（London, 1967），47；from *Project d'un enseignement d'histoire comparée des sociétés européennes*（Strasbourg, 1933）；并参见 Susan Reynolds, *Fiefs and Vassals: The Medieval Evidence Reinterpreted*（Oxford, 1994），479，结论是，"首要的是比较。"

梅特兰或皮朗的风格，而不是福斯特尔或魏茨的风格，探讨社会结构、物质条件、家庭角色以及金融关系。不过他以一种原创的文体综合的方式融会贯通，对语言、风格、文化、"集体记忆"，以及"心态"做了更为普遍的启发式思考。在尝试将封建社会的特殊实例纳入更广泛的历史学问题时，布洛赫没有忽视"阶级"和"政府"，但他也是以学科交叉的方式——且是以比较的方式（或与日本作反差性对比）——而不是以律法方面或纯理论的词语进行处理。[1]在使封建体制得以长期维系的因素中，最重要的是贵族统治原则和契约原则，这使受限制的和议会制的政府的近代实践因各种欧洲邦国封地的存在而成为可能——这是一个世纪前基佐为代表的老亲英派的观点。

尽管布洛赫对他的比较史学梦牵情绕，但他也着手研究**祖国**（*la patrie*）的历史，这尤其展现在他深入法国诸省农村的考察。在考察中，通过与农民对话，他发现，在揭示仍被延续的生活模式时，尚未消失的习俗比成文的法规资料更具启示性。在中世纪，传统控制着生活，但"群体的习惯"和法理的"长盛不衰"证明了**年鉴派史家**注重**长时段**内容是合理的（马克思也在寻找着同行们没有注意到的变化，无论是不是从马克思才

---

[1] *La Société féodale*（Paris，1949），II，252：" D'autres sociétés ont-elles également passé par［cette phase de féodalité］? Et, s'il en a été ainsi, sous l'action de quelles causes, peut-être communes? C'est le secret des travaux futurs." And see D. R. Kelley, "Grounds for Comparison," Storia della storiografia, 39（2001），3-16.

开始这样做的):"所以过去持续地支配着当下。"[1] 1789 年以后,"连续性的线索"太过朦胧因而不能精确地进行追索,但布洛赫毫不怀疑过去以很多形式得以留存,就像展示古代领地系统轮廓的空拍照片带给人们的生动感受。布洛赫具象化(或说是社会学化)为"社会"——以及"作为一种社会形态的封建主义"——的内容不得不绕开出自法务人员和公务人员之手的资料,而是依据保留的各种非官方残迹的人际关系和"各种连带关系"("solidarities",布洛赫年轻时期的标志性措辞)。此外,社会的进步不是通过立法来衡量,而是通过"技术进步的曲线"。不过,如果更严谨地讲,布洛赫像费弗尔一样,也试图超越物质条件和社会结构,触及个人的心理、思想、语言和情绪。对于那些中世纪遗产的残留,布洛赫不仅瞄向贵族的习惯和骑士风范的价值观,还关注发起于城市的"契约观念"——这一观念仍然内在于西方文明的基质当中。[2]

美国的例外主义史学

在借鉴和模仿其欧洲大陆的同行同时,美国的职业历史学不得不定立它自己的方向、民族观以及原创性的"契约",而就像约翰·富兰克林·詹姆逊对亨利·亚当斯所说的那样,要致

---

[1] *French Rural History: An Essay on Its Basic Characteristics*, tr. Janet Sondheimer (Berkeley, 1966), 247, 70.
[2] *La Société féodale* (Paris, 1940), II, 257.

力于"历史学研究在美国的适应性发展",[1] 前者就是这种诉求的奠基者之一。早在 1883 年,美国学者出版了一本关于历史学方法的手册,该书相当于伯恩海姆的和朗格诺瓦与瑟诺博司的历史学手册,尽管它比后两者更基本。此书属于旧式的**历史学艺术**的后生晚辈,职业的奠基者们如安德鲁·迪克逊·怀特(Andrew Dickson White)、艾尔伯特·布什内尔·哈特(Albert Bushnell Hart,1854—1943)、伊弗雷姆·埃梅尔东(Ephraim Emerton,1851—1935)、亨利·亚当斯、查尔斯·肯德尔·亚当斯(Charles Kendall Adams,1835—1902),以及英国人约翰·罗伯特·西利(John Robert Seeley,1834—1895)等人都参与其中。[2] 不过,詹姆逊在此发展过程中扮演了领袖角色。在美利坚合众国,"科学的"历史学要么根植于哲学,要么是生物学,巴克尔的粗陋模式被达尔文主义取代,并通过专业组织的兴起得到加强。历经三所大学(约翰·霍普金斯大学、芝加哥大学和布朗大学)、卡耐基研究院、国会图书馆的职业生涯,詹姆逊尤其关注的是美国特有的历史档案文献的搜集和出版。为了避免通常强调的宪政史,他诉诸宗教史。对他来说,宗教史可以凭借杰出美国人的资料,呈现颇类似于中世纪的**圣徒传**(*Acta Sanctorum*)的内容,并且还能"从欧洲历

---

1 *An Historian's World*, ed. Elizabeth Donnan and Leo F. Stock (Philadelphia, 1956), 104 (letter of 31 Jan. 1907).
2 *Methods of Teaching History* (Boston, 1883), 列入 G. Stanley Hall 主编的 "Pedagogical Library" 丛书出版。

史学的传统和惯例中"解放出来。[1] 同时，他坚持认为，需要合作性和有组织的研究——以及相关资助——来增进历史学知识。并且，他是一战后更新了的国际协会的支持者，作为国联的历史学对应单位，该协会将所有德国学者拒之门外，而提名屈维廉、拉维斯、保罗·弗雷德里克（Paul Fredericq，1850—1920）、皮朗、布洛克、阿尔塔米拉（Rafael Altamira，1866—1951）和派斯参加。[2] 1887年，他在约翰·霍普金斯大学首次教授史学史的研究生课程。[3]

不过，詹姆逊属于与新史学的大部分内容有所接触的旧式学院派。在其一生中，他经历了新史学的起起伏伏（他去世于1937年）。他也抵制詹姆斯·韦斯特福尔·汤普森（James Westfall Thompson，1869—1941）为研究欧洲史创办一份期刊的想法，而这正是《美国历史评论》普遍忽视的。[4] 即使在1916年，这类计划还是没有获得认同，直到1929年芝加哥大学的《近代史期刊》（*Journal of Modern History*）创刊。主流史学总是倚重确切的日期，而对美国的"新史学"来说，选定的时刻

---

[1] *The History of Historical Writing in America*（Boston，1891），141；*An Historian's World*，105 (letter to James Bryce，17 April 1907)；以及 Morey Rothberg and Jacqueline Goggin (eds.)，*John Franklin Jameson and the Development of Humanistic Scholarship in America*（Athens，Ga.，1993），I，166；还有 Ellen Fitzpatrick，*History's Memory：Writing America's Past，1880-1980*．（Cambridge，Mass.，2002）。

[2] *An Historian's World*，236 (letter of 31 March 1919)。

[3] Ibid.，302 (letter of 6 Oct. 1924)。

[4] Morey Rothberg (ed.)，*John Franklin Jameson and the Development of Humanistic Scholarship in America*（Athens，Ga.，2001），III，148.

通常是詹姆斯·哈威·鲁滨逊（James Harvey Robinson，1863—1936）的同名书作在1912年出版，尽管这个词问世已经十多年了——而事实上，在其他语境下，已经有几个世纪了。这些不同语境下的"新史学"概念在空间上，也在时间上，有着更广泛的关联；例如，美国的"新史学"可联系到卡尔·兰普雷希特和亨利·贝尔的"新史学"，以及美国大学前一代中其他被引入历史学研究的新奇潮流，更不用说弗里德里克·杰克逊·特纳（Frederick Jackson Turner，1861—1932）受意大利经济学家阿基尔·洛里亚（Achille Loria，1857—1943）的影响，在1893年所倡导的西向和例外主义的转向。[1]对鲁滨逊来说，学者和教师的任务不是面向"过去的政治"（弗里曼语），而是总体的和有意义的历史（类似于贝尔的"综合历史学"），是依据从实物性的文物到具有很高文学价值的作品的资料，服务于"以各种方式付出前所未有之努力以使自身更优越"的社会。在此努力中，鲁滨逊尤其看重史学史，特别是伏尔泰、赫尔德以及他们更具民族情结的追随者的文化史、推测性的历史学以及"哲学"的历史学，这些人也向"历史学的新盟友"打开了大门，引人注目的是人类学和考古学，并且他们支持无限进步的观念。尽管外交史复兴了，且对战争的原因进行了问责，但对一战的体验并没有破坏鲁滨逊及其门徒的进步史观。

美国的新史学很大程度上是一个自发行事的阵营（大多数其后继者也是这样），它忽视了自己在**有明确说法之前**（avant

---

[1] 参见 Lee Benson，Turner and Beard: American Historical Writing Reconsidered（Westport，1960）。

la lettre）就已经有这种历史学了。例如，甚至在鲁滨逊之前，美国的新史学就可找到实践者，即家庭史的先驱露西·梅纳德·萨蒙（Lucy Maynard Salmon，1853—1927），她开创了在厨房、商业街、报社，也在其他不起眼的、有社会和文化趣味的场所的"庭院中的历史"（"history in the backyard"）。萨蒙1887年在瓦萨（Vassar）开始其教学生涯之前，在伍德罗·威尔逊的布林茅尔学院（Bryn Mawr）学习。在瓦萨，她讲授女性生育方式的历史和历史学研究的新取径。萨蒙特别倚重鲁滨逊1903年推出的著名教科书，并且发动了一场将历史置于中心位置的教育改革大战。除去其他方面不谈，她对历史博物馆赞不绝口，期待斯堪的纳维亚博物馆那种开放的氛围被引入新世界，并且，她也期待"语言学的转向"（linguistic turn），即将语词（words）视作一种特定的研究领域。总之，在旧式文化史的引导下，她支持"女性史研究"的事业，特别是"日常生活"的诸领域。[1]

在新史学支持者中，最狂热的是标新立异的学者哈里·埃尔默·巴恩斯。他认为这场运动与修正主义的事业有关。巴恩斯慨叹在和平谈判的问题上，实际上没有亲德国学者的参与，甚至没有他已届高龄的师长伯吉斯和肖特韦尔。[2] 1925年，巴恩斯不仅试图通过与更早时候的史学解释的那些成果建立联系来

---

[1] Lucy Maynard Salmon, *History and the Texture of Modern Life: Selected Essays*, ed. Nicholas Adams and Bonnie G. Smith (Philadelphia, 2001), 169ff.
[2] *World Politics and Modern Civilization* (New York, 1930), 465-467；并特别参见 Arthur Goddard (ed.), *Harry Elmer Barnes, Learned Crusader* (Colorado Springs, 1968)。

确立新史学有着更早的脉系渊源,也在学科交叉的方向上拓展其前沿领域——向詹姆逊抱怨《美国历史评论》拒绝对引起"德国历史学派"关注的社会学家阿尔比翁·斯莫尔(Albion Small,1854—1926)的研究进行评论。[1]巴恩斯指出了地理学、心理学(包括社会心理学和"民族心理学"[*Völkerpsychologie*])、人类学、经济学、政治科学以及伦理学各领域的进步——要将它们全部纳入鲁滨逊雄心勃勃的计划所蕴含的深刻洞见。尽管詹姆斯·肖特韦尔稍晚些(1939年),但像巴恩斯一样,他受其哥伦比亚大学同行鲁滨逊的计划和"美国历史教育的文艺复兴"的启示,也写了一部史学史,包括从传说性的"史前史"到奥古斯丁《上帝之城》开创的"新时代"的故事。1937年,巴恩斯出版了一种更广泛的下至一战结束的史学史考察,并针对不容商量的德国战争罪责观点,提出了"修正主义"主张,同时引用了肖特韦尔主编的多卷本著作。这套书以战争背景下的社会经济史为重点,巴恩斯称之为(像他自己的著作那样)献给无辜的和平的作品,"历史著作史中,联手完成的成功巨著中的佼佼者"。[2]在一代人之后,新史学计划有了响应,声音来自"美国历史协会"(American Historical Association)赞助的一本出版物,尽管其中既没有注意到兰普雷希特,甚至也没有重视鲁滨逊所介绍的一种尚处于假想阶段的新奇学科交叉

---

1 Rothberg (ed.), *John Franklin Jameson*, III, 205;并参见 D. R. Kelley, "The Prehistory of Sociology: Montesquieu, Vico, and the Legal Tradition," *Journal of the History of the Behavioral Sciences*, 16 (1980), 133 – 144。
2 *A History of Historical Writing* (New York, 1963 [1937]), 289.

的混合产物，包括文化分析的技巧、社会群体、民族性、制度、观念以及文化史起源。[1]

在美国史学中，创新被撕裂成两个方向，一边是欧洲的革新产物，另一边是要求摆脱旧世界影响的当下主义（presentism）与例外主义。前者以兰普雷希特与贝尔为代表（而社会学和人类学这种学科仍是异类），后者既包括特纳的边疆理论，也包括土生土长的民主进步观念。鲁滨逊和贝克尔的同事查尔斯·比尔德求学期间主攻英国史，在美国宪法的经济阐释方面有所建树（1913年）。他的研究像纳米尔的议会研究（而不是马克思主义信念）那样关注物质利益，不关注言过其实的或推论性的意识形态。比尔德继续着与鲁滨逊的合作，以"新史学"的风格写了一本欧洲史教科书（1907—1908年）。并且，20年后，他与他的妻子玛丽·里特尔·比尔德（Mary Ritter Beard，1876—1958）合作，对美国文明进行了一番丰富多彩的考察。经济史和工业革命在美国仍然是新事物，而社会史更是如此。哥伦比亚大学的中世纪史专家詹姆斯·肖特韦尔对新史学感同身受（以至于他的系主任的确建议他转行到社会学！）。他声称，1905年他在哥伦比亚大学率先在课上讲授该主题，"开拓着比经济学家曾经试图探索的更为前沿的历史学"。[2]

然而，传统的民族史学继续占据主流，战前战后都是如此，尤其在一系列多卷本的美国史研究成果中表现明显，如詹姆斯·福特·罗兹（James Ford Rhodes，1848—1927）关于1850

1　*The Cultural Approach to History*, ed. Caroline Ware（New York, 1940）.
2　*The Autobiography of James T. Shotwell*（New York, 1961）, 69.

第三章 一战之后

年以来美国的研究（1893—1906年间问世）、约翰·巴赫·麦克马斯特（John Bach McMaster，1852—1932）的法国大革命以来美国的研究（1883—1913年间问世），以及爱德华·钱宁（Edward Channing，1856—1931）的从建国到"南北战争"的研究（1905—1925年间问世）。罗兹有经商背景，秉承北方精神，是一个保守的、不偏不倚的史学家，尽管他是个不折不扣的民族主义者，并且绝不隐匿他对黑人、犹太人甚至是欧洲人的偏见。[1] 为他作传的作者总结道，作为班克罗夫特传统的业余参与者，罗兹不是一个精明的思考者，"而仅仅是受他所属的时代、区域和阶级影响的老实孩子"。他的叙述精细而丰富，但主要限于外交、政治和战争。他称颂美国的盎格鲁-撒克逊传承和物质进步的益处，除了不道德的、沉重的奴隶制。尽管后来的经历，特别是对战争的体验，使他的乐观主张幻灭了。这本特别关注新闻资料的著作被他的朋友伍德罗·威尔逊和约翰·伯吉斯之类的学者批判为忽视西方，以及过分教条地强调废奴政策。不过，此书也得到其他很多人的赞赏，包括西奥多·罗斯福（Theodore Roosevelt，1858—1919），并且该书为罗兹从克利夫兰转到波士顿并成为一个公众人物获得了足够的影响力和人气。

另一个业余人物是麦克马斯特。他的研究——"一夜成名"——得到罗兹热情洋溢的评论，也反映了一种变化，即开

---

[1] *History of the United States from the Compromise of 1850*（7 vols.；New York，1892-1906）；并参见 Robert Cruden，*James Ford Rhodes：The Man, the Historian, the Work*（Cleveland，1961），43。

始摆脱政治史,转而采用一种令人想起麦考莱,特别是 J. R. 格林著名的英国人民史的衍生风格。麦克马斯特的研究甚至更受欢迎,它采用了一种更为广泛的视角看待美国历史的经历。并且,罗兹的朋友罗斯福开始将麦克马斯特视为民族史家的领导者。麦克马斯特以一种毫不掩饰的辉格风格去"描写诸时代的衣着、职业、娱乐、文学经典;注明方法和道德标准的变化;追溯人文精神的成长,即欠债受罚的废止、拘留所和监狱纪律的改善,以及我们时代对奴隶制的摧毁和减少那些不吭声的畜生的不幸"——也要称颂"人类事业年鉴记载中空前的繁荣"。[1] 麦克马斯特著作的第一卷使他获得了宾夕法尼亚大学的历史教席。在这里,他成为帝国主义的宣传者,并继续发表其著作的后续卷本,也培养了很多有成就的学生,包括爱德华·波茨·切尼(Edward Potts Cheyney,1861—1947)、威廉·罗伯特·谢泼德(William Robert Shepard,1871—1934)和赫伯特·尤金·博尔顿(Herbert Eugene Bolton,1870—1953)。1897 年,麦克马斯特也出版了一本开创性的教科书,加强了从政治史到社会史以及民主进步史的趋势。后来的鲁滨逊和比尔德的教科书也延续了这种倾向,且更为成功。

爱德华·钱宁以班克罗夫特的民族进化主义风格,写作了最后的旧式民族史的宏大叙事,虽然已转变成了学术语境。钱宁是亨利·亚当斯的学生,从哈佛教员的视角对过去进行了再

---

[1] *History of the People of the United States from the Revolution to the Civil War* (5 vols.; New York, 1883); 并参见 *Eric Goldman, John Bach McMaster* (New York, 1943)。

创造。他对史料的调查超过了罗兹和麦克马斯特,但钱宁像遵循班克罗夫特那样仿照他们,将他的故事发挥成英勇的英国人(略早于斯堪的纳维亚人和西班牙人)将文明传播到地球的遥远地区的史诗性叙事。早在 1660 年,北方和南方的英国人就汇聚成了"民族"。而只有在边疆的经历才激发出更深层次的日耳曼因素,使殖民者成为独立自主的美国人——所以,班克罗夫特、亚当斯和其他同时期史家的日耳曼主题与特纳和"新史学"史家所推广的例外主义观点结合起来了。钱宁也不断地转向经济和社会史的新领域,尽管没有诉诸萨蒙所赞赏的新闻资料中的琐碎内容。

当时,社会史趋势——以及普遍的民族史学——不仅体现在像詹姆逊将美国革命视为一场社会运动的专著类作品,还体现于如哈佛的 A. B. 哈特主编的以"美利坚民族"为主题的那种系列研究,而美国编年史(1918—1921 年问世)也反映了新史学理念。尽管在欧洲,在麦考莱、米什莱、兰普雷希特和其他人的著作中,社会史的脉系截然不同,但特纳这种例外主义者似乎是从自己的角度断言社会史是什么。特纳写道:"无论欧洲历史学的真理是什么,美国的历史学主要关注的是社会的动力。"进步主义的社会史也在老施莱辛格(Arthur Meier Schlesinger Sr,1888—1965)和迪克逊·瑞安·福克斯(Dixon Ryan Fox,1887—1945)主编的系列丛书,以及比尔德夫妇颇受欢迎的著作那里得到强化,两套著作都在 1927 年出版。比尔德夫妇将美国的史诗性故事和"经济与社会动力的势不可挡"——连同女性的作用——置于普遍历史的结构之中,以媲美于从巴比伦和埃及到蒙古、土耳其乃至英国的其他那些"影响深远的帝国"的底蕴，也堪比从阿那克西曼德（Anaximander，前610—前546）到黑格尔和（没提到马克思，却是）索姆巴特，以及亚当斯和斯宾格勒的求索宇宙的那种厚重。尽管大举借鉴欧洲，但对于评论家和预言家，还有历史学家来讲，美国最突出的却是现代民主的模式。在比尔德看来，对未来进步的承诺，介于"意识形态和乌托邦"之间（这是对卡尔·曼海姆的含蓄援引），是由约翰·多斯·帕索斯（John Dos Passos，1896—1970）、马修·约瑟夫森（Matthew Josephson，1899—1978）、埃德蒙·威尔逊（Edmund Wilson，1895—1972）和马尔科姆·考利（Malcolm Cowley，1898—1989）这些左翼人士提出的，他们使"美国的那种令人心酸的苦难形象［结合于］莫斯科的豪情万丈的乐观精神"。[1]

老阿瑟·施莱辛格在1918年完成了他关于革命时期殖民地商人的博士论文。尽管他没有对"新史学"的趋势进行思考，但"新史学"已经为研究美国问题的学者们所接受，除了比尔德。1922年，施莱辛格推出了对美国史学"新观点"的调查，提到了J. R. 格林以及特纳和比尔德，并评论了社会史的多个方面，包括地理和经济方面，工业和民主的兴起，还有移民——这个主题将他引向攻击威尔逊的孤立主义。施莱辛格是特纳（这时已去了哈佛）的边疆理论的热烈支持者，尽管他相信，科技将削弱环境的影响。[2] 他也捍卫特纳、威尔逊，尤其是比尔德

---

[1] *The Rise of American Civilization*（New York，1937 [1927]），II，837.
[2] *New Viewpoints in American History*（New York，1922）；参见 *In Retrospect: The History of a Historian*（New York，1963），36。

的经济学阐释理论，甚至捍卫不知名的马克思主义学者的即便"不值得相信"但也有建设性的洞见。并且，他称颂女性参加选举对人性美善方面有"教化性"的影响。这部书实际上被称为"新学派"（new school）的招牌之作，而实际上施莱辛格已经离开了如今已处于封闭状态的边界，不久就跟随特纳到哈佛，将修正主义论调用于美国史学的建设中。

以施莱辛格为标榜的"新学派"也将其理念投放到公众领域。1932年，比尔德编辑了一册文集，由杰出人物就广泛领域内的进步理念与现实状况撰写稿件——从"作为社会性表现的发明"、工业［与亨利·福特（Henry Ford，1863—1947）合作的一篇文章］、农业、劳工和金融，到医疗、教育、科学、艺术、女性地位以及政府和法律（比尔德本身就控制着的领域）。[1] 单是运输业的非凡进步就见证了"那个辉煌的名号——进步的世纪"，那也是1933年世界博览会的主题语。另一位供稿人认为这是一场"以繁荣为形式和理念的革命"，认为是这种天时地利，加上机器大生产，使"规划和组织得以无处不在"。一种惹人反感的例外主义仍然存在，这反映在约翰·厄斯金（John Erskine，1879—1951）对近代文学的考察中。厄斯金承认有审查制度，但他补充说，"我们不欣赏埃德加·爱伦·坡（Edgar Allan Poe，1809—1849），但我们并不试图像法国将夏尔·波德莱尔（Charles Baudelaire，1821—1867）投入监狱那样把他关起来"。他辩称"粗俗"是美国社会日常生活的必要部

---

[1] *A Century of Progress*（New York，1932）.

分，且不幸的是，它与风雅的表达是不可分割的。对于比尔德来说，进步的观念追求普遍和超越国界，是以当代意识形态的方式永远无法实现的，它打开的是一种"人类各种高贵梦想和谐共处"的世界一体的愿景。这种看法使他在修正主义道路上更进一步，走向了孤立主义的对立面，并对罗斯福的阴谋发起批判，（他认为）罗斯福的阴谋将美国拖入了战争。

新史学带有教化和大众普及的指向，但不适合所有人。例如，塞缪尔·埃利奥特·莫里森（Samuel Eliot Morison，1887—1976）就将之作为一种时尚参与进来，但他很大程度上又回到了浪漫主义宏大叙事的哈佛传统，只少部分地反映了比尔德和巴恩斯之类的新史学学者的和平主义和孤立主义倾向。[1] 莫里森是波士顿一个富豪家庭和哈佛大学历史学家（三卷本的三百年历史的作者）的儿子。他也是哈佛大学毕业生，之后成为那里的教授。莫里森写马萨诸塞的海事史，在清教主义问题上认同基尼斯·巴拉德·默多克（Kenneth Ballard Murdock，1895—1975）、佩里·米勒（Perry Miller，1905—1963），也（在理论路径上）认同马克斯·韦伯。莫里森的解释比弗农·路易斯·帕灵顿（Vernon louis Parrington，1871—1929）之类的历史学家更为善意，后者对印象中清教徒的偏狭和压抑没有好感。[2] 无论如何，莫里森的主要工作是对欧洲新航路探险的帕克

---

[1] Gregory M. Pfitzer，*Samuel Eliot Morison's Historical World*：*In Quest of a New Parkman*（Boston，1991）.

[2] Morison，*The Intellectual Life of Colonial New England*（New York，1956），最初出版是 *The Puritan Pronaos*（1936）。

曼式的考察，尤其是对克里斯托弗·哥伦布（Christopher Columbus，1451—1506）的航海事迹的考察。他以一种集丰富性、戏剧性、高学识以及个人评判于一身的叙述把故事又讲了一遍。这成了标杆，并且他将这种叙述扩展到其他航海英雄的故事，有英国的和法国的，也有葡萄牙和西班牙的。莫里森甚至在哈佛同事的帮助下，通过重新追踪哥伦布以单桅航海帆船进行的航海活动轨迹，尝试介入这些英雄的传奇性内容，并且随后，他由于1942年被任命为太平洋战争的历史学专家，得以继续其海事主题的兴趣。当然，研究（像比尔德所慨叹的那样）是遵循官方的思路。

中世纪史是美国学者精心耕耘的一块乐土，开端于查尔斯·格罗斯、亨利·奥斯本·泰勒（Henry Osborn Taylor，1856—1941，他不是职业史家，尽管他是"美国历史协会"主席）、乔治·伯顿·亚当斯（George Burton Adams，1851—1925）、查尔斯·霍默·哈斯金斯以及查尔斯·霍华德·麦基文（Charles Howard McIlwain，1871—1968）。他们主要在斯塔布斯和梅特兰的传统下进行研究。然而，1918年出版了关于诺曼人社会制度的经典研究的哈斯金斯，开辟了其他学术领域，特别是中世纪的科学和文化的历史。他最受好评的书是对"12世纪文艺复兴"或说是"中世纪文艺复兴"的跨学科和跨民族的考察——挪用了因布克哈特而闻名遐迩的术语——这项研究试图通过指出教育、学问、语言、文学、法学、哲学、科学以及历史学作品方面的基础性成就，恢复长期以来被指斥为"黑暗时代"的中世纪的名声。特别是，哈斯金斯作出论断，"时至

13 世纪，地方性的历史（vernacular history）已具规模"——这就是哈斯金斯本人所推动的历史学的大众化类型的开始。[1] 不过，这场运动的意义更为广泛和深刻。根据一位基督教学者的说法，在 14 和 15 世纪意大利的拉丁世界文艺复兴之前，有一场甚至更具颠覆性的希腊世界（也是阿拉伯世界）的复兴高潮发生在 13 世纪这个"最伟大的世纪"——这个世纪引介了亚里士多德的哲学，并结合于"学术的"和实验性的方法，为中世纪的"大学"（即 studium generale）奠定了基础，并且使欧洲文化在 12 世纪时转化成为一个整体。

哈斯金斯于 1937 年去世。在此之前，他也积极参与到公共生活当中，既是美国 1919 年出席巴黎和会的代表团成员，也是哈佛大学的研究生院院长。而实际上，在两次世界大战的间歇期间，他是所谓的欧洲史的哈佛学派的核心人物。该学派的其他成员包括麦基文，他关于"议会高级法院"的专题论文通过强调司法功能，将一种修正主义视野引入英国宪政史，并且将之与可追根溯源至英国内战的近代民主的未来联系起来。罗杰·比奇洛·梅里曼（Roger Bigelow Merriman，1876—1945）1902 年出版了托马斯·克伦威尔（Thomas Cromwell，1485—1540）的传记。在其关于西班牙帝国崛起史的著作（1918—1926 年问世）中，他重拾威廉·希克林·普雷斯科特（William Hickling Prescott，1796—1859）的研究计划。而且梅里曼的确使用了普雷斯科特在哈佛图书馆里做过标记的书，追

---

1 *The Renaissance of the Twelfth Century* (New York, 1957 [1927])，275.

忆他的过往。西德尼·费伊在1928年出版了长期被视作一战缘起的标杆式研究的作品。威廉·伦纳德·兰格（William Leonard Langer，1896—1977）1929年开始出版他关于一战深刻的外交背景的考察。唐纳德·麦凯（Donald Mackay，1925—2011）是法国近代史的研究者。还有克兰·布林顿（Crane Brinton，1898—1968），他广泛地涉猎欧洲思想史。美国史研究方面，有莫里森、老施莱辛格、小施莱辛格、佩里·米勒、特纳的接替者，弗雷德里克·默克（Frederick Merk，1887—1977）以及奥斯卡·汉德林（Oscar Handlin，1915—2011）。他们都培养了数量惊人的博士门生，努力使美国史学达到欧洲史学的水准。

如彼得·诺维克（Peter Novick，1934—2012）在其涉猎广泛的研究中所认为的，客观性是"职业历史学的创始神话"（"founding myth of the historical profession"）。而且，它区分了史学家学术的不同代系，尤其是在经历了一战之后，很多学者被吸纳入政府（以及军方）的服务或宣传部门的时候。[1] 战争过后，这些历史学家中的很多人都羞于其背离职业理想的行为，并努力以兰克的精神对刚刚发生的过去事件进行评论的方式，表现自己恢复了职业的公正性。兰克那只寻觅"真正发生之事"的训诫，使他在敌视哲学，奉行纯粹的经验主义的——这是错误的，因为哲学使兰克的研究获得声誉，尽管他敌视黑

---

[1] *That Noble Dream：The "Objectivity Question" in the American Historical Profession* (Cambridge, 1988)，并参见 Allan Megill (ed.), *Rethinking Objectivity* (Durham, 1994)。

格尔的唯心主义——美国人心中打下了深刻烙印。因此，西德尼·费伊在他关于战争缘起的具有影响力的著作中既不维护《凡尔赛条约》，也不力主对之修正，而是遵循"伟大的大师"塔西佗（像兰克一样，也主张隐匿自我）拒绝偏袒的原则。历史学的客观性是加强历史学独立诉求的一种方式，或许也是抵制其他学科和理论入侵的方式。然而它也会为政治和社会的务实做法设置障碍。这是大陆史家长期争执的一个问题。政治和军事危机的压力以及国外的威胁（即使只是意识形态上的）迫使历史学家倾向于为政治和社会务实的历史书写，这也更间接地关系到公共教育和民族团结的诉求问题。然而，纯粹的历史学（以历史为准的历史学）与务实性的历史学之间的争论以多种形式继续蔓延到下一次世界大战之前、期间以及之后的意识形态控制的几十年里。

一战之后，美国历史学家在曼海姆、克罗齐、汉斯·维亨格尔（Hans Vaihinger，1852—1933）、阿尔弗雷德·柯日布斯基（Alfred Korbzybski，1879—1950）以及其他一些人的著作之后，也察觉到相对主义的观念和"立场"（point of view）问题的入侵。而对于上述那些人的观点，美国史学家通常不得不静待英译本问世，才能参与欧洲的哲学和历史学对话。[1] 这类观念在一些多样态的实用主义那里得到强化，为周期性到来的修正主义创造了空间，特别是帮助修正主义对像内战、前线以及国际政治相关事务这种已有明确标准的问题进行修正式探讨。而它

1　Novick, *That Noble Dream*, 161.

们也不抵触对敏感问题做出更具洞见的研究,例如将奴隶制视为一种既与文化维度相关,也与经济维度相关的体系。在这些导致历史学话语的基调发生改变的因素中,不仅有对绝对(即便不再是宗教性的)真理和民主(以及叙事)价值观的捍卫者的驳斥,还有对复杂性和反讽态度的接受,这种态度与历史科学,与硬"事实"(hard "fact")这种保守的基础性概念难以调和。而这种态度实际上预示着后来的文化建构理念。

美国史学有文学的一面,这强化了上述观念。在弗农·路易斯·帕林顿(Vernon Louis Parrington,1871—1929)的作品中,对之有最显著的表达。帕林顿关于殖民时代文学的研究(1878年问世)和美国革命时期文学的研究遵循了莫西斯·科伊特·泰勒(Moses Coit Tyler,1835—1900)走过的道路。"高雅人士的传统",以及专业正统性,反映了帕林顿的哈佛经历。他采用了批判和民主的思路,征引文学材料,但却落位于社会和文化语境。在向心智史(intellectual history)转向的过程中,他从更具学术意味的角度接续了默尔·科蒂(Merle Curti,1897—1996)、拉尔夫·加布里埃尔(Ralph Gabriel,1890—1987)、理查德·霍夫斯塔特(Richard Hofstadter,1916—1970)、亨利·斯蒂尔·康马杰(Henry Steele Commager,1902—1998)以及小阿瑟·施莱辛格。这些人都追求美国政治遗产的积极性阐释,并强调科蒂所谓的观念的"外在"以及"内在"。阿兰·内文斯(Allan Nevins,1890—1971)从另一个角度参与进来。他以记者、传记作家和贸易史学者的身份树立了声望,尽管没有博士头衔,却成为"美国历史协会"的主席，他向协会成员们布道，历史写作为什么是一种文学艺术和产生公众影响力的源泉。[1] 其他更少宣称职业身份的史家也的确是这么做的，如范·威克·布鲁克斯（Van Wyck Brooks，1886—1963）。他完成了一部可读性强且丰富多彩，但却被低估的五卷本作品，考察了从 1800 年到"1915 年一代"的"美国作家"。该书所秉承的不仅是 T. S. 艾略特的批判式传统主义（traditionalism），也有詹姆斯·伯利斯坦德关于"良知堕落"的进步主义——尽管它有特定的脉系和专注点，但却把美国带回世界历史的视野。

主要领域之外的史学

以希罗多德-修昔底德-波里比阿-李维-攸西比乌斯为传统的欧洲史学主线，不仅贯穿于民族史学的语境中，也贯穿于普世史和世界史的语境当中。持种族优越论的史家注视着神秘的视线不及的地方，从希罗多德笔下的"斯基泰人"到"野蛮人"和"异教徒"，都是古典文化和基督教文化狭隘且自我中心地贴出的标签。探索全球历史的时空中更为遥远领域的兴致，被文艺复兴的伟大发现、自然科学的兴起以及 18 世纪启蒙运动所激发，就像维柯、赫尔德、伏尔泰以及吉本等作者的著作中反映的那样。并且，历史视野延展的结果是出现了多种形式，文明

1　*The Gateway to History*（New York，1938）.

史、世界史（*Weltgeschichte*）、文化史（*Kulturgeschichte*），以及如"历史哲学"之类以矛盾形式定义的类型。然而，除了这种新波里比阿风格的以帝国为主旨的书写，还存在异域的各种传统。它们是从不同的中心和视域产生的书面记忆。而随着时间流逝，无论它们是不是具备足够的"历史学的"理解，都被纳入西方的主流当中。在近代的各个时期，在欧洲最显著的边缘地带，这些另类传统中有诸种"小民族主义"，它们跟随大国的领导，甚至受其恐吓或裁决。[1]"四帝国说"的旧论在近代被西班牙、英国、法国，以及不太成功却具有破坏性的德国那种帝国式的王朝国家所取代。从长远看来，东欧就是在四个帝国——罗马（拜占庭）、哈布斯堡、土耳其、俄罗斯——的冲突中形成的。所有这些在1914—1918年世界大战期间欧洲的矛盾达到顶峰时都消失了，并且被波罗的海和巴尔干的新国家所取代。

在所有这些民族主义和小民族主义传统之下，历史学在国家构建，特别是在近来有特定所指的国家之"发明"（"inventing"）的过程中发挥着核心作用。李维那种用神话和官方记录搅拌出民族传统的模式在文艺复兴学者那里得到延续或说是恢复了活力，这些文艺复兴学者受雇制作各欧洲国家（法国、英国、西班牙，等等）或即将建国的区域（意大利、德国、匈牙利，等等）的高贵拉丁族系的历史。这种模式也被其地方继承者和模仿者批判性地延续或复兴，无论如何，他们保留了这

---

[1] Louis L. Snyder, *Global Mini-Nationalisms: Autonomy or Independence* (London, 1982).

种历史的宣传功能。这种形式的历史也扩展为城市史、制度史、家庭史以及名人史（尽管传记是否真的算是这种史学形式的延续尚有争论）。它们通常语气谦恭且旨在为特定利益服务，也不接受外界的批评。其他延展的领域不仅打开了与统治精英无关的社会构成——中产和劳工阶级、女人、殖民地属民、奴隶以及其他人——的大门，也（以德国历史学家所采用的措辞）面向与**强权国家**（*Machtstaat*）的活动无关而与**文化国家**（*Kulturstaat*）生活有关的私人职业和行为。

据兰克所言，普遍史的主要单位是强大的民族国家，也就是"列强"（"great powers"）——罗马时期形成的范式，李维是这种史学的范型——及大体上在其威势笼罩下相对弱势的国家。历史的写作也大体上在这些范畴内操作，并且小邦国，或是小民族，模仿它们在"欧洲国家体系"中起主导作用的盟友，试着讲述它们自己肇始、发育和在近代的成型的故事，即使这意味着虚构和发明了一个民族的过去。如同"法兰西""西班牙""英格兰""意大利"和"德意志"已经将它们的政治结构和文化属性注入中世纪甚或是古代过去，斯堪的纳维亚、波罗的海以及巴尔干的国家，或是即将成立的国家（更不用说尚在君主制状态的未成形的国家），也试图将它们自己的传统和遗产视为政治自主、独立、权威，或许也是进一步的扩张的文化基础或是补充。从浪漫主义时代（甚至更早）开始，比利时人、波兰人、爱沙尼亚人、拉脱维亚人、立陶宛人、捷克人（波希米亚人）、匈牙利人、芬兰人、罗马尼亚人、保加利亚人、南斯拉夫人（以及各种可归于这一主题之下的小民族）、[1] 巴斯克人、加隆人、布列塔尼人、爱尔兰人、瑞士人，以及很多其他民族，都在带着一种乐观的或是挑衅式的关于民族属性和命运的看待方式，寻觅其民族的根源、谱系、语言、英雄、历史遗迹和"记忆场所"。而这种模式随着苏联的解体和大量民族（波罗的海地区的民族除外）以独立国家身份出现时再度大行其道，（在其他区域里的）中东、非洲、拉美和魁北克的民族自不用说了。

比利时是一个很好的例子，它在 1830 年革命中取得了独立，但宣称一种可追溯到 15 世纪勃艮第公国的、准政治性的文化传统。尽管民众以说法语和说荷兰语分为两个群体，但"比利时制"（一种因恺撒提到过的部落而得名的，文艺复兴时期人文主义者创造的货币制度）包含了文化和精神遗产，使 20 世纪早期亨利·皮朗所讲的丰富且完整的，堪比 18 世纪、19 世纪法国、英国、西班牙、德国和意大利历史学家汇编的那种宏大叙事成为可能。皮朗——"科学"的信徒，民族主义者和崇君主义（royalist）历史学家——在清晰的地缘和语源框架中，以考古遗存、货币、艺术品以及文字记载为基础，编织了一个从第一位勃艮第公爵的建国计划到 19 世纪在政治上修成正果的由虚构的"人民"——虽然是一分为二的——和他们各种征服者与统治者构成的连贯故事。当然，尽管皮朗不失欧洲视野和悲

---

1 Dragoslav Jankovic, *The Historiography of Yugoslavia, 1965–1975* (Belgrade, 1975); 以及 Ivo Banec, "The Dissolution of Yugoslav Historiography," *Beyond Yugoslavia: Politics, Economics, and Culture in a Shattered Community*, ed. S. Ramet and L. Adamovich (Boulder, 1995).

天悯人之心，但他逃不开包括友人彼得·盖尔（Pieter Geyl，1887—1966）在内的法国和荷兰学者的批评。不过，他的主要叙事思路还是完整的。在拒斥皮朗的"比利时之魂"（âme belgique）时，盖尔甚至还引入了他自己关于种族**部落**（stam）的神话概念。[1]

在小民族的历史模糊不清的较深层原因中包括这样一个事实，即小的民族只有通过翻译（尤其是以英国人、法国人、德国人、意大利人和西班牙人的带有帝国属性的语言进行翻译）和解释那些以欧洲为中心的学者的资料，才可能真正融入西方历史的大型叙事，而这些以欧洲为中心的学者对异种族的、被殖民的和反殖民的人们的研究是晚出的。纵使如耶伊尔（瑞典）、鲁道夫·凯泽（Rudolf Keyser，1845—1877，挪威）、奥格·费里斯（Aage Friis，1870—1949，丹麦）和西拉吉（匈牙利）经典的简史，也从未翻译成主要的欧洲语言。当然，对于更为遥远的远东诸多民族传统来说，也是如此。后现代主义据说是瓦解了宏大叙事，不过小国参照大国的学术交流的失败更具体地促成了这种局面。在这种条件下，期待一种以简单的故事思路写成的"全球史"（global history），诸如进化和人性这类流行视角，几乎是不能的。人类历史只能以碎片的状态呈现，包含着很多彼此冲突的故事线索，而且除了保留下来的不完整的古代观念，没有什么特别的目标。然而，西方史学的文体要

---

[1] H. W. von der Dunk, "Pieter Geyl: History as a Form of Self-Expression," *Clio's Mirror: Historiography in Britain and the Netherlands*, ed. A. C. Duke and C. A. Tamse (Zutphen, 1985), 185-214.

求是要有专门的立场和连贯的叙事，诸如此类。像民族的缔造者和古老民族的发明者一样，我们也在被迫去想象，甚至是发明以我们当前为中心的视角说得通的故事线索和意义。

"列强"中的一个特殊例子是奥匈帝国。它由1806年被拿破仑瓦解的古老的神圣罗马帝国的多个民族的后裔构成。奥地利历史学家以维也纳为中心，遵循德意志模式，特别是在1866年战败之后，尽管在20世纪卢多·莫里茨·哈特曼（Ludo Moritz Hartmann，1865—1924）、多普施等学者掌控了新的方向。哈特曼的中世纪意大利史（1897—1923年）采用了唯物主义和进化论的阐释，多普施的《欧洲文明的经济与社会基础》（*Economic and Social Foundations of European Civilization*，1937）根据日耳曼人的进犯和入驻，强调了罗马帝国以来西方社会的连续性。[1] 关于奥地利近代史的中心问题的讨论，即普鲁士与德意志统一的**小德意志**（*kleindeutsch*）的冲突问题，最著名的是海因里希·弗里德永（Heinrich Friedjung，1951—1920）关于"二元君主政体"（Dual Monarchy）的研究，以及他那得到艾伦·约翰·珀西瓦尔·泰勒（Alan John Percivale Taylor，1906—1990）赞扬的《帝国主义时代》（*Age of Imperialism*，1920—1923年成书），还有约瑟夫·雷德利希（Josef Redlich，1869—1936）上至1687年的奥地利政治问题研究（1920—1926年）和关于奥地利战时政府的研究（1924年）。**大**

---

[1] Herbert Dachs, *Österreichische Geschichtswissenschaft und Anschluss* (Vienna, 1974); Günther Ramhardter, *Geschichtswissenschaft und Patriotismus österreichische Historiker im Weltkrieg 1914‑1918* (Vienna, 1973).

德意志（*grossdeutsch*）思路在克莱门斯·梅特涅（Clemens Metternich，1773—1859）的传记作者海因里希·里特·斯尔比克那里得到延续，无论是在**德奥合并**（*Anschluss*）之前还是之后。而且这种思路实际上被帝国主义的新形式和产生自"普鲁士中心的国家社会主义"（Prussianist National Socialism）的"中欧"之未来的观念所吸收，以抵制西方受到以亚洲为中心的"野蛮主义"的渗透。

独立之后，匈牙利出现了丰富的历史学研究成果，发展出两条对立的路线。一条路线是受狄尔泰影响的**精神史**（*Geistesgeschichte*），它也受到"密涅瓦学派"（"Minerva School"）的特奥多尔·蒂内曼（Theodor Thienemann，1890—1985）和久洛·塞克菲（Gyula Szekfü，1883—1955）的影响，后者从对政治史的强调转向对文化史和马扎尔传承中表现出的"匈牙利的精神生活"的强调。这种路径经由塞克菲与巴林特·霍曼（Bálint Hóman，1885—1951）编的多卷本著作（七卷本；1927—1934 年）和山多尔·多马诺夫斯基（Sándor Domanovszky，1877—1955）主编的多卷本著作（五卷本；1923 年），以及霍曼 1931 年提出的"匈牙利史学的新路径"的宣言而引起了高度关注。1932 年，霍曼也参与写作了"剑桥中世纪史"的其中一章。塞克菲领导的"匈牙利评论学会"（"Hungarian Review Society"）根据"精神史"方法，发起了一种"普遍史"（Universal History，1935—1937 年）。另一条解释路线是一种马克思主义模式的激进唯物主义史学，这种路线在苏联控制下一直延续，拒斥民族文化历史学研究者的"资产阶级"和"反革命"观点。另外的学派包含了经济学与社会学式的历史及人种学史的解释思路。[1] 奥斯卡·亚西(Oskár Jászi, 1875—1957),伟大的匈牙利史学家,往返于政治活动和学术之间,写作了关于奥匈帝国瓦解和匈牙利革命的经典著作,其生命的最后二十年在奥柏林学院度过,直到1957年去世。[2]

欧洲第二等级的力量中最突出的是波兰、捷克斯洛伐克(本身是一个"二元"民族,斯洛伐克的民族意识是晚出的)、[3] 匈牙利,以及罗马尼亚。它们都有号称是源远至古代的充分的民族传统,但这些都被纳粹和苏联的意识形态的破坏性力量抹去。波兰史学分为"克拉科夫学派"的悲观主义和"华沙学派"的乐观主义,二者为能掌控民族史学的话语权而争锋,尽管在一战后和独立时期,他们有了走向调和的态势。那时的史学研究出现了繁荣,直到1939年德国入侵。[4] 波兰史家首要关注的是起源的老话题以及他们的国家被列强瓜分所产生的影响。不过沿着其民族传统的兴衰,他们也考虑政治史、军事史和教会史,以及与波罗的海、斯堪的纳维亚和国外其他国家的关系。"波兰历史学会"(Polish Historical Society)代表国家出席了

---

[1] Steven Bela Vardy, *Modern Hungarian Historiography* (New York, 1976),并且以马克思主义路线所作的 Tibor Erdey-Grúz and Imre Trancsényi-Waldapfel (eds.), *Science in Hungary* (Budapest, 1965), 161-178。

[2] Lee Congdon, "The Moralist as Social Thinker: Oskár Jászi in Hungary 1900-1919," in *Historians in Politics*, 273-313.

[3] 参见 Peter Brock, *The Slovak National Awakening: An Essay in the Intellectual History of East Central Europe* (Toronto, 1976),以及 Horst Glassl, *Die Slovakische Geschichtswissenschaft nach 1945* (Wiesbaden, 1971)。

[4] 参见 Marian Leczek (ed.), *La Science historique polonaise dans l'historiographie mondiale* (Wroclaw, 1990)。

一战后举行的第三届国际历史学会议。二战爆发后，波兰学者流亡国外，继续工作。最突出的学者中有奥斯卡·哈莱茨基（Oskar Halecki，1891—1973），他在克拉科夫大学和华沙大学专门从事中世纪领域的教学和著述，1939年以后，他先是到索邦大学，继而又到美国的大学（瓦萨大学和福特汉姆大学）。1952年，哈莱茨基用英文出版了一部关于欧洲的"中间地带"的经典的修正主义作品，该书——以政治事件为参照——注视着世界历史更遥远的边际。

在20世纪，捷克史学在雅罗斯拉夫·戈尔和他的伙伴们——包括约瑟夫·舒斯塔斯（Josef Šustas）和约瑟夫·佩卡日（Josef Pekař，1870—1937）——的影响下发生了一次"批判性的"转向。尽管他们对其民族史的奥地利背景感到满意，但他们拒绝帕拉茨基领导，托马斯·马塞里克（Thomas Masaryk，1850—1937）延续的浪漫主义学派制造的传说。马塞里克是布拉格查理大学教授，从道德的或是宗教的，以及反马克思主义的立场撰写了一部历史哲学。他发起于捷克宗教改革和英雄人物扬·胡斯（Jan Hus，1369—1415）的传统的钦慕者，但如同他在为民族大业而使用被篡改文献的"手稿之战"（battle of the manuscripts）中扮演的角色所体现的，他无论如何还是一个争议性历史的批评者。[1] 他也是一个狂热的自由民主制度的捍卫者，并

---

1 Frederick G. Heyman, "The Hussite Movement in the Historiography of the Czech Renaissance of the Nineteenth Century," *The Czech Renaissance of the Nineteenth Century*, ed. Peter Brock and H. Gordon Skilling（Toronto，1970），224-238.

成为捷克斯洛伐克共和国的第一任总统。马塞里克因其批判性的成果被戈尔视为同志,戈尔的目标就是在更大的欧洲语境下还原捷克-波希米亚线索的故事。如戈尔在大学课程中所引介的习明纳尔方法,还有在期刊、专著中所反映的,捷克史学在两次世界大战的间隔期愉快地度过了一段重要的复兴过程,尽管不幸地被纳粹的入侵以及后来的共产主义革命打断了。

斯堪的纳维亚,欧洲自成一体的部分,有着一致的机构、图书馆、期刊、资料集成、专著、系列教科书以及教学活动。尽管其史学18世纪以来被大多数历史学家边缘化了,但在考察自身——丹麦、瑞典以及挪威——过往的时候,也还遵循着欧洲模式。斯堪的纳维亚学者认为他们的早期住民有日耳曼根源,而不认同其与更久远的印欧文化的关联,由此形成了北方起源和南方起源两派。而且,像其欧洲同行一样,他们依靠的是神话传统以及相对丰富的考古遗留物。在19世纪和20世纪,他们采用了德国职业历史学家的方法,后来又采用法国的,也就是习明纳尔的教学机制和"心态"之类的理念,用来解释为了定义和捍卫他们的民族传统的材料。重要的但却未经译介的研究有亚历山大·布格(Alexander Bugge,1870—1929)等人编的丹麦历史和挪威历史(六卷本;1907—1917年),爱德华·布尔(Edvard Bull,1881—1932)的中世纪挪威基督教史(1912年)——此书强调的是这个主题之下的制度而不是宗教方面,哈尔夫丹·科特针对挪威历史的修正主义研究,约翰内斯·斯滕斯楚普研究诺曼人的五卷本著作(1876—1925年),以及很多针对特定时期和问题的专题性出版物。挪威不仅发展了其自己的"历史学派",还参与了关于马克思主义和历史决定论的对话。[1] 在瑞典，领军的历史学家是哈拉尔德·耶内（Harald Hjärne，1848—1922），乌普萨拉大学（the University of Uppsala）教授，他（未经译介）的著作集中于 17 世纪和 18 世纪，有一众追随者。芬兰史学语言同样不丰富甚至更为孤立，无论是民族主题还是一部集成式的六卷本的普遍史（1912—1921 年）都是如此。

从总体样貌上看，波罗的海地区的民族史学的故事极其相似。该地区的史学也是在 19 世纪经历了史学专业化的"觉醒"，有了机构、期刊和大部头的学术出版物，尤其是政治史方面的出版物。并且，在纳粹和苏联来犯之前的两次世界大战间隔期赢得了独立。一些经典作品以德文出版，如特奥多尔·席曼对俄罗斯、波兰和立陶宛直到 17 世纪的历史研究（1886—1887 年）。领导 20 世纪立陶宛史学的是泽诺纳斯·伊温斯基斯（Zenonas Ivinskis，1908—1971），尽管德国、波兰以及后来的俄罗斯史家也有所贡献。爱沙尼亚的史学领导者是汉斯·克鲁斯（Hans Kruus，1891—1976），他的研究被译成德文和法文。而拉脱维亚的大多数历史是苏联时期流亡到瑞典的学者所写，其历史学机构建立于 1936 年。该机构 1937 年创办了一份刊物，支持世界历史和民族史研究，尽管这种学术发展同样因德国和苏联的占领而中断。

所有东欧国家中，罗马尼亚声称与西方和古典时代有着最紧密的关系，这里的历史学家捍卫着这样的观念，即达契亚人过往的路上有罗马血统，摩尔达维亚和瓦拉吉亚在 1859 年统一

---

[1] 参见 William H. Hubbard et al. (eds.), *Making a Historical Culture: Historiography in Norway* (Oslo, 1995)。

后明确了现代身份，1877年取得了独立地位。罗马尼亚史学家凭着亚力山德鲁·克塞诺波尔和尼古拉·约尔卡（Nicolae Iorga，1871—1940）的哲学与历史学著作，连同其自己的"批判学派"及附属的文献出版，历史研究机构的建立，以及附属科学的发展，进入了欧洲主流。[1] 约尔卡，政坛领导人，也是罗马尼亚首席历史学家，在古代史、拜占庭史、土耳其史和匈牙利史，还有民族史方面有数量巨大的建树。他采用了法国的、英国的以及日耳曼的和罗马尼亚的视角，而且有更大的视野，不仅朝向东南欧洲，还有"人性"的普世观照。20世纪30年代，约尔卡出任总理和教育大臣。并且，尽管他是一个保守、排外、有反犹倾向的民族主义者，却在1940年被罗马尼亚"红色卫士"中的法西斯主义者暗杀。同时，罗马尼亚先是落入德国的统治，继而又被苏联控制，直到1989年。老的传统仍在继续。而在最近，卢奇安·博亚（Lucian Boia，1944— ）开始研究可从神话中探寻的更深层的历史事实。[2]

另一个不稳定的多民族国家是南斯拉夫，尽管它复杂的民族主义是由塞尔维亚、克罗地亚以及其他少数民族，包括黑山、斯洛文尼亚、达尔马提亚这些不相干的民族传统所激发的。兰克（借助朋友的讲述）描述了1805年的塞尔维亚革命，虽然他大体上将塞尔维亚视为欧洲之外的活动区域。塞尔维亚从研究

---

1 Al. Zub, *Alexandru Xenopol*：*L'Historiographie roumaine à l'âge de la synthèse*（Bucarest，1983）.
2 *History and Myth in Romanian Consciousness*（Budapest，1997），并参见 George S. Williamson, *The Legacy of Myth in Germany*：*Religion and Aesthetic Culture from Romanticism to Nietzsche*（Chicago，2004）。

年代记、民歌开始,并继续通过历史写作的科学泛化和马克思主义阶段发展了自己的民族传统。与之并行不悖的是克罗地亚史学,它从民族狂热到1917年转向学术上的严谨批判,包括费尔多·西希奇(Ferdo Šišič,1869—1940)对克罗地亚人民的评论,也受到更新的波斯尼亚、黑塞哥维那、达尔马提亚和斯洛文尼亚的缺乏一致性的传统的影响,特别是对奥地利控制的反应。在铁托领导时期,这种小民族传统至少是暂时地被统一在一个马克思主义的国家面貌之下。可是,在铁托去世后,它们以民族觉醒和"民族"独立运动的形式再次发生分歧。保加利亚的历史学写作开始于18世纪,它显示了相似的模式,寻找中世纪的起源,为解放而斗争,以及在被马克思主义的意识形态浸没前的现代民族身份。然而,保加利亚史学仍然坚信历史学知识的政治价值,就像很多民族主义者和国际主义者在见证了一战时所做的那样。在经历了甚至更大规模的战争之后的下一代人面前,他们也没有人会丧失这种信念。

一战前几代人的民族觉醒期待着在威尔逊的计划中实现,即按照民族的和种族的脉络重新规划欧洲的版图——威尔逊1918年派大使莫里斯·弗朗西斯·伊根(Maurice Francis Egan,1852—1924)到丹麦时提出的计划,被称之为"世界等待已久的大清算"。[1] 一战之后,瑟诺博司提出在巴黎召开一次

---

[1] Kunigas Antanas Jusaitis, *The History of the Lithuanian Nation and Its Present National Aspiration*, tr. anon (Philadelphia, 1918), preface;并参见 Constantine R. Jurgéla, *History of the Lithuanian Nation* (New York, 1948),13,有一句话是"期待更光明的明天"。

"受到不公正待遇的小国组成的联合体"会议,但在列强联合的威势下最终无所作为。[1] 在这个世纪接下来的时间里,对于那些首先面对德国,继而是苏联的帝国主义和国际协议的小国来说,前面是一条坎坷的路——或说是根本就无路可走。不过,超出欧洲范围的和在现代化区域之外的民族历史传统继续壮大,从文化的"立场"看,世界历史仍是碎片状态,包括两性差异、多元文化和多元意识形态造成的混乱局面,仍摆在我们(以及"他们")面前。[2]

这些学者都会参加国际历史学家的团体,为积攒下的难以想象的和应接不暇的大量学术问题而努力。这种活动是在最宽泛的意义上限定历史学的标准,且如果不将没完没了的书目清单上的书看完,仅靠这点作品是不可能真的做到公正的。甚至在主流民族传统中也是这样,有代表性的内容实际上不在这种异想天开式的书目或是传记文集式的陈列之中。然而,不可能从成千上万位职业学者的成果中分割出20世纪的史学史,无论那些学者是否承认,他们都在代表着历史学理解的共同目标而从事研究。

被主流历史写作长期关注的,还有在数量众多的历史学大师的漫长生涯和记忆中显著的思想连续性。他们经历了过去世纪的纷繁岁月,在国际学界这个呈全球化态势的"文人共和国"中举足轻重。这些人中例子众多,左派的、右派的、持中间态度的。在意大利,有加埃塔诺·萨尔韦米尼(Gaetano Salvem-

---

[1] Snyder,*Global Mini-Nationalisms*,21.
[2] 参见 Alan Dingdale,*Mapping Modernities:Geographies of Central and Eastern Europe*,1920–2000(London,2002)。

ini，1873—1957)、卢杰·萨尔瓦托里（Luigi Salvatorelli，1886—1974)、费代里科·沙博德（Federico Chabod，1901—1960)、德利奥·坎蒂莫里（Delio Cantimori，1904—1966）以及阿尔纳尔多·莫米利亚诺。在荷兰，有约翰·赫伊津加、扬·罗曼（Jan Romein，1893—1962)、彼得·盖尔。在西班牙，有拉斐尔·阿尔塔米拉（Rafael Altamira)、罗曼·梅嫩德斯·皮达尔（Ramón Menéndez Pidal，1869—1968)、阿梅利戈·卡斯特罗（Américo Castro，1885—1972)、克劳迪奥·桑切斯·阿尔沃诺斯（Claudio Sanchez Albornoz，1893—1972）以及海梅·文森斯·比韦斯（Jaime Vincens Vives，1910—1960）。在美国和其他地区，有卡尔·贝克尔、查尔斯·比尔德、玛丽·比尔德、林·桑戴克（Lynn Thorndike，1882—1965)、C. H. 麦基尔韦恩、S. E. 莫里森、乔治·萨顿（George Sarton，1884—1956)、罗兰·赫伯特·班顿（Roland Herbert Bainton，1894—1984)、华莱士·弗格森（Wallace Ferguson，1902—1983)、加勒特·马丁利（Garrett Mattingly，1900—1962）以及J. H. 赫克斯特。不过，即便是这些共同为历史学的规划带来一致性的，作为国际学界内的专业特区中的杰出公民的学者，作为个体的他们，也只不过在这个充斥着战争和意识形态的世纪里阐明了历史学申明的碎片性实质。而在21世纪，他们的全体继承者那里，这甚至更为明显。为了公正地评价现代文人共和国在此方面的工作，就要将这个杂乱无章的故事，转化为比借助电子计算机的力量进行整合的范围还要广博的书目。亨利·贝尔的梦想仍旧没有实现。

第四章 现代

> 历史必定要被不断地重写。
>
> ——约翰·沃尔夫冈·冯·歌德

模式化的历史学

历史的幻灭是 1914 年一代知识分子的共同态度,但结果没有像怀疑论那么决绝。如 T. S. 艾略特 1920 年所挑明的那样:

> 历史有很多巧妙的篇章,着意为之的回廊
> 还有很多问题,伪以铿锵的雄心,
> 引导我们的是虚无……[1]

1　*The Waste Land*.

如同卡夫卡，艾略特对他自己的时代言过其实了，尽管它倚重西方传统，但却将他那时的欧洲视为"颓败的房屋"——萧伯纳称之为"令人心碎的屋子"。"贫乏时代，诗人何为？"海德格尔重复着弗里德里希·荷尔德林（Friedrich Hölderlin，1770—1843）在一百多年前留下的问题，再次问道。[1] 历史学家也同样会有此疑问，尤其是那些鼓吹文化、进步、民族主义以及世界秩序的价值观的史学家。那么，再一次脱离旧有模式后，还剩下什么？

埃兹拉·庞德（Ezra Pound，1885—1972）说，"更新它"，而在过去的世纪里，历史学家和诗人一样，总是接受这个建议。[2] 在美国和欧陆国家，最初的（尽管不是纯然的前无来者）"新史学"沿着民族国家的思路孕育生发，一直发展到20世纪30年代，且仍在继续。不过，它渐渐被更新的诸种所谓的"新史学"所取代。这种更新的"新史学"指向众多——向上和向下的、向内和向外的、向左的和向右的，诸如此类。[3] 换句话

1　*Poetry, Language, Thought*, tr. Albert Hofstadter (New York, 1971), 91.
2　*Canto* LIII.
3　其他人的作品可参见 John Higham, Leonard Krieger, and Felix Gilbert, *History: The Development of Historical Studies in the United States* (Englewood Cliffs, N. J., 1965); L. P. Curtis, Jr. (ed.), *The Historian's Workshop* (New York, 1970); Felix Gilbert and Stephen R. Graubard (eds.), *Historical Studies Today* (New York, 1972); *The New Cambridge Modern History*, XIII, *Companion Volume*, ed. Peter Burke (Cambridge, 1979); Michael Kammen (ed.), *The Past before Us: Contemporary Historical Writing in the United States* (Ithaca, 1980); Juliet Gardiner (ed.), *What Is History Today?* (Atlantic Highlands, N. J., 1988); Peter Burke (ed.), *New Perspectives on Historical Writing* (University Park, Pa., 1991); Maria Lúcia Palares-Burke (ed.), *The New History* (Cambridge, 2002); 以及 Lutz Raphael, *Geschichtswissenschaft im Zeitalter der Extreme* (Munich, 2003).

说，它诉诸新的历史哲学，自下而上看历史的方式，特别是经济社会史、心理史、全球史，以及服务于国家、党派，或是方法的意识形态阐释。从18世纪开始，就出现了一种将被忽视的社会层面纳入其中的趋势，从统治者和贵族，转向中产阶级、社会底层以及"危险的阶级"，转向妇女、女仆、病患、乞丐、疯子、被殖民和曾被殖民过的人群，还有被驯养过的动物。过去对作为科学史学基础的统计学的痴迷通过计量史和序列史在延续，而最近的"新"经济与社会史也继续着通常的对根本原因的化约主义（reductionist）追问。然而，更新的"新文化史"已经从这种实证主义的残留物中摆脱出来，转向一种更广泛、更包容也更随性的兴趣。它面向的是"日常生活"和相对于权力、政治及战争问题来讲纯粹边缘的活动——或许也包括那些可作间接的或符号式反思的核心问题。文化史，包括高端的、底层的以及二者之间的内容，还有宏观的和微观的内容：依时钟而进行的人类活动，从摇篮到坟墓，纵横时空宇宙。那么接下来又会怎么样呢？不过，处于"后现代"的某些人或许会说，最伟大的转型是从建构西方史或是全球史的宏大叙事的努力，转向特定的历史，通常是微观史的故事，或不回答关于人类状况的重大问题的故事。然而以更长时段的历史视角来看，给这些努力分类的醒目标签不应该是"新"，而是"更新"。

很多法国历史学家的学术生涯都不可避免地被兵役打断了，但这几乎没有使他们重新考虑其民族传统，而实际上一些人重新翻出了较为古老的沙文主义模式，就如费弗尔在1946—1947

年讲授的关于"荣耀与祖国"的课程。[1]在一些例子当中,历史学家们的命运本来就加强了民族传统,如布洛赫和马斯佩罗。他们都是杰出学者之子。布洛赫的父亲是一位罗马史学者,马斯佩罗的父亲是埃及学研究的先驱。布洛赫在1944年因参与抵抗运动而被处决,他不幸的故事,他的传奇和手稿仍通过吕西安·费弗尔得以传颂。而马斯佩罗次年死于集中营中。又有多少不那么闪耀的和正在闪耀的光辉也消失了呢?

历史学研究在二战中甚至遭到了比一战更凶暴的冲击。费弗尔和布洛赫在一战时都服了兵役,但只有布洛赫参加了二战,他那时54岁,比年长于他的《年鉴》搭档年轻8岁,正在致力于一部(打算献给1935年去世的皮朗的)法国史的大范围综合研究。布洛赫1944年被维希政府作为抵抗运动成员处决,在《奇怪的溃败》(*Strange Defeat*)中留下了他关于战争年代的讲述。直到他死后第十年,费弗尔(在布罗代尔和其他门徒的辅助下)还在延续着他作为《年鉴》主编的工作,也一直作为布洛赫崇拜的学术支持者、批评者和领导者(尽管他对《年鉴》的控制程度有争议)。[2] 他也是"高等实践研究院"(Ecole Normal des Hautes Etudes Practiques)"第六部"在1947年组建的关键,借此推广了"年鉴"范式。费弗尔在法国学术界君临天下,出版了他三卷本的《为历史学而战》(*Combats for History*),并关照着布洛赫作品的出版工作,包括他写于战争

---

[1] *Honneur et patrie*(Paris,1996)。
[2] Marc Bloch, Lucien Febvre, *Les Annales d'Histoire Economique et Sociale*, *Correspondance*, ed. Bertrand Müller, III, 1938 – 1943 (Paris, 2003).

期间，献给费弗尔的《历史学家的技艺》。费弗尔对布洛赫取得了堪比皮朗和费尔南·布罗代尔的成就这一点毫不怀疑。布罗代尔也在德国的监狱中开展他的学术研究。

布洛赫未完成的、身后出版的书，采用了曾经运用于文艺复兴时期的**历史学技艺**（*ars historica*，或说是 *laus historiae*）的文题。此书介绍了"年鉴"学派的史学方法，以及他自己的史学遗训，更专门的用意在于回答他年幼的儿子提出的问题，而实际上这个问题很多年前就出现在朗格诺瓦和瑟诺博司的老教科书中："历史学有什么用？"对布洛赫来说，历史学仍是希罗多德式的无止境探询的计划——也就是，引自莱布尼茨的那句话，"知晓独特事物的兴奋感"[1]——但已经达到了超越简单的对行为活动的叙述。布洛赫认为，就今天看来，"要力争做到深入行为的浅层表面之下，不仅要摈弃传奇和修辞的诱惑，还要拒斥更为危险的毒物，即扮作常识的样子大行其道的博学和经验主义"。[2] 在此观点中，布洛赫尚能感到马克思以及迪尔凯姆的引导（而实际上费弗尔已经批评过他在其关于封建社会的书作中过分倚重社会学范畴）。不过，像皮朗、费弗尔、布罗代尔及其他同行（还有那一代人中的莱布尼茨哲学的支持者）一样，布洛赫不仅推崇理论，也推崇"生活"，并且他发现在中世纪，这类内容相当丰富——其"黑暗的"传奇已被中世纪史专家卢奇厄·瓦尔加（Lucie Varga，1904—1941）揭示并做了编年叙述。瓦尔加从前是费弗尔的朋友和大多数人不知道的合作者，

1　*The Historian's Craft*，tr. Peter Putnam（New York，1953），8.
2　Ibid.，13.

阿尔方斯·多普施的学生，在与费弗尔关系破裂后，1934年回到奥地利。[1]

与此同时，布洛赫继续为历史学家技艺的批判与处理工具辩护，这是来自马比昂，来自伏尔泰，来自基佐，来自库朗热，来自朗格诺瓦和瑟诺博司，并再一次来自费弗尔的职业历史学的量度方式。历史，像史前史，需要通过心智去追问，不需要像"诸世纪"，或是"中世纪"这种规划好的判断或人为的范畴。还有（根据库朗热的说法），历史学既需要事实也需要"勾连"（"linkages"）。此外——这里会让人想起梅特兰而不是诠释学的理论——历史不得不以逆推的方式阅读，尽管不至于上溯至对"起源"那仅凭推测的程度。最重要的是，历史学家不得不做好准备探索另类的领域，尤其是要以比对的方式探索陌生的话语领域，例如，农奴（serf，参照俄罗斯的 krepostnoi 及罗马尼亚的类似群体）。而要再一次强调，勾连比特定的名称更重要——尽管另一方面，必须记住从中国到希腊的所谓的"封建制度"，不应该归并到同一个范畴之中。一直以来，历史学家们的重点是对原因的追索，并且如布洛赫在此书结尾戛然而止的句子中评价的，"原因绝不是推想出来的"——这或许被作为"年鉴"学派的座右铭。就像哲学的决定论者打算做的："它们需要去寻找。"[2] 由此，希罗多德式的追问被遥远的且更富

---

[1] *The Historian's Craft*, tr. Peter Putnam (New York, 1953), 178; 参见 Varga, *Das Schlagwort von "Finsteren Mittelalter"* (Baden, 1932), 以及 Peter Schöttler (ed.), *Les Autorités invisibles; une historienne autrichienne aux Annales dans les années trente* (Paris, 1991).

[2] *The Historian's Craft*, 197.

于经验的子孙延续着。

第二次世界大战与一战相似，外在的创伤不相上下，众多生命凋零，而在方法论的领域，它对历史学的理论和实践的影响是有限的，至少在胜利者那里是这样。进步的观念对大多数知识分子来说不再是铁律，但它仍然是乐观主义和悲观主义两种极端情绪争论的焦点，并且它在流行的历史作品那里仍然是不作反思的前提，至少以"现代化"的形式写作的作品是如此。1950 年，汤因比对"西方文明的未来"比他在 1929 年时更抱有信心，并且，关于他持续写作的《历史研究》的争论展现了他温和的乐观主义并不是在自说自话。[1] 不过，与一战一样，无论秩序多么纷乱，还是有很多事业展现了从 20 世纪 30 年代以来——其中一些实际上是从 1914 年开始的——到 20 世纪 50 年代的连续性。很大程度上，历史学研究总体上仍然处于旧式机构和方法的限定性渠道中。流亡的学者，特别是来自德国的学者，巩固了这种连续性。"年鉴"学派延续着其旧有的——不过在措辞表现上总是革新主义的——诸多方面，而美国的"新史学"在很多方面也是如此。假如历史按照梅特兰颇为得意的讲法，是"没有漏洞的披风（说辞）"，那么尽管决裂和革命的修辞充斥欧洲史学，可是比起与从老式基督教普遍史延伸而来新的全球模式的联系，它与民族国家传统的联系要更显著些。

因此，无论职业历史学家差别再大，还是维持着一个国际性的知识分子共同体。这个共同体延伸于一个很大的时间跨度

---

[1] *A Study of History*, IX (Oxford, 1954), 409.

内，而实际上一些学者的学术生涯与两次战争和三代人紧密地结合在一起。这个共同体，即便不是一以贯之的，也能在所有的民族传统中看到，尽管这些国家的意识形态、制度和军事都支离破碎了。在德国，有弗里德里希·梅尼克、珀西·恩斯特施拉姆、G.里特尔，而在奥地利，有海因里希·里特尔·冯·斯尔比克、阿方斯·多普施、奥托·布伦纳，在关于德国在欧洲和世界历史中的角色看法激烈变化的情况下，这些人开展着他们的学术计划。而且，恩斯特·康特洛维茨、汉斯·巴龙、费利克斯·吉尔伯特以及瓦尔特·厄尔曼（Walter Ullmann，1910—1983）等流亡学者也是如此。在很多方面，他们仍然在兰克的阴影之下工作，而兰克与政治和国家力量的协作关系也使他颇受争议，尽管对一些人来说，他的取向看起来比以往更招致非议，是因为这涉及到两次主要战争起源的问题，也是因为他在"历史学科形成"中的重要地位。[1] 无论如何，随着战争的到来，兰克的霸权遭到挑战，特别是来自弗里德里希·梅尼克和他的朋友费利克斯·吉尔伯特的挑战。后者转向了布克哈特的批判式观点，以及他的作品所推崇的以文化为中心的观点。[2] 德国历史学家也恢复了由社会科学和不限于马克思主义的唯物主义推动的经济社会史研究。不过，这种研究在魏玛和纳

---

[1] 参见为纪念他 1986 年诞辰一百周年的两卷文集：Wolfgang J. Mommsen (ed.), *Leopold von Ranke und die moderne Geschichtswissenschaft* (Stuttgart, 1988)，以及 Georg G. Iggers and James M. Powell (eds.), *Leopold von Ranke and the Shaping of the Historical Discipline* (Syracuse, 1990)。

[2] Gilbert, *History: Politics or Culture? Reflections on Ranke and Burckhardt* (Princeton, 1990).

粹时期大体上还是得不到信任。[1]

在意大利方面，作为社会活动家和流亡者，历史学家加埃塔诺·萨尔韦米尼用马克思主义理论作为他关于 13 世纪晚期的佛罗伦萨社会冲突的主要研究（1899 年）的理论依托。不过，后来他转向了近代主题，包括法国革命、马志尼（Giuseppe Mazzini，1805—1872）、法西斯主义以及历史学方法，特别是他在芝加哥大学讲授的"历史与科学"课程（1939 年）。[2] 年轻一代学者的"新史学"（"new historiography"）以费代里科·沙博德和德里奥·坎蒂莫里为代表。[3] 无论如何，二者都受到德国的影响且秉承意大利发轫于文艺复兴人文主义的自由的、不墨守成规的思想。沙博德写了各种关于马基雅维利、统一、外交史、法西斯主义的东西，以及更多关于意大利民族史中自由和强权的对峙，而坎蒂莫里的主题是关于对宗教宽容和自由起积极作用的 16 世纪意大利异端。他们也都使用传统的职业术语，就历史方法的问题进行写作。沙博德尽管是克罗齐的历史研究的钦慕者，但他特别反对的是克罗齐绝对历史主义的抽象概念。[4]

---

[1] 参见 Georg G. Iggers, *Historiography in the Twentieth Century: From Scientific Objectivity to Postmodern Challenge* (Hanover, N. H., 1997)，还有 *New Directions in European Historiography* (Middletown, Conn., 1984²)。
[2] 参见 Massimo Salvadori, *Gaetano Salvemini* (Turin, 1963)。
[3] 参见 Brunello Vigezzi (ed.), *Federico Chabod e la "Nouva Storiografia" Italiano dal Primo al Secondo Dopoguerra, 1919–1950* (Milan, 1984)，以及 Eric Cochrane and John Tedeschi, "Delio Cantimori: Historian (1904–1966)," *Journal of Modern History*, 39 (1967), 438–445。
[4] 参见 David D. Roberts, *Benedetto Croce and the Uses of Historicism* (Berkeley, 1987), 294。

在法国，在费弗尔和布洛赫，继而是费弗尔自己的领导下，之后在布罗代尔和其他追随者的领导下，"年鉴"学派无论是在二战前还是之后，都是思想、学术和专业的活动中心，在这个世纪接下来的时间里仍旧如此，尽管伴随着几代人的挑战。在英国，老式的政治和宪制领域的研究一如既往地得到追捧，但以辉格党-托利党为意识形态主导的状态遭到通常是马克思主义者的社会主义者，以及活跃在职业边缘领域的学者，特别是经济史、社会史和劳工史学者的挑战，继而又遭到反意识形态的修正主义者的挑战。修正主义者更喜欢树木，而不是推测性的森林。德国史家以及一定数量的意大利史家陷入了对民族史的热切评论和扭转有罪判决的狂躁状态中，他们为1933年发生的惹起事端的转向寻找开脱的根源、原因、责任和借口，也在寻找一个述说他们不幸经历的新故事。无论如何，日益频繁的学科间的接触，为各个专业开辟出一片广阔天地。这种趋势得到学术界的认同，并制造了分支学科，伴同出现的还有课程、专著、教科书、学术会议以及期刊。这不仅有助于小民族传统的历史研究，也有助于科学史、文学史、艺术史、宗教史、女性史、儿童史、心理史以及"诸事史"（*l'histoire de tout*）的研究。

最后一种方案是费尔南·布罗代尔雄心勃勃的梦想的一部分。他在20世纪50年代接替费弗尔成为他不假思索地称作"法兰西历史学派"的领导者。跟随贝尔和费弗尔的道路，顺着迪尔凯姆社会学（或许还有泰纳的历史学）的倾向——费弗尔建议布罗代尔将他著书计划中要写的菲利普二世与地中海的重心颠倒过来——布罗代尔的确优先处理了地中海（并将此书献给费弗尔）。其中，他关注的不是人和事件，不是被西米昂，后来又被拉孔布葱称为"事件史"（l'histoire événementielle）的"表面的波澜"，而是关注地理史和社会经济史的（即便不是"规律"的）模式，并因此关注共时性而不是历时性的分析。更精确地说，是通过一种"几乎不动的历史"——用埃玛纽埃尔·勒华拉杜里（Emmanuel Le Roy Ladurie，1929— ）的话说，"静止的历史"[1]——的视角对共时性和历史性保持兼顾，是"将诸个体与他们所处的环境联系起来"的历史。[2] 就像与列维-斯特劳斯争论中所明显表现出的，布罗代尔绝不想臣服于教条的结构主义，即在**长时段**（*longue durée*）处理中发挥作用的理路。不过，他谴责旧式的对支离破碎的历史"事件"（events）和"短时段"（short duration）的智识"牢笼"。并且，像贝尔和费弗尔一样，他反对朗格诺瓦和瑟诺博司的手册所造成的恶劣影响。他希望的是一种触及生活方方面面的"宏大历史学"，相信历史是有多元节奏的，并分散于地理的和社会的，以及个人的和心理的时间，也开辟了一种广泛的和跨学科的方法范畴。这就是他在 1950 年的法兰西学院就职演说上再次呼吁的"新史学"，他也见证了这种"新史学"的影响的扩大，

---

1 *The Mind and Method of the Historian*，tr. Siân Reynolds and Ben Reynolds (Chicago，1978)，1.
2 Braudel，*Ecrits sur l'histoire*（Paris，1969），11 - 13；并参见 Febvre，*Pour une histoire à part entière*，176；也参见 John A. Marino (ed.)，*Early Modern History and the Social Sciences：Testing the Limits of Braudel's Mediterranean* (Kirksville，Mo.，2002)。

从地中海世界,到全球的其他地方,包括远东。[1]

布罗代尔的规划包括集结几乎所有的人文科学为历史学所用,这种历史学不仅被构想为"宏大的"("grand"),甚至是"总体的"("total"),并且在此努力中,他关注的不是周期性的,而确切地说是层次结构,尽管贝尔历史综合的布罗代尔版本也包括了瞬时性元素。他对近代早期地中海的研究计划酝酿于战争期间,写于灾难时代的各种不那么紧张的片刻,出版于1949年。在其第二部大师级作品,关于资本主义和文明的研究中,布罗代尔从地中海转向了全球舞台,尽管作为历史综合施展空间的,仍是市场和远洋贸易。对于布罗代尔来说,历史是由三个层次构成的系统,发端于地理史,即环境,覆于其上的是经济,是市场和资本活动,再向上是文明的层面。在这套系统中,就如同在社会主义和马克思主义系统中那样,事件无足轻重。不过,与马克思主义不同的是,它认为化约后的因素并不具有说明作用。与其说是布罗代尔发展了三个层面的体系,不如说是他接受并深入思考了这个体系。总体史的措辞适合各个层面的活动,也适合他个人特有的描述性和推测性风格,这恰恰没有将他再一次置于库朗热的传统(如布洛赫在对费弗尔的第一部书做的注记中所说的那样)之下,而是在米什莱的传统之下。布罗代尔称他为"有魅力的但偶尔也是危险的大师"。[2]这在他最后的、未能完成的研究中表现得很明显。这项

---

1 *Ecrits*, 24.
2 引自 Carole Fink, *Marc Bloch: A Life in History* (Cambridge, 1989), 50。

研究是对"法国性"("identity of France")的热诚而丰富的探寻,如他所说,"从每一种社会科学各自的视角"进行评论。[1]

然而,如果新史学在内在上转变认识时间和空间的方式,向外进入关于时空的**前往地平线之旅**(*tours d'horizons*),那么,社会科学的系统性推动作用就留下了印记,由此,年代的编订要循着集体命运和个人命运的规划层次进行。对于布罗代尔来说,历史的呈现,就像按照物质存在和精神存在的梯级关系,以及从他手中的跨学科资料中提炼出的三个时间层面的形式做成的古董柜子——或许也是一场多重程序的餐宴,而(如他私下里向杰克·赫克斯特所承认的那样)他的目光总是偏向那些他消化不了的大餐。[2] 无论如何,布罗代尔的柜子在文化层面上被罗伯特·芒德鲁(Robert Mandrou,1921—1984)所写的"关于历史心理学的议论"所重复。芒德鲁在精神的"结构和态势"和精神的"氛围"范畴中,接手并完成了费弗尔的老计划。[3] 对于布罗代尔的历史学(就像对特伦斯的诗)来说,没有人是例外的。作为一种"科学",历史学趋向了普遍和集体的,并因此也走向了统计的、计量的以及系列的历史。不过作为一种

1　*The Identity of France*, tr. Siân Reynolds(New York,1988),17-18. 参见 Pierre Daix,*Braudel*(Paris,1995);还有 Marino(ed.),*Early Modern History*。
2　Private letter to Hexter(author's copy);并参见 Samuel Kinser,"Annaliste Paradigm? The Geohistorical Structuralism of F. Braudel," *American Historical Review*,86(1981),63-105。
3　*Introduction à la France moderne*: *Essai de psychologie historique 1500-1640*(Paris,1961)。

人文科学，它并未忽视人类本身及其既成事实——宗教、艺术、科学、哲学以及"文明"的其他方面。此外，虽然物质基础和上层建筑的旧式关联的精髓仍保留在布罗代尔的层级结构中，但以"总体史"的品位看来，这种关系是不合适的，而传统编年史也常常是不充分的。除了文化上的记忆留存，法国已失去了欧亚交界的半岛南部的控制权。可是在法国学者看来，即便仅对法兰西狭小六边形地区而言，"总体史"仍然是"高贵的梦想"。

英国史学的衰落

二战前后的英国没有"新史学"，而是在不列颠帝国的架构中出现了一些改变其早期趋势的活动。二战结束后的时期，最杰出的英国史家有 A. F. 波拉德、G. M. 屈维廉、R. H. 托尼、刘易斯·纳米尔、艾琳·鲍尔、J. E. 尼尔、爱德华·霍列特·卡尔（Edward Hallett Carr，1892—1982）、大卫·诺尔斯（David Knowles，1896—1984）、A. J. P. 泰勒、克里斯托弗·希尔以及休·特雷弗－罗珀（Hugh Trevor-Roper，1914—2003），他们推行民族国家史的老式计划。还有其他一些人跳出岛国关注的范围进行研究，如爱德华·卡尔、莫里斯·多布、李约瑟（Joseph Needham，1900—1995）、阿尔弗雷德·科班（Alfred Cobban，1901—1968）、杰弗里·巴勒克拉夫以及以赛亚·伯林（Isaiah Berlin，1909—1997）。而阿诺德·汤因比借助牛津大学及其出版社，仍试图进入更深的领域以扩张英国史

第四章 现代

学的帝国。在其他当代史家中,有马克思主义史学家。他们以唯物主义模式开展研究,摒除了其中笨重的历史哲学工具。这些人所采用的方法,回过头来看可以被称为"纳米尔化"("Namierization")方法,即相较于查尔斯·比尔德的美国开国元勋的经济背景研究更为严谨的关于议会制度的经济学和传记式的考察方法。并且,还有一些"修正主义"学者(他们在此时代自豪于独树一帜,而不是蔑视马克思主义的功用)——这种学术上的分流,与上一代人通常遭到下一代人反拨的情况结合在一起。从强调政治史到强调社会史的转换,除了将注意力转向了不同类型的史料,特别是用改进了的户口调查的方法,根本没有改变旧式的实证主义习惯。这些叠加了托利党、辉格党和马克思主义的意识形态的——或说是以它们为基础的——解释,与其说改变了旧的方法论习惯,不如说是引发争论,窄化关注的焦点,持续地寻觅更多的证据,尽管这些解释往往不那么切合主题或有启发性。除了对于一些类型的意识形态问题是正确的,英国经验主义和葛擂梗(Gradgrind)先生*根深蒂固的看法仍然毫不动摇——坚持事实。

这些作者中的大多数正在这片垦殖过度的土地上耕耘。因为普遍来讲,英国人除了(跟随其一个世纪前的法国前辈的脚步)更为重视劳工阶级,开展了对维多利亚时期社会主义者的关注,他们并未能在其研究中发现新鲜之处。大多数学者都到

---

* 葛擂梗(Gradgrind)是英国小说家查尔斯·狄更斯(Charles Dickens,1812—1870)的小说《艰难时世》(*Hard Times*)中的人物。葛擂梗性格教条,一味讲究事实而缺乏变通。——译者注

老地方转悠，试图根据变化了的意识形态和学术形态找到新的视角。清教徒革命就是如此经加德纳及其共事者之手，到了马克思主义者手中，又到了"修正主义者"和"后修正主义者"手中。梅特兰和"剑桥学派"被谨慎地作了修正化对待，而对斯塔布斯的修正化评价则较为粗暴，那种英国历史的宏大叙事，被爱争论的反辉格主义的微观史学破坏，即使不是荡然无存。不过，这种计划——即使在纳米尔这种人物传记的熟练实践者手中——更多的是现代英国经验主义的产物，后现代主义诡辩的产物。英国的经验主义更倾向户口调查而不是难以言喻的文化样态，更倾向行为而不是"观念"（"ideas"），更倾向轶闻而不是理论，更倾向树木而不是森林——且不用说，更倾向英国理解历史的方式，而不是欧陆的方式。

　　J. E. 尼尔是近代早期英国史最初的考察者之一，波拉德在伦敦大学教席的继承者。他致力于伊丽莎白一世治下的议会研究，特别是下议院。关于女王，他也写了一部以赞美为主又不失水准的传记。尼尔在资料、手稿以及公开或未公开的出版物的研究方面比波拉德走得远得多。而实际上，限于他们所达到的程度，他的眼界没有超出与王权发生冲突的戏剧性故事。对他来说，这形成了下个世纪内战的前奏，尽管"旧式的关于16世纪斯图亚特早期的议会有名无实的幻想"不久之后重获生命力。[1] 虽然尼尔没有调查这个群体的其他事情，但他对成员的生活和演讲感兴趣，特别是女王，这使他想起了他自己时代丘吉

1　*Elizabeth I and Her Parliaments*, 1559–1581（New York, 1952）.

第四章　现代

尔所做的那些事。普遍来讲，尼尔走的是斯塔布斯和波拉德的——而实际上是伊丽莎白时代英国作家的——辉格路线。在斯塔布斯和波拉德的时代，英国成功地抵制了代议制集中腐化的普遍趋势。此外，英国还创造了近代政府所能提供的其他方面福利，如言论和意识的自由，无论在一个仍遭到教派纠缠的时代这些举措有多么虚张声势。尽管英国经历了它自己的内战，但"王室与议会之间的反复冲突"背后那"奇怪的，潜在的和谐"——对尼尔和类似他的作者来说——表明了英国史学样态中一些天意使然的东西。

这是辉格史观的一个显著例子，在学者们的攻击下，它的问题或许已经是将更多精力用于史料研究，却乏于注意过去时代的清教徒和议会的代表与观察者的预设和价值观。对这种情况修正的杰出例证是刘易斯·纳米尔。他是因俄国革命而流亡的波兰犹太人，在英国学界知识分子间取得了崇高地位，并成为18世纪议会史以及20世纪外交史的专家，虽然他从未收到一家重点大学的邀约（除了曼彻斯特大学，他1953年从那里退休）。他不仅在学术上拒斥德国的方法和观念，在政治上也是一样，这表现出他对犹太复国主义的同情。作为一位外交史家，纳米尔是民族主义的不留情面的批评者，尤其是对民族主义的德国形式。并且，他攻击1848年革命是野蛮的，认为它不仅标志着梅特涅体系的衰落，且形成的国家间的敌对至少导致了两场大规模战争，这基本上都是德国人所期待和谋划的。[1] 1914年

1　*1848：The Revolution of the Intellectuals*（London，1944）.

以前,纳米尔就总是希望写作一部从 1812 年到 1918 年的欧洲史,不过其他计划影响了该计划的进行,包括一直以来对两次世界大战间隔期的关注。为此,他写了很多新闻性质和学术性质的调查。在 1933 年所谓的"德国革命"之后,他的关注尤其集中于这起事件——对此,他在《曼彻斯特卫报》(*Manchester Guardian*)上称之为"历史上绝无仅有的死气沉沉却可恶地伪装成革命的事件"。他还通过对官方的"主观色调明显的书"(coloured books)和纽伦堡文件的一连串的分析,继续着这方面的研究。[1]

不过,纳米尔的主要影响在于他对 18 世纪英国史的修正性研究。他的背景、保守的政治观,以及在外交史中的长期投入,将他引向了一种历史学的唯名论,这使他的观念和意识形态(还有将之表述出来的措辞)以及大体上的辉格史观都缺乏信服力。在他传统的、对于美国革命时期的议会所做传记学式的和"结构式的"分析中,他从经验主义的和行为主义的——而如 E. P. 汤普森所言,是"从热爱的"——角度研究下议院,将之视为一个"蚁丘"(ant-heap)。他提出这样的追问,即为什么是党派的成员而不是政党的名称先出现。纳米尔认为,这种"帝国层面的问题"实在是不能通过对公众舆论的研究加以理解,"在有所考虑的意见和公开声称的观点中反映得没么多,很多是体现在帝国的结构和日常生活中"。[2] 他更关心短期的行

---

1 *In the Margin of History*(London,1939),26.
2 *England in the Age of the American Revolution*(New York,1966 [1930]),40;并参见 Linda Colley,*Namier*(New York,1989)。

为，并——如同查尔斯·比尔德对美国国会和罗纳德·塞姆（Ronald Syme，1903—1989）对罗马共和制的研究那样——诉诸私人利益来解释这种结构，不强调下议院中的个人影响，而是强调党派兴起之前庞大父权制家族的影响。"纳米尔化"实际上是以处理个体、地方区域以及统治阶级的方式，对关于英国宪政史的解释进行原子化、地方化以及去历史决定论化的"修正主义"尝试的最初版本。这不是理论，而是如塞姆谈及他自己的传记学时所说的目标，"一些真实和触手可及的东西"。[1]

纳米尔鄙视虚张声势的观念，这引来了赫伯特·巴特菲尔德等学者的批判。巴特菲尔德是基督教和历史学结合体的拥护者，他攻击"纳米尔学派"对乔治三世统治时期议会的解释及其在微观视角与宏观视角间来回摇摆的方式——过分沉浸于细节的"职业病"。[2] 巴特菲尔德本人以攻击"历史的辉格解释"著称，但并不意味他的指斥也包括心智史。而实际上，他的确对"辉格式谬论"的框架中现代科学的历史做出了重要的贡献，这种历史学是将科学的发现和观念勾画为必胜意味的叙事，回避了失败和与论调不合的过程，认为其一直在当代科学哲学的快速公路上。对于巴特菲尔德来说，辉格史观在维多利亚时期的绅士们那里是自然产生的宗教，这些绅士们认为英国的进步与人类的幸福是一致的，且在不知不觉中与上帝的意志也是一

1　*The Roman Revolution*（Oxford，1960［1939］），前言。
2　*George III and the Historians*（New York，1959［1957］），211‑213，7，198，etc.；并参见 John Kenyon，*The History Men*（London，1983），251‑269。

致的。他也对过度批判辉格史观抱有悔意。他的潜在假设是心智史的基石,即过去不是纯然的"异国他乡",我们可以一定程度上进入过去时代人的心灵,且因此,当下是可以联系过去的。在像议会这样的机构中,英国的历史学家们所说的"我们",是一群具有政治性、宪政性以及或许是哲学意味的人,这个"我们"超越特定时代和情境的,有着共同的观念和目标,或至少有着共同的语言和预设,并有权利和义务对我们观察以及我们参与其中的过程进行反思,甚至是判断。[1]

这些是指引巴特菲尔德像他的目标和楷模阿克顿勋爵那样走向更深刻的史学史考察的前提。首先是对于(二战期间的)英国传统史学,继而是对更为普遍的以及在更长视角下的西方史学的考察。[2]对他来讲,历史学就如埃德蒙·伯克(Edmund Burke,1729—1797)所见,"是活的事物,且它更近似诗而不是几何学",也就是辉格党和自由党式的一以贯之的英国史所阐明的那样。[3]至于历史学的学术观念,巴特菲尔德(经过他对剑桥大学图书馆丰富的阿克顿手稿的研究)遵循阿克顿和其他人对德国源头的称颂,尽管他修正主义观念先锋的地位不如兰克对18世纪的哥廷根的先锋性修正所达到的那种程度。巴特菲尔德也更深刻地看待欧洲史学的过去,使得被遗忘的兰斯洛特·

---

[1] *The Whig Interpretation of History*(New York,1965[1931]);并参见 C. T. McIntire,*Herbert Butterfield: Historian as Dissenter*(New Haven,2004)。

[2] *The Englishman and His History*(Cambridge,1944)以及 *Man on His Past: The Study of the History of Historical Scholarship*(Cambridge,1955)。

[3] *The Englishman and His History*,138.

第四章 现代

拉波普利尼埃尔（Lancelot La Popelinière，1541—1608）出版于1599年的《史学史》（*Histoire des histoires*）又焕发了活力。[1] 此外，巴特菲尔德的《论其往昔的人》（*Man on His Past*）成为这种由来已久的风格的宣言。他写道，这"激发了一种问询，这种问询所使用的方法，使人改变了他们对过去的情感，改变了他们关于时间的感受，也改变了他们作为经久不息的历史长河之一部分的意识自觉"。[2] 在他最后的作品中，巴特菲尔德对这种历史主义做了追溯，回到了《旧约》和古代近东的犹太-基督教起源，特别是追溯兰克和阿克顿的那些有文字记载的先辈，他们也宣称"热爱生活和憎恶死亡"。[3]

关于"辉格史观"和巴特菲尔德对它的批评，我们仍有必要关注，而唯一在受欢迎程度上堪与巴特菲尔德1931年的作品匹敌的研究是甚至更"值得铭记的"《1066年及所有那些事》（*1066 and All That*），该书在《历史的辉格解释》出版的前一年问世。"历史不是你想的那样"，作者以此话嘲弄了辉格史观所宣称的"**它（历史）是你所能记住的那些东西**"。[4] 这本书面向的不仅是学生，也是"献给伟大的英国人民的，没有他们自我牺牲以建立顶尖国家的决心，就没有（值得铭记的）历史"。

---

1 *Man on His Past*, 205-206. 1955年开始读研究生时，我以为拉·波普利尼埃尔是我发现的；参见我的"History as a Calling: The Case of La Popelinière," *Renaissance Studies in Honor of Hans Baron* (Florence, 1971), 771-789。
2 *Man on His Past*, viii.
3 *The Origins of History* (New York, 1981), 48.
4 Walter Carruthers Sellar and Robert Julian Yeatman, *1066 and All That* (London, 1931[15]), vii.

这是关于这个主题的最后一句话，因为当——"一件坏事"——美国取代了英国成为"顶尖强国"，历史就结束了。像维多利亚女王一样，兰克可能也笑不出来。

纳米尔的主要对立面是 A. J. P. 泰勒，外交史领域广受关注的职业作家，他也在曼彻斯特教书，但没有在"重点"大学获得教席。泰勒批评纳米尔"剥夺了历史的心灵"，尽管他更怀疑的是如欧洲"国家体系"之类的观念的普遍化，搬出了不受官方政策控制的偶然性影响（像纳米尔）和公众舆论的力量（不同于纳米尔）。对泰勒来说，"所有资料都是引人怀疑的"，然而泰勒也谈到了"权力永久制衡的四对方舞（quadrille）"，他在其从1848年到一战结束的外交史考察中，从细节处回溯了这种权力制衡，此时"欧洲不再是世界的中心"，而是呈现为一种生发于德国遗产中的布尔什维克主义且美国介入其中的新样态。[1] 相较于纳米尔，泰勒培养出一种更为个性化的，倚重反讽和似是而非的，甚至是轻率无礼的风格。他也关注欧洲史上的德国（和奥地利）问题。实际上，对于纽伦堡引发的，认为希特勒是邪恶滔天的德国政治模式象征并且应单独为二战负责的观点，他在一定程度上是反对的。不过，他并不怀疑，对列强来说，1939年的焦点问题仍然是凡尔赛和解的问题，而真正的战争开始于德国进攻苏联。

泰勒也承担了关于现代英国的重要研究，接受了一项任务，

1　*The Struggle for Mastery in Europe*，*1848 - 1918*（Oxford，1954），xix，并参见 Robert Cole，*A. J. P. Taylor*：*The Traitor within the Gates*（New York，1993）。

即写一部考察英国 20 世纪早期的教科书。在此期间,他的所作所为带着一贯的固执到底的态度,无礼的幽默感以及他招牌式的不端正的爱国主义标签,不用说,还带着他那沉甸甸的学术储备。对泰勒来说,这是一部英国人民的史诗性故事,尽管他们只是经历了战争的始末,并走在帝国没落的路上,但"仍是和平的且文明的人民,宽容而又慷慨"。[1]然而他对两次世界大战间隔期间那些关注蛮人入侵的作家感到困惑("罗马帝国的衰落正在被重演")。并且,泰勒本人更喜欢大众媒体,他在这里是明星。就像他的宿敌特雷弗-罗珀那样,他将屈维廉的历史理念呈现为一种艺术,不过,前提是在现代技术的条件下。

尽管旧式的、保持在民族轨道上的趋势被广泛坚持,但不是所有英国的历史学家都抱定了他们的民族史,这很明显地反映在杰弗里·巴勒克拉夫、阿尔弗雷德·科班以及爱德华·卡尔的作品中,他们分别致力于德国史、法国史以及俄国史。巴勒克拉夫深深地沉迷于德国的学术,且并未因纳粹政策的涉入而终止。这种例子还包括艾尔伯特·布莱克曼编的关于民族国家起源的德国中世纪学者的文集。[2]从当代视角看,巴勒克拉夫对"现代德国起源"的学术考察被大幅缩短了。毫无疑问,这是由于他对 20 世纪德国人痴迷于他们"民族发展"的中世纪与封建阶段的充分展示。并且,他只对现代阶段给予了非常简略的概述(1806 年—1936 年),在其中——仍然秉承旧式的德国

1　*English History*,1914 - 1945(Oxford,1965),600.
2　*Mediaeval Germany*,911 - 1250,II,*Essays*(Oxford,1948[1938]),281 - 299.

学术传统——他表达了对统一的德国会回到因一战而丧失的民主进步的道路并加入欧洲共同体的希望。[1]阿尔弗雷德·科班在他关于法国史，特别是其法国大革命的研究中展现了更具原创性的，实际上属于"修正主义"的观点。其中，他反对庸俗（并已经以理论的形式产生"爆炸性效果"）的马克思主义的"资产阶级革命"解释，并将之作为自然形成的资本主义的序幕。他开辟了一条法国大革命及其情境研究的更具实证性的研究途径。[2]对于科班来说，阶级斗争观念即便不是虚构的，也是一种过分简单的处理，且法国大革命是一场政治革命，是抵制而不是推动资本主义的权力斗争。卡尔是外交家和记者，也是历史学家，尽管他不是共产主义者，但对马克思主义有共鸣，尤其是其"实证性"的方面。这在他所写的布尔什维克革命和苏联史中贯穿始终。此书1944年落笔写作，1978年完成。特雷弗-罗珀是好斗的英国近代史专家（他凭着角度多样的英国近代史通俗杂文，以及在学术上反拨托尼和斯通对"社会上层人士崛起"的推测性看法脱颖而出），也分出了一部分精力参与了德国史的论战，尤其是他关于希特勒最后日子的著作。一种信念将这些学者，特别是那些致力于民族性叙事的学者联系起来，即理论大体上是不切实际的，而且置身史料之中才是理解的王道。

"历史学家的追求是什么？"实质上所有有名望的英国历史学家对于历史学的本质和应用都有自己的说法。他们都根据**历**

1　*The Origins of Modern Germany* (Oxford, 1947), 466.
2　*The Social Interpretation of the French Revolution* (Cambridge, 1964).

史学技艺的传统进行研究，评判他们的前辈。而且，他们中很少有人远远超出充斥着这种职业风格的陈词滥调。与他们的法国和德国同行不同，他们倾向于抵制社会科学的侵入，以保证职业历史学的独立性或拓展其帝国疆土为目标，就像英国自己试图保住其在世界上的地位（尽管实施起来希望渺茫）。在约翰·哈罗德·普拉姆（John Harold Plumb，1911—2001）、阿尔弗雷德·莱斯利·罗斯（Alfred Leslie Rowse，1903—1997）以及理查德·帕雷斯（Richard Pares，1902—1958）那里，历史课程不过是通过日积月累的对过去的全面研究，表达长久以来的信念，尽管普拉姆将其半辉格式的主张置于过去已过时的传统或沉闷状态的过分简单的观念框架之中。这种过分简单的观念是西方史家（不像他们的中国同行）正在通过不偏不倚的和批判性的历史学加以摆脱的。

两次战争间隔期间的一代英国史学家大体上对历史的传奇性表示怀疑，尽管爱德华·卡尔（他自己针对的是葛摇梗综合征）善于接受一些不同的声音，即在向着驾驭史料和找到恰当考察标准以便公正处理日益增长的大量文献细节的方向努力时，职业历史学也会感到怀疑和不适。卡尔问道，如何控制事实的崩塌，特别是在马克思主义或相似的信仰支撑被放弃之后。这使人想起了索姆巴特的话，即在这种情况下"我们感觉就要淹死在事实的海洋中了，直到我们找到新的落脚点或是学会游泳"。[1]卡尔谈道，"事实是可以说话的"，但只能通过历史学家

1　*What Is History?* (New York, 1961), 76.

之口，而不会自己张口。在历史学探询背后，没有看不见的手，没有辉格史观式的预设好研究结果的目的论。历史学家他本身（"或她本身"那时尚不是史学表述礼仪的一部分）也是历史的产物，这就是为什么纳米尔选择忽视除——失败的和被嘲笑的——1848年"知识分子革命"之外的所有革命，也是为什么巴特菲尔德二战期间会自我颠覆，即从1931年拒绝辉格史观转向1942年对之敞开怀抱，也包括他对英国帝国主义的欢迎，认为"1940年大震动"使人们意识到这种制度"已经成为一个以自由为宗旨的组织"。[1] 纳米尔更喜欢说议会不仅仅是一种"体制"，还是这个民族得以形成的生活方式。

这种保守主义有一个例外，如果不是方法论性的例外，至少属于探询领域的例外，这就是杰弗里·巴勒克拉夫。他1955年受任接替汤因比成了"国际问题研究院"（Institute of International Affairs）的主任。在接任汤因比之前，他用了很多年循着旧制度的脉络回顾了德国的中世纪史。巴勒克拉夫的确提出了呼吁，要抛弃这种老古董式的主题，并关注当代史（德国人称为 *Zeitgeschichte*），特别是冷战期间形成的瞬息万变的国家体系，并关注1945年后的"再现生机的新世界"这种更为切近的问题。在他的关注视域中，取中世纪史而代之的，不仅有现代史，还有"后现代"。然而，对于他来说（同样对于汤因比来说），这仅仅是一个临时的标签，他希望随着"欧洲萎缩症"出现，开始赋予其一些实质内容。[2] 如巴勒克拉夫所评论的，第

---

[1] *The Englishman and His History*, 82.
[2] *An Introduction to Contemporary History* (New York, 1964), 23.

第四章 现代

一次世界大战标志着欧洲霸权的终结和"新民族主义""新外交关系"(美国风格)以及新的全球体系的兴起,新的交流形式起到了强化作用,它的轮廓和政治轴心尚未清晰,尽管他被告诫,政治和文化是形成于"世界文明"之中的。无论如何,巴勒克拉夫的警告似乎更接近新闻行业而不是他开始所从事的(民族的)历史学。英国学者当然脱离了其以往的盎格鲁中心和欧洲中心的活动领域,不过这个现象是在最大程度上沿着狭隘的——且仍然是国家的——特殊线路发生的。牛津和剑桥的出版社以那些在欧洲的权力政治游戏中也扮演了角色的国家为主题出版了大量著作,包括波兰、中国、日本、非洲、印度、拉丁美、伊斯兰以及其他外围区域,通过此方式,也拓展了英国史学帝国和影响力范围。

最后要提到,由于大陆学者的移民,英国也从战前的危机中获益了,特别是"瓦尔堡研究院"(Warburg Institute)及其蔚为壮观的图书馆从汉堡转移到伦敦。[1]艾比·瓦尔堡(Aby Warburg,1866—1929)与阿克顿勋爵相像,但更具美学倾向。他是学者兼收藏家,像雅各布·布克哈特、恩斯特·卡西尔、卡尔·福斯勒(Karl Vossler,1872—1949)、埃里希·奥尔巴赫(Erich Auerbach,1892—1957)、费利克斯·吉尔伯特(Felix Gilbert,1905—1991)、汉斯·巴龙、保尔·克里斯特勒(Paul Kristeller,1905—1999)、恩斯特·帕诺夫斯基(Ernst

---

[1] Kurt W. Forster (ed.), *Aby Warburg: The Renewal and Pagan Antiquity* (Los Angeles,1999); Peter Alter (ed.), *Out of the Third Reich: Refugee Historians in Post-War Britain* (London,1998).

Panofsky,1892—1968)、尼古拉·鲁滨斯坦(Nicolai Rubinstein,1835—1881)以及其他此类的学者,从民族国家的局限转向意大利文艺复兴的生活和文化,连同从中提炼出的古代遗产。瓦尔堡在研究文化传播和变化时秉承兰普雷希特的理念,也强调图像学、艺术史的语义学和资助活动的问题。瓦尔堡伟大的图书馆不仅是坚持不懈和独具匠心的积淀凝结,也是认知的原创性(也使很多学者感到困惑的)计划的产物,这种方案就是不太关心哲学的种属,而更关心文化和顿悟方面的相关之物、类似之物、古怪之物、对应之物以及意外所得之物。1933年,瓦尔堡去世后,他的图书馆跟随个人流亡的风潮离开德国,落脚伦敦。自那时起,它在那里产生了强有力的和启示性的影响,例如,它使得恩斯特·卡西尔从新康德哲学转向了文化史和受他自己的人类学启迪的"符号形式的哲学"。

前行中的德国史学

希特勒崭露头角后,罗伯特·穆齐尔提出了一个与他这一代历史学家,即1905年这一代史家都相关的问题:"你一定对国家社会主义前途深信不疑,或是认定德国会衰败。而无论如何,在我无法摆脱的那种传统的终结中,人如何在这种氛围下进行研究呢?"[1] 1933年,阵营的分隔线再次划出,一面是梅尼

---

[1] Cited by David S. Luft, *Robert Musil and the Crisis of European Culture, 1880 - 1942* (Berkeley, 1980), 269.

克和翁肯之类的历史学家,他们坚持兰克那种历史学是一种客观的科学的理念,另一面是瓦尔特·弗兰克之类的新帝国的支持者,他根据特赖奇克的方式,将历史学视作一种政治力量。民族的保守派和自由派同样继续批评种族主义和官方的"神话"癖好,就像在康特洛维茨的例子中那样。不过,他们几乎没有将他们的批评抛向政策话题。无论如何,即便是保守派史家也没有一条统一战线,因为以普鲁士为主的**小德意志**的支持者与念旧之人,同**大德意志**和泛德意志帝国的理想主义支持者之间早已存在的敌对关系仍然存在,或说是再度出现了,如施纳贝尔和斯尔比克,他们自然是支持与奥地利完成**德奥合并**的。另一种对立也仍然存在,即仍广泛流行的旧式风格的政治史与在莱比锡的兰普雷希特研究院一直延续着的文化史之间的对立。1933 年,汉斯·弗莱尔(Hans Freyer,1887—1969)接任了格茨在兰普雷希特研究院的位置。以**民族史**的形式呈现的文化社会史不仅在马克思主义者和社会主义激进分子那里得以开展,那些对国家社会主义感同身受和狂热支持的人在这方面也有所付出。对于这些人,不仅是政党,就连整个国家都是刚刚苏醒并正在前行之中。回头看去,梅尼克和里特尔〔以及路德维希·德约(Ludwig Dehio,1888—1963)〕也仍然与其他人存在分歧,他们都指出权力的"恶魔"属性,而其他人尽管呼唤着某种"修正主义",但还是想按常规的方式做事。

1933 年后,德国史学的人事机构、领导机制以及组织方式经历了重大变化。在严厉的批评者中,很多是犹太人,他们都遭到强制解职或流亡国外,尤其是流亡到美国。1935 年,梅尼克的《历史杂志》(*Historische Zeitschrift*) 主编位置被卡尔·亚历山大·冯·穆勒（Karl Alexander von Müller，1882—1964）取代，而穆勒的学生瓦尔特·弗兰克则成了新的帝国历史委员会的首脑，他们同样呼吁着一种激进的和谦卑的、服务于新的革命的历史科学。保守派和纳粹的支持者继续着学术上的争论，而像翁肯和梅尼克之类的历史学家则抵制庸俗民族主义的再现和政府着力经营的种族主义神话。不过，翁肯温和的抗议和带有批评式的自持遭到瓦尔特·弗兰克的疯狂还击。"翁肯案"明确了新政权及其宣传体制下的批评和解释限度。自此以后，争论的焦点集中于事件的强调而不是严谨的修正主义。"中世纪式的战斗"继续着，仍围绕着普鲁士和奥地利政策的旧有核心问题而展开。不过在1938年德奥合并之后，甚至这种分歧也淡化了。佩尔西·恩斯特·施拉姆是一项罗马帝国传统在宗教与政治方面复兴的主题研究的作者。他遭到了支持将捷克斯洛伐克、波兰连同奥地利都合并过来的"新罗马"观的中世纪研究者的打压。[1] 1935年之后，学术圈和宣传媒体所强调的是集中于德意志、民族、"犹太问题""基督教化的西方"（对应于"蛮人"和布尔什维克化的东方），以及一种不仅包括了德国和欧洲还包括——一种奥地利普世主义的残留物——整个文明世界的"新秩序"。然而，除了在今天看来是纳粹主义污点的内容，总体上讲，这些主题与西方的史学传统没什么差别。

传统史学仍然活着，例如在弗兰茨·施纳贝尔四卷本的

1　*Kaiser，Rom und Renovatio*（Darmstadt，1957［1929］）.

19世纪德国史（1929年—1937年）中，这是自特赖奇克之后第一次对这一时期的历史进行考察。他称特赖奇克为"**小德意志德国的先驱**"，他的研究是在试图"用新的眼光"审视这个主题。[1]施纳贝尔认为，德国历史学家变得太具体化了，他们搜集砖块，而外国学者建造房屋。作为对这种现象的一种反应，他从档案馆抽身出来投身图书馆，也从政治抽身出来转到"人民的内心生活"。他拒斥俾斯麦的民族主义和怀旧的政策，称颂赫尔德和歌德的"新人文主义"，并且谴责普鲁士公国失去了经典的"德意志精神"——而从另一个层面上讲，是这种精神与后来19世纪的"技术文化"渐行渐远。在第三卷（1934年）中，施纳贝尔既考察了实验科学，也考察了人文科学，包括语文学、文学、艺术、考古学以及神学，而特别考察了**历史科学**（Ge-schichtswissenschaften），还考察了尼布尔和兰克的历史作品，以及各学科的学院构成。最后一卷致力于宗教的研究——天主教和新教，也就是说，犹太教对于人民的"内心生活"来讲是处于边缘的。该套书的第三版出版于"大灾难"之后（1947年）。其中，施纳贝尔喜滋滋地报道了英国经济史家 J. H. 克拉潘针对这套书具有的研究价值的论证，尤其是它从特赖奇克和德意志第三帝国宣传的"神话"中摆脱出来获得自由的价值。

另一个修正主义者是海因里希·里特尔·冯·斯尔比克，大德意志观念下的德国史——也是基督教史和奥地利史——的

---

[1] Franz Schnabel, *Deutsche Geschichte in neunzehnten Jahrhundert* (4 vols.; Freiburg, 1959[5])；并参见 Thomas Hertfelder, *Franz Schnabel und die deutsche Geschichts-wissenschaft* (2 vols.; Göttingen, 1998).

考察者。他写的梅特涅传问世于 1925 年，他关于"德国统一"的研究在 1935 年至 1942 年间出版。[1] 像斯纳贝尔那样，一定程度上也类似于梅尼克，斯尔比克称颂德国文化的世界性的和普世主义传统，及其进入中欧的文明化任务。他赞成泛德意志构想，支持德奥合作，是弗兰克的委员会成员，甚至供职于纳粹控制的德国国会大厦。他的书作关注了 1859 年至 1866 年间的大量细节，并使用了最新出版的材料。他的写作是在热爱和懊恼——对国内和国外的德意志人民的热爱，和对使文化和种族统一遭到破坏的普奥冲突的懊恼——的双重情绪促动下进行的。（如同古老的德意志帝国和德意志联盟所展现的）德意志民族既是一个民族，也是多个民族，而斯尔比克的目标是真正的统一。由于与纳粹政权合作过，斯尔比克最后的日子颇为孤单。不过 1950 年，他的确对德国史学进行了大规模考察并出版著述，从文艺复兴，至兰普雷希特开始的文化史和民族史的时代。纳粹的种族"科学"开始于兰克和梅尼克都曾援引的歌德的评价，即每个时代都不得不重写历史——而实际上要重写的是历史学的历史，就是斯尔比克试图改良的瓦赫勒、弗朗茨·克萨维尔·冯·韦格勒（Franz Xaver von Wegele，1823—1897）、奥托·洛伦茨（Otto Lorenz）、富埃特、莫里兹·里特尔以及贝罗所考察的那种史学史。重要的是，斯尔比克在其奥地利普世观念幻灭时，不仅向政治史敞开胸怀，也向文化史、文学史、艺术史、经济史、法律史和宗教史持开放态度。

---

1 Srbik, *Deutsche Einheit: Idee und Wirklichkeit vom heiligen Reich bis Königgratz* (4 vols.; Munich, 1935-1942).

历史学家在各种方面得到鼓励,这使希特勒上台之后的政策和事件合法且和谐,他们将之(无论是评价人还是评价政权)颂赞为注定要实现老一代人期望和预言以及年轻一代人壮志雄心的民族革命,将新政权的骄傲部分地与路德、腓特烈大帝和俾斯麦那些主导了德意志过去的人物嫁接在一起。有的时候,热情是非政治性的,例如理查德·本茨(Richard Benz,1884—1966),他呼吁新德意志和"第三民族"的智识和精神基础,认为它会和平地取得胜利。不过,这与新政权的正统性几乎没什么关系。[1] 在汉佩、哈勒尔、翁肯、布兰迪、布兰登伯格、赫尔曼·亨佩尔(Hermann Heimpel,1901—1988)、安德烈亚斯这些职业历史学家中,大多数人或公开或暗自支持新的"第三个"千年的德意志帝国,好像它将德国带回其真正的历史道路和帝国命运之中似的。

就像在独立战争中那样,这条道路不仅被视为政治性的,也被视为文化的和民族性的,而历史学风格通过民族史的实践和理论,带着直接的和间接的种族主义(以及"精神上的")暗示被扩大了,涵盖了整个国家。这种种族主义的暗示成了一种"新秩序",它不仅适用于最广义的德意志,也适用于作为一个整体的"白人"欧洲。这就是布兰登伯格的 1937 年出版的著作《欧洲与世界》(*Europe and the World*)中的观点,该书将西方与"西亚"和"东亚"的"文化圈"做了区分,认为"文化圈"是确保了使欧洲与印度-日耳曼语系社会具有优越性的

---

[1] Richard Benz, *Geist und Reich um die Bestimmung des deutschen Volkes* (Jena, 1933).

"血统和文化",而它所指向的不仅是德意志的独立存在,也包括"白色人种傲然于世界的精诚团结"。[1] 布兰登伯格的德国史完成于 1939 年,书中实际上用了他在 1916 年所说过的话,赞美德意志的统一,只是这次赞美的是最近由希特勒"在难以置信的短时间内"完成的统一,期待的是德意志的未来,"即使邻国们［1939 年:'宿敌'］会再一次试图将我们扔回我们之前势单力孤的状况"(*Ohnmacht*［1939:"powerlessness and disunion",*Ohnmacht und Zerissenheit*］)。[2] 陈腐的德意志妄想——以及民族统一和帝国主义扩张的迷梦——仍然存活在历史学传统之中,尽管也还是有些许隐隐的焦虑。

纳粹掌权时期学术活动处在恶劣条件下的一个极好的例证是维克多·克莱普勒(Victor Klemperer,1881—1960)。他是一个传奇的语文学家。他发现,在现代话语的敏感地带教书是不可能的,且"只能教授观念的历史",不过他还是为他那在战后出版的批评纳粹在语言上的革新和颠倒是非的研究搜集着材料。[3] 在这个时代,"智识、学术成了敌人",希特勒的咆哮［被克莱普勒比作柯拉·迪里恩佐,并被他的妻子比作莱顿的扬(Jan of Leiden,1509—1536)］象征着戈特霍尔德·莱辛(Gotthold Lessing,1729—1781)与歌德的语言的沉沦,而克

---

1 *Europa und die Welt* (Hamburg,1937).
2 *Reichsgründung* (2 vols.; Leipzig,1916),II,432,以及 *Von Bismarck zum Weltkrieg* (Darmstadt,1939),595; Eng. tr. *From Bismarck to the World War: A History of German Foreign Policy,1870‑1914*,tr. Annie Elizabeth Adams (London,1927).
3 *I Will Bear Witness: A Diary of the Nazi Years,1933‑1941*,tr. Martin Chalmers (2 vols.; New York,1998),I,24,64,74,77.

第四章 现代

莱普勒自己,因有犹太背景而被禁止使用图书馆,并且他自己的打字机被没收。他也说过:"对我乱写的东西的惧怕会使我被投入集中营。"然而他却说:"感觉告诉我,书写是我的责任,是我生命的任务,我的心声。"[1] 克莱普勒主要的计划是法国启蒙运动史,他将之视为 20 世纪 30 年代德国的对立面,尽管法国大革命与德国 1933 年革命有很多相似之处,尤其是雅各宾派在对新世界的期待中改变了历史的走向,使一切都改头换面了。其他同行和反抗者,如 E. R. 库尔提乌斯、莱奥·施皮策(Leo Spitzer,1887—1960)以及埃里希·奥尔巴赫,都遭遇了类似的排挤。可是与克莱普勒不同,他们以某种方式流亡国外,使得他们可以开展他们的世界文学史研究。

在纳粹政权下熬过来的职业历史学家,无论是否流亡,在战争期间和战后,都保持了某种惯性。尽管没有身死,但在肉体和精神上这种惯性一直都在。不过,"纯粹的科学"和国家的命运之间亦步亦趋的关系显然已经破裂。[2] 战后,对于**民族**(*Volk*)的强调被对于"结构"的强调取代,就如同布伦纳和维尔纳·康策(Werner Conze,1910—1986)的作品[还有**概念史**(*Begriffsgeschichte*)的早期阶段和格哈德·厄斯特赖希(Gerhard Oestreich,1910—1978)关于国家建设过程中的军事和新斯多葛哲学的作品]中所反映的。[3]

---

1 *I Will Bear Witness*,II,12 (8 Feb. 1942).
2 Winfried Schulte,*Deutsche Geschichtswissenschaft nach 1945* (Munich,1989).
3 参见 Peter N. Miller, "Nazis and Neo-Stoics: Otto Brunner and Gerhard Oestreich before and after the Second World War," *Past and Present*,176 (2002),144-186。

瓦尔特·弗兰克像穆勒一样，一直支持纳粹倾向的历史学，就在1945年德国投降之前，他了断了自己的生命。从这时起，德国历史学家的精力径直投向了批判——或许也是哀叹——历史学的学术价值和民族价值的实现，尽管某种程度上讲，这也是在加以挽救。[1] 已身在高龄的弗里德里希·梅尼克在战争时期现身，坚信"精神因素是历史中头等重要的"——指歌德时期的，而不是俾斯麦时期的德意志历史学——并且，像格哈德·里特尔和路德维希·德约一样，他坚信存在着某种与国家权力和理性有关的"邪恶的"东西。[2] 汉斯·德尔布吕克很久以前就抨击说"德国人民的堕落"就发生在非德国的"泛德意志主义"之中。所以，梅尼克也并非曾对纳粹主义的社会根源的洞见达到了非常深刻的程度。至于希特勒，梅尼克将他的崛起视作一连串的"巧合"汇聚的结果，并类似欣策所评价的"他真的根本不属于我们这个种族"那样，将这个人视作本身就来自"一个本来已经灭绝的、不讲究道德的种族"的异类。

这些观点是梅尼克1946年在他的《德国的浩劫》（German Catastrophe）中所表达的。此书从德国史学历来存在的权力与文化的二元并置和不平衡状态谈起。1933年后，梅尼克仍然试图在纳粹发动的变革中看到一些积极的东西。而且，尽管他自己个人地位每况愈下，但他仍然与历史学家保持联系，这些学

1　Stefan Berger, *The Search for Normality: National Identity and Historical Consciousness in Germany since 1800*（Providence, 1997）.

2　*The German Catastrophe*, tr. Sidney B. Fay（Cambridge, Mass., 1950），10，并参见 Dehio, *Germany and World Politics in the Twentieth Century*, tr. Dieter Pevsner（New York, 1959），13.

者既有年轻的也有年老的,也包括流亡国外的豪约·霍尔伯恩之类的学生。他还为他关于"历史主义"的伟大研究呕心沥血,认为历史主义的当代"危机"不仅涉及宗教和哲学的价值观,也关系到将德国带入另一种可悲的发展道路的权力和文化所面临的相似问题。一如既往,梅尼克更强调"精神因素",哀叹曾被赫尔德表达并在独立战争中实现的"智识与国家相结合的状态"的瓦解,也哀叹布克哈特曾批评过的"大量马基雅维利主义者"的崛起。梅尼克本人已经开始在关于"国家理性"的广博研究中对后一个问题进行分析(1924年)。在德国史学以政治为中心、特别是以外交事务为首的兰克式原则的问题上,他特意与他的朋友斯尔比克(20世纪30年代,他正在出版其关于德意志统一的宏大研究成果)划清界限。

战前德国的一位重要的历史学家是卡尔·布兰迪,宗教改革的专家和哥廷根大学教授。他尽管不是纳粹,但却是一个保守的民族主义者。在20世纪30年代,他是国际性的历史会议上的风云人物。[1] 1939年,他出版了皇帝查理五世的传记(不久后经C. V. 韦奇伍德译出),称之为拥有最伟大帝国的人,并慨叹尽管这个帝国有了王朝的基础,结果却在路德的影响下以德意志人民第一次大规模的揭竿而起而告终。"民族的历史上悲惨和关键的时刻!"布兰迪疾呼道,并认为它与"沃姆斯会议"以及处在转折点上的德意志人民的状况有关——"他们的狂热是

---

[1] Wolfgang Petke, "Karl Brandi und die Geschichtswissenschaft," *Geschichtswissenschaft in Göttingen*, ed. Hartmut Boockmann and Hermann Wellenreuther (Göttingen, 1987), 287–320.

这种强烈欲望的结果,但欲望远未能实现"。不过,查理尽管是一个"伟人",却不是一位备受期待的领袖。路德呼吁建立的德意志国家也不是第一次或最后一次陷入纷争。两年后,布兰迪可以被视作德意轴心集团主导的新帝国主义扩张的支持者,这种扩张本身就使人想起中世纪时期的帝国。它与东方的"野蛮主义"和谋求"新世界秩序"的欧洲复兴势不两立。[1]

或许坚持兰克信仰的德国史家中最典型的保守派是格哈德·里特尔。他是翁肯的学生,1925 年至 1956 年间在弗莱堡大学治学。里特尔不仅对兰普雷希特式的文化史感到不满,也挑剔梅尼克的唯心主义、历史主义和"文学"癖好。二战之前和之后,他都一直支持民族统一的理念,这在 20 世纪 20 年代他出版的路德传和 30 年代推出的腓特烈二世传中都有明显表现,它们与被歪曲了的纳粹普鲁士主义截然不同。尽管不是民主主义者,但他还是试图顶着纳粹风潮坚持信念的自由。他还捍卫翁肯,与弗兰克针锋相对。1940 年,被禁止离开德国的他出版了《强权国家与乌托邦》(*Machtstaat und Utopie*,英译本标题为 *The Corrupting Influence of Power*)。该书反对(并非必然邪恶的)与马基雅维利有关的"国家理性",赞成托马斯·莫尔的《乌托邦》观念,也就是反对大陆政策,支持孤岛立场。[2] 战后,在其关于"军国主义问题"的大部头研究《权术与

---

[1] Karen Schönwalder, *Historiker und Politik:Geschtswissenschaft im Nationalismus* (Frankfurt, 1992), 207.

[2] *Die Dämonie der Macht:Betrachtungen über Geschichte und Wesen des Machtproblems im politischen Denken der Neuzeit* (Stuttgart, n. d.[5]).

战争的艺术》(Statecraft and the Art of War) 中,他继续坚持这种观点。该书在战争的最后一年完成,但十年后方才出版。里特尔也像其他史学家希望将**意志**(Geist)与**现实政治**(Realpolitik)结合起来。他还勾画了一种国家与文化的、民族传统的实体与精神的结合状态,同时他也承认,在过去一代人所处的时代,两者之间是不平衡的。里特尔也与抵制希特勒有关,并在战争的最后几个月被投入监狱。四年后,里特尔成为"德国历史学家协会"(Verband der Historiker Deutschlands)的主席。

1948 年,里特尔出版了他关于"德国问题"的反思,反对"修正主义者",这些人拒绝民族统一,但也试图超越可怕的二元论。这种德国史上早就存在的二元论,一面是路德和崇尚虔诚的精神理念,另一面是以腓特烈大帝与俾斯麦为代表的普鲁士主义的强权政治。里特尔在二者间举棋不定。[1]里特尔对他曾颇感满意的一战后的德国复兴再度上演感到"极度悲观的失望",并且在他做出另一番预言的二十五年后,随着第二场浩劫般的战争爆发,他见证了可能发生的国际冲突中三分之一的内容。强权的邪恶因素出现在俾斯麦之后的欧洲帝国主义、泛德意志主义的误导性运动、由"新教-社会主义"(Protestant-socialism)演化而来的"国家-社会主义"之中。"危险的细菌"经一战而得到滋生,甚至感染了马克斯·伦茨和迪特里希·格哈德,还有托马斯·曼、马克斯·舍勒以及维尔纳·桑巴特之

---

[1] *The German Problem*: *Basic Questions of German Political Life*, *Past and Present* (Columbus, 1965).

类的知识分子。无论如何,尽管有纳粹主义激进的和种族主义的政策和活动所造成的破坏性影响,里特尔对复兴的民族-国家的强权与文化混合的理念没有完全失去希望。与此前那么多次都类似的是,德国不得不——而这一次,一些包括理查德·施塔德尔曼等非纳粹党身份的纳粹拥趸在内的学者也同意——通过追溯两次世界大战期间遗失的西方传统,"争取新的历史地位"。[1]

秉着这种对新精神来说太过陈旧的精神,梅尼克在变换为"善良德国"的神话中找到了慰藉,他相当愚蠢地希望通过"歌德社团"和历史学专业中的重心转移使这个神话重现生机。通过重读狄尔泰,特别是布克哈特,梅尼克在1948年得出结论:"今天,我们开始自问,布克哈特对我们和其他历史学家来说,最终会不会变得比兰克还要重要?"由此,他像斯尔比克那样,转向了普鲁士已经抛弃的文化问题和四海一家的思路。对于未来,梅尼克比里特尔更为乐观。他回到了老式的普世主义价值观,即他在其几乎40年前的第一部重要著作中着手考察的主题。他希望在某种世界性联盟中实现这种价值观。

路德维希·德约是梅尼克的普鲁士同辈人中较年轻者,而他实际上在1948年接任了《历史杂志》的主编。德约在50年代初写了很多讨论德国问题的文章。他重新提及了与德国"周边环境"有关的地理史观点,认为"战争罪责"混淆了主要问题,并认为"凡尔赛条约"本身就是一场"灾难"。不过,他不

---

[1] Wolfgang J. Mommsen, *The Return to the Western Tradition: German Historiography since 1945* (Washington, D. C., 1991), 8.

第四章　现代

否认德国发动战争（他用了早些时候使用过的措辞，"只是发动战争"）以谋取霸权，同"列强"平起平坐——也不否认希特勒是"一个虚无主义的魔鬼"，一旦他已经将其他人和他自己"引入深渊"，那么他就像"梦游患者"般行事，并不再是政治进程中不可或缺的一部分。德约的目标是通过将德国的过往置于可追溯到三个世纪以前的欧洲国家敌对关系的长时段视角中，以将其呈现为历史的自然结果。他考察了兰克的学术影响，将之解释为与俾斯麦时期德国的自由帝国主义共兴衰的过程。其中，他没有完全置身事外，认为"次等诸神"的研究，特别是伦茨、德尔布吕克、翁肯以及马克斯的作品，现在看来是失败的，尽管他称赞了梅尼克的"通透"，并且同意他在1919年后所说的，"雅各布·布克哈特是冉冉升起的明星"。[1]与德尔布吕克相似，德约不认为经济利益先于政治而存在。因为在他看来，真正的问题是"欧洲国家体系"的衰落，这个体系一直是兰克史学浅显易懂的领域。[2]

1945年以后，尽管在评价上有所修改，兰克仍然是德国史学伟大的宗师，而虽然没有被与希特勒联系起来，俾斯麦却仍然是现代德国政治传统的奠基人。并且从期待恢复统一并巩固在欧洲社会的地位——而与性质相异的纳粹种族主义背道而驰——的民族传统的意义上讲，旧的习惯和假设没有被立刻破除。这曾是犹太人学者汉斯·罗特菲尔斯的观点。他支持俾斯

---

[1] *Germany and World Politics*, 65.
[2] *The Precarious Balance: Four Centuries of the European Power Struggle*, tr. Charles Fullman (New York, 1962).

麦及其社会政策，20 世纪 30 年代也曾经支持德国向东扩张。不过在 1958 年，他出版了一本关于德国抵制希特勒的有道歉意味的书。[1] 在 1951 年以研究第三帝国产生的战后问题为任务的"当代史研究院"（Institute for Contemporary History）成型之前，"德国历史学家协会"（Association of German Histonians）的成立也没有从旧状况中摆脱出来的迹象——里特尔身为主席，攻击了支持马克思主义的同行。[2] 官方层面推行马克思主义信仰的东德，从德国分裂出来，然而旧式历史"科学"的方法没有丝毫变化。这一点令人痛心地显见于刻板的《历史研究导论》（Introduction to the Study of History）。该书 1978 年出版于柏林，恢复了对所有工具、辅助科学以及兰克式的历史史料的使用，将它们用于对马克思-列宁主义的唯物主义信仰的讨论，使之成为马列的注脚，并将之结合于德意志民主共和国（GDR）的政治需要。[3] 不过，这是一个大体上被遗忘的世界。半个多世纪以来东德学者涌现了大量历史学，其中一些颇具价值，特别是在经济史和社会史领域，可现在大部分已散失于公众和学术视野中。这种史学主要的努力方向是通过不偏不倚的学术恢复现代史学的维度。

---

1 Lothar Machtan, "Hans Rothfels and the Historiography of Social Policy in Germany," *Storia della storiografia*, 21 (1992), 3–24.
2 Winfried Schulze, *Deutsche Geschichtswissenschaft nach 1945* (Munich, 1989), 18.
3 *Einführung in das Studium der Geschichte*, ed. Walter Eckermann et al. (Berlin, 1978); 但也参见 Andreas Dorpalen, *German History in Marxist Perspective: The East German Approach* (Detroit, 1985)。

美国史学的世纪?

二战之后，"新"史学还剩下什么？在英国，随着社会主义左派的式微，唯一被严肃对待的运动是"文化唯物主义"的成长，它的形成来自两个方面：一个是通过修正主义式的马克思主义在字面上做淡化处理，另一个是一种更为自我标榜的、对政治和社会焦点（和重要性？）作窄化处理的"修正主义"。在法国，"年鉴"范式经历了人类学转向（或说是回归），米歇尔·福柯（Michel Foucault，1926—1984）的出现，以及其他类型的现代或是后现代式的推测性历史学发生转型。在德国，马克思主义路线在德意志民主共和国发挥到极致，并且出现了一种社会史转向，也有"德意志问题"的持久争论的转向，特别是弗里茨·费歇尔（Fritz Fischer，1908—1999）挑起的争论。美国史学的突出之处在于"新"经济史和社会史的出现，以及因对定量的狂热趋向而出现的为期不长的"计量历史学"（cliometrics）学派，同时还有对欧陆学术和观念的接纳，美国化的文学转向，以及瞄向一种真正的"世界史"的努力更新。研究的碎片化，"宏大叙事"的崩塌（这是以"后现代主义"话语的迟来评定），以及个人"立场"（points of view）的复兴在所有地区都很显著。它们大量地以印刷书籍为载体，并通过电子技术强化，形成了持久并迅速增长的信息过载。然而，阐释继续叠加，传统的主题即便不是被抛弃，也经过了修正主义式的处理。所从事的事业是否成功，要基于原创性和后继的英才使之进一步健全，还要基于它们被纳入"文学作品"即教科书和参考性文献的程度。世界史比以前更为模糊，而对民族特性的追问仍然占据着西方国家历史学关注的中心，且后殖民时代的种族中心主义尽管在言辞上被努力地规避或否定，但仍力量强大。第二次世界大战后，美国史家力争摆脱特纳和比尔德看待民族过去的视域的局限，创造性的解释遍布于从大卫·波特（David Potter，1910—1971）的《富足的人民》（People of Plenty，1954）到迈克尔·坎曼（Michael Kammen，1936—2013）的《迷茫的人民》（People of Paradox，1972）以及奥斯卡·汉德林的《背井离乡的人》（The Uprooted，1951）这些作品之中。[1] 总体来看，这种刻画与相对主义和进步主义不同，它倾向于约翰·海厄姆（John Higham，1920—2003）所谓的"一致论的历史学"（consensus history），是路易斯·哈茨（Louis Hartz，1919—1986）和丹尼尔·布尔斯廷（Daniel Boorstin，1914—2004）所示范的历史学，强调传承性和守旧性，也怀疑自由主义，认识到美国历史中讽刺和悲剧的元素，也在史学话语的单目中加入了灵魂追问。[2] 对于理查德·霍夫斯塔特来说，美国历史学家——"进行阐释的历史学家"——牺牲时间维度而看重空间维度，使用边疆的神话背离欧洲的遗产，且频频陷入"表现主义"（presentism）的荒谬中——就

---

[1] 参见 John Higham，*History: Professional Scholarship in America*（Baltimore，1965）。
[2] 关于"一致论历史的神话"参见 Ellen Fitzpatrick，*History's Memory: Writing the American Past，1880-1980*（Cambridge，Mass.，2002）。

如同他自己所做的那样,因为他计划将麦卡锡主义和反智主义(anti-intellectualism)置于更早时期的美国史当中。他针对经典的美国进步主义史学——以特纳、比尔德和帕灵顿为代表——的批判性研究,为新的复杂局面和甄别对国家过去的理解的失误之处奠定了基础。由于特纳因痴迷地理学而简化了历史学处理,所以查尔斯·比尔德用他自己的方式,即通过主张在观念与经济利益之间可以推断出关联(至少在他发现了欧洲一体观念下的相对主义之前)来推断历史,而帕灵顿借助"唯心主义"和"民族主义"等唯智识论的"对立面"解释历史,这造就了他典型的"辉格式的"历史思考模式。[1]根据霍夫斯塔特的观点,这些进步论表现了一种历史的"矛盾论模式"(conflict model)(尽管不是马克思主义式的)。与之针锋相对的,除了布尔斯廷和哈茨等阐释派史学家的历史"一致论模式"(consensus model),还有"修正主义者"在更为实验性的层面反映出的"专题研究的揭竿而起"。而对于霍夫斯塔特来说,在严格坚持其中任何一种模式时,都有一些东西流失了,特别是在那些对事业一片**赤诚**(engagé)的历史学家那里,而这份热诚——仍然期待着"改变世界"——是他自己空想出的职责。

对一致论的抵制来自左派,特别是"阐释派的史学家"威廉·阿普尔曼·威廉斯(William Appleman Williams,1921—1990)和莱因霍尔德·尼布尔。他们解决美国冷战窘境的钥匙

---

[1] *The Progressive Historians*:*Turner*,*Beard*,*Parrington*(New York,1968).

分别是美国历史的"悲剧"和"讽刺"。对威廉斯来说,"悲剧"来自"边疆"心态觉醒之后采用的资本主义和帝国主义政策。而尼布尔"超越了悲剧"(也超越了自由主义),在其对被误导的美国自身形象的批判中,他采取了一种不太戏剧化的立场,激励美国从无知的价值观转向一种切合实际且多元主义的、对于普遍解构形成威胁的认知,这就是左派与右派所使用的冷战修辞的核心——也意味着承认了"美国的世纪"这段岁月中的欧洲和资本主义背景。向错误的、混乱的以及冲突性的洞穴的回归也体现在佩里·米勒权威腔调十足的关于清教徒心理的研究中,即使研究对象的时代更久远一些。在其著作的第一卷(1939年)中,米勒将清教主义刻画为一种有等级次第的体系,以百科全书式的方式——并且如他所承认的,他受到他力争恢复声望的彼得·拉姆斯(Peter Ramus,1515—1572)的修辞观点影响,也通过一手促成"热门话题"的方式——来安排他的刻画,从民族概念到修辞的、人类学的和社会学的概念,而其目标不仅是为了思考,也是为了鼓起勇气应对一个充满敌意的世界。这番研究计划因米勒的兵役而中断。米勒著作的第二卷(1953年)的模式从经院派的风格转向了唏嘘哀婉,将清教思想的"衰变"解释为智识的混乱与冲突,以及"社会的分裂"。他认为这是由于理想的世俗化而造成的,就像"被派往旷野的差使"(errand into the wilderness)变成了有目共睹的帝国命运。

美国史学通常要涉及自身定位问题,从圣约翰·德·克雷夫科尔(St. John de Crèvecoeur,1735—1813)的"美国人这

第四章　现代

种新人类是什么？"到特纳的边疆理论，都是摆脱欧洲背景的行为。不过，这种由来已久的例外主义只在20世纪的经历中得以——例外地——存活下来。美国史学的拓展和强化与两次世界大战间隔时期流亡学者的空前汇聚有关，特别是从纳粹德国流亡而来的学者。在使中世纪和近代早期欧洲的研究，以及民族传统研究的兴旺方面，他们给予了很大帮助。这些人中最突出的，有法伊特·瓦伦丁、阿瑟·罗森博格、古斯塔夫·迈耶尔（Gustav Mayer，1871—1948）、汉斯·罗特菲尔斯、费利克斯·吉尔伯特、汉斯·巴龙、豪约·霍尔伯恩、汉斯·罗森博格、埃克哈特·克尔、恩斯特·康特洛维茨、迪特里希·格哈德、基多·吉什（Guido Kisch，1889—1985）、特奥多尔·蒙森、卡尔·兰道尔（Carl Landauer，1875—1943）、阿道夫·贝格尔（Adolf Berger，1882—1962）、彼得·盖伊和弗里茨·斯特恩（Fritz Stern，1926—2016），还有奥地利人格哈德·拉德纳（Gerhard Ladner，1905—1993）和弗里德里希·恩格尔-亚诺希（Friedric Engel-Janosi，1893—1978）。[1] 最突出的，是来自德国的梅尼克的学生。最早的是豪约·霍尔伯恩，他（如同梅尼克如释重负地写到的）在耶鲁找到了"安全的港湾"。在

---

[1] Gabriela Ann Eakin-Thimme, *Geschichte im Exil: Deutschsprachige Historikernach 1933* (Munich, 2005), Hartmut Lehmann and James Van Horn Melton (eds.), *Pathsof Continuity: Central European Historiography from the 1930s to the 1950s* (Cambridge, 1994), Catherine Epstein, *A Past Renewed: A Catalog of German-Speaking Historians in the United States after 1933* (Cambridge, 1993), 以及 H. Stuart Hughes, *The Sea Change: The Migration of Social Thought, 1930–1965* (New York, 1975); 还有 Peter Gay, *My German Question: Growing Up in Nazi Berlin* (New Haven, 1998).

这里，他树立了其美国学术界的德国史研究带头人的地位。费利克斯·吉尔伯特和汉斯·巴龙带着他们的学术对立跨过大西洋，开始占领意大利文艺复兴研究的中心区域，并且伟大的哲学史家（也是海德格尔的学生）保罗·奥斯卡·克里斯特勒（Paul Oskar Kristeller，1905—1999）也参与其中。在哥伦比亚大学奠立了杰出的学术生涯之前，他先是从德国流亡，继而又逃出意大利。[1]

很多梅尼克和特洛尔奇的学生受到历史学思考和写作的吸引。巴龙研究的是意大利佛罗伦萨文艺复兴中历史意识的"觉醒"，而吉尔伯特有一本论德罗伊森的学位论文，并搞了一套欣策的译文集，同时对马基雅维利和弗朗切斯科·圭恰迪尼（Francesco Guicciardini，1483—1540）做了比较研究。而这个领域由一批人和更多的他们的美国同行和学生继续耕耘。格哈德·马苏尔的兴趣是心智史，而在此之后，在特洛尔奇的影响下，他出版了一本对于一战之前欧洲文化的丰富的和透彻的研究（1961年）——在检验"昨天的时代之先者"〔从歌德开始，克尔凯郭尔和尼采，再到弗洛伊德、梵高和米盖尔·德·乌纳穆诺（Miguel de Unamuno，1864—1936）〕的过程中，尽管他在书的开头以命中注定的泰坦尼克作象征，确信"〔欧洲的〕睥睨四方的岁月到头了"，并接受"由人类心灵建立的所有形式和结构注定是要过时的"历史主义观念，但是，他与斯宾格勒天启式的悲观主义划清了界限。[2]

---

[1] 参见 Lehman and Sheehan (eds.), *An Interrupted Past*。
[2] *Prophets of Yesterday: Studies in European Culture 1890 - 1914* (New York, 1961).

第四章　现代

战争期间，威廉·兰格为"战略服务处"（Office of Strategic Services）招募历史学家，与欧洲的联系得到了加强。并且，其他的学者也加入了这所卡尔·休斯克（Carl Schorske，1915—2015）所谓的"第二研究生院"，包括吉尔伯特、霍尔伯恩、亨利·斯图尔特·休斯（Henry Stuart Hughes，1916—1999）、富兰克林·福特（Franklin Ford，1920—2003）和沃尔特·多恩。[1] 1952年，斯特亚特·休斯通过对斯宾格勒耸人听闻且不足为信的著作的研究，开始对历史决定论危机的关键时期进行评论。休斯希望在另一个"文化枯竭"——也是仍遭到技术和理智的自信丧失威胁的"新野蛮状态"（维柯语）——的时代，复兴斯宾格勒的著作涉及的内容。然而，在继续坚持斯宾格勒预言具有价值的时候，休斯也走向了一种更为积极的观念。斯宾格勒是一个"粗鄙的"投机者，而其他思想家和富于想象力的作家已更深刻地探查了人类的境遇。在马苏尔之前，休斯（在众人中尤其援引了吉尔伯特、霍尔伯恩和伯林的名字，并强调他自己的世界主义立场）就调查1890年和1905年两代人的创造性时期（1890年—1930年），视之为"欧洲社会思想的重建"。如同马苏尔的作品，他的研究也涵盖了文学和艺术，也有哲学和人文科学，尽管历史学著作只是处于边缘。根据休斯的研究，当战争爆发之时，欧洲被初露狰狞的法西斯主义的冲突性趋势和文化复兴所主导，而他的著作按照这种彼此反差又相

---

[1] Schorske, *Thinking with History* (Princeton, 1990), 24; 并参见 Robin W. Winks, *Cloak and Gown: Scholars in the Secret War, 1939-1961* (New Haven, 1996²), 70-82。

互作用的戏剧性命运，一直写到他自己的时代（1930 年一代？）。[1] 二战之后，如他在哈佛大学的同事亚瑟·小施莱辛格那样，休斯也成了一个介入国家层面政策的公众知识分子。在此程度上讲，历史学至少保持着由来已久的"有现实意义"的主张。

不过——经历了来自现代化了的人文科学和欧洲智识方式，以及不再年轻的"新史学"尘土飞扬的袭扰——跨学科研究继续作为学术圈建设的内容。吸引了诸多热衷人士的新鲜事物是心理史学，它不仅与狄尔泰和兰普雷希特的普遍"心理学"有关，还与弗洛伊德式的精神分析有关。与马克思主义的对立信念一样，它也产生了各种各样的修正和抵制性的观念，还有综合性的努力，如赫伯特·马尔库塞（Herbert Marcuse，1878—1950）的《爱欲与文明》（*Eros and Civilization*，1962）。二战之后，这种趋向心理学的历史学热情，因威廉·兰格和彼得·盖伊等学者运用精神分析的个人经验而得到强化。当然，这种精神分析的运用尤其多地用于以性冲动、神经症状、潜在动机以及"家庭罗曼史"为线索的传记——显著的例子有爱利克·埃里克森（Erik Erikson，1902—1994）关于路德和甘地，鲁道夫·比尼恩（Rudolph Binion，1927—2011）关于希特勒，布鲁斯·马茨里斯（Bruce Mazlish，1923—2016）关于詹姆斯·密尔（James Mills，1773—1836）和约翰·斯图尔特·密尔

---

[1] 参见 *Consciousness and Society*，*The Obstructed Path*，*and The Sea Change*；还有 *Oswald Spengler*（New Brunswick，1992[2]）。

(John Stuart Mills，1806—1873）父子，盖伊关于弗洛伊德本人的研究。然而，就像在启蒙运动中那样，对于个人和社会的分析引发了更大幅度的外延。其前提是，为了能够让人理解，历史不可能是针对事情应有方式的叙述，即"历史主义"的叙述，而不得不是更深刻的叙述，一些事情注定只是潜意识和不成熟状态的残留物，这种残留物不仅创造并随时颠覆意志和智识，也推动更广泛的历史样态的形成，例如老辈和晚辈间的矛盾，奴隶制度，种族主义和纳粹主义的滋长。对于非理性之物的强调（盖伊给出了埃里克·罗伯森·多兹［Eric Robertson Dodds，1893—1979］研究古希腊的例子——可为什么不以尼采为例？)，以及否认理性与事实之间的一味抵触，会使人类个人的或群体行为的故事苍白无力，这些当然都没什么新意。不过，弗洛伊德主义给历史经验问题带来一套详尽的教义。彼得·盖伊承认，他的研究"利用的是当代人的实践活动，而不是就我的一手材料而言的过去发生的事实"，但这不是以一种"化约论"的思路，是以诊断而不是以纪念为目标。他凭着他的选择专门"抵制历史主义"。[1] 这种方式即使不是预定了意义，也曾作为保卫意义的方式存在。

相比之下，彼得·洛温伯格（Peter Loewenberg, 1933— ）坚持认为，在动态的和发展的领域中，心理史学是"真正历史的"，而这当然是一种推测类的历史学，因为历史学的意义是被一种阐释个体行为的理论决定的——在此情况下，那么与之类

---

[1] *Freud for Historians* (New York，1985)，xi，78.

似的弗洛伊德的自我心理学（ego psychology）在 20 世纪 70 年代就仍是屹立不倒。[1] 事实上，如同心理分析，心理史学本身也有一部历史（如同有人会谈到马克思主义和马克思主义史），尽管它或许延续时间更短，且事实上它或许仅仅被视为一代人中的现象。教条式的心理史学只凭着逐渐减少的忠实维持着，而它的教诲已经通过历史学的专业研究引发了共鸣。如同往常一样，这种共鸣不仅是通过不成熟的抗议而产生的，也是通过反思性的批判、修订，有针对性的甄别和取舍，乃至综合而产生的，就像在综合马尔库塞对弗洛伊德和马克思的尝试中那样，盖伊也持同样的观点。[2] 不过，这种样态似乎大体上已成为过去了，心理史学只是作为新形式的文化史的小跟班身份得以延续，尤其与两性、人格和认同问题有关。[3] 看起来，如同马克思那样，弗洛伊德已经成为"历史"——无论多么牵强，都已经被"历史化"了（尽管二者尚在世的继承者可能对此都不认同）。

大概正是来自"新"经济社会史的兴起，使得心理史学受到冲击，或至少是被边缘和淡化。"新"经济社会史延展了此前的统计学热情，试图将计量方法用于可计算的因素而不是坚实的"事实"，以避免主观性、复杂性和模糊性的危险。被雅克·巴尔赞（Jacques Barzun，1907—2012）称为"量化史学"

---

[1] "Psychohistory," *The Past before Us: Contemporary Historical Writing in the United States*, ed. Michael Kammen (Ithaca, 1980), 409.

[2] Marcuse, *Eros and Civilization* (New York, 1962).

[3] Lynn Hunt, "Psychology, Psychoanalysis, and Historical Thought," *A Companion to Western Historical Thought*, ed. Lloyd Kramer and Sarah Maza (Oxford, 2002), 337-356, 并参见 Jacques Barzun, *Clio and the Doctors: Psycho-History, Quanto-History, and History* (Chicago, 1974)。

第四章　现代

（"quantohistory"）的新经济社会史的要塞仍是经济学。它关注的不仅是确认价格、薪水、产量、消费、商业周期，以及与之类似的可量化方面，还有将之上升到历史考察的层面。这就是曾经所谓的"计量史学"（"cliometrics"）的最高雄心。在比尔德的"宪法的经济学阐释"之后，这扇闸门似乎已向经济史敞开，工业、商业、贸易、劳工、税收以及金融的研究都包括在内，尽管首先是以一种专题的方式，而并不是包罗万象的历史，除了某种程度上，从经济方面研究如法国大革命、工业化、西进运动、奴隶制以及诸次战争的原因之类的关键问题。英国与法国并行发展，在大革命发生过的地方，在马克思主义的影响下，都从经济层面得到了解释。即使（或说是特别是）对于其"新"形式，经济史已经为大卫·兰德斯（David Landes，1924—2013）在其自相矛盾的史诗《解除束缚的普罗米修斯》（*Unbound Prometheus*，1969）中所引发的那种批判打开了门路。他以古典式的口吻指出，这个领域"对问题的一个侧面——决定经济变化的因素——感兴趣，而不是对其非经济性的因素以及保持非经济性变量的恒定感兴趣"。[1] 因此，经济史仍然是一个特定的领域，处于"总体史"视域的边缘。

尽管有必要更灵活和开放，但"新社会史"也在朝量化、简化和化约主义方向的发展中起推动作用——并且，呼应了不止一代人对摆脱面向统治阶级的精英主义关注的努力，支持从民主角度和"从底层向上"地研究历史。一个推动者认为，忽

---

[1] *The Unbound Prometheus*（Cambridge，1969），545.

视社会科学的模式和方法,将会使历史学家遭到"技术匮乏"的谴责。[1] 劳伦斯·斯通对这种观点表示赞同,而在法国——响应"美国人的挑战"——这种呼吁得到勒华拉杜里以更时髦的措辞给出的响应:"未来的历史学家将不得不安装一台电脑才能有饭吃。"[2] 如同弗朗索瓦·弗雷指出的,资料要么不得不"在结构上是呈现为数字的",要么不得不被赋予"一种与〔历史学家们〕正在追问的问题相关的意义明确的重要性"。[3] 对弗雷来说,其新意绝不是机械性的,因为"它是一种历史学意识的革命"。如同皮特·斯特恩斯(Peter Stearns,1936—)所认同的,社会史是一个国际范畴,或国际取径,它的新意不体现于方法论,而在于开辟新的研究领域,不是关注社会结构,而是问题,且并不总是"经验"的可量化方面,人口统计学上的增长以及技术的"现代化"(或许也要加上通俗化,这使人想起早些时候发行的《社会史杂志》为写着"bottom-up"的T恤做广告的事)。在这些领域中,有女性史、家庭史、黑人史、疾病史、犯罪史、儿童史、老人史、死亡史、动物史,所有这些主题都开通了去往文化史——当然,其本身也不得不加以更新——的路径。

1977年,14位杰出的美国历史学家在威格斯普利德

---

[1] Peter Stearns, "Toward a Wider Vision: Trends in Social History,"以及 J. Morgan Kousser, "Quantitative Social-Scientific History," *The Past before Us*, 205 – 230, 433 – 456。

[2] *The Territory of the Historian*, tr. Ben Reynolds and Siân Reynolds (Chicago, 1979), 6, 54.

[3] "Quantitative History," *Historical Studies Today*, ed. Felix Gilbert and Stephen Graubard (New York, 1972), 53.

（Wingspread）的一次会议上以"美国心智史上的新方向"为主题进行了讨论。不过，25年之后，他们的对话看起来几乎都那么古早别致。最终形成的那一卷的引言所定下的基调，表现出一种从文学批评和心理学摆脱出来的转变，慨叹20世纪50年代美国人的研究中那些混杂着"神话"和"全盘叙述"的关于美国思想的讨论，以及那些"狂妄夸耀"的作品，谴责那些不成熟的概括性判断，并呼吁再要进行此类活动之前，或许要经过一代人"低调的"试验研究。另外一篇文章认为观念是社会科学所设定的框架中的"原因"，并认为对它们应该转作功能性的处理，以及历史学家应该采用一种从个人的微观世界转向集体心态和"集体文化体系"的世界的"焦距调整"。一位作者问道，宗教除了作为"保守的爱国主义"的幌子，是否会被废弃，并认为宗教史只要对社会改革之类难以捉摸的现象进行解释，就仍然值得研究。而另一位作者使人想起了托马斯·库恩（Thomas Kuhn，1922—1996）和柯林武德，他提起了决定论和唯意志论。这些历史学家已经从一致论的历史学摆脱出来，但没有放弃那种美国文化史的综合性叙事，即基于观念与制度（或是经济基础）的兼顾性研究，以及（用另一个学者的话说）努力"在事件中注视观念"的研究。如"后记"所总结的，当代历史学家强调连续性和新颖性，他们丢下了年轻人的热忱和幻想，并因此，他们"比他们的前辈更谨慎，更小心，且有时更保守"，导致"焦点更为局限，但品质更为上乘"。只在几年之后，这些反思和对策就会听起来更像是在语言学的、文学的和文化主义的转向之后正在显现且仍在发展的老史学。

顺利进行的，也有女性史和性别史引发的探究，尽管如同以往的样子，其陡然出现的新奇性再一次被失败的职业记忆所遮蔽，也抬高了已被更早的学者涉足的，宣称是前沿领域的先锋性地位。[1]对历史学来说，性别的重要性已经通过邦妮·史密斯（Bonnie Smith，1940— ）展现出来。她指出，随着障碍逐渐被破除，女性的贡献不仅在历史学爱好者的领域，也在职业历史学的领域显现，瓦萨大学的露西·梅纳德·萨蒙就是显著的例子。史密斯也分析了男性历史学家生活的早期经历在历史学认识论和"客观性"方面，以及以男性为纽带的"价值中立"的科学历史学实践中的作用，包括"档案的拜物教"，对政治军事史的迷恋，以及档案馆和研讨班等机构。[2]早在女性史兴起之前，杰出的女作家就在鼓励不仅从政治史转向文化史，还要从公开的领域转向私人领域。她们在这些转向中发挥了关键的推动作用。结果，民族国家史和世界史的整体格局已经在千禧的末尾改变了，并且更新型的历史学在地平线上冒了出来。

更开阔的世界史

世界史（或说是普遍史）本身有着可追溯至古代的悠久历史，就如同在波里比阿的《通史》（*historia katholike*）和哈利

---

[1] Fitzpatrick, *History's Memory*, passim.
[2] *The Gender of History* (Cambridge, Mass., 1998).

卡纳苏斯的狄奥尼修斯（Dionysius of Halicarnassus，约前60—前7）的《史源》（koina historia），以及攸西比乌斯的《福音预备》（preparatio Evangelium），中世纪世界的编年史以及伊本·赫勒敦（Ibn Khaldūn，1332—1406）那里所反映那样。不过，在文艺复兴学术兴起后，世界史采用了一种现代模式。在众人之中突出的，是伏尔泰和赫尔德接受东方人和野蛮人进入"人类"王国，而吉本甚至在他的视野中关注了中国，即便只是在一个注脚中。在18世纪末至19世纪，世界史带着将日渐增长的世界大同观念发扬光大的志得意满，被纳入教科书中，尤其是对文化史进行了大范围的（以及带有图示的）处理。因此，社会达尔文主义者弗里德里希·黑尔瓦尔德在其《处于自然发展之中的文化史》（*Cultural History in Its Natural Development*，1874）中，有一处关于"居中的帝国"的带有注释的叙述，即"中华文明的起源和古代"，还有一处"岛上的帝国"，即日本，也有伊斯兰帝国和近东，尽管他没有顺延写到这些文化的现代。当然与此同时，随着地质学取代了《创世记》成为校准的标准，人类发展的时间范畴得到了极大的扩展，例如人类进化被纳入传统的周期概念和使马克思煞费苦心的"四阶段"规划，还有关于史前史的学科拓展了当时的领域。1873年，维克多·杜卢伊推出了一部世界通史（英译本问世于1898年），为后来的学者包括弗洛伦斯·阿梅利亚·迪克斯（Florence Amelia Deeks，1864—1959）推崇，她尚未出版的历史著作据说被 H. G. 韦尔斯剽窃，出版为《世界史纲》（*Outline *of History*）。¹ 这部教科书所涵盖的内容在 20 世纪被无限地延展，尽管进行这项工作的是历史哲学家，他们超出希罗多德时代以"欧洲"闻名的欧亚半岛（Eurasian peninsula）一隅，对更大范围的世界进行反思。这些历史哲学家是启蒙运动时期好推测的历史学家的后辈，包括斯宾格勒、汤因比、韦尔斯、索罗金、泰亚尔·德·夏尔丹、道森、刘易斯·芒福德（Lewis Mumford，1895—1990）以及威廉·麦克尼尔（William McNeill，1917—2016）。²

历史学家如何能够使整个世界被覆盖于他们的叙事范畴之中？一个良好的开端是空间上的扩展，一种有其古代的、生物学的、地理学的以及气候学根源的进路，并且，这条进路已经在文艺复兴以来的民族史和普遍史中找到了一席之地，而地理学实际上也取得了历史学的首席"辅助科学"的地位。自然，也有其历史，并也参与了历史的过程。"地理史"将地形学和环境带入了视野，它涉及人工地图学的概念，如边界和大陆，河谷来的人、沙漠来的人，以及山区来的人之间区分，边缘的形成和认同，以及城市的兴起——这些范畴中的所有概念不仅是自然的馈赠或汤因比所说的"挑战"，也是文化建构的产物。在欧洲的历史上，历史地理学很长时间以来被与政治地缘学和帝

---

1 A. B. McKillop, *The Spinster and the Prophet*：*H. G. Wells, Florence Deeks, and the Case of the Plagiarized Text*（New York，2000），163.
2 关于这些作者的研究都在 Paul Costello, *World Historians and Their Goals*：*Twentieth-Century Answers to Modernism*（DeKalb，1993）中；也参见 W. Warren Wagar, *Books in World History*：*A Guide for Teachers and Students*（Bloomington，1973）。

第四章　现代　　　　　　　　　　　　　　　　　　　　307

国主义联系在一起，不仅在德国历史学家那里是这样写历史的，对于受特纳的边疆假说启发进行写作的美国例外主义学者和地方主义观念也是这样。近些年，生态史和环境史已经取得了新的关注，尤其是在与社会的、人口统计的以及技术性的问题联系起来的时候，这涉及威胁生物界的更大问题，再一次上升到全球的高度，尽管这里我们开始从历史学转向了未来学。[1]

世界史已经成为跨学科研究和思辨的交汇场所，特别是经济学，它通过远洋贸易、世界市场、劳工剥削、殖民主义以及战争进行交换和互动的领域，为全球领域的构想提供了途径。"世界体系"理论首先出现于17世纪早期——最迎合马克思主义关于"从封建主义向资本主义过渡"的解释和"近代早期欧洲的危机"的观点的时期。当然，也有其他的"危机"和其他的"世界体系"在世界的其他地方以多元化形态呈现，并出现在经济活动的早期阶段。[2] 尽管世界体系的分析也被一些历史学家采用，如布罗代尔从地中海转向了"世界视角"，但它最初是在马克思主义的社会学范畴被阐述的。布罗代尔总是被引向一种"世界视角"，他发表了第一张利用卫星照片合成的海洋空拍地图，而他通过对亚洲和非洲的平行发展进行比较研究，拓展了他自己的历史学领域。根据布罗代尔循着伊曼纽尔·沃勒斯

1　Andrew C. Isenberg, "Historicizing Natural Environments," *A Companion to Western Historical Thought*, ed. Kramer and Maza, 372 - 389; 并参见 Jared Diamond, *Guns, Germs, and Steel: The Fates of Human Societies* (New York, 1999)。

2　Janct Abu-Lugod, *Before European Hegemony: The World System, A. D. 1250 -1350* (New York, 1989), 并参见 William A. Green, *History, Historians, and the Dynamics of Change* (London, 1993)。

坦（Immanuel Wallerstein，1930— ）提出的看法，每个经济体都有核心区域和中等区域，以及广阔的边缘地带。而历史的——政治的、经济的、社会的以及实际上是文化的——变化在多变的资本主义框架之中发生的，尽管它的发生缓慢且并不出现在具体的"事件"（"event"）范畴。[1] 核心区域是高等文化和城市的所在地。中等区域"毫无神秘可言"。边缘区域可见的是异邦人和被剥削者，通常有大国在施加政治影响和控制。而世界经济是包括众多子集的集合体。所以，地理学、经济学、社会科学以及数学，或至少是在这些学科的修辞意义上，被用来在多元的时空层面赋予了人类历史以结构。当然，从布罗代尔那衍生出的框架已经被其他人所采用，包括特拉伊安·斯托雅诺维奇在世界经济视野下的巴尔干半岛研究，还有基尔提·纳拉扬·乔杜里（Kirti Narayan Chaudhuri，1934— ），他将布罗代尔的地中海和世界体系视野转到印度洋和周边的亚洲地区。[2]

世界史的内核就是跨学科性的（如民族史实际上已经成为的那样），而各学科建立起的各种各样的联合改变了历史的方向，无论是作为艺术的历史还是作为科学的历史，并且在这一点上，从全球视角下的跨学科历史学提出一些绕开传统历史叙述的东西还是有用的，其中很多认识可以被视为18世纪所谓的"理性的"或"推测性的"历史学的现代形式。每一相关学科或

1　Braudel, *Civilization and Capitalism*, *III*, *The Perspective of the World*, tr. Siân Reynolds (New York, 1984).

2　Stoianovich, *Balkan Lands: The First and Last Europe* (London, 1994), 以及 Chaudhuri, *Asia before Europe: Economy and Civilisation of the Indian Ocean from the Rise of Islam to 1750* (Cambridge, 1990)。

许是以一种提喻的（synecdochic）方式表现了历史所肩负的叙事、阐释、分析或说明等任务中的一个或更多的方面。政治科学，包括国家、制度、外交以及军事，都未曾消失，不过自福柯以来，兴趣已经转向了除当代的问题和政策之外更为隐蔽的权力来源。同样的考虑也适用于经济学，至少适用于经典的学说，即那种一方面与心理学和动机有关，另一方面与统计学和市场行为有关的传统的学说，尽管它仍然在长时轨迹中和历史性变化的背景条件下发挥着作用。社会学依靠的是超越民族与文化边界的抽象范畴和假设，也依靠更具推测性的历史演变观点。人类学通过赋予"地方性知识"和文化差异以特殊地位，将所有这些解释性传统模糊化，同时也通过倡导阐释（interpretation）而动摇了旧式历史学解释的目标。来自文学维度的资料强化了以阐释为目标的取向，此外，强化了这样一种观念，即不再讲统一历史过程的、单纯的宏大叙事，而是讲述着在一个居住着朋友、敌人、中立者以及避世者之类的地球上的形形色色人群的故事。

18世纪以来，人类学和历史学间的关联就已颇富成效，不过时不时也遭遇困境。根据杰克·古迪（Jack Goody，1919—2015）的说法，20世纪早期的人类学，由于与达尔文主义和马克思主义的推测性体系联合，开始背离历史学，并试图用更为经验性的方式研究人类的本性。[1]结果是，这样做的人类学家不得不找到时间性或因果连续性之外的其他参照系来发现人类本

1　Jack Goody, *Food and Love: A Cultural History of East and West*（London, 1998），222ff.

性，并且，尤其是以（地理学而不是生物学的）自然主义或是结构主义的态度去发现这些阐释内容，因此以比较主义观念发现关联。另一重意味是民族的或种族的传统失去了其对文化现象和模式的概念管辖权。人类学家发现，传统的或是传统主义的历史学家以牺牲人类的平行发展和家庭结构之类范围内的相似性为代价，夸大了地域的、民族的以及与西方的差异。另一方面，人类学家总是对残存的殖民主义表达感到忧虑，强调要跨过人为划分的——如西方的和东方的，"我们和他们"——共同命运和人类的遗产。

不过，"他者"也是西方的产物，这是诗人，也是历史学家一直追慕的。"那么在一个贫乏的时代，诗人的追求是什么？"海德格尔问道。1967 年，保罗·策兰（Paul Celan，1920—1970）给出了一个答案："不过诗发声了。它在意时间，但它发声了。是的，它只谈论它自身，很好地代表了自己。可是……正因如此，这首诗总希望也代表了**陌生人**——不，我再也不能在这里使用这个词——发声，代表他者，或许，这个他者知道一种**完全他者的东西**。"历史学家也向往他异性的视域，不过他们经常将异邦人化约到他们自己的量度当中。换句话说，在世界历史上，西方打开了东方及其他地方的大门，不过并没有抛下西方的范畴，如现代性、现代化、文明、社会科学的传统概念、政治学、民族主义、自由、亲缘、家庭、财产、劳工、资本、性、心态，当然还有"亚洲"本身。甚至像作为人类学代表性著作的埃里克·沃尔夫（Eric Wolf，1923—1999）的《欧洲与没有历史的人民》（*Europe and the People without History*，

第四章 现代　　　　　　　　　　　　　　　　　　　　311

1982）也不例外。该书复兴和翻新了马克思主义的剥削模式，用杰克·古迪的话说，是更为巧妙。"比较史学"，也要求历史背后的范畴或标准，甚至就在它们利用初次遭遇、文化震撼和不可通约性这样的修辞工具之时，也必定总是被引向西方的智识传统。这样的复杂状况在历史学家如人类学家那样"深入田野中"（in the field）的个案时，也根本没有消失。最合适的解释样式或许是语言和翻译的模型，可是这里再一次应了一句老话，必有所失（something must be lost）。如同 K. N. 查克拉巴蒂*所建议的，需要另一种话语，以一种变换的逻辑走向"乡土化了的欧洲"（provincialize Europe），为彼此交流和理解给予一些对等性（symmetry，如果这么说在措辞上没有发生抵触的话），适应"下层的研究"（subaltern studies），从而讲出现代性的完整故事。[1] 那么，我们这次会带着所有种族和阶级，回到"总体史"吗？

在 20 世纪后半段，世界史尽管在寻求独立地位，但在萌发出的那些名目繁多的世界史书目背后，显现出的三副面相，它们都仍关联着主流的西方史学。[2] 第一副是改变"历史形貌"的

---

*　原文和索引呈现的是 K. N. Chakrabarty，但讨论"乡土化欧洲"（"provincialize Europe"）的学者是 Dipesh Chakrabarty（1948—　）。——译者注

1　Dipesh Chakrabarty, *Provincializing Europe: Postcolonial Thought and Historical Difference*（Princeton, 2000）.

2　Philip D. Curtin, *The World and the West: The European Challenge and the Overseas Response in the Age of Empire*（Cambridge, 2000）; Alfred W. Crosby, *Ecological Imperialism: The Biological Expansion of Europe. 900—1900*（Cambridge, 1986）; Jerry H. Bentley, *Old World Encounters: Cross Cultural Contacts and Exchanges in Pre-Modern Times*（New York, 1993）; 以及 William McNeill 的各种作品。

雄心勃勃的尝试。不过，除了相对于传统地理学进行调整（对于墨卡托规划的地理学的晚出的批判）之外，似乎与旧的"西方文明"模式没有太大不同，不是以全球主义的措辞对欧洲中心论表示忧虑，就是更着力地对文化的邂逅与交流，还有对整个人类事业的视角的某种缺失的强调——例如，根据汤因比对"文明"（civilization）的新定位，不再参照启蒙运动的背景，即不考虑被视为从狩猎到农耕，到商品交换，再到工业化的进步过程的"四阶段"理论。此外，新的形式延续着旧式的关于"现代化"的假设，这种假设的基础针对的是工业化的类似推测性的规划和海德格尔所谓的"技术问题"——甚至（经由路易斯·亨利·摩尔根［Lewis Henry Morgan，1818—1881］）对于晚年的马克思和恩格斯来说，以及对于韦伯和其他现代主义批评家来说，这也是关键的。第二副面相，是对诸如移民、技术、食品、疾病、边界、生态以及流散族群等国际主题的追索，也包括资本主义、战争和国家建设。不过，这些题目的考察尽管有启示性，但在关于历史形貌的追问中，它们仍处于边缘。第三副面相是"比较史"，但这里不那么强调历史学式的探询，而是强调将地理学、经济学、政治学和社会科学以及人类学作为用于理解历史和预测社会和文化的元历史学科，这种任务以往是留给哲学家和未来学家的。实际上，当代的"世界史"的驱动力是教学方面的宣言，教科书和导论课的教学。它们涉及的范围比近来那些以欧洲（乃至美国）为中心的有特定范围的考察更广泛，但不必那么精耕细作。

　　世界史尚未找到它的宏大叙事，尽管"全球化"一直从各种学科资料那里竟标足以替代"现代化"的诸种"模型"。确实，全球主义通过全球市场、国际运输、移民、医疗、法律、度量标准、交流网络，以及联系本地社群和推进"全球文化"乃至一种启蒙运动风格的空想的全球文化，触及了普世价值——当然也伴有地方主义的抗议。然而，看起来清楚的是，如同后现代主义那样，全球主义的定位不是已声明的共同性，而是适应多样性和混乱状态，并且它抵制历史学阐释，也抵制预言。易言之，全球主义的讨论已经被社会和政治科学家所垄断，这些人一如既往地辗转于惯常的模式和科学的模式之间，而历史学不仅在致力于历史理解的驱动中处于边缘，在政治与社会政策的驱动中，也处于边缘。和往常一样，在智慧的或思辨的猫头鹰完成了它的飞行之时——尽管它降落的地方或它是否已降落，没有人会知道——历史学随后就又挺身而出了。

第五章　正义的战争结束之后

> 那不会过去的过去。
>
> ——恩斯特·诺尔特

新的德国史学范式

　　历史学家总是寻求一种"能被使用的过去",尽管这种诉求并不总是表现出来。而且,放眼世界范围和2500年来的历史学实践,你会坦然地面对这样一种情况,即客观观念、单纯的"大历史"以及其他"高贵的梦想"已经为更陈旧的观念让开了道路,即历史是社会创造物和书作者的想象的产物。"表现"(representation)已经成为当代历史书写的标语。尽管福柯警告了主观的暴政出现,但结果却是恢复了"主观立场"的至高无上,无论历史的观察者是否完全控制了语言表现并充分了解

第五章 正义的战争结束之后

他/她的观众和读者。再一次，历史解释从科学的模式转向了艺术的模式——用海德格尔借鉴尼采的话说，转向了"作为艺术的权力意志"，而在这里，表现再一次战胜了事实——这或许是另一种新史学的基础。当然，每个欧洲民族都拥有其历史编演者，而在20世纪过去的这段时间里，我们听说过的民族间的异口同声，已令人恼火地变得极度不和谐。连全球史的令人感到宽心的成就对民族传统的混乱和冲突也没有解决办法。

在过去的世纪里，德国是所有欧洲国家中最少被"新史学"观念吸引的。兰普雷希特兼顾物质与心理的多样化主张，因其明显的左倾和非职业性立场在20世纪20年代声誉扫地，它只是以大众的和保守的形式延续下来。而兰克对于大多数学院派历史学家仍足够新潮。然而，即便不是（公开地）在马克思的影响下，也是在韦伯的影响下，随着注意力被引向经济社会史，特别是在德国迅速的工业化和帝国主义野心所造成的错乱之时——托斯丹·凡勃伦（Thorstein Veblen，1857—1929）关于帝国性的德国（与英国）以及工业革命的书（1915年）所预见的——一种潜在的颠覆性的社会史转向从20世纪20年代开始得到年轻学者的推崇。梅尼克的学生汉斯·罗森博格沿着英年早逝的埃克哈特·克尔的道路，成为这个领域考察的先行者，尽管他关于"等级制度、贵族制度和专制独裁"的研究直到1958年才问世（且很晚才出了德译本），而汉斯-乌尔里希·韦勒关于"俾斯麦与帝国主义"的书作直到1969年才出版。[1]

---

[1] Rosenberg, *Bureaucracy, Aristocracy, and Autocracy: The Prussian Experience, 1660–1815* (Boston, 1966)，以及 Wehler, *Bismarck und der Imperialismus* (1969)。

从前的马克思主义者阿瑟·罗森博格和乔治·哈尔加尔滕（George Hallgarten，1901—1975）顶着业内人士的反对，也开始关注德国处于窘境时期的社会和经济方面。关注的动力是探索普鲁士社会的社会基础与"国家社会主义"兴起的最为直接的主要兴趣。不过，就像奥托·布伦纳出版于 1939 年的关于"土地与贵族身份"的书作中提出的，这是对整个欧洲史局面的暗示。布伦纳的研究呈现了倡导从政治史到社会史的类似转移。[1] 流亡学者弗朗茨·诺伊曼（Franz Neumann，1900—1954）的《巨兽》（*Behemoth*）将纳粹主义同经济与社会因素联系起来。不过，尽管 1942 年此书的英文版就问世了，但该书的德文版直到 1977 年才出版。[2]

然而，这种颠覆性的新事物并未得到系统性的跟进，直到二战之后，韦勒、维尔纳·康策和于尔根·科卡（Jürgen Kocka，1941— ）制造了一次清晰且不受打压的**社会史**（*Gesellschaftsgeschichte*）转向——"范式的变化"（库恩的这个用语在德国已变得流行）。然而，这番成就没有支援他们的马克思主义同行对社会民主立场（这是魏玛留下的阴影！）的热切需要，却在相当程度上遵循了布罗代尔和"年鉴"学派的"结构主义"风格。据弗里德里希·耶格尔（Friedrich Jaeger，1956— ）和约恩·吕森（Jörn Rüsen，1938— ）所言，这

---

[1] *Land and Lordship: Structures of Governance in Medieval Austria*, tr. H. Kaminsky and J. Van Horn Melton (Philadelphia, 1992).
[2] *Behemoth: The Structure and Practice of Socialism, 1933–1944* (New York, 1944^2).

种社会史转向是作为一种恢复了生气的历史主义的另一种类型的替代品出现的。[1] 转向"结构史"(*Strukturgeschichte*)的,是康策在 1957 年于海德堡成立的"社会经济史工作组",韦勒和于尔根·科卡在 1971 年新建的比勒菲尔德大学的跨学科中心,以及《历史与社会》(*Geschichte und Gesellschaft*)的目标。《历史与社会》1975 年创刊,罗特菲尔斯、韦勒、科卡、沃尔夫冈·蒙森、海因里希·奥古斯特·温克勒(Heinrich August Winkler,1938—)以及其他人参与编辑。韦勒推崇的是一种"历史学式的社会科学",它遵循的是法兰克福学派的方法,为了对现代化的过程进行分析,将社会学、经济学以及心理学都调入其中,德国对此未曾进行过常规化的延续。[2] 在与理论联系较少的方面,有一种面向**日常生活史**(*Alltagsgeschichte*)的兴趣,它恢复了一种可追溯到 18 世纪的旧式的文化史实践。这种兴趣也得到东德历史学家的支持。当然,这些东德史家在德国灾难性地走向现代性和两次反民主的"帝国主义"战争的问题上,有他们自己的阶级(或说是社联主义)基础理论。[3] 这就是二战之后出现的"东方问题"和**东方研究**(*Os-*

---

[1] *Geschichte des Historismus* (Munich,1992),181.
[2] *Geschichte als historische Sozialwissenschaft* (Frankfurt,1973),并参见 Georg Iggers (ed.), *The Social History of Politics: Critical Perspectives in West German Historical Writing since 1945* (Dover, N. H.,1985) 以及 Geoff Eley, *From Unification to Nazism: Reinterpreting the German Past* (Boston,1986)。
[3] Alf Lüdtke, *The History of Everyday life*, tr. William Templer (Princeton,1989); Andreas Dorpalen, *German History in Marxist Perspective: The East German Approach* (Detroit,1985).

tforschung)。民主德国的历史学专业的前提仍然是马克思主义的辩证唯物主义和资本主义连续不断的矛盾。在回望新的世纪和千禧中,如此规模庞大的学术产出的立场是什么?真的像一位历史学家所说的,民主德国的史学是一条"死狗"吗?[1]

这些学者的著作所昭示的"范式变化"改变了德国史学的形式及材料的范围,也影响了追问的思路。例如,科卡在其关于一战期间社会诸阶级的研究中,以战争为基调并回应了"更理论化的"吁求,强调他远离了两个惯常的问题,即战争罪责的问题(被弗里茨·费歇尔在1961年重新提起)和宪政与议会民主制问题。相反,1973年的科卡是在运用模式(不是马克思主义或俾斯麦的而是韦伯的和唯心主义的模式),而不是历史描述,并且承认对一种"长时段"(lange Strecken)的关注,探询作为一个整体的社会结构的"井然有序的资本主义",及其分化与改变。这些都是随战争而出现的革命爆发之前的情况,也使德国从西方道路转而走向现代。[2]在这同一年,韦勒出版了一本从俾斯麦到一战结束的德国史调查。他的结论不是通过常见的列举一长串对1918年局势的抱怨和不满的方式得出的,而是列陈了另一些情况:"专制主义政策的复辟,教育和党派方面对民主制度的敌视,前工业社会的精英、规范和欲求的影响力,德意志国家主义的坚韧,官僚制度的神话,土地制度的衰败与

---

[1] Stefan Berger, *The Search for Normality: National Identity and Historical Consciousness in Germany since 1800* (Providence, 1997), 165, 以及 Lutz Raphael, *Geschichtswissenschaft im Zeitalter der Extreme* (Munich, 2003), 117ff.

[2] *Klassengesellschaft im Krieg 1914–1918* (Göttingen, 1973), I, 138.

阶级冲突的相互作用"——由此，开启了与"历史重负"有关的一串长长的列举。他归结道，这是理解未来50年历史的关键。[1]托马斯·尼佩代于1990年出版的综合性研究，虽然再度呈现了一种壮大中的强权国家所使用的旧式的政治叙事，但还是对历史学式的社会科学的新范式予以了重视。[2]

新范式的另一个产物是赖因哈特·科泽勒克（Reinhart Koselleck，1923—2006）的研究。他在1973年从海德堡移居比勒菲尔德，1967年出版了他关于"改革与革命之间"的普鲁士的著作。该书被纳入康策的工作组推出的系列丛书。科泽勒克的书遵循了兰克的普鲁士史的老路，也是对汉斯·罗森博格关于普鲁士官僚制度与社会的新反拨。书中将1791年的《普鲁士法典》视为从政治-法律-社会维度分析1848年之前的普鲁士经历的从土地制度的旧体系转型到工业化经济的载体，其中起推动作用的，是司法改革和革命之后的自由政策。[3]尽管是以一位社会史学者的身份开场，但科泽勒克拐入了一种以强调启蒙运动和工业社会之间的**鞍形期**（*Sattelzeit*）的文本、语言、话语以及语义场为突出标志的"语言学转向"（"linguistic turn"），并诉诸一种"概念的社会史"（*Begriffsgeschichte*）。而且，它反过来也使他与康策关于"基础概念"的综合词典的计划（《历史基本词典》[*Geschichtliche Grundbegriffe*]）联

---

1 *Das deutsche Kaiserreich 1871–1918*（Göttingen，1973），238.
2 *Deutsche Geschichte 1866–1918*，I，*Arbeitswelt und Bürgergeist*，and II，*Machtstaat vor der Demokratie*（Munich，1990）.
3 *Preussen zwischen Reform und Revolution*：*Allgemeines Landrecht*，*Verwaltung*，*und soziale Bewegung von 1791 bis 1848*（Munich，1989）.

起手来。综合词典就是他与布伦纳和康策一同编写的。这一丰碑式的参考研究开始于1972年,1993年全部完成,它与法国以概念为主题的系列编著相关联,也与伽达默尔的诠释学和同类系列编著《哲学历史词典》(*Historisches Wörterbuch für Philosophie*)相关。[1]

更新的情况是,科泽勒克已将其智识兴趣扩展到包括历史思想、启蒙运动、革命、国际秩序、各种各样的"危机"、表现、常用语、结构、诠释学、"现代社会的病因""体验的空间""期冀的远景",以及其他推测性历史学和历史哲学主题在内的话题。所有这些都纳入了"概念史"的新规则。对科泽勒克来说,行动的意义不可能直接从社会学分析中获得,而必须通过语言的层面,从行动者的话语到历史学家在不同时代、不同语义场内的阐释。[2] 通过对观点,视角,特别是18世纪经由克拉登尼乌斯形成的"立场的信守"(positional commitment)的概念进行追溯,科泽勒克重构了历史事实和客观性的观念。[3] 概念的活动是从关于过去体验的共时性分析到关于形式转化的历时性阐释,稳定与变化的平衡,例如"合法性"(legitimacy)一词,

---

[1] 参见 Hartmut Lehmann and Melvin Richter (eds.), *The Meaning of Historical Terms and Concepts: News Studies on Begriffsgeschichte* (Washington, D. C., 1996)。

[2] "Begriffsgeschichte and Social History," *Futures Past: On the Semantics of Historical Time*, tr. Keith Tribe (Cambridge, Mass., 1985), 73 - 91;并参见 *The Practice of Conceptual History: Timing History, Spacing Concepts*, tr. Todd Samuel Presner et al. (Stanford, 2002)。

[3] "Perspective and Temporality: A Contribution to the Historiographical Exposure of the Historical World," and "On the Disposability of History," *Futures Past*, 130 - 155, 198 - 212.

它出现在司法学中，并由于诸多的政治原因而被挪用，还有"历史"（history）一词，大概从1789年开始，这个词就被用来指一些能被制造和加以处理的东西。在《历史基本词典》中，这种语义学的分析汇入这部规模宏大的辞书，其分析经常包括了概念的古代和中世纪背景。在其中，社会和政治领域的词语成为主角，并且这些词的历史通过相应概念的持续变化的丰富表现得以交代。

不过，历史学的再度概念化不能阻挡对更要紧问题的追问。一如既往，问题就是被破坏的荣耀和德意志国家留下的罪过。而在这里，弗里茨·费歇尔在其1961年轰动一时的著作中，秉着1914年的理念——德国已是世界强国，再一次重新提起一战的战争罪责问题，也暗示了二战罪责问题。可以确认的是，这不完全是追问此问题的初始，这个问题的很多方面已被路易吉·阿尔贝蒂尼（Luigi Albertini，1871—1941）出版于1942年的关于战争起源的讨论预见到了。[1] 费歇尔将一战爆发的主要责任——实际上是预谋——归咎于帝国制的政府，其次是德国的精英人物。他的观点遭到了专业机构成员的批评，如里特尔、温弗里德·舒尔茨（Winfried Schulze，1942—　）、埃尔温·霍尔茨勒（从学术上称颂"古代德意志自由论"的学者——还是个前纳粹），乃至罗特菲尔斯，他们支持的是"官方民族主义"原因论。可是，在争论的过程中，费歇尔的观点不仅被年轻史学家所接受，也被主要的公共部门采纳。也就是在此关联

---

[1] *Le Origini della guerra di 1914*（Milan，1942-1943）.

中，社会经济史方面新的研究成果开始认可费歇尔观点的批判思路，同时，通过结构式的社会分析，也代替了书中所表现出的费伊和兰格式的以文献为基础的旧式外交史学的类型。

德国黑暗的过去中一个更为敏感的片段——恩斯特·诺尔特（Ernst Nolte，1923—2016）所说的"不会过去的过去"——犹太人的"最终解决"问题，而这引发了20世纪80年代的更受关注的**历史学家之争**（Historikerstreit），这场争论不仅发生在历史学家之间，也发生在其他知识分子、媒体人和更广泛的公众之间，并引发了更激烈的修正主义。参与争论的包括于尔根·哈贝马斯（Jürgen Habermas，1929—　），以及科卡、蒙森兄弟、尼佩代、诺尔特以及温克勒。而立场包括无条件的否定，认为屠犹活动是绝无仅有的——不能从历史角度解释的，以及认为对数百万计的犹太人的举国杀戮超出了历史学家的考查能力；也包括调和的观点，至少是在一定程度上对反犹主义做历史角度的解释，由此层面出发，总结出反犹的合理性。众多问题中，凸显出的是**犹太大屠杀**（Judenvernichtung）与德国历史的连续性如何关联的问题：它究竟是另外一支脉络，抑或是与良性的人道主义德国的过去更为断然的分裂，还是因种族主义和现代科技而扩大化了的深层缺陷的产物？这些不是可以轻易回答的问题，历史学家当然也回答不了，历史学家只能深入到如科卡所说的"魔鬼驻足的"细节之中。[1]

1　E. R. Piper (ed.), *Historiker streit：Die Dokumentation der Kontroverse und die Einzigartigkeit der national-sozialisten Judenvernightung* (Munich, 1987), 72.

第五章　正义的战争结束之后　　　　　　　　　　　　　　323

　　第三个千年伊始，重大问题是不得不面对德国新的统一局面，并处理怎样使它适应修正主义的研究成果以理解德国第一次统一以来的过程这一问题。[1] 新的统一岁月里没有俾斯麦。实际上，至少在历史学家看来，没有任何一个民族性人物可以像路德到希特勒那样，作为这个民族的过去的代表——实际上也没有一个人能超越这个历时半个多世纪的、双重政治认同在此间形成的传统，尤其在此期间产生了东、西德间的紧张关系和冲突。现在，在政治统一的外表下，这种紧张关系和冲突仍以经济、社会以及文化的形式延续着。争论在继续，但任务仍然是重新讲述德国人民的故事，东德人和西德人仍处在紧张的关系之中，只不过是在一种单一的捉摸不定的，按照新千年的框架所写的故事。并且，这是一个尚待书写的史学篇章，尤其是在经济、社会以及文化领域，或许还是要以"再度国家化"为基础。[2]

　　德国史学有一个在所有意识形态沉浮阶段都不曾衰败的主题，那就是历史学的思考和书写——**史学史**（*Historiographiegeschichte*）——以及贯穿过去的这个世纪始终的"历史主义"。关于这个长盛不衰的主题，以及对这个民族传统进行自省的权威作者评论，不仅通过数百篇文章和著作被呈现出来，也更显

1　Udo Wengst (ed.), *Historiker betrachten Deutschland: Beiträge zum Vereinigungsprozess und zum Hauptstadt Diskussion* (Bonn, 1992), 以及 Rainer Eckert, Wolfgang Küttler, and Gustav Seeber (eds.), *Krise-Umbruch Neubeginn: ein kritische und selbstkritische Dokumentation der DDR-Geschichtswissenschaft 1989/1990* (Stuttgart, 1992).

2　Berger, *The Search for Normality*.

著地通过九卷本的参考性丛编《德国历史学家》(*Deutsche Historiker*)得以表现。该套丛编的时间范围是18世纪到20世纪，主要对象是哥廷根学派，由韦勒于1971年至1981年期间出版（并且，为了突出连续性，就在哥廷根出版）。过去的世纪里，在职业性自省的趋势中，杰出的历史学家无不谈论历史学的实践与理论——及它们的历史，也无不谈到他们针对"德国问题"的专门研究的用意，而且不仅限于书目列表的范围。几乎没有任何方式可以公正地看待这场大范围的对话。一部综合性的研究来自温弗里德·舒尔茨，他的著作考察了1945年降到"冰点"（Nullpunkt）的德国史学研究。该书开篇提到了纳粹主义的残余以及对扩展了历史学专业工具的新开端——或是一种既有的连续性的新阶段，也是历史理解不可避免的前提——的研究。他考察的步骤很明显仍然是不可改变的，即使在这么多灾难之后。[1]一种更广泛的、更保守的也更具哲学意味的形象是恩斯特·诺尔特出版于1991年对20世纪的欧洲史学思想的考察，该书尽管有马克思主义和反马克思主义的区分，但却在一种长时段的、现代化的视角下，至少是在精英知识分子中，找到了一种判断的"内在一致性"，认为纳粹主义和布尔什维克主义都是变了味的"集权主义"。[2]无需多说的是，他的批评者并不具有这种正在成为历史一部分的自我感觉良好的心态。

1　Schulze，*Deutsche Geschichtswissenschaft nach 1945*（Munich，1989），并参见Uwe Uffelmann（ed.），*Identitätsbildung und Geschichtsbewusstsein nach der Vereinigung Deutschlands*（Weinheim，1993）。

2　*Geschichtsdenken im 20. Jahrhundert*（Berlin，1991）。

第五章　正义的战争结束之后

最广泛的尝试是在一个"后民族主题"时代找到历史学的功能合法化并加以明确,这正是霍斯特·布兰克(Horst Blanke,1954—)已经开始做的。他已实现了哈利·埃尔默·巴恩斯在1937年所做的预言,即"用不了多久有人就会开始写'一部史学史的历史'('a history of the history of history')"。[1]对布兰克来说,史学史是一种全面定义史学方法的范式,并且史学史的中心目的是对传统的批判。在德国的经验和历史学写作中,这显然多有缺失。同时,它经常与旧式的历史主义,以及外来理论、异国观念和其他人文科学的怀疑观点相关联。[2]但是,人们需要的是另一种"范式改变",尽管它广泛却精妙地利用了德国历史学那宏大并仍然令人骄傲的标准,即模糊的推演过程。不过,布兰克的著作给人留下的印象,如同格奥尔格·伊格尔斯(Georg Iggers,1926—)的作品给人留下的印象一样,它实际上是另一种更为理性化的"兰克式的复兴",这次复兴经暴行磨洗而产生。

至于历史主义——自有它的历史和转变过程。对一些学者来说,它已开始将所有类型的历史学探询的话题和维度囊括其中,只有那些因它曾与意识形态纠缠在一起而对之持怀疑态度的人不这样认为。它不是一种方法或一种原则,而是一种跨学科的但又具有专业性的"范式"(布兰克语)或"学科矩阵"("disciplinary matrix",吕森语)。可是实际上,它对早些时候的含义有了延展,宽泛得多,如一种兼具个性的与发展性的形

---

[1] *A History of Historical Writing* (New York, 1962^2), 399.
[2] *Historiographiegeschichte als Historik* (Stuttgart, 1991).

式(梅尼克语),是人性哲学的普遍条件(克罗齐语),或仅仅是暂时范畴的阐释。它已经成为一面被很多国家、团体与行业的知识分子挥动的旗帜,一面破烂的旗帜,无论摇动的旗子是红的、黑的、白的或是多色的。产生的"旧"的和"新"的历史主义同样存在问题,对于理论或对学术都不具价值。"历史主义"比"后现代主义"早得多,然而,它实际上否认与后者有关联。它期待成为一个尽可能长久、更新、更经得住推敲的词语——但愿这是因为它们都遵循着更深刻的历史学探询,即历史化的处理。[1]

英国史学的内战

世纪中叶后的英国史学沿着传统道路前行,但水已流入死潭。在此时期,分歧不仅出现在意识形态方面,也在"修正主义"方面,这激起职业历史学家在程度和意义上较为狭隘的诸多争论,他们概括其他领域的模式,特别是文学批评,就如亚历山大·蒲柏(Alexander Pope,1688—1744)所写的那样:

> 我曾见批评者抹煞他人之名,
> 费尽心力将己名嵌入其中:
> 而其名亦如前者,终让位,

---

[1] 相关大量的内容参见 Georg G. Iggers, "Historicism: The History and Meaning of the Term," *Journal of the History of Ideas*, 56 (1995), 129–152.

> 或消弥，曾被抹煞者犹存。[1]

只有历史性的视角——蒲柏作为先驱的文学批评史——可以使这些修正主义的模式一目了然。

英国的修正主义，不像法国或美国的（或针对马克思主义的）各种修正形态，发生质性的变化并不是必需的。如他们的德国同行那样，大多数英国历史学家信守旧式的政治制度史，尽管其他人，尤其是左派的历史学家，即便没有从专门的马克思主义者的立场出发，也在试图将注意力转向社会史，有意无意地关注着社会问题。无论谁是主角，辉格的胜利主义模式总被保持着，不过它同时也遭到英国政府、社会，特别是帝国批评者的抵制。这些人遵循的是其他主人公的命运，而结果导致了制造者和撼动者之间，以及被制造者和被撼动者之间在后世的象征性冲突。突出的例子是基于清教徒革命的血腥基础，它被以多种方式看作现代英国自由制度成长的基础，也被看作跨在工业革命和初期资本主义波峰上的压迫阶级起步的基础，但也还延续着统治阶级和劳工阶级的轨迹。除此之外，期待完全超越——或是汇入？——大历史模式的修正主义者提出警告。克里斯托弗·黑格（Christopher Haigh，1944— ）和他的同行重演了通过强调英国天主教的生命力，并强调地方的和实验性的研究诉求而进行平稳改革的老故事。[2] 然而，英国史似乎已

1　"The Temple of Fame," 37–40.
2　Haigh, *The English Reformation Revised* (Cambridge, 1987), 9.

在经历此种旧式或新式的争论过程中繁荣起来,尽管新的争论并未脱离旧式国家建构的传统太远。[1]

杰弗里·R. 埃尔顿在这种氛围下塑造了一段非凡的学术生涯,但他也顺应英国史学的悠久传统。他赞同这些理论(或反理论),也赞赏前几代人的实践,尤其是他们对资料的确认方式。[2] 埃尔顿是杰出的古希腊史家维克多·埃伦伯格(Victor Ehrenberg,1891—1976)的儿子,就像纳米尔一样,他开始是一个欧洲的局外人,且尽管他不是辉格主义者,却更热衷和不加批判地接受更早一代英国政治行政史的传统,虽然他与纳米尔不同的是,他是在剑桥结束了钦定教授的身份。他的《都铎王朝的政府革命》(*Tudor Revolution in Government*,如同其论点在其出版时再度设定的标题)延续了 T. F. 图特和 S. B. 克赖姆斯,但却采用了一种戏剧性的现代主义编排方式,将英国行政的繁荣归功于托马斯·克伦威尔,并在《过去与现在》(*Past and Present*)上掀起了一场旷日持久争论。这个杂志通常支持的是社会经济史。这些交流凸显了他作为一个能言善辩者的声望,他的修正主义标签也给他带来了恶名和争议,却也带来了钦定教席。如同纳米尔,埃尔顿不信服代议制乃进步的辉格观念,且他研究 16 世纪晚期的议会,视之为政府的一个职能部门,要么受王权的指挥(以亨利八世为例),要么被王权所

---

[1] 参见 Guy Burgess,*The New British History: Founding a Modern State*,1603–1715(London,1990)。

[2] Elton,*England: 1200–1640*(Ithaca,1969),此书列于他所编的题为"史料"的系列丛书中;并参见 Charles Oman,*On the Writing of History*(London,1939)。

第五章 正义的战争结束之后

忽视（以伊丽莎白为例）。[1] 对他来讲，议会是一个国王或是有影响力的人办事的地方，"其他都是假相"。因此，他反对 J. E. 尼尔对议会极尽热情的叙述，以及其他人努力将议会与斯图亚特王朝统治时期的动乱同最终的内战联系起来却不提强权的修辞。关于议会制政府日久根深的辉格式故事只是传说，即使当时的人们接受它和它们作为历史事实的决定性作用——对于埃尔顿来说，神话本身没有什么应值得被纳入政治理论中进行历史思考。[2]

埃尔顿痴迷历史的材料和技术。他浸淫在都铎文献中，坚持实证主义方法，不仅拒绝历史哲学和心理史，也拒绝社会学拥护者和基斯·托马斯（Keith Thomas，1933— ）及其他人所称颂的"各条新路径"支持者的"傲慢"。而他坚持的是历史学的学科主权和独立。他驳斥 E. H. 卡尔，因为后者认为蒙森的"伟大"不在于他关于罗马铭文的大部头著作，而是他年轻时期写的《罗马史》（该书后来使他获得了诺贝尔奖）。埃尔顿之所以不同意卡尔的看法，是因为该书展现了蒙森的"媚俗倾向"，也偏离了他之前的成就。埃尔顿的父亲是爱德华·迈尔的合作者，对他来说，详尽的研究和细致的叙事都是职业历史学的必要形式。以这种合成状态，真理和事实实际上是可以从史料——即所有可掌握的资料——中提炼出来的。而埃尔顿毫不顾忌地批评他的前辈波拉德是倚重出版的纪年表而不是原始材

1　*The Parliament of England*，1559 – 1581（Cambridge，1986），378.
2　这是他私下里对我的提问的回应。

料。埃尔顿夸赞劳伦斯·斯通研究英国贵族的事业,但质疑他投入到关于结构和长期变化的推测中的行为。在拒绝线性的普遍叙事的可能性同时,埃尔顿也对比较史的实践表示怀疑。他甚至对 E. H. 卡尔的相对主义的暗示,即承认阐释在建构历史"事实"过程中发挥了作用感到更为愤怒,因为埃尔顿认为历史学家"必须成为他手中证据的仆人"。[1] 对观察者作用的诋毁延及到史料上,因为就像埃尔顿所宣称的(有兰克做庇佑!),"克里斯托弗·希尔关于清教主义的研究和 17 世纪英国内战的研究文库实际上是建立在忽视区别的基础上,即忽视了发生了什么进行的证明,与对人们所说的任何发生的事情的证明、称颂以及慨叹之间的区别"。[2] 在埃尔顿那里,历史并非必定要在每一代人手中重新书写,这已被纳米尔 1929 年投下的关于"乔治三世登基的政策结构"的"炸弹"——和"保守主义的胜利"——所证明。在这些和其他形式的对历史学传统的捍卫中,埃尔顿宣扬的是一种"返璞归真"(return to essential),似乎体现了约翰逊博士在面对新流行的怀疑主义和"年鉴"学派的破坏性影响时踢动常识之石的身姿。[3] 就像汤普森和纳米尔一样,埃尔顿和希尔都不在人世了,但他们的遗产仍保存在其希望抵挡新修正主义和后现代主义的英美信徒的著作中。讽刺的是,昆廷·斯金纳(Quentin Skinner,1940—)作为剑桥大学钦定教授的

1　*The Practice of History*(London,1967),62.
2　在 Robert William Fogel and G. R. Elton,*Which Road to the Past? Two Views of History*(New Haven,1983),84 中。
3　Ibid. 83,并参见 Elton,*Return to Essentials:Some Reflections on the Present State of Historical Study*(Cambridge,1991)。

任命正逢英国修正主义的高潮,因为他有哲学背景,所以使他被尽可能地想象成是处于主流立场的,尽管这有时代错置的凑数态度之嫌。

历史哲学家和善于反思的历史学家倾向于拒绝埃尔顿之类学者幼稚的实在论,并且,或许在施加一些指责的同时,他们立场的实践基础也并不仅仅是认识论的天真,更多的是经探究获得启发的信念。那就是,他们相信史料优先于解释的多样性,历史学是一种基本上无须反思且有时显得教条的"常规科学"(库恩描述那些起主导作用的专业范式的用语)。问题在于,如埃尔顿、泰勒以及纳米尔这种赤诚的、反跨学科的学者既没有能力,也没有兴趣为他们超越其专业习惯和套路的活动提供一种哲学式的判断。而他们的批评者与他们的批判对象面对着相似的形势,仍处于高端的且经常是空洞的理论层面,驾驭不了他们所从事的学术实践和具体认知。因此,尚未有一次精神上的,甚至是话语上的会面来打破派别的隔阂。而且,就算有其他的接触机会,如历史学家和历史哲学家偶然地在同一个话语世界相遇,但他们还是生活和工作在不同的世界里。

在英国和在德国类似,一些学者从历史过程的政治表层转向了社会深处,甚至英国学者用了更长的时间,并且对他们来讲,革命及其余波所及的时期,包括17世纪中叶的内战——马克思主义者将之概括为"从封建制度到资本主义制度的转型期",而又被改变了基调,成了"17世纪的普遍危机"——才是关注的中心。这场重要的争论由托尼在1941年针对"贵族的兴起"的观点开始,他的观点引发了劳伦斯·斯通、特雷弗-罗珀、J. H. 赫克斯特、佩雷兹·扎戈林、埃里克·霍布斯鲍姆以及其他一些人的长期系列研究。这些人对马克思主义的热情正在褪去，从强调"革命"转向了强调"危机"。其顶峰是斯通的《贵族的危机》（*Crisis of the Aristocracy*，1558—1641，1965年），该书搁置争论，评论的是整体的问题，将之扩展到包括意识形态、社会以及文化，乃至经济因素。同时期也有与之交相辉映的热烈争论。其中，主要是克里斯托弗·希尔关于"清教主义"的本质乃至存在与否（参考了斯通关于"意识形态因素"主要论点）的论说，他同样回避了政治行为和制度，而这（用陈旧的马克思主义术语讲的话）代表了与兴衰之中的社会阶级的物质基础截然不同的上层建筑的方面。当然，所有这些大部头研究，以及经常出现的关于社会和智识的大范围恶性化转变的讨论最终瞄准的都是对更老一辈历史学家们眼中的琐碎"事件"，即清教徒革命，及其切近的和长期的"原因"加以拓展，也就是斯通在后来的书中所进行的综合性阐释，尽管他最终回到了其主要的兴趣，即英国贵族家庭的生活和命运。

在与马克思主义的倾向者或后马克思主义者论争的另一个阶段中，从封建制度向资本主义制度过渡的主题不再格外倚重其为一场资产阶级革命的信念，而是倚重这一过渡是一种危机并在17世纪早期造成了"普遍危机"的理论。该理论是埃里克·霍布斯鲍姆和特雷弗-罗珀提出的。这个与三十年战争所制造的社会问题紧密相关的主题，吸收了集中关注市场混乱和社会巨变的经济学观点，尤其是 R. B. 梅里曼所谓的"六场同时期发生的革命"的观点。而这个主题也借助全球市场和时空扩

第五章　正义的战争结束之后

展的视角，连同后来又延展到古代的和众多世界体系的视角，更加普遍化。在空间范畴，该主题通过对经济和社会灾难的比较研究，就像在布罗代尔后来的研究中所做的那样，将远东和新大陆引入视野。而在时间范畴，尽管遵循的是"世界体系"的观念，但这个研究更倾向于回到13世纪危机的状况。这里出现了历史、经济和社会科学相结合的另一个产物，尽管最近历史学家并未抱定变化、普遍危机或世界体系的理论。或许例外的是，作为教育训导策略，资本主义似乎仍然常被视为一种更遥远过去的传承。

对包括埃尔顿在内的一些批评者来说，迄今为止所有这些英国所关注的热点和推论，都如意料之中地使历史学家不再专注合乎身份的事务，即对王国的政治记载的永远一心一意的研究。埃尔顿抱怨从社会和心智角度的阐释意味着旧式辉格式的（如果不是马克思主义式的）观点在新流行的理论工具掩映下回归了，其目标是无根据的长时段的（通常是在现代化的框架之下的）推测。可是，埃尔顿自己的反应，是回到一种近距离地阅读更老式的制度史，这否定了更大的模式，特别是否定了更大的模式与英国革命有潜在联系——没有"通往内战的捷径"，这导致的是时代错置和对丰富的偶然性的忽视。这种态度，是很多年轻史家的共识，被冠之以早就被过度使用的"修正主义"标签，受到推崇。不过，所修订的，是普遍消极的、地方主义的和一如既往地独自漂泊的态度，虽然从技术上讲尚待改进。它也（无意中在以一种对休谟的因果论批判的拙劣模仿）质疑社会性的和智识性的契合可作为历史性的关联，例如〔由阿瑟·杰弗里·狄更斯（Arthur Geoffrey Dickens，1910—2001）提出的］在后现代主义和中世纪晚期的异端之间存在联系，以及更大范围地，否定了对政治思想史进行"情境化处理"的基础，包括由来已久的"自由"价值，以及一种可追溯至弥尔顿或都铎时期的议会生活（J. H. 赫克斯特发起的以编年形式合作完成的系列丛书）。对于埃尔顿来说，伊丽莎白时期的议会尽管在话语上有一些被辉格派史家抓住不放的中世纪化的瑕疵，但（不谈可有可无的话题和偶然因素的话）议会基本上还是王权政府的工具，也并未包含反抗的种子。它的成员是一些专注做事的人，而没有（为后来的历史学家着想）专注政治理论，并且，这种对事务的专注（而不是埃尔顿所谓的"心口不一"）在从议会史的修正主义观点直至当代"后修正主义"的性质辨识中都占主导地位。

尽管有修正主义者的指责和彼得·拉斯莱特（Peter Laslett，1915—2001）的反戈一击（以及 1956 年发布的政治哲学的讣告），[1] 但政治思想史的确从 20 世纪 60 年代开始经历了一段时间的复兴，尤其以 J. G. A. 波考克和昆廷·斯金纳的著作为开端的复兴。他们是语言学（和修辞学）转向的早期皈依者，其中，政治和社会话语再一次被置于重现"我们遗失的世界"的努力中心。埃尔顿推崇的"史料"，即使是最合乎要求的史料，都不是直面近代早期思想、政策以及活动的通透窗口。由于话语和谈判的术语有它们的历史和演变过程，（如同概念史

---

[1] J. G. A. Pocock, Politics, *Language, and Time: Essays on Political Thought and History* (Chicago, 1989), 11.

第五章 正义的战争结束之后

的支持者也相信的）在他们进入作为"异国"的过去之前，必须了解这些过程。像波考克所写的，历史学家是考古学家的一种，在强调回溯性的阐释之前，正是他/她初步承担了探索过去语义场和发掘逝去了的意义的任务。[1] 在他关于英国政治传统中的"古代宪政"分析，以及对经历了佛罗伦萨阶段并继而进入了大陆和不列颠的语境的"马基雅维利时刻"和"公民人文主义"的相应心态的追索中，语义变化都成为他这些研究的前提。它们也是斯金纳考察已被过度研讨的斯图亚特王朝的宪政冲突之前的近代政治思想基础的前提，历史学的关注将他从对17世纪中期的最初兴趣带回到中世纪和近代早期的先例和基础材料。

英国史学在诸多方面已随帝国的衰落而走下坡路，也失去了"列强"之一的身份带给英国之于上世纪其他国家的民族自信。而修正主义对地方性和偶然性的强调，对理论和大范围概括的质疑，至少可以被视为这一历史变化的反映。从数量角度讲，英国史学已经有了显著的拓展，尽管狭隘地集中于司法、经济、社会以及文化主题的特定领域，并且越来越看向既找不到上帝也没有魔鬼的那些细节。兴趣（通常带着所剩不多的左翼倾向）经以下两个方面成长起来：一方面是女性史、两性、全球化和文化研究等领域，另一方面是埃里克·霍布斯鲍姆特立独行的社会史冒险和基斯·托马斯关于近代早期的宗教和魔法研究的跨学科考察。这些主题在更早的关于英国人民的过去、

---

1 "The Concept of a Language and the métier d'historien: Some Considerations on Practice," *The Languages of Political Theory in Early-Modern Europe*, ed. Anthony Pagden (Cambridge, 1987), 19–40.

延续以及命运的叙述中没有出现。然而，英国史的读者，或至少是作者，似乎在第三个千年的初始还是毫无变化，尽管不再受旧式的意识形态影响。

普遍来讲，美国历史学家搞的英国史即便不算是孤立的，也仍是如同在狭窄的沟渠中穿行。他们对非革命的自由观念的发展，以及议会和习惯法传统产生其他益处感到骄傲。J. H. 赫克斯特开始成为清教徒革命的专家，可是他对马克思主义将重要事件阐释为阶级斗争和资产阶级革命不以为然。并且，他拒绝希尔和其他人推动这些观点和顺应这些主题的著作。并不是说他接受了所谓的修正主义者的那些越来越诉诸地方史的超经验主义和来自微观史学的批评。因为，他对认为议会扮演着西方自由观念发展的领导角色的观点中那种辉格思路感兴趣。或许毫不令人惊讶的是，英国历史学家诉诸历史学是为了阐明英国的政治、司法以及宪政传统的悠久品质，也就是赫伯特·巴特菲尔德开拓的领域。他探索"我们心态的整个历史部分"，因为历史经受了批判性的自省。[1] 这一立场的另外一个例子是波考克。他强调"古代宪政"和"习惯法心理"是英国政治思想和话语发展中的主要话题。随着古老的语言连续性被恢复，这或许可以以一种奇特的方式被视作爱德华·科克（Edward Coke，1552—1634）、约翰·赛尔丹（John Selden，1584—1654）、埃德蒙·伯克身后的胜利，也是斯塔布斯、波拉德、麦基文和赫克斯特身后的胜利，虽然是心智史而不是制度史领域的胜利。

1　*Man on His Past*，viii.

第五章　正义的战争结束之后

"年鉴" 范式及其后的史学

　　下一代"年鉴"学人保持着他们对经典的法国传统史家和对费弗尔、布洛赫及接下来建设"年鉴"的同行的热爱。儒勒·米什莱仍是新史学的创建人——当然不是就他敏锐的批判而是对他的民族视角，对档案研究的发扬，同样还因为自我中心的风格。这种倾向明显地反映在费弗尔、布洛赫及其他同行的自传性反思当中。例如，很多是在布罗代尔关于地中海的研究和（如米歇尔·德塞都［Michel de Certeau，1925—1986］已经指出的）勒华拉杜里在其《朗多克的农民》（*Peasants of Languedoc*）的序言。并且，这种反思采用了作为布罗代尔同志的措辞，即"我们'年鉴'学人"这种第一人称复数的形式。这种形式也通过理查德·科布（Richard Cobb，1917—1996）附以厚重注释和展示其广博学识的谈话彰显出来。[1] "我热爱地中海"，布罗代尔在其二战爆发前开始撰写的伟大著作，他自己所谓的"'总体史'冒险"的开篇高呼道（"我热爱历史学"［J'aime l'histoire］，费弗尔在1941年表白道）。而勒华拉杜里也毫不犹豫地表白说，他"热爱地中海的乡村"。[2] 这种策略也明显且最为系统地体现在皮埃尔·诺

---

[1] 参见 Philippe Carrard，*Poetics of the New History: French Historical Discourse from Braudel to Chartier*（Baltimore，1992），90。

[2] *The Peasants of Languedoc*，tr. John Day（Urbana，1974），3 - 8；参见 Febvre，*Combats pour l'Histoire*（Paris，1953），18。

拉（Pierre Nora，1931—　）推出的，以一种"年鉴"学派当代名家的传记回廊形式出版的"自我的诸段历史"（ego-histories）的著名汇编中。之所以运用第一人称，原因之一是布洛赫注重在他的著作中要部分考虑读者的感受，使他们产生打开他的实验室大门的兴趣。布洛赫的门徒乔治·杜比（Georges Duby，1919—1996）解释了另一个原因，即布洛赫强调他的论述不是纯粹的事实，只是可能的事实和想象的产物和他的创造，这对立于库朗热的陈旧理念（"先生们，这不是我而是历史在向你们讲话"）。[1]第三个原因是我试着补充的，即在向着吕西安·费弗尔发起——或许秉承了奥古斯丁·梯叶里（Augustin Thierry，1795—1856）的"新史学"传统——的带有挑衅意味的广而告之和居高临下的"战斗"努力时，学者们不可能采用一种温和的无主语的句式。

布罗代尔在驾驭时间方面的冲动继续得到其大量多少有些偏执的弟子们的推崇，而他弟子中的一位称之为"范式的危机"。[2]另一种超越年代次序——也是对新三时段推测性研究的另一种探索——的是乔治·杜比关于中世纪文明的"三等级秩序"（教士、骑士、劳动者）的富于想象力的研究，它附有大量插图，更取材于文学。这不单使人想起老套的教士、贵族和农

---

[1] *History Continues*, tr. Arthur Goldhammer（Chicago，1944），48；Nora（ed.），*Essais d'ego-histoire*（Paris，1987）.

[2] Gérard Noiriel, *Sur la "crise" de l'histoire*.（Paris，1996），123；并参见Jacques Le Goff（ed.），*La nouvelle Histoire*（Paris，1988），还有 Jacques Le Goff and Pierre Nora（eds.），*Constructing the Past*: *Essays in Historical Methodology*（Cambridge，1985）.

民的分类（并预见到了经典的"三个财产等级"）——杜比引用伪亚略巴古的狄奥尼修斯（Dionysius the pseudo-Areopagite，5世纪末—6世纪上半叶）的话，"每一种等级制度的划分都是三元状态的"——还使人想起结构上尚存争议的乔治·杜梅齐尔针对印欧历史和史前时期的神话三机能理论。[1] 这个理论是从10世纪就开始的老生常谈了，17世纪法学家夏尔·卢瓦瑟（Charles Loyseau，1564—1627）在其"论秩序"的文字中做出经典表述，并延续了一千年。尽管有其他理论和阶级分化的威胁，但它一直都保留下来，在罗兰·穆尼埃（Roland Mousnier，1907—1993）的研究中还有专门的论述。雅克·勒高夫（Jacques Le Goff，1924—2014）也富于想象力地对文化史的隐蔽深处和表象进行考察。他拒绝古老的古代-中世纪-近代编年的三阶段论，遵循杜比的结论，即中世纪——是指一种"延续的中世纪"，因为他没有使用一种截然分开的"文艺复兴"的概念——是"乔治·杜梅齐尔的三机能理论规划在西方实现（或再度显现）的时期"，是"深层结构进化"的一个范例，直到它们因工业革命和铁路交通的现代化和全球化动力而过时。[2]

更深层次且更难揣度的是私人生活的世界——日常生活（德文为 Alltagsgeschichte，法文为 la vie quotidienne）——就如杜比的比喻发生在"紧闭的门户之后和锁匙之下"的事情。[3]

1　*The Three Orders: Feudal Society Imagined*, tr. Arthur Goldhammer (Chicago, 1980), 114.
2　*The Medieval Imagination*, tr. Arthur Goldhammer (Chicago, 1988).
3　Philippe Ariès and Georges Duby (eds.), *A History of Private Life*, tr. Arthur Goldhammer (5 vols.; Cambridge, Mass., 1987), I, viii.

这个主题与公共和私人之间的区分一样古老，与其国家一并沉浮，并且已经被文化史家着手研究两个世纪了，也在法国史家关于两代人之前的各种民族传统的"日常生活史"（*l'histoire quotidienne*）的旧式丛书中有所体现。而杜比从最典型的角度夸赞了阐释丰富的《私人生活史》（*A History of Private Life*）的系列著作的创新性，这套系列著作由阿利埃斯发起，强调长时段，对个性敏感（与对计量方法的冷淡形成鲜明对比），且——带着对考古学案例的谦恭——它提出的是"研究计划而不是成果"的谦逊（且听上去科学）的目标。第一卷是一场现代的、推测性历史学试验，其中包括了保罗·韦纳、彼得·布朗（Peter Brown，1935— ）以及其他人的贡献。内容基于"旧式的已废除的帝国"，从"作为公民的人"（罗马的而不是希腊的）到"屋内的人"（韦纳有男权色彩的说法），追踪了类型变化。第二卷以同样方式检查了"中世纪世界的真相"，这部分采用推测式探讨的方式，主要运用文学和艺术类的资料和文献。杜比深入语义学领域时就常用这种方式。第三卷由罗杰·夏蒂埃（Roger Chartier，1945— ）主编，研究的是"文艺复兴的热情"。它缘起于"修养"、性行为的时兴、民生空间和家庭生活的发展。第四卷分析陡然出现的个人主义以及从法国大革命到一战的"成功家族"，这是"公众的私事"再一次宣明自身地位的时代。而最后一卷着眼"身份的谜语"，文化的多元性，以及现代的国家模式和家族神话。

对普通生活的理解的研究在地方史和"微观史"范畴或许是最有追求的，就像勒华拉杜里在其对法国南部的一个作为纯洁派异端仅存的信奉区域的山村进行的艺术鉴赏式的研究。蒙塔尤是一个小社群，该地主教雅克·富尼埃（Jacques Fournier，？—1342）在其官方庭审记录中，碰巧留下了关于不足三百人的珍贵生活记录，他们的劳作，他们的家庭生活、性行为，以及在他们之间更普遍共有的**心态**（mentalité）。在 20 世纪，社会史学者总是试图聚焦于沉默的和被压迫的群体，而勒华拉杜里尤其对富尼埃的记录满心喜欢，因为"它大幅地讲到向下的社会流动，而大多数的旧制度时期的文献则主要面向向上的流动"。另一位以此风格考察小世界的人是卡洛·金兹伯格（Carlo Ginzburg，1939—　），他也是从马克思主义转向了微观史学。他专门在宗教和神秘主义的语境中考察微小的世界。一般来讲，微观史学赖以骄傲的是它摆脱了教条的争论，切近社会现实，独立进行"阐释性实践"（interpretative practice）的身份。可是，我们这里可以看到的是，阐释性的实践和这种方法论本身可以转而被用于攻击"进步"观念这一令人生畏的学说。[1]

法国史学思想是深刻的反笛卡尔观念的部分产物，这种趋势明显体现在圣西门、勒内·夏多布里昂（René Chateaubriand，1768—1848）、米什莱、马塞尔·普鲁斯特（Marcel Proust，1871—1922）和将无语境限制的**我思**（Cogito）替换为带有恋旧情愫的**我思——再一次**（Re-Cogito）的人们那里。在

---

[1] Montaillou：The Promised Land of Error，tr. Barbara Bray（New York，1979），71；并参见 Giovanni Levi，"On Microhistory," New Perspectives on Historical Writing，ed. Peter Burke（University Park，Pa.，1991），95。

这里，记忆取代了因果——以及"追忆似水年华"取代了合乎逻辑的反思——成为建构的模式。这种变动经过了迪尔凯姆社会学的系统化，也经由文学的影响力而得到强化，尽管这些影响力趋向于强调记忆的表现属性。对普鲁斯特来说，"心智的记忆"呈现的只是"画面"，而"一点也看不到过去本身"。因为，"过去是隐藏在某些领域之外的地方，在某些物质目标之中，超出了心智研究的范畴"。[1] 维柯富于想象力的对记忆的辨识犹在，且实际上它也有助于推动贯穿了过去这个世纪历史学阐释的美学趋向。这种属性已被引入大众文化，其深入程度堪比卡通人物"淘气阿丹"（Dennis the Menace）评价他的小伙伴的那种程度，即"想象力就像是一种对从未发生之物的记忆"。换一种思路，据华莱士·史蒂文斯的说法，"只有想象是真实的"。

记忆实际上是近来法国历史学家带着热忱和创意从事的主题，他们遵循的是莫里斯·哈布瓦赫（Maurice Halbwachs，1877—1945，费弗尔和布洛赫在斯特拉斯堡的同事）开创的"集体记忆"模式，以及"心态"理念。[2] 勒高夫已经触及了潜在的，却是高度推断性的时间主题，不是以人为划定的布罗代尔式的三重层次，而是在具体的人文情境——心理学、语义学、原始状态的思想、历史意识、历史哲学（以及关于未来的哲学）——之下，也触及贝尔纳·葛内（Bernard Guenée，1927—2010）所谓的"历史学文化"——也是各种有助于记忆

---

[1] *Remembrance of Things Past*, tr. C. K. Scott Moncrieff (New York, 1934), I, 33-34.
[2] *On Collective Memory*, tr. Lewis Coser (Chicago, 1992).

保留的助记机制，包括博物馆、纪念馆、照片、图书馆（从手抄本到印刷本，再到电脑）、公墓、纪念活动以及地理上的"有纪念性的地方"——或许类似于普鲁斯特的"地名"（在研究"逝去时间"的计划中的辅助性记忆）——如同皮埃尔·诺拉和他弟子的著作中所呈现的。[1] 当然，记忆的问题及其与历史的矛盾关系，已经被英国和欧洲学者在从古至今，再到后现代的众多其他关联中延续下来。其中，与历史学学术最为相关的是帕特里克·赫顿（Patrick Hutton）将历史作为"回忆的艺术"（*ars memoriae*）的例证所做的艺术品鉴式的考察。他的研究涉及维柯和弗洛伊德，以及哈布瓦赫、阿利埃斯、福柯、米什莱、奥拉尔、勒费弗尔、诺拉、伽达默尔、保罗·利科（Paul Ricoeur，1913—2005）和其他人。[2] 如诺拉指出的，另一些后裔是最近对史学史感兴趣的那些人。[3]

记忆的问题也是近来法国古史考察的中心，尤其是希腊人**从神话到理性**（*mythos to logos*），以及从口述文化到书写文化的"心态"。怎么可能揭示保罗·利科所谓的"我们的希腊人记忆"？原始的文本是不存在的，因此马塞尔·德蒂安（Marcel Detienne，1935—2019）引用马塞尔·莫斯的说法，也就是你必定要试着通过一种人种学的视角，诉诸"社会记忆"，或修昔

1　除了 Nora 主编的这些卷集之外，还有，Realms of Memory（New York，1996- ），参见 Jacques Le Goff，*Histoire et memoire*（Paris，1988），以及 Richard Glasser，*Time in French Life and Thought*，tr. C. G. Pearson（Manchester，1972）.
2　*History as an Art of Memory*（Hanover，N. H.，1993）.
3　*Les Lieux de mémoire*，I，*La République*（Paris，1984），xx.

底德贬斥的"考古学"加以探索。[1] "希腊人相信他们的神话吗?"保罗·韦纳问道。他将他的计划落位于"无人区",即吕西安·费弗尔所指的位于历史学边缘的领域。[2] 对韦纳来说,这个问题提得不好,因为希腊神话超出了真实和虚假的范畴,而是信仰一种"基础性的想象"。对古代希腊人来说,所谓的**真理**（aletheia）与宗教和缪斯众神是分不开的,而真理就在那些德蒂安所谓的"真理之师"的守护之下。"真理之师"首先以"魔法的宗教"的形式出现,继而,以哲学的形式继承和争论它们的文化遗产,经历了世俗化的过程。[3] 这种类型的变化也与摆脱模糊的、含有虚假成分的逻辑有关,还与一种矛盾的、导致了近代理性思想的逻辑有关,这与它是否更接近"真理"无关。可是,这种神话模式已经在史蒂文·夏平（Steven Shapin,1943— ）的"真理的社会史"（"social history of truth"）考察中被颠覆了。[4]

在将包括科学观念在内的观念置于一种社会情境的努力背后,有一个马克思主义理论的幽灵。而实际上,20世纪的诸多革新和准革新,包括"年鉴"学派的革新,已经紧随着、也经常是代替了上层建筑和物质基础的更老式的理念而出现。马克

---

1 *The Creation of Mythology*, tr. Margaret Cook (Chicago, 1981), 37.
2 *Did the Greeks Believe in Their Myths? An Essay on the Constitutive Imagination*, tr. Paula Wissing (Chicago, 1983), 120.
3 *The Masters of Truth in Archaic Greece*, tr. Janet Lloyd (New York, 1996).
4 参见 Shapin, *A Social History of Truth* (Chicago, 1994), Peter Burke, *A Social History of Knowledge* (Cambridge, 2000), 以及 Ian Hacking, *The Social Construction of What?* (Cambridge, Mass., 1999)。

思主义理论已成为一种意识形态上的，或是专业词语中的禁忌，它不是在宏观历史的推测和预言的范畴，而是在人性的追问和价值判断的范畴延续着。当那种实际上基于来自法国大革命的政治基调的潜在"左派"立场，已经在除情感和道德范畴之外彻底变成了时代错置，很多离开马克思主义的学者已经转向了文化史。这显见于英国文化唯物主义，皮埃尔·布迪厄（Pierre Bourdieu，1930—2002）的社会学以及于尔根·哈贝马斯的批判理论论说。哈贝马斯的理论是后马克思主义，但仍然专注于保罗·利科所谓的"怀疑的诠释学"。所以，在福柯的庇护下，新文化史继续关注"权力"及其行使情况，尽管是在比里特尔和梅尼克研究的"恶魔式的"政治权力更为广泛的意义上。

不过，权力需要一个载体，而在这里，主要的媒介是印刷机。吕西安·费弗尔的计划之一，就是出版的历史（the history of printing），且实际上，他在1930年时已被委托负责贝尔丛书中的出版史这一卷。二战后，在亨利-让·马丁的协助下，该书问世。[1] 出版书籍及其"世界"的问题与中世纪和文艺复兴有很大关系，而在这里，费弗尔和他的合作者再次致力于打开新的研究途径。因为实际上，书籍的历史是很多特定问题汇聚的场所，其中包括纸张、技术、传播、组织机构、地理，也有通过各种民族语言而产生的智识、宗教、政治和文化影响。随着活字印刷与信息革命已经成了21世纪到来之际探询的核心领域，它成为后来的"年鉴"范式下成果最丰硕的研究线索，

---

[1] *L'Apparition du livre* (Paris, 1958).

就如马丁的著作,以及更年轻的诸如罗伯特·芒德鲁、米歇尔·伏维尔(Michel Vovelle,1933—)、罗杰·夏蒂埃,以及美国学者诸如伊丽莎白·爱森斯坦(Elizabeth Eisenstein,1923—2016)、罗伯特·达恩顿(Robert Darnton,1939—)、安东尼·格拉夫顿(Anthony Grafton,1950—)的著作所反映的那样,他们研究的是心态史中的致密细节和个案研究。在其最近的书作中,马丁已经将费弗尔的"问题"置于普遍意义的书写的最长视线下,即以图像符号呈现出的言语及其"权力"——尽管没有提及福柯和德里达,就像这种理论是一种与恰当的专业历史探询不搭边的时代错置一样。[1]

罗杰·夏蒂埃在"年鉴"学派处于重视文化的阶段,陷于文学和语境主义转向中的时候,承袭了"年鉴"传统,以后马克思主义的术语在话语中发现人际交往的世界,尤其是存在于"旧制度"时期的印刷和插图书册中的内容。夏蒂埃参考诺贝特·埃利阿斯(Norbert Elias,1897—1990)的作品,关注"文化"和"礼俗",考察了上层文化的表象和挪用,乃至"资产阶级"在法国大革命之前究竟是怎么样的。他经常倚重文学材料,大量进行大众文化的个案研究,但他像那些世纪之初的法国先辈一样,声明历史学的自主性,并与文学保持距离,抗议海登·怀特对原始档案资料的无视。[2] 语言对夏蒂埃来说,和

---

1 *The History and Power of Writing*, tr. Lydia G. Cochrane (Chicago, 1994).
2 *On the Edge of the Cliff: History, Language, and Practice*, tr. Lydia G. Cochrane (Baltimore, 1997), 28; also *The Cultural Uses of Print in Early Modern France*, tr. Cochrane (Princeton, 1987), and *Cultural History*, tr. Cochrane (Ithaca, 1988).

福柯的看法一样，不仅是一种文化条件，也是历史写作的条件，不会专门为作者的选择提供便利。也是以此精神，夏蒂埃通过思考阅读行为、书籍传播、文学作品以及文化接受情况，从旧式的思想史转向了"心态"研究——对他来说，历史仍然是一种迪尔凯姆模式的"社会科学"。就像概念史的开拓者那样，夏蒂埃实际上想做的是心智史，且同时注重社会面貌及其类型转变。

在后"年鉴"一代（post-Annals generation）学人那里，法国人的方法变得折中，并且抱着一种加强联合的态度，如夏蒂埃所说，关注的是方向和研究的计划，而不是理论，且移向了"文化"领域。这是旧式的思想史观念与费弗尔风格的非本质化的集体和人类学式的"心态"观点的结合，还接受了"大型阐释模式退步"的现实。然而在夏蒂埃那里，仍然有马克思的回响，尤其是对"实践"（"practice"，来自马克思对应于黑格尔的精神所运用的一个准希腊式的词 praxis）的强调。尽管这是以语言学转向为背景的世界，但揭示了文化的形式，在其中，"象征"（"symbol"）和"表象"（"representation"）成了阐释的衔接物。对夏蒂埃来说，20世纪的发展轨迹已从以政治和经济为基础的实证主义的事实转向了〔以去掉洛夫乔伊和德国**精神史**（*Geistesgeschichte*）语境的方式表现的〕观念史，转向了可以经由人类学——尽管主要是通过文学资料和"踪迹与符号"（"traces and signs"）——加以调和的文化世界。

普遍来讲，很多学科，包括心理学、人类学、考古学、文学以及艺术，必须充溢着历史学家关于时间下的人类状况的记述。这种暗示的等级划分——一种总体史的大型链条——似乎在"年鉴"学派的第三代学人著作中表现得很明显，也就是，地理史和气候，土地史和人口史，亲缘和阶级，生产和贸易，国家和国际市场，资金和资本主义，向内和向外发展的帝国主义，科学和技术，艺术和文学，日常生活和死亡，食品和性，犯罪和疾病，机构和国家，政治和战争，可接下来……是什么，总体史吗？不过，它总还是研究在自然和文化之间活动的人类，即便有记忆研究（经由**记忆之场**［lieux de mémoire］）的介入，并围绕与"历史"的恰切关联展开发散性的争论，除了发现又一个层面上的材料，也不过是将历史学研究的场所切换到一个更为当下性的视角。在这个"历史学"探询无所不包的混乱局面下，其他变化经常也显著起来。不过，总的来说，（我认为）在"年鉴"范式中，尚没有长期的变化或是轮转。对"心态"的兴趣从一开始就很明显。计量史，因其化约主义的假设和工具，经历了起伏（且在电脑出现的时代再次起势）。并且，"总体史"的梦想从未完全被忘却。车轮必定总是要被重新发明，火焰必定总是要重新燃起，书本也必定总是要被再度撰写。如同维弗雷多·帕累托提出的，"新的哥伦布"定期地出现。并且，新事物被如此频繁地宣布，以至于你会被引得将革新主义——"新事物的恋物癖"——视为职业历史学家生活的永恒条件。

美国史学与世界史

20世纪60年代的意识形态混乱产生了更多的新史学学者，"转向"的类型既有左倾的，也有右倾的，既有社会学的，也有语言学的，还有，在越南战争的背景下，伴同着服务业的抵制活动，学生运动和种族主义，历史学专业的人数在大量增长。这不仅是"自下而上"看历史的一种诉求，也是在试图将之转变为一种"新左倾"的激进模式，尽管渐渐增长的兴趣不是想象中的国际无产阶级的利益，而是女人、黑人、被忽视的种群，以及其他通过其自己的历史寻找身份认同的群体。结果是，历史学专业出现了碎片化，或者说，即便不是碎片化，也是在以一种多元文化框架为基础。它颠覆了历史学家和"旧左派"等人的一致目标。意识形态分歧也经由"后现代主义"（"后-"["post-"] 进入了新事物的措辞，它已经被用于区分两代人，以及一场运动的前后划分）的介入而得到加强。后现代主义拒绝"宏大叙事"的可行性，包括叙述西方文明胜利主义和现代化——尽管全球化和复兴的世界史在这段时间以来似乎在争取树立一种新的宏大叙事。

战后，德国学者的美国弟子——实际上很多是他们的徒孙——仍在欧洲中心主义的范式之中进行研究，而与此同时，他们还扩展和深化着这种范式，并探查其源头。1957年，豪约·霍尔伯恩的学生伦纳德·克里格尔（Leonard Krieger，1918—1990）致力于一种从近代早期的哲学、宪政和社会根源到统一时期的范围广泛的德国自由观念的研究，展现了君主制被纳粹瓦解前的理论与实践的深刻矛盾和相互影响。[1] 弗里茨·斯特恩更直接地看向纳粹主义的意识形态前身以及无休止的"德国问题"的其他方面。彼得·盖伊13岁时从柏林移民（也随身带着他自己的"德国问题"）。他称颂魏玛文化的多个方面，包括封建主义，19世纪的心理史，尤其是更深刻的启蒙背景。对于这些——在意识上对立于卡尔·贝克尔关于"18世纪哲学家的天城"的观点——他从异端主义、理性主义和现代自由观念诉求的范畴进行特点的归纳。[2] 彼得·帕雷特（Peter Paret，1924—2020）继续着军事史研究，仍然以此问题为重要内容，不过他是从一种跨学科的视角入手，包括艺术史。[3] 卡尔·休斯克起初是一位政治和社会史学者。从20世纪60年代开始，他以一种百科全书的方式，预见了关于文化史的近期态度。他追溯到19世纪晚期的维也纳，检查了现代主义文化几个方面——不仅有政治，也有心理学、文学、美术、音乐和建

1　*The German Idea of Freedom：History of a Political Tradition*（Boston，1957），并参见他在 John Higham（ed.），*History：The Development of Historical Studies in the United States*（Englewood Cliffs，N. J.，1965）中的文章。
2　*The Enlightenment：An Interpretation*（2 vols.；New York，1967）；*Weimar Culture：The Outsider as Insider*（New York，1968）；*Freud for Historians*（New York，1985）；*Freud：A Life for Our Time*（New York，1988）；并参见 *My German Question：Growing Up in Nazi Berlin*（New Haven，1998）。
3　参见如 *German Encounters with Modernism*，*1840－1945*（Cambridge，2001），以及 *Art as History：Episodes in the Culture and Politics of Nineteenth-Century Germany*（Princeton，1988）；还有"Crossing Borders"，*Historically Speaking*，4（2002），8-10。

筑——的根源，尽管不包括历史学的根源。[1] H. 斯图尔特·休斯通过对欧洲移民的经历的研究和教学，活跃了美国学术对"重大变化"的关注。他全身心致力于对从19世纪末的颓靡时期到冷战时期的欧洲思想史的重新评价。[2] 马丁·杰伊通过其早期对"法兰克福学派"的多产研究为他的学术生涯打下了基础，他也进一步从社会史转向了文化史，尤其是对视觉上的现代文化的追问和抨击。[3] 所有这些学者，在其走向历史主义价值观的路上信念坚定，为保持欧洲一体主义传统的学术的广泛延续添砖加瓦。[4]

此期间的"美国人的研究"，除了有跨学科的指向，也有一种种族中心论的指向。这保证了一致论史学的兴旺不衰。这曾是，现在也是美国文史的丰富领域中的一项。20世纪，它在莫西斯·科伊特·泰勒庇护下出现，开始于帕灵顿激情满满的考察，并沿着两条线路——一方面是基尼斯·默多克、佩里·米勒、弗朗西斯·奥托·马西森（Francis Otto Matthiessen，

---

[1] *Fin-de-Siècle Vienna*: *Politics and Culture* (New York, 1981).

[2] *Consciousness and Society*: *The Reconstruction of European Social Thought, 1890 – 1930* (New York, 1958) and *The Obstructed Path*: *French Social Thought in the Years of Desperation, 1930 – 1960* (New York, 1968).

[3] *The Dialectical Imagination*: *A History of the Frankfurt School and the Institute for Social Research, 1923 – 1950* (Boston, 1973); *Permanent Exiles*: *Essays on the Intellectual Migration from Germany to America* (New York, 1986); *Downcast Eyes*: *The Denigration of Vision in Twentieth-Century French Thought* (Berkeley, 1993).

[4] 参见如 Schorske 和 Gay 的纪念文集 *Rediscovering History*: *Culture, Politics, and the Psyche*, ed. Michael S. Roth (Stanford, 1994), 以及 *Enlightenment, Passion, Modernity*: *Historical Essays in European Thought and Culture*, ed. Mark S. Micale and Robert L. Dietle (Stanford, 2000).

1902—1950)以及哈佛大学的霍华德·芒福德·琼斯（Howard Mumford Jones，1892—1980）等学术圈内的学者。另一方面是伯纳德·德沃托（Bernard De Voto，1897—1955，从未获得哈佛的教职）、格兰维尔·希克斯（Granville Hicks，1901—1982）、刘易斯·芒福德、阿尔弗雷德·卡津（Alfred Kazin，1915—1998）以及范·威克·布鲁克斯（Van Wyck Brooks，1886—1963）等圈外知识分子。布鲁克斯宏大但却主观色彩浓厚的考察遭到 F. O. 马西森的猛烈抨击。这些作者推出的大众考察是按照建构、控制和传播美国的文学经典（和其所依托的美国社会）——用希克斯的话说，"伟大传统"——中的欧美倾向和学科阵营而加以区分的。伴随这些艺术鉴赏式的研究而来的是学术的积淀、考证工作、新期刊以及学术争论，这标志着独立学科的出现。也根据罗伯特·斯皮勒（Robert Spiller，1896—1988）主编的，出版于 1948 年的《美国文学史》（*Literary History of the United States*）的合作计划划定了美国文坛的领域和次级领域。[1]然而，如哈佛大学重建的文史系所呈现的，与符合论的历史学（history proper）相关的类型也被保持着，这是因为文学模式是对社会运动和战后时期的动乱局面的同步反映，而同时，历史学家越来越多地（不再带着一种轻蔑的意味）运用文学的资料和方法。

---

1 Kermit Vanderbilt, *American Literature and the Academy: The Roots, Growth, and Maturity of a Profession* (Philadelphia, 1986); 以及 Malcolm Bradbury and Harold Temperley, *Introduction to American Studies* (London, 1981)。

美国的文学史家尤其专注于在文学上或是普遍文化上提出新方向的群体和运动，特别是从清教徒群体开始。清教徒的声名在经历了被诋毁的几代人后不仅得到了拯救，还通过基尼斯·默多克、佩里·米勒、S. E. 莫里森和其他研究者的研究而得到提升。而"新英格兰"的超验主义者则在 F. O. 马西森所写的关于"美国文艺复兴"的颇具影响力的书中得到颂赞。在过去半个世纪里，更引人注意的则是"纽约知识分子"领域的聒噪和野心勃勃，他们主要是些"文学记者"（"literary journalist"，埃德蒙·威尔逊这样称呼他们——和他自己）和文化批评家，但也包括一些历史学家，如理查德·霍夫斯塔特、阿瑟·小施莱辛格以及约翰·帕特里克·迪金斯（John Patrick Diggins，1935—2009）。[1] 纽约的知识分子主要关注战后的国际政治和如何在不屈从于斯大林主义的情况下坚持左倾与社会主义——以及思想，即便它是不属于学术性和学院派的——当然，也有对冷战、其拥护者、其受害者及其混乱的余波的争议性研究的修正主义暗示，这即便没有引起乌托邦的终结，也引起了〔用丹尼尔·贝尔（Daniel Bell，1919—2011）的名言来讲〕"意识形态的终结"。如今，在纽约知识分子的第四和第五代人那里，他们已经从意识形态和美学的争论转向了对其自己作为文化和政治批评家的遗产、形象以及（自我）延续的重要性的

1　在卷帙浩繁并不断增长的参考文献中，请注意 Neil Jumonville，*Critical Crossings：The New York Intellectuals in Postwar America*（Berkeley，1991）；以及 Arthur Schlesinger, Jr., *A Life in the Twentieth Century：Innocent Beginnings，1917‑1950*（Boston，2000）。

翻来覆去的回忆和称颂。

在二战之后的这一代人这里，我们已经至少是以欧洲中心论的视角看到了另一种值得纪念的转折点——1968年，如同1848年一般，历史的转向归于失败——的出现。历史学研究不仅是在这个世纪的开端，通过会议、同行的计划、教学人员和学生间的交流、期刊、评论以及译介而走向了国际化。在整个西方世界，民族国家传统都保持着统治力，就如同它在外交史、军事史和经济史中所体现的那样，且美国学者继续对老前辈们示以尊重。[1] 无论如何，政治史已渐渐被动摇，并经过与社会——或更灵活地讲，人文——科学的磨合和挪用被拓展。然而，随着马克思主义的衰落，经济社会史遭到了（也是"新的"）人类学和一种自觉的"文化转向"的挑战，这种人类学和"文化转向"强调以往因与历史学无关、无法接近、缺少有力的解释而被边缘化的人类行为的诸方面。它展现了另一种新史学的某些背景——它自命为"新文化史"，出现于20世纪70年代和80年代，并且，尽管有些老去和消散的迹象，但我们仍身处其中。

"新文化史"，林·亨特（Lynn Hunt，1945—　）在1987年宣布的称谓，它期待着接续并覆盖马克思主义史学，也期待覆盖作为20世纪的过去25年里历史学解释主导模式的"年鉴"

---

[1] 参见 Stanley Kutler (ed.), *American Retrospectives: Historians on Historians* (Baltimore, 1995)。

范式的那褪了色的时尚。[1]这个概念表达的关键是倾向于联合或超越旧有的心态和社会现实的两极状态,尽管结果必然是赋予文学、艺术、象征符号以及关于这些文化表达的管用(或不管用)的解释工具以特殊地位,并依靠人类学的阐释(interpretation)而不是科学性的说明(explanation)(一种语言模式而不是一种自然科学模式)进行历史学的理解——克利福德·格尔茨(Clifford Geertz,1926—2006)和汉斯-格奥尔格·伽达默尔有了导向性的影响力。然而,新文化史研究者——以及他们的英国同行,"文化唯物主义者"——的目标基本上仍是保罗·利科所谓的"怀疑的诠释学",一种不放弃说明和揭示"语言背后的"(伽达默尔的反对性言语)事实的希望的诠释学。某种意义上说,它秉承的是福柯和米哈伊尔·米哈伊洛维奇·巴赫金(Mikhail Mikhailovich Bakhtin,1895—1975)的精神。二者探寻权力和反抗的踪迹,以及在高等文化和"政治性"文化的表象之下经常在逸闻趣事中看到的底层阶级的声音。关于因果分析的科学性措辞和向在隐喻意义上的(也是类似马克思主义的)"反思"寻求解答,这些传统的形式在"就历史而言偶然无序的构造"框架中,已被语义上的和情境主义的分析所取代。因此,文学批评家,或至少是文学理论的工具,接过了历史学探询和阐释的指挥权。

"心智史应该接受一种语言学的转向吗?"马丁·杰伊20年前问道。实际上那时各类型的史家正有此倾向,无论是受到哲

---

[1] Lynn Hunt (ed.), *The New Cultural History* (Berkeley, 1989).

学还是文学理论启发,还是由他们自己的学科产生的批判性意向。[1] "语言学转向"("linguistic turn")一词由古斯塔夫·伯格曼(Gustav Bergmann,1906—1987)于1964年创造,并因理查德·罗蒂(Richard Rorty,1931—2007)于1967年以此为标题出版的文集而著名。杰伊不太重视瓦拉、维柯、赫尔德及其他代表人文主义传统的人的预见,对20世纪理论作家推崇备至,如维特根斯坦、费迪南·德·索绪尔(Ferdinand de Saussure,1857—1913)、福柯和伽达默尔。而琳达·奥尔(Linda Orr)将之视为"文学的复仇",这种复仇行动已如此频繁地奋起攻击科学历史学的主张。海登·怀特更专门地总结了古代和近代的修辞传统,即话语总是先于纯粹的观念和逻辑论辩而产生影响。多米尼克·拉卡普拉(Dominick LaCapra,1939—)承认这是文学恢复了优于历史学的地位的信号。弗兰克·安克斯密特(Frank Ankersmit,1945—)提出文学理论更在二者之上,而(尽管没有同样的投降文学理论的情绪)劳伦斯·斯通只是将之视作旧式叙述的复兴。[2] 无论如何,20世纪70年代以来,历史学家开始更多地意识到他们所掌握的大多数资料的语言学特性和在此状况下生成出的诠释学问题。对罗

---

1 *Fin-de-siècle Socialism* (New York, 1988), 17.
2 Richard M. Rorty (ed.), *The Linguistic Turn: Essays in Philosophical Method* (Chicago, 1992); Orr, "The Revenge of Literature," *Studies in Historical Change*, ed. Ralph Cohen (Charlottesville, 1992), 84 - 108; White, *The Content of the Form: Narrative Discourse and Historical Representation* (Baltimore, 1987); LaCapra, *RethinkingIntellectual History: Texts, Contexts, Language* (Ithaca, 1983); and Ankersmit, "The Linguistic Turn," *Historical Representation* (Stanford, 2001), 29 - 74.

蒂来说，语言学转向提出了"哲学问题是语言问题的论题"。对历史学家来说，这意味着历史研究和阐释同样不得不在语言的文化限度中付以实践，语言从不是一个通透的媒介，而是"现实"不可分割的部分，无论如何，"现实"都是无法捉摸和难以言喻的。简而言之，语言学转向明确的，是我所说的诠释学的困境，没有科学的方法论可以使我们逃出这个困境，只要它期待的是找到人的意义。

另一种语言学转向的副产品是自命为"新历史主义"的运动（克罗齐早在1942年就以另一种方式声明了这个概念），尽管它对作为历史学家叙事基础的原始资料表示了更大尊重，但同样试图从老式的"旧历史主义"（"old historicist"）学者那里抢夺历史解释的控制权。这里，主导概念是"表现"，它指明了这样的问题，即历史叙事不能仅仅是**真的发生了什么**（古典的表述方式是 res gestae），还是其**摹仿的和批判的诸种表现**（narratio rerum gestarum）。根据克拉登尼乌斯的文本解释观点和尼采的阐释观点，历史叙事是一种无尽头的、深不可测的、飘摇不定的过程。它带着所有偏见和不成型的状态借助语言媒介活动。脱离文本读历史或将历史作为文本来阅读，两种思路下，我们都不得不采用一种语言模式，而不是科学模式。这结合了地方的和全球的——用索绪尔的话说，是**话语的**（la parole）和**语言的**（la langue）——的优点。据此，历史不是一个被解释的过程，而是一种关于过去行为的推测性范畴，它只能通过蛛丝马迹，主要是语言上的痕迹的阐释来表现。历史不是一种用以证明的事物，而是赫伊津加所说的"对其本身的渲染式的叙述"。[1] 历史是这样一种事物，它不是早已注定的而是叙述性的，不是说一不二的（apodictic）而是经探索获得启示的，不是纯粹理性的而是怀想（commemorative）和想象式的。并且，对于人性旅程来说，历史不存在用于观察乃至撬动它的阿基米德支点。我们可以提出疑问，但不能以任何严谨的方式建立因与果的联系。我们讲了很多关于过去的故事，真实的以及可能是真实的。不过，我们无法像科学、哲学和理论性的史学家曾习惯做的，且时不时仍在做的那样，讲述"有定论的"故事，讲整个事实，讲元叙事。尽管有哲学的装备和技术性工具，但是像希罗多德和他的追随者们所做的那样，探查人性的多彩和人类际遇的神奇，却仍是现代历史学家的首要任务。

于是，在因这新奇的标签而起的无措局面下，我们有了"新的历史哲学"，这成了近来很多文学研究者的格言，包括安克斯密特、阿兰·梅吉尔（Allan Megill，1947— ）和罗伯特·贝克霍弗（Robert Berkhofer，1931—2012），他们制造了文学转向，并拥护修辞是历史学理解的先决条件。[2] "新历史哲学"的特点之一是强调反讽。然而，这意味着，主体——菲利普·卡拉德（Philippe Carrard）所说的"近水楼台的'我'"——的复兴，使人想起"年鉴"学派那种将**自我**（ego-,

---

[1] "A Definition of the Concept of History," in *Philosophy and History: Essays Presented to Ernst Cassirer*, ed. R. Klibansky and H. J. Paton (Oxford, 1936), 6.

[2] *A New Philosophy of History*, ed. Frank Ankersmit and Hans Kellner (Chicago, 1995).

或者**我们**〔nous-〕）置于中心的措辞方式。[1] "新的历史哲学"拒绝罗伯特·贝克霍弗所谓的"霸权视角",并认为不会再有任何忽视西方历史上的失意者或牺牲者的"伟大故事"。[2] 贝克霍弗认为,应对这种批判所暗示的相对主义的对策,是以某种方式立足于表现多元的基调,也就是,对话性的和多元的视角——历史叙事的《罗生门》(*Rashomon*)或乔伊斯模式——以使多元文化主义的后现代张力和诸种诉说在官方历史的喋喋不休声中能被人听到。然而,就像语言学转向的推动者,碰巧也是一位中世纪专家问到的:"这里有什么新玩意儿吗?"[3] 在南希·帕特纳(Nancy Partner)看来,以希罗多德、修昔底德和图尔的格里高利(Gregory of Tours,538—594)的做法来判断,被大肆吹捧的"语言学转向"相当于一次回归,也就是,完全荡涤掉虚构元素的现实主义史学观念实际上是西方史学的一种偏离轨道的表现。历史书写必定如惯常和传统的处理那样,是一种想象的(并同时是创新性的),也是按惯例和传统的操作。

当前的研究的第一卷,开始于对两位奠基性的史学大师,希罗多德和修昔底德两副面相的玄想,而在接近尾声时,我们

---

1 参见他的 *Poetics of the New History: French Historical Discourse from Braudel to Chartier* (Baltimore,1992)。
2 *Beyond the Great Story: History as Text and Discourse* (Cambridge, Mass., 1995)。
3 Nancy Partner, "Historicity in an Age of Reality," *A New Philosophy of History*, ed. Ankersmit and Kellner, 23-39.

仿佛回到了这种象征性的区分，此时表现的是早些时候的史学和当代史学——也是全球史和地方（民族的或种族的）史——的差别。在论历史理解沿袭顺序的《历史的方法》（Method of History）中，让·波丹已经依照传记，在普遍史史家和"地理学意义上的普遍史史家"（universal geographistorians），以及针对东方的和西方的特定宗教（迷信）和民族的史家之间做出区分。而在我看来，这些区分的范畴，被纳入18世纪的历史学教育当中，而从整体到个体的逻辑沿袭也仍然存在。形式上讲，"普遍史"（"universal history"，波里比阿造的一个词）当是作为民族史或专门史的总和，或就更为切近的情况看，是诸文明史的总和。而除了杂集形式，人类也在从帝国（古罗马及其效法者）到人类居住区周边，再到现代的"世界体系"中以不同的正式或非正式的组织方式分布着。不过在全球主义、"元地理学"（metageography）以及生物史的时代，如同往常一样，学者们在其他学科和比较方法的辅助下，并通过对移民、贸易、疾病和文化交往等跨国家现象的关注，已试着赋予历史一种更与众不同的形貌。

就如同历史学家在19世纪及20世纪初呼吁一种从处于统治地位的（和好战的）精英人物到正在形成和消亡的中间阶级和更底层阶级的转向，而历史学家在20世纪末已经越来越从民族国家的和欧洲中心的历史转向了世界史和"全球的"历史，西方的经济和文化主导地位式微了。以一种颠覆沙文主义的态度，学者们指向了非洲起源、中华文明以及在高级的和物质文化的领域提供借鉴的不胜枚举的古文明，它们弱化了欧洲国家和西方文明的古典与犹太-基督教根源，并试图以其他立场和其他叙事公正地对待史前以来的人类生活。当然有相互联系和全球性的主题——农业、疾病、奴隶制度、移民，这些主题扩展了普遍史的旧样态。不过必须说，现代（或后现代）实践的新奇性很大程度上是在教科书撰写，以及在旧式的社会科学阐释范畴内和以汤因比模式为思路的"易于理解的研究领域"——文明——内"反思"的层面上进行的。如同旧的新史学，新的全球史除了"区域研究"之外，已经更多地以一种衍生的（derivative）而不是调查的方式进行讨论和总结。这展现了主体区域和盲区的极限地带，类似于长久以来受吉本、伏尔泰、尼布尔、兰克、基佐、米什莱等人启示的主流欧洲史学的那种民族间的边界处。历史学研究的首要动机是向祖先及其境遇致敬，并使之留在记忆当中。从专业角度讲，至少关键的是不要遗忘2500年来我们尚以之为寄托的传统。毫无疑问，现代观念者和后现代观念者所知晓的，远比包括我们专业内的伟大人物在内的前辈多得多，可是，无论他们如何慷慨陈词，无论他们何等读书万卷，他们的研究不过是瞬时性的。而任何时候，都如伏尔泰指出的，**荣光属于创始者**（*gloria primis*）。

更新式的历史学

到了20世纪末（即便不是20世纪初的样子了），"新史学"已成为乏味的陈词滥调。使之保持活跃的，主要是围绕一同装在贴着促销标签的容器里的各种自我标榜、貌似新奇的实践而形成的争论,还有"历史的终结"观念那种带谋求私利的和感觉论式的(但却不新颖的)逆反模式。[1] 所强调的革新、复兴或变化,其带来的新视角或新信息资料的发现,比主观立场、学科间的关联、理论模式和意识形态立场的变化少得多,也比关于在当前实践中,何为新、何为旧——用克罗齐的话讲,"什么是活的,什么是死的"——的不断激烈的、专业性日益突出的争论少得多。很多看起来的新事物,除了技术上和方法上的进步,都是特定学派之修辞的产物。这些学派实际上总是翻查自身的历史,称颂他们自己的英雄,并构建他们自己的标准。由此,在这个过程中,很多旧史学的传统和主题在更新的领域里被回收和体现,看起来,"新史学"既不能摆脱它的过去,甚至也常常也无法证明其自身新内容的合理性。

数个世纪以来,历史学通过两个范畴得以明确,一个是单体性的(事件、人物、事实、制度,等等),而另一个是编年性的(时间中的变化)。从经典历史主义角度来讲,梅尼克将之归纳为一种个体和发展的原则,并且,前者通过弗朗索瓦·西米昂创造的著名的**事件史**(*l'histoire événementielle*)概念被赋予一种贬义的形式。在其为社会科学的方法论争取霸权的实证主义的、新培根主义的、迪尔凯姆式的斗争中,他阐明了三个历史学"偶像",即政治、个人和编年,并暗示它们应该被集体性、合理性和数据范畴(如布罗代尔的"长时段"和勒华拉杜

---

[1] Alexander Demandt, *Endzeit? Die Zukunft der Geschichte* (Berlin, 1993).

里的"静止的历史"),以及一种广泛且非线性的审视人类状况的视角所取代。由此,普遍史将会取代特殊的历史,共时性的历史取代历时性的历史,以及科学的历史取代老式的历史,或至少使之附上哲学色彩。对社会科学研究者们来说,历史学回到了它理应扮演的附属角色。另一方面,对历史学家而言,这些范畴的改变导致一种更广泛的、全球性的,甚至是"总体的"视角的出现,社会科学隶属于其下。然而,这种主观立场的转换也导致了历史学的特殊化或碎片化,它很难与一种完整的、理解式的,乃至"总体的"旧式理念和关于人性的哲学式的历史学协调在一起。

历史学总是在几个层面——政治的、经济的、社会的、文化的、心理学的,等等——演进,不过在20世纪,它的规划超出了学者们所展望的历史学知识的范围。而这个范围最可能是通过18世纪的与立足于人性"主观立场"有关的内容得以明确的,而那些哥白尼式理论的去中心作用无法将人类中心的立场去除。这种"主观立场"(Sehe-Punkt)指向了一种认知的范围与架构,或一种多空间的历史宇宙,它以心理活动为中心并以同心圆形式扩展的方式,开启了一种趋向于超然的且(在今天的宇宙中)迅速退向边缘的人性时空,这个时空几乎与但丁时代的推测性和对预言的屈从差不多,也像它那样与关于创世、开端和起源的现代神话相联合。当然,所有这些必定以一种语言媒介加以表达,这种媒介从主观的立场传达了结构、联系和意义,它即便没有成为历史书写的现代认识论,也使那种模仿上帝进行思考、创造、书写以及争论的主题遭到更多怀疑。

从最初级的意义上讲,历史学家就像是乔伊斯所说的,"如年轻人般的艺术家":

> 斯蒂芬·迪达勒斯
> 基础班
> 克朗戈斯伍德学院
> 沙林斯村
> 基德尔县
> 爱尔兰
> 欧洲
> 世界
> 宇宙[1]

基于身份意识和一种自我中心主义的立场,决定秩序的是教育、更形式化的学问、对现代科学的信仰,以及富于想象力的筹划。而利用反射认知但借助的仅是月光的历史学家也是如此,他们只能对他们趋至本质层面的方式进行想象。

所以,让我们想象一种由十个同心圆构成的宇宙,一种历史化的新百科全书,或是想象一幅表现人性的思想与行为,个体与集体的生动画面。这种表现形式借鉴古代甚至是史前结构,由里到外展开,赋予时空中的人类经验、行为和期待的范畴以形式和意义,并提供一种对过去世纪新旧历史进行粗略分类的方式。

1　*A Portrait of the Artist as a Young Man* (New York,1948),8.

1. 心理活动：人性意识和无意识的层次、心理史学、身心的追问、性别、性行为、健康、生育、年龄、孱弱，以及怪癖，内在于更大范围的体系之中。

2. 亲缘关系：直接的和扩展的家庭、婚姻、父母的和兄妹的关系、父权制、母权制，以及家庭范畴的其他情感的和文化的维度。

3. 社群：家庭之外的社会群组，包括邻里关系、行会、阶级、学会、工坊、运动场、盟会、合作社、队伍、团伙、军队、民间团体。

4. 文化：人类的创造性、生产、社会互动领域中的解构、爱情、语言、作品、玩乐、艺术、科学、技术、贸易、犯罪、暴力，以及战争。

5. 制度：公共领域内成型的组织，包括教会、学校、大学、职业、法律、医学、公司、行政管理，以及官僚制度。

6. 国家：政治的、司法的、经济的以及军事的结构、政府、议会、法庭、政策、社会规划、机构的控制，以及外交。

7. 帝国：凌驾于本国的和外国民众之上的国家权威的外延，殖民地的建立，国际事务，"帝国主义"之类的内容。

8. 其他：发现、遭遇，与异国和异域文化、种族以及语言的群体的互动，以及对理解、共存以及控制的追问。

9. 全球：史前史、生物圈、自然环境、地理学、海洋学、自然史、以地质学和天文学为背景的——"世界史"。

10. 宇宙："立足于星辰的视角",关于宇宙的最深入研究,在"总体史"范畴内,关于人类物种的起源、本性,以及命运的更广泛的追问。

(不过,要记住的是,它是一种海德格尔所谓的"存在之所"[house of being]的语言,一种将这些想象中的同心圆式的、交叠的以及相互作用的范畴汇入一个时空内的意义领域的语言。同时,它开通了更深入的历史探询、阐释以及一如既往的"修正"。)

第一个领域,心理王国,已经制造了新型历史研究和阐释的方法,以此方式,表现了关于这个主题的后现代复仇。其死亡已经在尼采(更别说休谟)的启示下被如此频繁地宣称。

心理史,连同心理分析,在过去一代人中,其流行程度已有所下降,至少在历史学家间是这样,尽管心理传记以不是太教条的形式,继续着这种推测性的方法。不过,虽然存在着理论的崩塌(或被同化),但历史学还是无法逃开心理学维度,无论多么具有想象力。宗教史尤其善于揭示牵动人们神经的那些丰富体验方面,就如赫伊津加很久以前所展现的那样。而实际上,让·德吕莫(Jean Delumeau,1923—2020)遵循迪尔凯姆的"集体意识"(或无意识)的精神,在关于欧洲近代早期的"罪恶与恐惧"的讨论中呈现得更具系统性。[1] 然而,当代的心

---

[1] *Sin and Fear: The Emergence of a Western Guilt Culture*,13th-18th Centuries,tr. Eric Nicholson(New York,1990).

理史学并不是笛卡尔和康德式的抽象和非实体性的反思，或是弗洛伊德式的心理剧式。相反，它是对文化范畴的身体的探究——人体的功能和变化，人体的快乐、迷乱和挣扎。新的内省已从内在的反思转向肉欲的基础，类似于莫里斯·梅洛-庞蒂（Maurice Merleau-Ponty，1908—1961）在现象学传统中的变化。不过在实践中，这意味着回到了物质和触觉的文化，这意味着与庭更为接近，也更接近心理学的和医学的经验范畴，只要这些都是历史学探询可以触及的领域。肉体和精神的二元关系——就像文字与精神——贯穿了西方的历史。而基督教传统将人性的肉体维度置于从属地位，不属于人的更高的本性。当代哲学亦是如此，它立足于说不清楚的假设，用浦兰·德·拉巴尔（Poullain de la Barre，1647—1725）在1673年的表述，即"心灵不包括性"。[1]

然而，在文化史和理论的启示下，后弗洛伊德阶段的心理史在采用一种普遍的、生物学的起点同时，打开了一扇通往私人世界的窗子，既包括社会结构，也有在性别、年龄、性活动、精神和身体条件以及阶级和场所等方面的家庭文化和个体私下的感受。这种兼顾的主题范畴不仅涉及新史料，还有个人的印象，因为史学家们参与到私人领域的体验之中。随着这种对身体是人类状况的基础单元和活动、反应以及感知主体的基质的强调，已经变成了一张内容不断填充的，与肉体存在的属性和状态有关的名单，包括童年与老年、健康、性别、禁欲以及残

---

[1] Londa Schiebinger，*The Mind Has No Sex? Women in the Origins of Modern Science*（Cambridge，Mass.，1989）.

疾，其中每一部分都成为历史学的主题。彼得·布朗和卡罗琳·拜纳姆（Carolyn Bynum，1941—　）近期的著作也使我们想起性态度和行为在世俗的时代总是被忽视，包括性排斥和身体恢复的观念。[1]性活动的多样研究也通过人种志的考察而得到扩展。18世纪，克里斯托弗·迈纳斯（Christoph Meiners，1747—1810）已经注重古希腊人中存在的男同性恋（Männerliebe）的文化意义，但近代的"人种志图像"已经极大地扩展了这个"堕落"的领域。[2]

"我们的死亡时刻"是"临终四件大事"中的第一个，其他的是最终的审判、地狱和天堂。而赫伊津加开启的对图像和"死亡艺术"的诗歌与图像的解读，被菲利普·阿利埃斯和米歇尔·伏维尔这样的"心态史"研究者通过对历史学材料的更具独创性的使用，再一次更为系统地进行追索。[3]对于赫伊津加的诗歌和美术方面的史料，阿利埃斯又加上了礼拜仪式、遗嘱、碑铭以及对死亡感觉的图像学证据，并特殊关注着自我理解，以及死亡体验或感知类型的问题。对阿利埃斯来说，死亡不仅是私事，也是一种公共事务（当然也是一种自然事物），有时被

---

[1] Brown, *The Body and Society*: *Men, Women, and Sexual Renunciation in Early Christianity* (New York, 1988), and Bynum, *The Resurrection of the Body* (New York, 1995).

[2] 例如 Rudi C. Bleys, *The Geography of Perversion*: *Male to Male Sexual Behavior outside the West and the Ethnographic Imagination, 1750 – 1918* (New York, 1995)。

[3] Ariès, *The Hour of Our Death*, tr. Helen Weaver (New York, 1982), and *Western Attitudes toward Death from the Middle Ages to the Present*, tr. Patricia M. Ranum (Baltimore, 1974), and Vovelle, *La Mort et l'Occident de 1300 à nos jours* (Paris, 1883).

戏剧化,并无论如何都关系到传统的葬礼,且最终搞得常见和世俗化——尽管像如此多的其他情感场所那样,没有现代化的过程,或许送葬活动除外。无论如何,死亡从来无法被完全历史化,有的只是它在图像及其文化上和文字上的浮饰。它是为数不多的完全顺应(无论是否完全清楚)全球框架下的比较研究的人类现象之一。

心理领域的一个仍具竞争力的方面是人类记忆的神秘现象,对古人来说,这甚至是被认定为历史本身,尽管是轻率地,而它最初的载体就是口述传统和诗歌。再一次,"年鉴"学人起到了将之衔接到现代的作用,且再一次,阿利埃斯成了核心人物,这不仅是通过他关于儿童与死亡之类暂时的生命周期终结的作品,也是通过他的早期著作《历史的时间》(*The Time of History*),该书将中世纪的"过去存在的意义"作为法国历史学从图尔的格里高利到 16 世纪,以及到波舒哀时的官方史学的基质。20 世纪的一位关键人物(尽管不是历史学家)是莫里斯·哈布瓦赫,他是费弗尔和布洛赫在斯特拉斯堡的同事,后来成为《年鉴》编委会成员。他作为一个迪尔凯姆式的社会学家和弗洛伊德的批评者,将记忆提升为一种集体现象。这个概念被皮埃尔·诺拉以政治化了的形式,专门用于作为"记忆之场"的现代法国史学的探讨。它是集体记忆、传统、纪念活动以及博物馆的具体场所,成了民族史修订的普遍范畴。帕特里克·赫顿评价记忆研究是一种更久远的概念传统,从古代的"记忆的艺术",经由维柯、浪漫诗、自传、米什莱与其他法国大革命的历史学家、弗洛伊德、哈布瓦赫、阿利埃斯以及伽达默尔。

他们通过从一种粗糙的历史主义转向诠释学，使这条意义的线索获得了历史的活力。作为一个领域，它已经产生一份关于记忆和历史，以及数量巨大的文学作品的专门期刊，这个记忆与历史衔接的领域已经专门且颇具争议地被联系到屠犹事件的研究和纪念活动中。[1]

家庭史从伟大王朝和贵族宅院的意义上说是非常陈旧的题材（布洛赫称家庭是一个"小共和国"，将 res privata 比作 res publica）。不过，作为一种历史性场所，它在更晚近的时候包括了对亲缘关系、家长权威、婚姻的玄机、财产继承、民房建筑、家具摆设、消费、食品、休闲、"私人"话题、浪漫的爱情、避孕、育婴、童年、养育、生育顺序、收养、青春期、疾病、卫生保健、教育、"开化过程"、老年以及围绕死亡展开的一些临终事务等各种问题。如劳伦斯·斯通所写的，至少有六条取径联系到这一主题——政治学的、社会学的、生物学的、经济学的、心理学的和性学的——并且挑选了一种倾向"贫瘠荒芜和鼠目寸光"的维度。[2] 然而，所有这些的混合物，以及与之相应的资料，将推测性和感染力，含蓄地或明显地引入个人的经验或源自19世纪传统的老生常谈。无论如何，家庭本身是一种有决定性的场所，是最基础性的焦点，个人的和社会的互动在这里以最具体的（和表面上"熟悉的"）样式发生互动，

---

[1] 例如 Moishe Pontone and Eric Santner（eds.），*Catastrophe and Meaning：The Holocaust and the Twentieth Century*（Chicago，2003）。

[2] *The Family，Sex，and Marriage in England，1500 – 1800*（New York，1977），19.

且就其本身而论，它已经吸引了很多来自多角度和学科的注意力，这是历史学家不得不考虑的。从斯通自己对近代早期英国精英家族时运和联姻关系的追踪，到爱德华·肖特（Edward Shorter，1941—　）的关于"近代家庭"的更为大胆且更具印象主义风格的研究。这种尤为关注较下层秩序的综合性范畴的尝试，由于是从一种"传统的"形式中显现出来的，因此都是以私人看法以及对计量性材料的夸张使用为基础的。这些都免不了受到批评（尤其是他们对与女性有关的方面的忽视）。不过，迄今为止，或许除了那些必须要置于更为特定的和实验性的领域加以发掘的情况，关于制度本身还没有形成一致的看法。

离开家庭的圈子，意味着要进入不同的世界，在这里，血缘的重要性是第二位的，或许实际上还衍生出了敌对关系。一定程度上，旧有的仇怨惯例仍然体现于"心态"方面。无论如何，这里出现的是"私人的"和"公共的"之间的差异，这种差异是古罗马法及其地方衍生法的残留物。从对（法律上的）个人的定义开始，也包括私人财产制度及在私人遗嘱实现继承的制度。阿利埃斯直接承认对政治有偏见，无论其他方面存在多少分歧，这种偏见是"年鉴"学派几代学人的前提。这个前提也是以"公民社会"的理念摆脱政治结构和管控为基础的。并且，这呼应着历史经验的第三个范畴。私人生活的历史是家庭和公民社会的更广泛领域的叠加。它有相当可观的历史，可以从伴有插图的古物研究文集中加以追溯，即阿尔弗雷德·富兰克林（Alfred Franklin，1871—1948）和保罗·拉克鲁瓦

（Paul La Croix，1924—1999）以及其他讨论。这些讨论面向的是法国生活的"往昔"，且实际上是 18 世纪关于"物质文化"的讨论。不过，正是 20 世纪的"新史学"将学科诉求置于探询的领域。令人印象最深刻的攻击来自"年鉴"学派总部，尤其是由阿利埃斯发起以及他与杜比从 1986 年开始共同编写的五卷本《私人生活史》（*History of Private Life*）。这套书带着对长时段原则的承诺和关于未解密史料及溯源问题的深入探究，堪比考古学家在尚不确定的框架中考察未知领域，并集中阐释前所未有的发现。在此研究中，私人生活被给定了古代（罗马，而不是希腊）根源，它在中世纪家庭（尤其是贵族统治的家庭）的环境中成长，并且勃兴于文艺复兴，随着性行为、对身体的新感知，以及社交与礼仪的发展，包括由印刷和阅读所引起的沙龙和俱乐部。这套卷集先锋性的但也涉猎庞杂的特点，在罗杰·夏蒂埃那 1200 多页的文字的结尾被再次提起。他评论道，从特征上看，这部集子仅仅表现的是"一种新的历史的首批碎片"。[1]

这里，我们在一种号称为"新文化史"的状态下发现我们自己。新文化史不是计量的，而是通过想象的技能去面向私密的、性行为的以及精神错乱的世界。对此，所有文学史料和文学理论都是中心。在这些范畴中，我们获得了诸如欲望的文化、爱情的文化、愉悦的文化、痛苦的文化、自恋的文化、不信教状态的文化、感性的文化、赎罪的文化、委屈的文化、满足的

---

[1] *A History of Private Life*，ed. Ariès and Duby，III，*Passions of the Renaissance*（Cambridge，Mass.，1989），609.

第五章 正义的战争结束之后

文化，诸如此类——表现的是史学追索的新的（或不是那么新的）目标，即便还是没有将地方性和全球性结合好。如同旧的人文主义，过去这个世纪的新史学，特别是在新史学的法国化身那里，不将任何人视作异类。不过，带着不同的期待，它试图将各种人类状况化约为科学，尤其是通过计量分析，或将研究计划拓展为一种"总体史"——可是，后者只能通过主体，也就是，创造性的和批判性的历史学家的涉入来完成，或接近。这类史学家如同黑格尔和在此路径上衍生的米什莱、费弗尔以及布罗代尔那样，热爱并期盼在一种兼有丰富传统和怪异个性的修辞中汲取历史性的经验。

他们也希望同化高等文化的历史，如从贝尔及其后继者开始的"综合的"历史，以及费弗尔关于艺术、科学、文学、哲学、心理学以及语言学的历史的专论性著作，还有历史学的代表性分支，特别是经济社会史的论著——都是对"完全不同种类的历史"的追求。后马克思主义的但仍类似马克思主义的观念，即将一种世界观或心态（超结构的）结合于一种物质基础的观念，在人类学的辅助下，以一种更为文字化的方式成为追求方向，就像在阿隆·古列维奇（Aaron Gurevich，1924—2006）和米哈伊尔·巴赫金的作品中那样，他们希望在最为含混不清的角落探查深层的社会世界。古列维奇对他的法国同行给予了尊重。他评价勒华拉杜里的《蒙塔尤》说："他也会听见务农的男人和女人的鲜活声音。"[1] 所以，巴赫金确实希望通过

---

[1] Jana Howlett (ed.), *Historical Anthropology of the Middle Ages* (Chicago, 1992), 26.

在《巨人传》那有时骇人的诗行间的阅读,得到关于民俗文化的共鸣。[1]对古列维奇来说,巴赫金的"洞见使更早时候关于中世纪文化的观点立刻过时了",尽管他在大众文化和官方文化之间制造的截然断裂是夸张的,尤其是与 E. R. 库尔提乌斯的著作形成了鲜明的反差。并且,古列维奇希望重建一种更为完整的"世界观",或许遵循的是勒高夫为考察"中世纪职业"所作的汇编的思路,不仅包括农民、贵族、教士以及商人(商人的研究者是古列维奇),还有市民、女人、失业者、圣徒、艺术家和"知识分子",即传教士和文人。面向文化史的精英主义文学倾向甚至在美国学者自我标榜的"新中世纪主义"中更为明显。这些美国学者宣扬的不是什么有新意的方法论,而只是赋予浪漫传奇研究和文学理论的前卫地带以特权地位。[2]

在德国,"概念史"有着相似的包罗万象和总体化的目标,尽管是以一种准哲学的处理方式,且在方向上是更为政治性和意识形态式的。实际上,赖因哈特·科泽勒克所推崇的,是一种贯穿几个世纪的公共话语的广泛语义场的社会史进路——从底层出发的社会史。[3]这个过程将当代意义的"我们"投射入一

1　*Rabelais and His World*, tr. Hélène Iswolsky (Cambridge, Mass., 1968);并参见 Samuel Kinser, Rabelais's Carnival: Text, Context, Metatext (Berkeley, 1990), 以及 Walter Stephens, *Giants in Those Days: Folklore, Ancient History, and Nationalism* (Lincoln, Neb., 1989)。

2　Marina S. Brownlee et al. (eds.), *The New Medievalism* (Baltimore, 1991),并参见 R. Howard Bloch and Stephen G. Nichols (eds.), *Medievalism and the Modern Temper* (Baltimore, 1996)。

3　"Begriffsgeschichte and Social History," *Futures Past*, tr. Keith Tribe (Cambridge, Mass., 1985), 73–91;并参见 D. R. Kelley, "On the Margins of Begriffsgeschichte" (German Historical Institute pamphlet, 1996), 33–38。

种过去的意义领域，继而是诠释学的领域。他同样将意义视为一些通过当下观察者所决定的事物，而不是一种无结果的和浪漫式的回溯性心灵独白的尝试。与"年鉴"史家不同，科泽勒克既不拒绝事件，也不拒绝时序性，而是试图以一套以当下为导向的学术准则来理解时间的观念。他通过话语的持久媒介，将私下与公开，精神和社会结合起来。超验的主题降格至"立场认定"的诠释学层面——并且，科泽勒克主张过去的立场不能在回顾中被表现的看法，他坚决地将此判断的产生归功于克拉登尼乌斯。[1]尽管不像费弗尔那么沉迷于语言的问题，但科泽勒克创造了他自己的那种"语言学转向"，尽管没有与这个概念的唯心主义（以及"主观的"）传统截然分开。他绝没有宣称"总体史"是"概念史"的目标，"因为，正如我们所知道的，未来仍是未知的"。

我的史学宇宙的第五个层面是公共领域中最触手可及的形式，也就是在市民社会之中，赋予集体活动和组织以合法性但却处于政治体制底层的机制。这种机制是通过努力以另一种机制，特别是经济与社会机制为助力，避免政治叙事而阐明自身的。这种机制展现或甚至度量了短时段或长时段内的历史变化。对历史学家来说最基本的选择是物质利益、经济状况。当然通过对诸如人口、物价、收入、产量、消费等可供解读的元素的统计学分析，这些研究是最容易证明且标准化的。吸引人的是

---

[1] *Futures Past*，215；并参见 *The Practice of Conceptual History：Timing History，Spacing Concepts*，tr. Todd Samuel Presner et al.（Stanford，2002），intro. by Hayden White。

将数字联系到一般性的说明，以至于（例如），在一本以厄尔·汉密尔顿（Earl Hamilton，1899—1989）的经典研究为基础的教科书中，16 世纪被简化为"价格革命和反宗教改革"。社会史家也试图绕开传统的政治和官方认定过的资料，并凭直接的统计学——发现"真正发生过的"另一种方式——探究确定集体性的行为。讽刺的是，随着另一波对量化的盲目崇拜（quantitative fetishism）的浪潮，"新经济史"和"新社会史"与"新史学"的文化主义的介入**彻底地**（*tout court*）背道而驰。并且在这个过程中，注定了它们自己的早亡，或过气，即使是在其电子计算机化的时期也是如此。当然，无论如何且一如既往地，阐释的问题依然存在，特别是在历史学家摈弃原始资料优先于分析的老式专业习惯时——或实际上，反过来看，当他们坚持在不可能找到任何可供考证的相关材料时进行追问，也存在问题。

同时，在特定的领域——国会、议会、警界、教会、大学、贸易、外交、军事等——中的传统史学一直被延续着，它往往结合于文化，宣称新奇事物的合法性。民族的"发明"［本尼迪克特·安德森（Benedict Anderson，1936—2015）所涉足的话题］已经开始逐渐取代作为政治叙事的"国家的建构"的旧主题——如同将帕特里克·吉尔里（Patrick Geary，1948—　）关于"民族神话"的研究与他从前的老师约瑟夫·斯特雷耶（Joseph Strayer，1904—1987）关于"现代国家的中世纪起源"的研究并置在一起那样显得差异分明——不过，其身实际上即便不是超出教科书、丛书和文集的层面对"新世界史"进行

第五章 正义的战争结束之后

称颂，也是从属于最近使全球史概念化的努力。[1]"立场"的问题仍然存在，多元传统的取径增益了视角，却没有使人类的过去得到全球化的审视，除了那些（一如既往的）基于有争议的和瞬息万变的关于人类物种的进化论故事的大量推测性的史前过去。马克思主义推崇者的"世界体系分析"似乎是这样做的，但只是通过将以远程贸易为标志的世界市场与严密的经济计算重新组装的方式，稍微强化文化影响和交流的证据的作用，包括疾病以及技术和符号。就专门的政治、司法和行政制度的历史来说，这通常已经是绝大多数要完成的事情了，除了比较性的努力，通常是因语言差异但在传统上有关联的民族之间的比较，至少在现代时期是这样的。

"帝国"的问题，既包括真实的也有隐喻的，以及其开启的边界问题，超出了引发纷争的、自相矛盾的帝国主义问题的范畴。这种帝国主义问题在一战之前造成了民族区分，并提供了经济分析的目标和对资本主义的马克思主义批判。帝国主义在20世纪不仅关系到政治和经济的扩张，也关系到关于自然环境、种族和宗教差异，以及司法问题，特别是奴隶制问题的信息扩展和聚集。古罗马和近代的西班牙与英国提供了帝国结构和意识形态的为人熟知的模式，不过当前的历史学兴趣从政治转向了文化的主题，尤其是那些与版图、技术、疾病、性别以

---

[1] Ross E. Dunn (ed.), *The New World History: A Teacher's Companion* (New York, 2000); 并参见 Geary, *The Myth of Nations: The Medieval Origins of Europe* (Princeton, 2002), 还有 Strayer, *On the Medieval Origins of the Modern State* (Princeton, 1970)。

及性行为有关的主题。空想以及认知是奠定全球强权结构——也就是宣称帝国地位——的基础,且当然,这将帝国同异族联系起来,也使文化上和语言上有差异性的人群面对面。这进一步促动了发起于启蒙运动的全球史的边界扩展。然而,关于"全球"概念的讨论,进一步将历史学家的观念扩展到泰亚尔·德·夏尔丹所说的"生物圈",相当于"年鉴"学派最为野心勃勃的地理史暗示,以及汤因比等其他人的历史哲学。这会相当于古代的和现代的"总体史"概念吗?

最后的范畴——也就是历史学家的天堂——就美好的西方先例来讲,或许被称为"宇宙"(Cosmos)。这样就以但丁的方式引发了关于起源、自然以及人类命运的元历史问题——即一种宗教和历史哲学的回归。从20世纪60年代开始,这尤其指的是弗朗西斯·赫伯特·布拉德雷(Francis Herbert Bradley,1846—1924)、莫里斯·曼德尔鲍姆(Maurice Mandelbaum,1908—1987)和莫顿·怀特(Morton White,1917—2016)风格的"分析的历史哲学"。这种分析的历史哲学在《历史与理论》杂志找到了家园,这种风格是以单一的和主题明确的真理概念为基础的。虽然谈不上是代数式的,也与卡尔·亨佩尔(Carl Hempel,1905—1997)和"覆盖率学者"(Covering Lawyers)不同。并且,它看起来自有其发展过程,或至少比其在历史学家那里发挥的作用更加持久。而事实上,它此前的支持者伴随着它的"沉浮"。[1]对那些想要将阅读提升至更高的

---

1 Richard Vann and Arthur Danto in *A New Philosophy of History*, ed. Ankersmit and Kellner, 40 - 88.

理性或逻辑层面的历史学读者，以及那些或许想要摆脱"历史学家的谬论"[大卫·哈克特·费舍尔（David Hackett Fisher，1935— ）鉴别出超过一百个各种各样的谬误]的读者来说，它无论如何还是哲学。还有，它大体上不关心作为人类探询和自我理解计划的历史学。[1] 历史阐释或许没有尽头，但它应该探查的是被认可的和被处理过的流行认知的表层之下的内容，无论它是如何被修订和重新概念化的，无论它是否能照亮（用赫伊津加的话说）"明天的阴影"。

1　David Hackett Fisher，*Historian's Fallacies: Toward a Logic of Historical Thought*（New York，1970）.

第六章　现状和前景

> 一条又孤独、又久远、又可爱、又悠长的奔流……
> ——詹姆斯·乔伊斯

我所处时代的史学

在这些卷册中散乱地讲述的故事，最终到了"我所处的时代"，以至于历史学对我来说显得更具自传的属性了。而如同《芬尼根守灵夜》（*Finnegans Wake*）那样，我的结尾与我的起点联系起来，因为这部分章节涵盖了我自己从开始到现在的学习、教学和写作的时期。根据我年少时留下的记录，我真正意义上历史阅读始于费迪南·谢维尔（Ferdinand Schevill，1868—1954）的《近代欧洲史》（*History of Modern Europe*），H. G. 威尔斯的《世界史纲》，R. H. 托尼的《宗教与资本主义

第六章　现状和前景

的兴起》(Religion and the Rise of Capitalism)，汤因比的《历史研究》(缩编本)，以及一部《世界史》(作者记不清了)。在从伊利诺伊州的埃尔金 (Elgin) 出发到哈佛的路上，我想起了在火车上阅读托马斯·沃尔夫 (Thomas Wolfe，1900—1938) 的《时间与河流》(Of Time and the River) 中对尤金·甘特 (Eugene Gant) 去往剑桥的列车之旅，及其随后在怀德纳图书馆 (Widener Library) 面对堆积如山的书卷抓狂，漫无目的地浏览着万卷书籍的记述，以及本·琼森 (Ben Jonson，1572—1637) 的趣事——"别人读书，他阅读图书馆"——尽管这"与学术行为无关，与学术荣誉无关，与正式的学问无关"。[1] 阅读普鲁斯特、乔伊斯、曼以及卡夫卡［这是诺曼·梅勒 (Norman Mailer，1923—2007) 在几年前同样经历了的过程］或许提升了我的品位，但即便如此，我仍在沃尔夫的"书架间的狂欢"的魔咒笼罩之下，尽管更多地集中于学术。在此过程中，我放弃了跟随这两位不顾一切的文学冒险家脚步的雄心。

精读的事暂且不谈，我的欧洲史启蒙教育是通过大学时 20 卷的"兰格丛书"("Langer Series") 开始的，这套丛书奠定了二战之前、期间及之后的美国标准。我的哈佛记忆回到了三位身居主导地位的人士同时退休前的最后几年：弗雷德里克·默克，他是弗里德里克·杰克逊·特纳的弟子和著名的"牛仔与印第安人"("西进运动") 课程的讲授者；老阿瑟·施莱辛

---

[1] *Of Time and the River*，II，vii，"Young Faustus."

格,仍继续着他有创建性的社会史著作;塞缪尔·艾略特·莫里森,他仍然穿着制服上课,上课之前,他要把门锁上,并经过马萨诸塞大道,去给拉德克里夫的"女孩们"单独上课。并且,还有小阿瑟·施莱辛格,以及奥斯卡·汉德林,汉德林的女儿后来是我的朋友和同事。在古代史方面,有斯特林·道(Sterling Dow,1903—1995)和梅森·哈蒙德(Mason Hammond,1903—2002)。在俄罗斯史方面,有迈克尔·卡尔波维奇(他曾经以拜占庭式的礼仪风格仿照性地模仿了一场共产国际会议,突出俄国历史在面对暴力的世俗革命时有哪些连续性因素),以及马丁·马利亚(Martin Malia,1924—2004,在斯大林死后的一周,他突然开设了一个关于苏俄政体研究的小型课程)。在文学方面,有佩里·米勒、霍华德·芒福德·琼斯、道格拉斯·布什(Douglas Bush,1896—1983)、哈利·列文(Harry Levin,1912—1994)、瓦尔特·杰克逊·贝特和艾伯特·格拉尔德(Albert Guerard,1914—2000)。然而,我却被吸引到欧洲史那里,更准确地说是欧洲的"历史学与文学"的历史,并很幸运地在众多的听课经历中听了威廉·兰格的课,西德尼·费伊关于19世纪的课(当兰格回到华盛顿时,他从退休状态重返课堂使这门课程得以完成),H.斯图尔特·休斯的课,以及卡尔·休斯克的课。还有海伦·蒙德·凯姆(Helen Maud Cam,1885—1968)和布赖斯·莱昂(Bryce Lyon,1920—2007)关于中世纪的课程(后者提供了对中世纪史学的洞见,特别拓展了皮朗的考察。皮朗是其导师卡尔·斯坦福逊[Carl Stephenson,1886—1954]的导师)。另有克兰·布林顿关于启蒙运动（以及其他一些内容）的课程，唐纳德·麦凯关于近代法国历史的课程，大卫·欧文（David Owen，1938—　）关于近代英国历史的课程。特别是，迈龙·吉尔莫（Myron Gilmore，1910—1978），他像众多其他人那样，最终吸引我进入了文艺复兴的历史和史学史。

继而，从历史学的角度讲，我在20世纪50年代步入了成熟阶段。那时，两大主流似乎正在流行，一个是主流的学术性历史学的实践，强调政治史、制度史和外交史。另一个是马克思主义史学，它即便不是集中于革命性的期待，也是专注于社会的物质基础。大学毕业后，我被派往德国服兵役，跟随的是詹姆斯·布赖恩特·科南特（James Bryant Conant，1893—1978）。他1953年从哈佛大学教席离职，成了美国高级专员。1955年，我结束宪兵役（也就是保卫欧洲第一个原子能装置），到哥伦比亚大学读研究生。那时我没有完全投向任何一种实践路线，尽管我被档案研究和后马克思主义的社会理论与历史哲学所吸引。我的确遵循着职业信念，以至于我诉诸法律史，将之作为一种结合社会思想和社会事实的方式，尽管我自己的那种语言学转向使这种结合呈现出一种并不正统的扭曲。这种激进的选择似乎是对我理解历史的障碍，而非帮助。我在纽约的和后来在罗切斯特的马克思主义朋友都没能祛除我的疑虑。我被隔离在思想堡垒之外，是我军旅后的抑郁心情使然，还是对文学与批评一直以来的念念不忘？实际上，我没有完全按照新左翼的步骤来，是由于我受到了"新"经济社会史，或是心理史冒险（尽管是一种青少年式的、对弗洛伊德和经由朋友的经历获得的各种心理分析的痴迷）的吸引，虽然后来我的眼界因我的同事，包括里纳特·布里登塔尔（Renate Bridenthal，1935— ），特别是我后来的妻子博妮·史密斯，扩展到女性史。

作为20世纪50年代末到巴黎的福布莱特学者，我参加了费尔南·布罗代尔的研讨会，不过他那时关注的是经济和地中海贸易，这并没有令我觉得他的研究比罗兰·穆尼埃（我也听过他的课）的研究和厄尔·汉密尔顿（我后来在纽约州立大学宾汉顿分校的同事）对西班牙物价的研究更接近"新史学"。[1]那时，我已经下决心从事历史学研究，我在法国的两个同事也是如此。他们是奥瑞斯特·兰姆（Orest Ranum，1933— ）和塞缪尔·金瑟（Samuel Kinser，1931— ）。前者随后与穆尼埃一同工作，之后转向布罗代尔的领域，并在后来还写了一本关于17世纪法国历史写作的诚意之作。尤其要说的是金瑟，他随后完成了其关于16世纪历史学家雅克-奥古斯图·德图（Jacques-Auguste de Thou，1553—1617）的论文，并且他跟我一起幻想一种足以取代富埃特的大型考察那种大范围的历史学事业，而富埃特的考察就是我当前计划的深刻根源之一。对于这种期待，我与其他人也经常交流，包括埃里克·科克伦（Eric Cochrane，1928—1985）和马克斯·哈罗德·费西

---

[1] 1959年必定是近代早期以来法国史学的全盛期，因为我的巴黎福布莱特同事包括了奥瑞斯特·兰姆，莱昂内尔·罗特克鲁格（Lionel Rothkrug）和塞缪尔·金瑟，金瑟随后成了史学领域的合作者，后来他又转向更为年轻的领域。

（Max Harold Fisch，1911—1991），不过参考书目是个大工程，在那个依靠 4×6 英寸的卡片整理文献的前电子时代，这个工程尤为令人望而却步。

20 世纪 60 年代以来，"新"经济史、社会史和军事史问世，并在我的同事和学生中吸引了很多追随者，意识形态的运动也是如此，特别是到处都有的关于女性、黑人、少数族裔和联合起来的"倡议性"团体，这些运动用很多方式使历史学的学术活动扩大化、大众化、民主化、全球化和极端化，尽管我自己的兴趣仍然是评估这些领域对史学（诸）计划的意义。这些现象在更早时期的各种倡议活动中也有其先例和模式，尤其是那些在种族、宗教和民族问题上形成敌对的时期。"自下而上"的历史学是那种更为尖锐地揭露权力结构及其通常用意恶劣的代理人的努力的残影。而微观史学在我看来不过是激进史学的有意远离且褪祛锋芒的残余物。至于对非欧洲为中心（以及非美洲为中心）世界的了解，与一位中国历史的研究者罗克珊·维特克（Roxane Wittke，1938— ）建立的亲密友好关系，以及 70 年代末与一位在女性史和世界史方面引领潮流的法国史家的婚姻，打开了我对这些领域中某些内容的眼界，但我面向地方性认知的视角，立场和对它的态度始终使它们处于我的智识地图的边缘。我有着毋庸讳言的工人阶级背景，也长期在工场工作，但我从未被工人阶级的历史吸引。我很早就被送到基要主义的教堂，很早就对教义的理由感到失望，无论是左派、右派、中间派以及无立场者。并且，我对狄更斯式的杰利比主义（Jellybism）——"置身事外的博爱"——持有全面的怀疑，特别是从学术的角度抱有怀疑。我也从不被政治史、经济史和社会史的化约主义所吸引，而"新"的文化史使注意力离开了这些过时的计划，这场自我标榜的运动看起来太过频繁地运用无中心的方式填补马克思主义启示下的空白领域，改变了言辞却保留了意识形态的韵律和行动主义的意愿，或者说，至少是学术或修辞言语的代替品，它使历史学家不仅作为权力的批判者，也成了参与者。我认为，即便是在那时，我也倾向于把马克思对费尔巴哈的第十一条论纲中解释世界不如改变世界的说法颠倒过来看——第一种权利的拥有甚至就足够艰难了，我这代人很少有人做到，以20世纪90年代的视角来看，这尤为明显。

我感兴趣的领域开始于"文艺复兴-宗教改革"（"Ren.-Ref."），在就文艺复兴的本质（是什么？[*quid sit*?]）甚或存在（是否存在？[*an sit*?]）进行经院式的争论的岁月里，我自己的偏好是考察中世纪到文艺复兴的连续性。我的出发点通过两个导师得以明确，他们随后成为这个领域的主导：保尔·克里斯特勒以严谨的学术和价值中立的视角，从文艺的体系（人文学科）中寻找文艺复兴的人文主义，而汉斯·巴龙关注的是由早期意大利文艺复兴的"危机"而产生的"公民人文主义"（"civic humanism"，Bürgerhumanismus），后来由约翰·波考克和其他人跟进溯源。我自己的理念是结合或协调这两种敌对的观点（按照梅尼克和吉尔伯特的公式，是兰克 vs. 布克哈特），并追随他们进入历史学的学术研究，广泛地构想。通过强调法制传统——我称之为"国民人文主义"（civil humanism）——的重

第六章　现状和前景　　　　　　　　　　　　　　　　　　387

要性，我与巴龙意见相左，同时我通过将公民法作为一种人文主义原则考察，并考察其相关的语法、修辞，特别是历史，也通过尝试揭示这些自由艺术遮蔽下的思想丰富性，离开了克里斯特勒的道路。在哥伦比亚大学，我也从约翰·赫尔曼·兰德尔（John Herman Randall，1899—1980）、沃尔特·多恩、谢泼德·克拉夫（Shepard Clough，1901—1990）、阿兰·内文斯、玛乔丽·尼科尔森（Marjorie Nicolson，1894—1981）、约翰·门迪（John Mundy，1917—2004）、诺曼·康特（Norman Cantor，1929—2004）和赫伯特·迪恩那里学了很多。此后我加入了杰克·赫克斯特和理查德·波普金（Richard Popkin，1923—2005）关于共同利益（common interest）的项目。

　　20世纪70年代，我转向了"真正的历史"（"real history"，这是我的导师，出类拔萃的档案史家加勒特·马丁利的讽刺性措辞），而实际上，我为法学家、胡戈诺教理论家与推行者弗朗索瓦·奥特芒（François Hotman，1524—1590）所作的传记，在马丁利为阿拉贡的凯瑟琳（Catherine of Aragon，1485—1536）所作的传记那里获得了灵感。马丁利所作的传记以他对亨利八世的书信和文字的增补为基础。然而，他对历史坚实性的态度被他的文学性处理软化了，他与伯纳德·德沃托的长期合作加强了这种态度。[1] 我自己所做的是与其他三位学者拉尔夫·吉西（Ralph Giesey，1923—2011）、朱利安·福兰克林（Julian Franklin，1915—2009）和已故的约翰·萨蒙（John

---

[1] 参见我的"Garrett Mattingly, Bernard De Voto and the Craft of History," *Annals of Scholarship*, 2 (1981), 15-29。

Salmon，1925—2005）的类似合作。我将他们幻想成伴随我 16 世纪冒险之旅的三个（另外的）火枪手。这段冒险旅程在我关于法国宗教改革的多方面探索——社会的、制度的和心智的——研究中继续着。[1] 我跟踪现代后期的意识形态问题，尤其是通过财产法进行追询，财产法是法国大革命及其余波的核心，且尤其是萨维尼、马克思以及皮埃尔-约瑟夫·蒲鲁东（Pierre-Joseph Proudhon，1809—1865）写作的核心。[2] 然而，在此关联中，我的主要计划是考察作为思考和判断社会结构、价值和变化方面一贯方式的西方法制传统。[3] 于此，我得益于高等研究院几个阶段的学术庇佑，尤其是，得到了费利克斯·吉尔伯特、约翰·埃利奥特（John Elliott，1930—2022）和彼得·帕雷特的支持，并渐渐与马歇尔·克拉格特（Marshall Claggett，1916—2005）、托马斯·库恩、克利福德·格尔茨、莫顿·怀特、欧文·拉文（Irving Lavin，1927—2019）、乔纳森·伊斯雷尔（Jonathan Israel，1946— ）、塞巴斯蒂安·德·葛拉奇亚（Sebastian de Grazia，1917—2000）、罗伯特·帕尔默（Robert Palmer，1909—2002）、劳伦斯·斯通、杰洛德·塞吉尔（Jerrold Seigel，1936— ）、西奥多·瑞伯（Theodore Rabb，1937— ）、罗伯特·达恩顿、昆廷·斯金纳建立了联系。[4]

---

1 *The Beginning of Ideology：Consciousness and Society in the French Reformation*（Cambridge，1981）.
2 *Historians and the Law in Postrevolutionary France*（Princeton，1984）.
3 *The Human Measure：Western Social Thought and the Legal Tradition*（Cambridge，Mass.，1990）.
4 埃利奥特和斯金纳那时已经回到英国，在那里，他们分别成为牛津和剑桥的钦定历史教授。

第六章　现状和前景

我的教学实习期主要是在纽约州立大学宾汉顿分校（SUNY Binghamton）供职。在那里，诺曼·康特在他另有所谋之前一直是历史系主任。随后我也在罗切斯特大学（the University of Rochester）教书。在那里，历史系是在尤金·吉诺维斯（Eugene Genovese，1930—2012）颇具争议的领导之下。他有着更为丰富多彩的人生履历。在这两个单位，我都结识了亲密的朋友，尤其是查尔斯·弗里曼（Charles Freedeman，1947—　）和桑福德·埃尔维特（Sanford Elwitt，1936—1988），不过，我真正的知识分子交际圈遍布世界，除了研究，还有另一个动机，即游历欧洲。

20世纪80年代，在我被选为《观念史杂志》（*Journal of the History of Ideas*，我也是在这里发表了我的第一篇文章）编辑时，我回到了心智史（此外我还远足到维希研究的那片荒芜之地），而此后我很快就转到了罗格斯大学（Rutgers University）。[1] 从阿瑟·洛夫乔伊的时代开始，《观念史杂志》已成了一个跨学科的领域，而这个领域也越来越多地被更为专题化的哲学史、文学史、艺术史、音乐史、自然科学和人文科学史，以及史学史的期刊补充。我在其他方面继续对我的跨学科兴趣有所追求，尤其在20世纪90年代，我在福尔杰图书馆（Folger Library）开办了一个很多年前保尔·克里斯特勒介绍给我的旧主题的研讨班，即关于知识分类的主题——除了出版了一本文

1　*The History of Ideas: Canon and Variations*, ed. D. R. Kelley (Rochester, 1990).

集，研讨班的成果之一是康斯坦斯·布莱克韦尔（Constance Blackwell，1892—1985）牵头的国际心智史协会（the International Society for Intellectual History）。[1] 近些年，心智史通过文学理论、语言学理论和建构主义得到了再度调整，参涉其中的还有解构主义、后现代主义，特别是诠释学。作为编辑，我对一再声称新颖的说法表示怀疑，而实际上我在近来对"观念的传袭"（descent of ideas）的研究中试图唤起历史思想及其情境更深层的根源。[2] 洛夫乔伊大概不会在意这种（某人或许会称之为反哲学式的探究）再度评估，尽管我认为拓展他的领域并使之实现国际性的殖民化是他乐于见到的。

至少从职业的要求上讲，我试图与时俱进，但在第三个千年之初［仍是遵循着被编入世界各地电脑的"尊者"比德（the Venerable Bede，672/3—735）的基督教编年］，我继续对新事物的宣传持怀疑态度，尽管跨学科交流空前频繁，且技术革新的应用已经改变了探询的程序。宏观历史和微观历史的反差并非原则性的内容，而实际上，也仅仅是对由来已久的普遍史和专门史或说是地方史，给予了明确的认定。从原则上讲，文化

---

1 *History and the Disciplines: The Reclassification of Knowledge in Early Modern Europe*（Rochester，1997）. 受康斯坦韦尔启发，研讨班包括安·布莱尔（Ann Blair）、乌尔里希·施耐德（Ulrich Schneider）、马丁·穆尔索、彼得·米勒（Peter Miller）、安·莫耶（Ann Moyer）、保拉·芬德伦（Paula Findlen）和海基·米凯利（Heikki Mikkeli），以及访学者，包括杰里·斯奇尼温德、唐纳德·维瑞恩、安东尼·帕戈登、安东尼·格拉夫顿、尼古拉斯·贾丁（Nicholas Jardine）和隆达·席宾格（Londa Schiebinger）。

2 *The Descent of Ideas: The History of Intellectual History*（London，2002）.

研究或是"日常生活史"(Alltagsgeshichte, histoire quotidienne)的扩展也根本没有拓展上层和底层的(精神和物质)文化的范畴。"全球史"使得世界史更为丰富,但是它所称颂的东西总是忽视在西方思想中根深蒂固的,可追溯至"旧制度"乃至基督教和古代异教的宏大传统。此外,对于全球视角的选择仍大体相同:对假定的人类统一进行更新的和世俗化的宏大叙事;生物学意义上或是进化论式的框架,其中,诸如出生、死亡、疾病以及食物生产这些经历被作为框架维系最基层的公约分母;还有人为性的框架,尤其是以经济为基础的框架(马克思主义、现代化或世界体系理论)。世界史同样与微观史计划相适应,如近来针对鳕鱼、咖啡、茶叶、盐、啤酒、煤炭、肉豆蔻和香料的全球范围的研究。不过,这些也不过是在人为地服务于历史叙事,而不是来自那种老式的百宝箱中的偶然所得。无论如何,这种全球视角虽然(像普遍"观念"的历史那样)会接纳推断式和比较式的研究,但都超越了地方性认知,并在此意义上突破了严谨的历史学探询的学科范畴。

可是,史学史(history of history)本身总还是我的主要关注。和大多数哈佛本科生一样,我接触这个领域是通过柯林武德的《历史的观念》(1946年),尽管对这本历险式的著作(从神话、希罗多德、修昔底德、波里比阿,到中世纪和文艺复兴史家,再到历史主义,包括维柯、赫尔德、文德尔班、李凯尔特、齐美尔、狄尔泰、迈尔、斯宾格勒、伯格森。特别是到克罗齐)背后的各种学术传统毫无感知,并满意地接受那种基于老式的——浪漫式的——诠释学原则的"重演过去经验"的幼稚认识论，赫尔克里·波洛（Hercule Poirot）*将之作为历史调查者所采用的范式，也视之为人类自我认知的目标。通过柯林武德和梅尼克，我接触到围绕新老"历史主义"展开的争论。而实际上，对历史主义的根源，或是碎片的追索，在我对文艺复兴时期的欧洲史学研究中成为主要目标。这些兴趣通过与世界各地的学者的内容丰富的接触得到加强，包括汉斯-格奥尔格·伽达默尔、阿尔纳尔多·莫米利亚诺、赖因哈特·科泽勒克、保罗·格罗西（Paolo Grossi，1933—2022）、约恩·吕森、汉斯·特罗耶（Hans Troje，1934—2017）、格奥尔格·伊格尔斯、理查德·波普金、查尔斯·施密特（Charles Schmitt，1933—1986）、以赛亚·伯林、乔治·塔利亚科佐、罗伯特·金登（Robert Kingdon，1927—2010）、南希·罗尔克（Nancy Roelker，1915—1993）、唐纳德·维瑞恩（Donald Verene，1937— ）、彼得·门茨（Peter Munz，1921—2006）、昆廷·斯金纳、安东尼·帕戈登（Anthony Pagden，1945— ）、彼得·伯克（Peter Burke，1937— ）、乌尔里希·施耐德（Ulrich Schneider，1956— ）、马丁·穆尔索（Martin Mulsow，1959— ）、乔纳森·伊斯雷尔，尤其还有 J. G. A. 波考克，他走过的路也是我所跟从的，总是充满了意外的收获。

史学史研究本身还是与史学方法紧密相连的，从我 1955 年本科毕业开始，这是我长期经营的领域，并且，它越来越多地

---

* 赫尔克里·波洛（Hercule Poirot），英国女侦探小说家阿加莎·克里斯蒂（Agatha Christie 1890—1976）所写的《尼罗河上的惨案》与《东方列车谋杀案》中擅于运用场景还原和推理方法破案的神探。——译者注

第六章　现状和前景

与理论关注的焦点产生联系。大体上，哲学总是包括在内，也包括社会科学，继而还有文学批评。它也与厚重的学识保持着关联，如波考克的"古代宪法"的研究，艾瑞克·科克伦关于近代早期意大利史的研究，安东尼娅·格兰斯登（Antonia Gransden，1957—　）关于英国的历史著作的研究，约瑟夫·莱文（Joseph Levine，1952—　）关于古代人和现代人的研究，格奥尔格·伊格尔斯和霍斯特·布兰克对德国史学的研究，约阿希姆·克纳佩（Joachim Knape，1950—　）对"历史"（"Historie"）一词及其语义学领域的研究，更不用说富埃特、哈利·埃尔默·巴恩斯以及詹姆斯·韦斯特福尔·汤普森所明确的旧标准。在法国，出现了一种专业史学向计量取径转移的情况，就像夏尔-奥利维耶·卡博内尔（Charles-Olivier Carbonell，1930—2013）和皮姆·德恩博埃（Pim den Boer，1950—　）的作品那样——这与近些年历史学的文字书写的崩塌相呼应，也反映在书作的各个版本以及重要学者的通信当中，反映在国际性的学术会议，《历史与理论》，以四种语言出版的《史学史》（*Storia della storiographia*）之类的专业期刊，以及电子期刊、文集、文献编目和更切近历史学和历史学家的更为全球化和内容更不拘一格的参考性书籍中。我第一次萌发的学术热情，最初似乎是一种先锋性的成果，如今看来更像是一场文献与理论的暴风雪中的一片雪花——这是一条从希罗多德，到赫尔德，到赫伊津加，再到乔伊斯的"人人如此"（"Here Comes Everybody"）的轨迹。

　　我最初的思考是将焦点从经典的**描述过去行为的历史学**

(拉丁语为 narratio rerum gestarum；德语为 geschehene Begebenheiten；法语为 l'histoire évé nementielle）转变为关于更持续性地制造人类文化行为的历史学。并且因此，我诉诸语言和律法中的历史遗存。我只是在后来才意识到我那时正在遵循着维柯在其向着更为雄心勃勃的计划前进时已经点亮的道路，并被乔治·塔利亚科佐吸引着进一步深入这个领域。如果我的宏大叙事（"历史"）的主题多元到一种极端的程度，那么它的情节却足够简单——即恰如它发展的那样，希罗多德奠基的西方传统的史学，经历了从作为一种艺术到一种文体，再到一门学科，一种职业，乃至一项"科学"——此后，要回到一种艺术的定位上吗？在我之前关于历史的"多重面孔"和"诸种命运"的两本书作中，我将故事几乎衔接到我自己的时代——至少衔接到我那在二战期间服役的导师的时代。[1] 尽管我称之为"故事"，但我当然意识到，任何史学史的连贯性都源自传统的意识——或是自觉地与传统决裂的意识——且我对史著撰写者的选择大体上是基于从波丹到富埃特的史学日渐成型时期的阐释性考察。这种考察是以西方史学史是一种阐释性调查为标准的进行自主选择。实际上，（调用后现代主义的老套说法）不存在什么"宏大叙事"，因为本来就有很多种故事，有很多情节的布置和很多主角。书籍、文章和评论的叠加已经使历史的"多重面孔"成倍增多，使历史的"诸种命运"变得复杂，使历史学

---

[1] *Faces of History: Historical Inquiry from Herodotus to Herder* (New Haven, 1998) and *Fortunes of History: Historical Inquiry from Herder to Huizinga* (New Haven, 2003).

的前沿至少是从新千年的视角看去变得开放，已经造成了碎片化的局面。

我曾是"语言学转向"的早期（实际上是非字面意义的）信徒，是文学批评和文学理论的小学生，尽管我对法国时尚衍生出来的资料的关注不如对德国的原始文献那样多。读尼采时，我已经走上了"阐释"及其对现代不满和抱有看法的道路，即海德格尔和伽达默尔后来阐述的后浪漫主义诠释学。我的出发点变成了现象学的经验范畴和结构，尽管没有忘记尼采的警告，即"超越这个范畴，仍有人存在，仍有热情、信仰和目的存在"。[1] 然而，必须继续关注作者的立场，并在文化前沿进行历史的探询，通过陌生的文化和接触语言使之明确。这似乎是对世界史试图拒斥中心主义——自我中心主义、种族中心主义、美国中心主义以及欧洲中心主义——的抵触。不过，尽管我从来不想成为一个民族史家，但我从不相信历史学家可以作为一个全知全觉的观察者，即可以在回避、偏见或倾向并最终实现"客观"的说辞庇护下，摆脱他或她的文化状态，从外星球上着眼问题，或许哲学上的、隐喻性的、推测性的或是以教学为目的的摆脱文化观念制约是可以的，而对于历史**探寻**的历史学，我更倾向避免谬误。正如乔伊斯式的叙事和诠释学的暗示，历史学的"客观性"只能通过增加特定"视角"的数量来达成。

不过，即使有学科上的辅助，但阐释如何才能从特定的文化圈的中心得以开展？对我来说，诠释学并不意味着浪漫主义

1　*On the Advantage and Disadvantage of History for Life*, tr. Peter Preuss (Indianapolis, 1980), 11.

的和柯林武德式的移情，也不是回溯性的心灵阅读，而是对尼采所说的"所有发生的事的阐释性特征"的觉悟。[1] 尼采补充道，"意义的引入"不是理性的事物，不是非历史性的说明，而是"在大部分情况下，对一个已经变得不可理解的旧阐释进行新的阐释，旧阐释如今仅是一个符号而已"。[2] 就如保罗·利科所评论的，"使你自己成为走入从前的异国人，仍然是诠释学的终极目标"；或是如伽达默尔写的（我之前也引用过）很明显为宏大叙事留下了空间的话，"历史如同其曾经那样，是本大部头的晦涩著作，是人性精神的选集，是以过去的语言书写的，我们不得不试图理解的文本"，并且，没有哪种跨学科的努力会使历史学家避免这种挑战。该启示经由海德格尔和伽达默尔，从一种历史学的定式，扩展为哲学意义上的诠释学，它如今已找到了后现代的拥趸，特别是在文学理论和心智史研究者中。我绝不相信量化的魅惑歌吟或后现代的技术，它们承诺了一种可以使我们摆脱只是在进行阐释的指控的完全不同的认知方式。

结而论之，且为了实现我对历史理解的自圆其说——用皮埃尔·诺拉的话说，是我的"自我历史"（"ego-histoire"）——历史学仍是一种对于意义的人类探询形式，而就如同伽达默尔所认为的，探询到的意义不可能直接就是过去时代的意义，即过去那个"异国"的意义，它只是一种当前文化片段下的和地方性文化情境中的建构性意义。诠释学是一种新的怀疑主义——

1　Kurt Mueller-Vollmer（ed.），*The Hermeneutics Reader*（Oxford，1986）.
2　*The Will to Power*，tr. Walter Kaufmann and R. J. Hollingdale（New York，1967），327.

奥多·马夸尔德（Odo Marquard，1928—2015）称之为"当今怀疑论的最重要形式"——且毋庸讳言，它指向了现代历史学家阐释的窘境。[1] 我们从先辈那里学习，学习历史学传统的经验，谈论复兴（从人文主义者那里），谈论复活（从米什莱那里），谈论复原（从现代古物研究者那里），或谈论重演（从柯林武德那里），当然也谈论"修正"（几乎某种情况下的每一个年轻历史学家）。不过，这些"修正"是隐喻性地指那些不特别具有推测性的做法，它运用了一种建立在我们——作者和作为读者身份的人——和"他者"之间的他异性修辞。我们绝无法使"他者"的行为恢复生气，且我们绝无法在我们的文化和语言范畴中完全"再度思考"他们的观念。尽管后现代主义者对我们仍然属于一种阐释传统这一事实闪烁其辞和有意避开，但我们的确仍是这一传统的一部分，我们在进行自我认知的研究，它通过承袭语言的使用，会回到希罗多德和他的诗人先辈那里。[2]

语言学转向

20 世纪的最后 25 年里，关于历史学研究（更广泛地说是

1　*Farewell to Matters of Principle*，German tr.（New York，1981），111.
2　参见我的文章 "Between History and System" in *Historia：Empiricism and Erudition in Early Modern Europe*，ed. Gianna Pomata and Nancy G. Siraisi（Cambridge，Mass，2005），211 - 237。

人文科学)最引人注目的或许是风靡众多致力于历史探询的学者间的语言学或文学的转向。这意味着以最为基本的形式回到了麦考莱和屈威廉的那种(也是劳伦斯·斯通揭示的)历史学是一种艺术的断想,阿兰·内文斯曾反复多次倡导(他本人接受过媒体行业的训练,没有历史学学位),职业历史学家的研究要努力面向大众读者群体。[1]这种态度在彼得·盖伊那里有了更为复杂巧妙的表达,他评论了19世纪的几位历史学家的风格,将孔德·德·布封(Comte de Buffon,1707—1788)的名言**风格乃是本人**(*le style est l'homme même*)转为了一种假设,即"风格代表了历史学家"。他预见了后来对修辞和"表象"的重点关注,J. H. 赫克斯特也在其中。[2]吉本有能力在资料的深度研究和一种大范围的、几乎是全球性视角的文笔精湛的散文写作之间做出平衡。可是,琳达·奥尔所谓的"文学的复仇"对很多人来说已经催生了新闻领域所强调的生产扩张性叙事(extensive narrative)的局面,并至少是不易察觉地诱发了模仿与剽窃的倾向。这正构成了那句讽刺传统史学实践的老笑话("历史重演其自身,历史学家重复彼此")的第二半句。

文学——以及语言学——转向的一个更为明显的结果是文学理论的入侵。它以海登·怀特、多米尼克·拉卡普拉、汉斯·凯尔纳(Hans Kellner,1945—)等历史学家从历史学转

---

[1] Stone, "The Revival of Narrative: Reflections on a New Old History," *Past and Present*, 85 (1979), 3-24; Nevins, *The Gateway to History* (New York, 1938).

[2] Gay, *Style in History* (New York, 1974), 217, 并参见 Hexter, "The Rhetoric of History," in *Doing History* (London, 1971), 15-76。

往文学理论，以及乔纳森·卡勒（Jonathan Culler，1944—　）、弗兰克·安克斯密特和（在"新历史主义"旗帜下的）斯蒂芬·格林布拉特（Stephen Greenblatt，1943—　）等文学史学者转入历史学为标志。这些学者都写关于"历史"的东西，但他们写的"历史"是栖居在一个表象的、印刷文本的且根本上是衍生于"新修辞"的互文性传统的世界，这种传统是来自肯尼斯·伯克（Kenneth Burke，1897—1993）这样的先驱所明确的。在伯克心中，与其他事物相比，历史"没有起源或目标"，他想要将历史消解于文学的形式和文学批判之中。[1]这种修辞的立场将历史学家和他们的因果与道德论说置于一种诗性的媒介之中构建出历史书写的"现实"（reality）状态，并在作为专业群体的著史者与想要面对和未考虑面对的读者们之间建立联系。由此，修辞学家和文学批评家控制了这个历史学家向来相信是归属自己的领域——哲学家也经历了同样的事，至少在其写作形式中是这样，这就像"《圣经》"和《圣经》的批评者再一次开始控制意义的领域一样。将历史解释成叙事的道成肉身的一次大胆尝试是安克斯密特关于叙事逻辑的研究，它与不得不着手研究"事实"的历史学探询完全斩断了因缘。[2]从他的立场

---

[1] *Attitudes toward History*（Boston，1937）和 *A Rhetoric of Motives*（New York，1950）；以及 Robert Wess，*Kenneth Burke：Rhetoric，Subjectivity，Postmodernism*（Cambridge，1996），还有 Ch. Perelman and L. Olbrechts-Tyteca，*The New Rhetoric：A Treatise on Argumentation*（Notre Dame，1969）；以及 Ankersmit，*Historical Representation*（Stanford，2001）。

[2] Ankersmit，*Narrative Logic，A Semantic Analysis of the Historian's Language*（The Hague，1983），rev. by me *AHR*，101（1996），447，并参见他的 *Historical Representation*。

看，"历史主义"的概念框架本身不是经探究获得洞见（heuristic insight）而来的，而是专门术语、惯用主题、时态以及衔接用语的选择和运用的产物。

最值得称颂的文学转向（且对于历史学家来说是语言学转向）的例子是海登·怀特的《元史学》（Metahistory），一部当今经典的对19世纪历史学的阐释，它以文学的经典结构为基础（不同于弗兰克·雷蒙德·利维斯［Frank Raymond Leavis，1895—1978］的《伟大的传统》［Great Tradition］），认为19世纪的欧洲史学与一种比盖伊所谓的"风格"更为精深的"形式主义"概念是一致的。怀特的书根据克罗齐和诺思罗普·弗莱（Northrop Frye，1912—1991），通过利用经典的文学批评和修辞学，从文学范畴中寻找意义，并将之用于米什莱、兰克、布克哈特、马克思及其他人的著作中的文学结构。怀特关心的，是历史学的认知，特别是通过直觉，历史学表现的元历史性的"深层结构"如同广为人知的作品中所表现的那样——是先在的"形式"的"内容"。[1] 它超越了经典，以及克罗齐对编年史和历史的区分，触及了更深层的，在"情节""论证"和"意识形态蕴含"模式中才能发现的含义，作者们不可避免地运用文学语言来应对其他不容置疑的"事件"（专业学者的论辩在这些更高层次的含义那里使不上力）。对怀特来讲，"形式主义"史家，如赫尔德、尼布尔以及蒙森，使他们的论据服务于对事件的生

---

[1] *Metahistory*: *The Historical Imagination in Nineteenth-Century Europe*（Baltimore，1973）以及 *The Content of the Form*: *Narrative Discourse and Historical Representation*（Baltimore，1987）。

动描述。"有机论的"史学家,如特赖奇克、斯塔布斯和梅特兰,将历史凝练成一段统一而有规律的过程。"机械论"史家,如阿列克西·德·托克维尔(Alexis de Tocqueville,1805—1859)、柏克、马克思以及泰纳,则是脱离历史的代表。还有"情境主义"史家,如希罗多德、布克哈特以及赫伊津加,他们对在特定历史时刻叙述的现象进行综合性考察。根据怀特的新经院哲学式的谋划,这些或许会在任何某个作者那里以组合方式出现的模式,也与四种意识形态倾向(无政府主义、保守主义、激进主义和自由主义)、四种情节模式(浪漫式的、悲剧式的、喜剧式的和讽刺式的),以及四种基本的比喻模式(隐喻、转喻、提喻和反讽)相结合。这四种基本的比喻——至少是前三个——将比喻性的语言引入了历史事实的表现。跟随罗兰·巴特(Roland Barthes,1915—1980)的思路,海登·怀特认为,在这些范畴内进行的想象性的历史学写作的结果不是二手的"表现",而是历史领域的原创性"建构"。

正是在这种形式主义的架构中,怀特丰富地展现了 19 世纪的历史学,而它留下了不只影响着过去一代人的非同寻常的国际性的影响。[1] 怀特处心积虑要避免或摆脱的问题,是历史主义的基本要素,即对历史学家来说必需的原始资料(绝对不会是中立的)。例如,对怀特来说,米什莱是在以隐喻的模式进行"现实主义的"书写,将社会(或民族)进步的当代看法当作现实,并试图通过身份认同和复苏音容笑貌的情感过程将之表达

---

[1] 参见收录在 *Storia della storiografia*,24(1993)和 25(1994)中的文章。

出来。米什莱追求的，不是检查尸体，而是历史在字里行间的"复活"。我既无意对怀特的阐释加以呵斥，也不会冒险进入米什莱那庞杂的学术领域。文本主义和心理分析的狂热推崇者在那里其乐融融。我仅仅是要使读者们再次想起米什莱的创作中那些启发性维度（heuristic dimension）。他当然想要成为一个备受赞誉的作者，堪为笛卡尔、伏尔泰、卢梭等人的合格继承人，并对他的国家有着不顾一切的赤诚之心。但是，他的写作也有赖于对法国历史的档案材料的非凡熟稔——尽管这些档案材料本身的确可以被视为一种想象性文学的种类，特别是对革命时期的想象。1830 年，就在对米什莱来说是新时期开始的**光荣三日**（Trois Glorieuses）之后，他被任命为国家档案馆的主管。并且，20 年的时间里，他几乎每天都埋头那神圣的"众手稿的古墓"（catacombs of manuscripts）之中。这里是米什莱想要从中获得生命气息的历史死尸，这里是法国过去的英雄和幸存者的声音：**上帝就在细节之中**（le bon Dieu est dans le détail）。米什莱从民族留存和遗迹中提取他叙述的实质内容，尽管他太过"文人气"，不能对**注释学研究**（Anmerkungswissenschaft，诸如注脚、历史学考证之类）的时尚做出让步。作为首次系统地使用这些材料的人之一，他是如何了解这些资料的？我们有对米什莱的自传性的、心理传记式的和文学性的研究，但据我所知，没有哪项研究检验他的启发性实践（heuristic practice），包括怀特的"元史学式的"分析。

类似的评论在兰克的例子中甚至更为合适。兰克伟大的声望（毫无疑问是言过其实了）是以对档案材料的先锋性使用为基础的，特别是对威尼斯的档案材料。兰克臭名昭著的"如其所是"（*wie es eigentlich gewesen*）地描写历史的言论几乎从未得到赞赏。除了作为一种来自经典传统的乏味的旧式修辞用语（如，琉善［Lucian，125—180］："陈述事实"，等等），在语境下理解这句话，它不仅意在作为一种认识论上的原则，因为接下来的话把一切解释清楚了："可是适合这种考察的资料从何而来？当前这部作品（《拉丁和条顿民族史》）的基础，它的材料来源，是回忆录、日记、书信、外交报告以及目击者原本的叙述……"——另外还有对琉善（和修昔底德）以及文艺复兴"历史学技艺"的响应。兰克的意思是，这种意在私人信息而不是公共使用的材料，是不同于那种不假批判地附史学家讲述的另一种路数。兰克曾批判的圭恰迪尼和约翰·斯雷丹（Johann Sleidan，1506—1556）就属于后者。对他来说，事物真正存在的方式，就是有权力和有影响力者判定它们存在的方式。而一定程度上讲，他是其材料的囚徒，也是其语言和宗教以及哲学遗产的囚徒。然而再一次，这个事实是特殊的，而不是（如兰克的主要敌人黑格尔那样）普遍的：*der liebe Gott wohnt in der Einzelheit*——**上帝**（如果不是魔鬼）**就在细节之中**。起码，我们应该能够直接地获得初阶的事实——尽管兰克的路德宗背景当然会让他相信他也可以识别出更大范围的样貌。

布克哈特则是一段不同的故事，而再一次，启发式追问占据了中心。这多少是对兰克史学的一种有意识的反动，因为布克哈特转向了精致艺术和美学路线，以及一种历史事实的不同层面——**文化史**（*Kulturgeschichte*）。毫无疑问，布克哈特的元史学式的成就，就如同米什莱和兰克的成就那样，可以从文学层面加以表达，不过他所暗示的历史哲学更有意识地和更多地在方法论上以他所选择的材料为基础。这些材料反过来关系到什么是历史探询中重要之物的观念。如怀特指出的，布克哈特想要摆脱当代世界的那些轰动的"主义"，并且这种厌恶和怀旧情绪使他离开工业社会的残渣粪土，回到了"欧洲旧文化"的遗骸——并回到了更大的问题，如何赋予这些材料以历史意义。兰克与布克哈特的反差经常被设定为政治和哲学——据怀特而言则是文学的——范畴的差异。不过，他们探究以获得启发的态度也存在重要不同。对兰克来说，每个时代或许**在上帝的眼中大同小异**（unmittelbar zum Gott，如同德意志联邦一直都是德意志帝国一般），而对他来说，原则上讲，这些时代中每一个时代都是可以描述的，并且，它们的确共同合成为可以以决定论视之的普遍史。关于这个问题，布克哈特不仅是一个悲观主义和精英主义者，还是一个相对主义者（我发现很难同意怀特对"现实主义"的分类）。布克哈特在其最著名的书作的开篇说："或许在每个人眼中，一个既有文明的轮廓都呈现为不同的图景。"它完全有赖于你在寻找什么，以及你选择了怎样的资料——并且在我看来，以文学表述的模式为基础，只是次要的。实际上，在解释布克哈特方面，我或许认为，"在每个人眼中"，一种既有的历史叙事的轮廓，也呈现为不同的图景。只是，这种图景的理解不可避免要依靠通过探究获得启发的方法（heuristics）。

在近来关于史学理论的讨论中，多米尼克·拉卡普拉的影响力几乎不逊于怀特，他甚至进一步将常规史学问题归入史学理论问题的探讨。在某些方面，他仍然在对幼稚的、客观主义的、"科学的"历史做着老式的斗争，尽管可以确定的是，他是运用来自大陆（最初是法国）哲学以及文学理论的新工具在斗争。[1]拉卡普拉的策略首先坚持的，是历史学探询的对话性特征以及我们与逝者的对话中"史家阐释"的合法地位。他其次坚持的是他——也是海德格尔——对"文献"和"研究类的"文本方面的区分，后者指的是在追寻葛雷梗先生和兰克教授（至少是在母语是英语的学者眼中看来）的那种"事实"的字面意义的理解，而前者提倡的是海德格尔式的"艺术"维度及其元史学缘起。这些主张与在客观性的古代观点、"总体史"以及庸俗的兰克式的**科学**（*Wissenschaft*）被放弃以后的历史批判性观点是完全一致的。然而，从历史学家的技艺的角度看，拉卡普拉的阐述还有待改进——而在某些方面似乎鼓励我们抛下历史学家的猎取，将我们的命运投注到文学（或"文化的"）批评中，就像拉卡普拉自己大量开展的那样。

在拉卡普拉之后（我不确定拉卡普拉实际走到哪里），凯尔纳似乎否定了"档案或过去的纪念之物"具有的叙事性身份——尽管恰恰就在档案中，娜塔莉·戴维斯（Natalie Davis，1928—2023）发现了"虚构"的丰富矿脉，并且据我的经验看，这里已经有了一种历史写作的"深刻结构"（"deep structure"）。[2] 如

---

[1] *Rethinking Intellectual History：Texts，Contexts，Language*（Ithaca，1983）及之后的诸版本。

[2] Kellner，*Language and Historical Representation：Getting the Story Crooked*（Madison，1989）。

凯尔纳所做的，假设叙事"是复杂的文化形式的产物，且通常就传统来说，被称为叙事的根深蒂固的语言习惯"并不意味着它是文学艺术家或受过高水平训练的学者专有的——这实际上是维柯所说的"有识之士的自负"和一种理解"材料"（"sources"）的最无效的原则。因此，历史在任何意义上都是有意义的。"文学的回归"提醒历史学家们，想象在历史重构和元史学意义中有关键作用，可是最终可能并不存在"想象的历史学"（尽管这是一种有益的矛盾性修饰）。最起码，它不能没有注释和参考书目，"理性的历史学"或是"凭借记忆的历史学"也不可能存在。存在的只是源自资料——言语，根本上说是与言语有关——的阅读的叙事或观点，或是非正式信息的汇集。然而，尽管历史的判断可以很好地运用了想象、常识以及经验——不仅包括未作推敲的生活经验，还包括伽达默尔所谓的历史学训练意在提供的"传统的经验"——但它总是限于那些易被接受和可读性强的资料，即使这些资料不能保证触及事实的深层底部。无论如何，正是这种对资料的倚重和遵从，使历史学同关于过去那个"异国"的历史认知的旧问题之间保持着关联。

令人好奇（历史哲学家除外）的是，以往时期的史学理论即便不受从事实践的史学家控制，也有他们（最显著的是德罗伊森、兰普雷希特、梅尼克、布克哈特、赫伊津加、费弗尔、布洛赫、布罗代尔、杜比和勒高夫）参与其中。然而，当前和过去一代历史学家如此频繁地忽略或否认实践学徒的身份。虽然制造了有新鲜感的历史学理解的观点，但这样却是在拒绝走向触及遥远的过去的第一步，即从事那已被遗忘的时代的资料、踪迹和人类行为的遗存的研究。此种批评或许会被驳斥，因为它像是对一种基于**史料研究**（*Quellenforschung*）和**史源学**（*Quellenkritik*）……**专题文献**（*documents pour servir à*）等过时的职业惯例的迎合。不过，这种研究层面涉及了在纸版印刷的史学史的传播中没有存在感的认识论问题。这种激进的历史学的文本化在安克斯密特关于"叙事的逻辑"的书作中得到反思，认为"叙事的逻辑"仍然处于"表现"的表层，他对"历史学家的语言"做了具体化的处理，并排除了"研究之哲学"（philosophy of research）以外的研究。凯尔纳在其以挑衅性的"曲解故事"（"Getting the Story Crooked"）为副标题的书的引言中声称："**此书与史料有关**。"不过，他是在字面意义上使用"起始"（origins）和"原创性"（originality）相关的术语与这种挑衅性的措辞形成联系，而与一般的"档案"，即拉卡普拉想要用文学"研究"——也就是文学批评——替换掉的"文献"材料的那部分显然没什么关系。在凯尔纳的书中，实际上没有追踪我在这里正在触及的那种以探究获得启发的问题，而只是一种在后怀特式的修辞观念的辅助下对撰史作者考察的汇报，从"二手的"材料中追寻着无意识的和被忽视的"诸种意义"。如同安克斯密特，凯尔纳义无反顾地制造语言学的转向，并因此回避着"事实"的问题，或至少回避了一手的、可触及的踪迹。通过诠释学和现象学，海德格尔也制造了语言学的转向，但他没有忽视转回到"存在"，给存在留有空间，也没有用语言取代它。

或许，如果对米什莱和兰克的著作思考可以采用思考巴尔扎克（Honoré de Balzac，1799—1850）和托马斯·曼的文学作品类似的方式和范畴就好了，而实际上前两者都已经被按照后两者被阐释的路数解读过了。无论如何，米什莱的作品确实更多地得到"传统经验"的控制和启发（兰克的作品更加不偏不倚），他们过分地，或许是幼稚地追慕"传统经验"，蔑视"文学性的"材料。20年的时间里，米什莱在国家档案方面投入了大量时间与他所谓的"死人先生们"（"Messieurs les morts"）为伴，这些材料中的证词在他"复活"（"resurrection"）和"传记化的历史"（"biographizing history"）的计划中举足轻重。米什莱的《法国史》写到中段时，他因政治牵涉和狂妄而失去了在大学的教席和接触档案的资格。这是死亡的另一种形式：他简练地写道，"截止，埋葬"。[1] 不过，他的狂妄没有葬送他，而且每当材料上有可能，他当然还在写作。

不幸的是，围绕以探究获得启发的方法的争论注定在如此低端且引人反感的层面上出现了两极化——一方面是埃尔顿、格特鲁德·希梅尔法布（Gertrude Himmelfarb，1922—2019）、汉德林以及亨特-雅各布（Margaret Jacobs，1963— ）-阿普尔比（Joyce Appleby，1929—2016）团队等踢着石头的讲述者（the stone-kicking truth-tellers），另一方面是高高在上的文学批评者安克斯密特、拉卡普拉和凯尔纳。这种使事业有所进步的争论也将老套的"旧历史主义"与挑剔的"新历史主义"对

---

[1] *Journal*, II, 152.

立起来。所谓的"新历史主义"涵盖了各种文学实践和建立在创新了的修辞基础上的多方面的洞见,它从意识形态的以及认识论的基础出发,否定了一种单一的"统一故事"(unitary story)的可能性,并转而诉诸一种新型的逸闻趣事主义(anecdotalism)。[1] 就如凯瑟琳·加拉格尔(Catherine Gallagher,1945—)和斯蒂芬·格林布拉特所说的,这种"反历史"(counterhistory)论证了与理论无涉的"实践",不以经探索获得启发的方法为基础的"表现",以及以丰富多彩的名义,将对历史的好奇心扩展为"一种在文化研究之中的社会性叛逆"的不连贯状态。经过吸收哲学的和人类学的,还有文学的、历史学的和历史学技艺的观点,也尤其承认得益于 E. P. 汤普森、雷蒙·威廉斯和克利福德·格尔茨,也别忘了米歇尔·福柯,一份批准微观史学的阐释性实验的捕捞许可证就办成了。大写的故事实际是胜利者的虚构,而新历史主义式的轶事,如旧式的"新社会史",试图捕捉被遗落的、被忘却的、被压制的、女性的、同性恋者的、有色人群的和其他异类人士的、在主流历史叙事中被祛除的文化无产阶级诸多方面的"真正的事实和鲜活的声音"(这是升级了的和民主化了的兰克形式)。历史不仅是自下而上地看,也是从外到内地看的,尽管通常经由一种干扰性的阐释或逸闻趣事主义的过滤。

在最后这个千年的尾声,历史哲学也在文学理论的方向上接受了"语言学转向",并且总是被与"后现代主义"这个杂烩

---

[1] Catherine Gallagher and Stephen Greenblatt, *Practicing New Historicism* (Chicago, 2000).

而敏感的标签联系在一起。最近的一部以"新历史哲学"为主题的加以推广的文集,汇聚了六位文学学者,四位历史学家(心智史学者,也就是那些从来不落入档案的黑暗混沌之中的史学研究者),还有一位哲学家,思考了大量对历史哲学的旧传统来说很陌生的主题,尤其是"表现""反讽"以及罗伯特·贝克霍弗称为"大历史"的主题。[1]

这些题目中的第一个是关于表现(representation)的观念。它的观念自古代以来本就存在于"艺术史"的文字传统之中。迟于接触史学理论的学者们似乎在持续地重新发现显而易见的东西,诸如不存在没有观察者的观察行为,不存在没有故事讲述者的故事,不存在没有视角的观点,以及不存在没有历史学家参与的历史之类。"建构主义"是当前可将这些观念归并,且将它们提升至理论层面的词语,它将"表现"置于"事实"之上。而对文学研究者来说,它赋予了文字和图像在历史学研究中的创造性以及考证作用。这也是安·瑞格尼(Ann Rigney, 1957—)所说的"浪漫主义计划"所暗示的,也就是梯叶里和米什莱的新历史。而这个结果已经瓦解了叙事和世界之间的一致性,它描述并因此也推进了摆脱政治史而转向文化史的过程。这里所谓的政治史,指的是那种依靠编年史和未加反思的关于事件的记录,采用的是一种想象的、综合的以及文学性的,或是如绘画般的处理历史证据的态度。[2] 修辞——语

---

[1] In *A New Philosophy of History*, ed. Frank Ankersmit and Hans Kellner (Chicago, 1995). 并参见 Berkhofer, *Beyond the Great Story: History as Text and Discourse* (Cambridge, Mass., 1995)。

[2] *The Rhetoric of Representation: Three Narrative Histories of the French Revolution* (Cambridge, 1990).

言学和文本主义在此汇于一处——在很多方面都是"新历史哲学"的关键。而在这里,凯尔纳不仅得到维柯、尼采和怀特的启示,也受到他称之为"第一批文化相对主义者,第一批**历史主义者**"的古代智者们的影响。这种修辞不仅拒斥高尚的柏拉图主义,也拒绝了兰克史学的通俗现实主义,代之以对话语和阐释领域的把握,而不是对抽象的观点、"深入的研究"以及终极意义的追问的拿捏。在古典传统中,历史学实际上被认定是修辞性的,认为后者保持着与事实的关联,但那时的历史学从未给所谓的关于过去的唯一必然的故事的那种绝对真理的观念留下空间。很久以前,理查德·范恩(Richard Vann,1932—2022)回忆说,J. H. 赫克斯特重新将兰克声名不堪的准则**"如实直书"**加工为"基于相关的外部证据的支撑书写最合理的故事"(the most likely story that can be sustained by the relevant extrinsic evidence)。这种"新历史哲学"以质疑"相关的"和"外部证据"这两个表述是否可靠的方式,延伸了赫克斯特加工的这句格言的严谨性,这意味着,上述这两个词所涉及的因素来自创造性的历史想象领域之中。

反讽,也是一个(有着古典时代前身的)浪漫化的概念,是一种觉醒于,或说是再度觉醒于黑格尔的猫头鹰起飞之时的比喻。反讽引起自省,并使当下与过去——自我与他者——保持距离,尤其是在进行写作时。并因此,它也几乎是历史意识的一种形式,尽管无须对遗失的和已知的时间进行历时性的假设。对于持这种态度的作者中的几个人来说,反讽的主要表现的是主体的回归,也就是卡拉德所说的,"'我'被前景化了。"

这是他在讨论"年鉴"学派的以自我为中心的修辞时说的话。[1] 在"年鉴"派史家的影响下（其本身也受到米什莱的写作方式的影响），历史学家这个"我"不再被迫藏于无主体操纵的声音之后展现一种捏造的客观效果，而是可以走进叙事讲述历史探询和阐释的过程。这相当于希罗多德或李维之类的历史学家的实践，他们不仅谈及发生了的事件，也谈论其信念和关于事件发生的判断。换句话说，意义不再生发于一种权威的且又苍白和冷冰冰的记录，而是通过作者的声音表现给我们，很大程度上，这或许就是特罗洛普（Anthony Trollope，1815—1882）和托尔斯泰告诉读者们他们的创造物的意义，或木偶戏表演者萨克雷（Thackeray，1811—1863）从他的帘子后走出来向观众展示一番他表演时用的机关。如果这就是反讽，它或许有点沉重，但至少它不是以看不见主体的，**以永恒的姿态**（sub specie aeternitatis）——或用兰克的话说，**直通上帝**（unmittelbar zum Gott）——的貌真实虚的声音在叙事。

罗伯特·贝克霍弗，在其最近的书作，也在其题为《一种新的历史哲学》的随笔中，讨论了"声音"和"视角"这种文学术语的问题。谁可以站在种族、阶级或性别——乃至历史本身——的立场，为其代表或是以之名义发声？贝克霍弗评论说，历史已经被"霸权的声音"（更别提震耳欲聋的霸权声音）所操控了，且新历史哲学（也再一次是浪漫主义时期的"新史学"）的目标之一就是在数代历史学家追求的"伟大故事"之外，发

---

[1] 参见他的 *Poetics of the New History：French Historical Discourse from Braudel to Chartier* (Baltimore，1992)。

现行为人和受害者的可见的和隐蔽的观点，被压抑的声音。至少是到弗兰西斯·福山（Francis Fukuyama，1952— ）宣称这种历史"终结"时，这种声音已经被找到了。贝克霍弗认为，应对这种批评中隐含的相对主义的方式是多重基调的表现——也就是，以对话性和多元视角（《罗生门》和乔伊斯的历史叙述模式?）平复多元文化主义的后现代压力和日渐增长的、要求了解线性历史的官方思路的呼声。

像贝克霍弗一样，阿兰·梅吉尔也将宏大叙事贬斥为对**事件史**（*l'histore événémentielle*）的表层呈现。[1] 梅吉尔追随利奥塔的后现代主义观点，并的确坚持到了最后，甚至否定保守的、自由的、激进的、或是其他任何的意识形态立场进行统一的和普适主义叙事的可能性。梅吉尔相信，"对多样性"，也就是20世纪晚期呈现于我们面前的德里达的**延异**（*différance*）"进行均匀化或合成处理"是不可能的，甚至不堪设想。基于现代主义批判的计划，梅吉尔确定了关于如何避免"作为单一故事的历史"的谬误的一些相当普适的原则：比如，拒绝单一权威的方法或主题，在跨学科的范畴内操作，承认历史写作的虚构方面，以及最终，似是而非地承认，（加工弗雷德里克·詹明信 [Fredric Jameson，1934—]的——如今遭唾弃或是可能失去了说服力——的话"终归要历史化的!"["always historicize!"]）"终归要理论化的!"（"Always theorize!"）不过——长久以来的问题——如何将这种理论转化为史学实践？

---

1 "'Grand Narrative' and the Discipline of History," *A New Philosophy of History*, 151 - 173.

（一句话概括马克思对费尔巴哈的十一条论纲）"总是要探询的！"（"Always inquire！"）这个回答会怎样？对于某个有某种立场的故事来说，故事总是刚刚开始。

在时间与空间的维度中冒险

除了习惯和连续性，历史研究已经变得与那种小型的和令人感到自在的领域相当不同，所谓小型的和令人自在的领域，它显露于世纪中段，且特别因人数和代际的变化而产生，尽管这些当然也与更大范围的所谓"三十一年战争"余波的文化、社会和政治趋势有关。芝加哥中心、美国中心和欧洲中心的视域（以及无论多么有超越性的范畴），都是我在半个世纪以前希望跨过的。这些中心视域的萎缩速度比我或任何人认知所及乃至激赏的速度都要快，只有在长时性的、富有想象力的回顾中能有所体会。看向周围比看向过去难得多，不过以当前关于这个领域大体谨慎的叙述结束这种探询——用以往欧洲中心主义的，并经由那些"历史"在其中已被做了限定的主要西方语言和分类方法看待它——看起来是合适的。

历史学研究的主要任务几乎总是探询深层的过去——修昔底德对此与希罗多德相反，他是如此地怀疑这种"考古学"。我自己第一次接触最早的历史是在小学，依然是开始于底格里斯河和幼发拉底河之间的那片土地，尽管推想起来，这与《旧约》的故事没有直接关系。《旧约》故事仍被作为我的家庭信仰的基

第六章　现状和前景

要主义部分，而实际上，我是在《圣经》学校以记忆的方式掌握它们的（虽然赫尔德一个半世纪以前就超越这种褊狭了）。过去这个世纪的最后阶段，尽管出现了地平说和造物主义的抵抗，但是经过考古学和古生物学发现，DNA 研究技术，再加上碳元素测定（取代了老式的树木年代学），以及逐渐一致地将人类起源定位于非洲，景象已经从根本上发生了改变——经过围绕马丁·贝尔纳的挑衅性出版物及其批评者而展开的争论，变化更加剧烈了。[1]

其主要结果已经成了推测性历史学的新（新赫尔德式的）形式，这种形式降低了"希腊奇迹"的地位，并通过物质遗存的检验，试着追踪数万年来，从南非到亚洲和澳大利亚，欧洲和美洲的人类，在尚无定论的和平调解和军事征服的反复过程中漫游。第二个结果是大范围的地图绘制式的和细密考察式的全球史的大量扩张。它像以往经常出现的那样，从其他学科那里寻找历史学理解的辅助工具，对跨文化的接触、性别、种族、技术、生态、前沿问题以及有偏见的殖民和后殖民主义进行研究。已经没有"宏大叙事"了。与其说这是出于"后现代主义"

---

[1] 参见，如 Clive Gamble, *Timewalkers*: *The Prehistory of Global Civilization*（Cambridge, Mass., 1994），Peter James, *Centuries of Darkness*（New Brunswick, 1993），Steven Mithen, *The Prehistory of the Mind*: *The Cognitive Origins of Art, Religion, and Science*（London, 1996），以及 Jared Diamond, *Guns, Germs, and Steel*: *The Fates of Human Societies*（New York, 1997）；还有 Bernal, *Black Athena Writes Back*（Durham, 2001），向 Walter Burkert, *The Orientalizing Revolution*: *Near Eastern Influence on Greek Culture in the Early Archaic Age*, tr. Margaret C. Pinder and Walter Burkert（Cambridge, Mass., 1992）致以敬意。

的洞见，不如说是视野的扩展，以及跨学科研究和彼此抵触的理论导致了碎片化状态。

西塞罗（Cicero，公元前106—公元前43）以前，历史是与记忆结合在一起的，甚至被认为与记忆是一回事，但也被认为同想象是一回事。而自我心理学（ego-psychology）和"心理主义"（psychologism）介入了历史探询，加剧了混乱。这是哈布瓦赫关于集体记忆的先锋性作品的遗产之一，效仿的是迪尔凯姆的社会学推理的架构。这番努力，在皮埃尔·诺拉为首的关于"记忆之场"的运动中被赋予了具体的物质基础，它已经从法国的传统扩展到其他国家的传统中。从阅读文字材料转向口述文化的尝试越发大胆且精细，信手拈来的例子，如扬·阿斯曼（Jan Assmann，1937— ）对西方的埃及文明踪迹的追踪，戈登·施林普顿（Gordon Shrimpton）将古代史学作为公共性和传播性纪念物（和"事实"判断）的一种形式，珍妮特·科尔曼（Janet Coleman，1945— ）关于古代和中世纪记忆的哲学性考察，米歇尔·托马斯·克兰奇（Michael Thomas Clanchy，1936— ）的"从记忆到文字记录"的旅程，帕特里克·吉尔里关于中世纪的名称和其他反映在记录和历史中的有纪念意义的记号的研究，玛丽·卡拉瑟斯（Mary Carruthers，1941— ）关于记忆的中世纪艺术和阅读习惯的研究，罗瑟蒙德·麦基特里克（Rosamond Mckitterick，1949— ）对中世纪文学和文字交流的探究，以及伊丽莎白·范·霍茨（Elisabeth van Houts，1952— ）对中世纪史学的文化情境的关注。[1] 记忆的研究者近来也涉入了政治、外交以及军事史，更不用说犹太大屠杀、纳粹主义和共产主义的修正性观点以及变化中的欧洲观念了。[2] 然而集体记忆，作为个人心理学（以及深层心理学）的最为相似的产物，仍然是一种推测性历史学的形式，它对于综合比对分析更有价值。

尽管样貌屡次变化，但旧有的特性，包括政治史、制度史、教会史和社会史，延续着数个世纪之前就已开辟的道路，而文化史的延展在所有方面都迎合着现代式的（和后现代式的）生活。有一种历史探询的趋势，尽管两个多世纪以来它一直在被善思考的学者们触及，似乎已变成了历史写作的前提，这就是如今"表现"（采用当代的套式）取代了事实，并承认历史学家进入了行为和创造的领域。"某事情发生过"（用潘诺夫斯基的话说），但就算不作解释，至少也要经过记录和传达，它才会进入人类感官之中。[3] 迄今为止，当美国学术圈中判断近来的历史

---

1 Shrimpton, *History and Memory in Ancient Greece* (Montreal, 1997), Assmann, *Moses the Egyptian: The Memory of Egypt in Western Monotheism* (Cambridge, Mass., 1997), Coleman, *Ancient and Medieval Memories: Studies in the Reconstruction of the Past* (Cambridge, 1992), Geary, *Phantoms of Remembrance: Memory and Oblivion at the End of the First Millennium* (Princeton, 1994), 以及 Carruthers, *The Book of Memory: A Study of Memory in Medieval Culture* (Cambridge, 1990), McKitterick, *The Carolingians and the Written Word* (Cambridge, 1989), and (ed.) *The Uses of Literacy in Early Medieval Europe* (Cambridge, 1990), 还有 Van Houts, *Memory and Gender in Medieval Europe* (Toronto, 1999)。

2 Jan-Werner Müller (ed.), *Memory and Power in Post-War Europe: Studies in the Presence of the Past* (Cambridge, 2002)。

3 D. R. Kelley, "Something Happened: Panofsky and Cultural History," *Meaning in the Visual Arts: Views from the Outside, A Centennial Commemmoration of Erwin Panofsky* (1892–1968), ed. Irving Lavin (Princeton, 1995), 113–121.

考察和批判是否有效时，长期以来被欧洲学者贬抑为无关紧要或站不住脚的"客观性问题"仍有足够的地位，且在职业历史学的一些领袖人物那里仍被恪守。[1] 如同物理学家那样，经济学家一直认为观察和阐述（以及交流）的行为会扰乱所观察的领域，以至于观察者会成为这个不客观的过程的一部分。历史学家或许没有在这一点上改变很多，但他们中的很多人，已开始不再关注政治活动的贫乏，那也或许是不可触及的事实。他们转而关注一种凝练过的政治表达和"政治文化"的二度调整。这只是从文本到语境，从文化创造到文化建构的一小步，它可以为艺术和科学发现的成果和政治行为提供条件甚至是说明。实际上，学者们时常试图通过关注"实践"（"practices"，即马克思的"praxis"）而保证一只脚踏在社会性范畴那里——"历史学家不搞文学"——但阐释和评判的幕布仍挥之不去。[2]

然而，这种维度的变化大体还是在修辞和主题方面，并且研究继续关注从国民性到面向日常生活的众生相的社会现象——也就是关注社会现象的表象。世界性与地方性——宏观的和微观的历史——的疏离比以往都大，依我看很少有能使这种间隙拉近的方法。而地区和文化方面得到的收获在很多方面因视野的萎缩而被抵消了，以至于世界史研究者和文化史研究

---

[1] Peter Novick, *That Noble Dream*: *The "Objectivity Question" in the American Historical Profession* (Cambridge, 1988), and Allan Megill (ed.), *Rethinking Objectivity* (Durham, 1994).

[2] 参见 Roger Chartier, *On the Edge of the Cliff*: *History*, *Language*, *and Practices*, tr. Lydia G. Cochrane (Baltimore, 1997), 19, 26; 以及 Gallagher and Greenblatt. *Practicing New Historicism*。

者都没能掌握一种看待自己资源和实践的深度透视法。至于史学史，它的发展趋势是越发关注少数遭到抵制的批评家和理论家提出的当代的流行样态和观点，而其他埋头深耕的工匠型史家和女性史家最大程度只能出现在参考文献中，而参考文献在今天相当于史学史的垃圾桶。

在心智史方面，关注重心的明显变化是从学说和学派转向其如何被接纳、阐释（及译读）和传播，从作者转向读者，且因此求助于修辞和诠释学在现代领域的新成果。[1] 随着信息的酝酿和发送与信息的接收之间的裂隙被关注到，人们对追问真相及其各种伪装形态——或者说，在特定语境下"什么才是真相"——重新产生了兴趣。[2] 另一种趋势是避免宣称客观立场，或不直接走向特定的现象，而是将探询设定为"（无所谓填什么）就是文化"（culture of [whatever]），且这种实际例子不胜枚举（或者说它们至少每天在互联网上持续地越积越多）。雷蒙·威廉斯曾说过："文化是英语中最复杂的两三个词之一"，且在其他语言中当然也是如此。实际上，"文化"是一个语义学意义上的怪物——褒义与贬义的、唯心主义与唯物主义的、高端的与低档的、微观视角的与全球视角的、纯粹的和广纳的反

---

[1] 参见，如 Kathy Eden, *Hermeneutics and the Rhetorical Tradition: Chapters in the Ancient Legacy and Its Humanist Reception* (New Haven, 1997), Ruth Morse, *Truth and Convention in the Middle Ages: Rhetoric, Representation, and Reality* (Cambridge, 1991), 以及 Rita Copeland, *Rhetoric, Hermeneutics, and Translation in the Middle Ages: Academic Traditions and Vernacular Texts* (Cambridge, 1991)。

[2] Marcel Detienne, The Masters of Truth in Archaic Greece, tr. Janet Lloyd (New York, 1996), and Christopher Gill and T. P. Wisemen (eds.), Lies and Fiction in the Ancient World (Austin, 1993).

复交叠。在过去的这个世纪里,"文化"已经变得如此捉摸不定,以至于它公然地架空了使用定义描述的方式,除非是以那种面向随机的和尚未确定的人文语境,以及关联其他现象的过于冗繁的——尽管很多时候是不可避免的——方式进行的定义。附加的益处之一是"文化"已经俯就于本来是被剥夺权利和被迫害的少数派,如工人、奴隶,或是苏联统治的受害者。此外,还如同威廉斯所做的,使之成为现代革命的一个种属。[1]

在人类学持续的刺激下(以维柯、海涅、赫尔德和康德的理性主义批判为引领),历史学家基于反映在哲学、文学以及艺术的资料中的各种文明,探查其中的文化样态,并将之作为教育模式推广,强调关注差异和"他异性"(alterity)——"他者",无论是在时间上或空间上多么遥远的他者,在哲学上都已被黑格尔的概念异在(Andersein)预先触及了。[2] 对于外族人,或说是野蛮人的兴趣,如同西方历史自身所有的技艺一般古老,它在希罗多德审视斯基泰人时表现得很明显。对于弗朗索瓦·阿尔托格(François Hartog,1946—)来说,希罗多德对斯基泰人的诗性想象没能展现从考古学证据中反映出来的"真实的"部族,而只是迎合雅典人文化需要的"想象中的游牧民族"。他是在更早的诗性语境中追问这个问题。[3] 他异性的各种现代表现,如在早期的美洲探险,同样可以被视为作为稳定文

---

1 *The Long Revolution* (Harmondsworth, 1961).
2 S. C. Humphreys, *Anthropology and the Greeks* (London, 1978).
3 *The Mirror of Herodotus: The Representation of the Other in the Writing of History* (Berkeley, 1988), and *Memories of Odysseus: Frontier Tales from Ancient Greece* (Chicago, 2001), both tr. Janet Lloyd.

化的"我们"试图从人种学意义上搞清作为异族的"他们"的计划。对文化意义上的"他者"的追寻是早期现代主义人士流行的消遣活动,尽管再一次,在认识到那种意在赞叹令人惊叹的野蛮和前所未见之物的他异性的习惯措辞中,明显首要表现直接的冲突。洛兰·达斯顿(Lorraine Daston,1951—)和凯瑟琳·帕克(Katherine Park,1950—)已经提供了一份对自然的"惊诧"——自然的神迹、奇事、怪物、奇观、珍玩、遗迹、过失以及玩笑——的考察,这些"惊诧"挑战"常规科学",但也拓展了认知在想象力和胆魄方面的限度。[1]

如果历史必须倚重推测和想象来探索过去,则必定也要对人类活动的空间做概念化处理。相比于人类活动的时间范畴,这更多地对其他的、更为静态的人文科学提供了可供利用的辅助。[2] 历史空间的争议领域是"公共领域"(public sphere),从于尔根·哈贝马斯 1962 年那才华横溢的教职资格论文可知,这不仅已被社会理论家和政治理论家广泛地讨论,历史学家也有讨论,特别是 **18 世纪的**(*dix-huitiémistes*)历史学家。[3] 哈贝

---

[1] Lorraine Daston and Katherine Park,*Wonders and the Order of Nature*,*1150 – 1750*(New York,1998).

[2] 参见 *The Cambridge History of Science*,VIII,*The Modern Social Sciences*,ed. Theodore M. Porter and Dorothy Ross(Cambridge,2003)。

[3] *The Structural Transformation of the Public Sphere*:*An Inquiry into a Category of Bourgeois Society*,tr. Thomas Burger(Cambridge,Mass.,1989); Craig Calhoun(ed.),*Habermas and the Public Sphere*(Cambridge,Mass.,1992); Peter Uwe Hohendahl,*The Institution of Criticism*(Ithaca,1982),ch. 7,"Critical Theory,Public Sphere,and Culture:Jürgen Habermas and His Critics"(tr. Marc Silverman);以及 James Van Horn Melton,*The Rise of the Public in Enlightenment Europe*(Cambridge,2001)。

马斯的经典分析现在看来是相当陈旧的法兰克福学派的产物，是一种马克思主义的修正形式，也被设定为过去的"从封建主义向资本主义过渡"的过了时的分支。这一情况并未被持反对意见的批评者和有声望的学者所遗忘。对哈贝马斯来说，"舆论"（öffentliche Meinung, opinion publique）是与资本主义的"新社会秩序"相伴的新的"公共领域"的创造物。"新闻"在其中成了一种商品。"宣传"不仅是推动启蒙运动的力量，也是推动革命意识形态和政治行为的力量。这是对黑格尔的和马克思主义的理论中关于"公民社会"是市场经济副产品的老生常谈。不过，虽然它就现代早期的语境来说是合理的，但从政治话语和活动的长视角来看，它的属性相当粗糙和浅薄，特别是被称为"公民"——以及"市民"（civil）——人文主义的视角。[1] "公民人文主义"是汉斯·巴龙对 Bürgerhumanismus 一词的英文表述，该词起初或许被翻译成"资产阶级人文主义"（bourgeois humanism），在此之外，巴龙想要强调的是这个词的共和主义的性质及其长期以来的古典内涵。[2]

---

[1] Kelley, "Civil Science in the Renaissance: Jurisprudence Italian Style," *Historical Journal*, 22 (1979), 777–797; "Civil Science in the Renaissance: Jurisprudence in the French Manner," *History of European Ideas*, 2 (1981), 261–276; "Civil Science in the Renaissance: The Problem of Interpretation," *The Languages of Political Theory in Early Modern Europe*, ed. A. Pagden (Cambridge, 1987), 57–78.

[2] Baron, *In Search of Florentine Civic Humanism: Essays on the Transition from Medieval to Modern Thought* (Princeton, 1988); *Crisis of the Early Italian Renaissance* (Princeton, 1966 [1955]), 向 Jaeger 致敬；Jaeger, *Paideia: The Ideals of Greek Culture*, tr. Gilbert Highet (New York, 1945), I, 436, "political humanism".

在其分析中，哈贝马斯识别了市民社会中承载舆论的领域广泛的社会载体，包括社团、沙龙、咖啡屋、艺术展、剧院，特别是新闻行业，并且，他发现了这些现象的一些早期端倪。[1]然而对他来说，这些现象始终与"新兴的"资本主义现象联系在一起，而他关注的仍然是革命之前的时期。那时，舆论似乎上升到了政治的层面。然而，尽管实际上"舆论"（public opinion）这个短语首次出现在18世纪，但**在有文字术语之前**（*ante litteram*），这种现象已有着更深刻的背景，实际上可追溯到古代那种"公"法与"私"法对立的，并在整个欧洲史上反复出现的形式。最根本地讲，**公法**（ius publicum）和**私法**（*ius privatum*），**公有财产**（*res publica*）和**私有财产**（*res privata*），主权和父权的对立以两极状态皆根植于罗马公民法及其现代衍生物的传统中。

哈贝马斯缩减了的和政治化了的视角忽视了"舆论"和"公共领域"的历史起源是先在于现代（并实际上是中世纪之前）的，并且是一种精英文化的功能，就如同埃里希·奥尔巴赫关于古代晚期和中世纪的文学语言及其**受众**（*Publikum*）的研究所呈现的那样，对他来说，这是"我们星球上共同的社会和文化生活"的先决条件。[2]罗莎蒙德·麦基特里克展现了加洛林时期文学和书写文化被低估的程度，强调其在"跨文化的交

1　James Van Horn Melton，*The Rise of the Public in Enlightenment Europe*（Cambridge，2001）.
2　*Literary Language and Its Public in Late Latin Antiquity and in the Middle Ages*，tr. Ralph Manheim（New York，1965）.

流"中扮演的重要角色,尽管没有得出哈贝马斯著作中的那种理论层面上的结论。[1] 其他的、形成中的公共领域的中世纪标志,最近已由索菲亚·梅纳谢(Sophia Menache,1948—)做了调查。她写的是"处于形成过程中的意见",谣言、布道、手抄本和总体上可概括为"新闻"的口头载体的作用,旅行和朝圣的重要地位,教会、帝国以及王室的情报机关和宣传机构的渠道,还有(甚至是更为引人注目的)异端在中世纪较为晚些的时段的传播。[2] 现代舆论形成的中心是教会和国家共同缔造的社交网络,包括以罗马法的资源和程序——民法与教会法——为基础的存在内部竞争的法律系统——以及卜尼法斯八世(Boniface VIII,1230—1303)和腓力四世(Philip IV,1268—1314)之间的司法管辖权斗争和冲突所引发的"公法学家"(*Publizistik*)的檄文。[3] 关键也在于司法的职业作为一种跨国的职业社团,组成了"法学家共和国"(*respublica jurisconsultorum*),并推动形成了梅纳谢所谓的"官方文化"。[4] 也应该提醒一下,律师在意大利的人文主义运动和遍布欧洲的世俗的求知行为中做着如此广泛的贡献,也在文人共和国中占据了重要地位,中世纪末期的大学和人文主义运动对此也起到强化作用。[5]

---

1 *The Carolingians and the Written Word* (Cambridge, 1989), and (ed.), *The Uses of Literacy in Early Medieval Europe* (Cambridge, 1990).
2 *Vox Dei: Communication in the Middle Ages* (Oxford, 1990).
3 R. Scholz, *Die Publizistik zur Zeit Philippe des Schönen und Bonifaz VIII* (Stuttgart, 1903).
4 G. A. di Gennaro, *Respublica jurisconsultorum* (Naples, 1752).
5 Roberto Weiss, *The Dawn of Humanism in Italy* (London, 1947),以及 Kelley, *Renaissance Humanism* (Boston, 1997)。

第六章　现状和前景

舆论和公共领域出现的另一个重要因素是古代的、特别是西塞罗风格的法庭辩论式的修辞传统,它——尤其与哲学形成反差——强调和称道的是"公民科学"的美德和公共演讲的劝导力量。[1]这表现了"公民人文主义"的修辞维度。这个维度生发于意大利城邦国家的热闹政治氛围中,但也扩大到欧洲的公共领域的其他部分。根据菲利浦·墨兰顿(Philip Melanchthon,1497—1560)的说法,"正是由于雄辩,(权力、宗教、合法婚姻,以及人类社会的其他约定俗成)在诸多共同体中维系"。[2]不过如果修辞有助于社会的稳定性和美德的公共规范,在背离事实的情况下,它也会制造公众的无序和革命。"修辞是在病态的城邦里……就如在雅典、罗德岛和罗马……在事态处于最恶劣的状态下,当内战风暴袭来时……用以操纵暴民和无序平民的人的工具……"[3]这就是公共领域的阴暗面,它也引起了现代历史学家的关注。

除了学界的交往和学术的**脉络**(itinera),引起文人共和国关注的,是16和17世纪的印刷书籍和期刊的异常增长。为了理解公共领域的历史基础,重提这种被过度讨论的话题是有用的,可仍然经常有伊丽莎白·爱森斯坦将印刷出版视作变化动

---

[1] 参见经典文章 Hans Baron, "The Memory of Cicero's Roman Civic Spirit in the Medieval Centuries and in the Florentine Renaissance," In *Search of Florentine Civic Humanism*, I, 94-133。

[2] 引自 Brian Vickers, *In Defense of Rhetoric* (Oxford, 1998), 194。

[3] Marc Fumaroli 在 James J. Murphey (ed.), Renaissance Eloquence (Berkeley, 1983), 255 中做了引用;并参见 Fumaroli, *L'Age de l'eloquence: rhétorique et "res literaria" de la Renaissance au seuil de l'époch classique* (Paris, 1980)。

因的论文未得应有重视的情况存在。[1] 16 世纪，印刷已经变成了一种商业网络，也是知识分子精英的一种技艺。印刷术的技艺既是启蒙运动的资源也是颠覆活动的资源，是人文主义的知识分子的资源，同时也是大众的抵抗活动的资源。并且，它同时也因知识分子和大众的抗议活动而被推动和遭压制。还有，它也被国家同时倡导和压制。从文艺复兴时期的人文主义者开始，经由培根的观点强化，印刷书籍的出现使历史学家着了迷，并且，这种着迷的情况经吕西安·费弗尔、亨利-让·马丁、伊丽莎白·爱森斯坦的作品已有所扩展，接下来是新一批从历史学角度考察书籍出版情况的学者，包括罗杰·夏蒂埃、罗伯特·达恩顿、卡洛·金兹伯格、安东尼·格拉夫顿、安·布莱尔（Ann Blair，1961— ）、雅各布·索尔（Jacob Soll，1968— ）以及阿德里安·约翰斯（Adrien Johns，1965— ）。书籍的历史诞生于参考文献学和图书馆学，它经由心智史和文化史，成为一种掌握主动权的学科，它关注文字、阅读行为、作者的身份、出版和受众。夏蒂埃在福柯的阴影下写下的警告是，文本研究不应该与基于这些文本的思想和行为的研究相混淆，它是基于很多印刷的和计算机形式的书籍得以接触的历史经验和文化的产物。然而，事实上，书籍史及其在期刊中的衍生形态仍同重要的、主流的事件相关联，包括宗教改革、新科学、法国大革命，以及教义和公众性质的争论——当然，

1　Eisenstein, *The Printing Press as an Agent of Change* (2 vols.; Cambridge, 1979).

尽管它们不涉及爱森斯坦的观点所暗示的那般具有特定的"因果"性质。[1]

印刷性书籍只是更大范畴的一个方面,这个领域开始被称为媒体,其中最显著的部分是新闻业,无论是大众群体还是有识群体的媒体。它几乎与印刷性书籍一样古老,并产生了一个新的学科,或说是分支学科,也就是新闻史。新闻史可供争论的,是它或许能追溯到中世纪。[2] 很多年前,我考察了处于法国内战语境下较晚近的一个阶段的新闻业,也有更近期的对于18世纪新闻业的广泛探究,特别是罗伯特·达恩顿、杰里米·波普金(Jeremy Popkin,1948—)、杰克·森瑟(Jack Censer,1953—2011)以及尼娜·基尔巴特(Nina Gelbart,1946—)所做的研究。[3] 这种说法同样适用于对有识群体新闻业的研究,这个被忽视的区域最近得到弗朗索瓦·瓦克(François Waquet,1950—)的开发,将之视为文人共和国和政治文化的柱石。[4] 新闻业最初作为政治情报、大众娱乐,以及"消息"出现,不仅成为历史学家易得的信息资料,也成为文化史的关键维度,特别是舆论、社会认同、阶级冲突、政治权术和穷兵

---

1 参见 Sandra L. Hindman, *Printing the Written Word: The Social History of Books, circa 1450-1520* (Ithaca, 1991)。
2 Sophia Menache, *The Vox Dei: Communication in the Middle Ages* (New York, 1990);并参见 Brendan Dooley, "From Literary Criticism to Systems Theory in Early Modern Journalism History," *Journal of the History of Ideas*, 51 (1990), 461-486。
3 *The Beginning of Ideology: Consciousness and Society in the French Reformation* (Cambridge, 1981), 213-252; Jack Censer, *The French Press in the Age of Enlightenment* (London, 1994).
4 *Le Modèle français et l'Italie savante* (1660-1750) (Paris, 1989).

黩武形成中的决定性因子,还是民族构建(nation-building)和民族创造(nation-inventing)进程的决定性因子。从一开始,印刷术的发明似乎是一份矛盾的礼物——介于奇迹和诅咒之间——并且或许 17 世纪的新闻泛滥不仅对零散的知识有用,也对怀疑和怀疑论有用。[1] 在各种各样的方面,新闻业的积极的和消极的两副面孔,已经保持到了当下。

书籍史在这个千年之初是一种扩展中的领域,尽管在电子技术过度泛滥的情况下,来自图书馆学的学者悲观地预言和推断书籍史已经消失。由于书籍在信息大爆炸的第一阶段得到称赞,而在一种不同的基调下,它又是在一个"信息过载"的时代,这既标志着印刷革命的长期结果,也标志着现代交流的窘况。[2] 在抵制这种预言同时,马歇尔·麦克卢汉(Marshall McLuhan,1911—1980)在一代人以前就揭示了"新电气时代"的奇迹。[3] 如今,这个时代扑面而来,并且如一位评论员所说的,也带来了两个噩梦。一是一切在这里都迷失了,二是一切在这里都被留了下来——一切,即指除历史视角所带来的智慧之外的一切。正如印刷术在西方制造了一种历史意识(这是在书籍史和媒体史的研究者那里一种共有的夸大其词),新的信息技术或许会创造一种环境,在其中,历史变得不可能、无关痛痒,或派不上用场,就像它被销蚀在电脑语言的王水之中。

1　*The Social History of Skepticism: Experience and Doubt in Early Modern Culture* (Baltimore,1999).
2　参见 Ann Blair 和其他人在 *Journal of the History of Ideas*,64,no.2(2003)中的文章。
3　*The Gutenberg Galaxy* (Toronto,1962),278.

公共空间的另一面是私人领域、家庭世界以及自我与主体的场所。社会的样态在这里通过家族关系、家庭生活、年龄、亲密关系、性行为、子女抚养、疾病、死亡和丧葬而形成。尽管近来的文化史研究中，性别无处不在，但在传统的历史学中，认为上述那些是属于女性的国度，并因此是女性历史学的国度的这种引人反感的观点已经改变了。无论如何，这个结果已注定要强化历史学既针对生活又朝向探索的导向——既针对经验的领域又朝向阐释与表现的领域。从赫尔德时期和后来兰克时期开始，历史学家已经开始反对哲学家的唯心主义传统，而在20世纪，这个问题以相反的形式出现在以胡塞尔的"意向性"（intentionality）和海德格尔的"此在"（Dasein）为显著标志的现象学的唯心主义例子中，尤其随着感知、经验、主观主义、"存在"（being in the world）以及"生命哲学"的轨迹和幻化，它出现在梅洛-庞蒂的从心灵到身体的关注点转移中。[1] 和以往一样，对于实现认识论转向并将之置于文化情境之中的步骤来讲，历史学家又姗姗来迟。

历史学的终结

历史总是对追问敞开大门，但一些历史学家，尤其是受到理论引诱的历史学家，更喜欢把门关上。如果哲学的终结是思

---

1 Merleau-Ponty, Phenomenology of Perception, tr. Colin Smith（London, 1962），67 及以下。

想性的,且思想意识(在不涉及革命的情况下)的终结是清静无为,那么"历史的终结"又是什么?把它形容是一种"自由民主",即便不包含哲学意味,也是还是回到了意识形态的思维上,但实际上从本书的立场看,所有的判断都是目光短浅所致,因为有几个问题仍然存在。历史走向终结的观念属于历史学的哲学与神学范畴而不属于历史学探询的范畴。它服务于社会行动主义,与千禧天启预言有关,特别是就宗教改革到来之时的中世纪宗教传统而言。[1] 然而,我们仍然拟人式地从时代和阶段、缘起与崩塌、生存与死亡的范畴进行思考,并且我们或许很好奇,我们处于历史学家所见证、想象或争论的进化轨迹上的什么位置。

历史学家们长期以来对分期着迷,特别按照古代—中世纪—现代的习惯,[2] 且逃避这种世俗的三段论的努力只会加剧这种分期意识——这里指的是对超越历史的看法的新主张,也就是后现代主义。这个词首先与斯宾格勒式的悲观主义相关联,就像鲁道夫·潘维茨关于1917年的"欧洲文化危机"的研究中将尼采及其**超人**(*Übermensch*)观点同虚无主义、堕落,以及潘维茨所谓的"后现代人格"(*postmodernen Menschen*)联系起来。[3] 自那以后,这个词通过艺术、建筑学和文学话语得以传

---

1 参见,例如:Norman Cohn, *The Pursuit of the Millennium* (London, 1957),以及 Katharine R. Firth, *The Apocalyptic Tradition in Reformation Britain, 1530-1645* (Oxford, 1979)。

2 参见 Krzysztof Pomian, *L'Ordre du temps* (Paris, 1984),以及 Kelley, "Periodization in the West"(即将发表)。

3 *Die Krisis der europäischen Kultur* (Nürnberg, 1917), 674.

播，成为过去一代人在哲学和历史学用语中无法回避的部分。就如一位德国批评家所评价的,"'后现代'一词属于'后进倾向'(postist) 的概念和思维方式的网络"——并因此,它成为年轻一代公然反对老辈,左翼反对右翼这种活动的新品种。1 我们可以讨论史蒂文·塞德曼(Steven Seidman,1948—)所谓的"后现代"转向,且它是在所有意义上的一种人性转向吗?后现代主义被认为是凌驾于,或超越了历史的进程(尽管它暂时以"后"为前缀表达意指)。时序变成了相对之物:用利奥塔的话说——他定义了"后现代的状况",但没有在时间上对之做出限定——"随笔(蒙田)是后现代的,而碎片([施莱格尔兄弟的]《雅典娜神殿》[*Athenaeum*] 期刊)是现代的"。2 如同它的过去那样,后现代主义就像是被定义为终结的阶段的开端,一种致力于否定历史学的历史学范畴。它是主体死亡和令人安逸的元叙事让位之后的一种精神生活状态。这里所说的元叙事曾经赋予人类命运以意义——唯一且坚定的意义。

很多学者在潘维茨和汤因比的时代使用这个词。汤因比用这个词(带一个问号)作为从 1875 年开始的现代之后的这段时期的标签。汤因比认为这一年开启了我们的文明史新篇章。他这一阐明于 1934 年的观点是指工业主义和民族主义主导构建了 1875 年之前的列强,而后来又对之反噬。可是"后现代"这个词直到 1946 年的《历史研究》删减版中才出现。而且,如今对

1　Albrecht Wellman, *Zur Dialektik von Moderne und Postmoderne* (Frankfurt, 1985), 48.
2　*The Postmodern Explained* (Minneapolis, 1992), 15.

这个词的使用量呈指数级增长。福柯问道："我们口中的后现代性是什么？""我没能与时俱进。"[1]对这个问题来说，没有所谓的"我们"，且我自己的意见确实是属于少数派。在我看来，后现代主义是现代主义过度漫延的产物，也很难在二者之间画一条线（或找出拐点），尤其是在前者抵制后现代主义这个词本身的前半部分所提倡的历史化定义。就像圣保罗，后现代主义对所有人（也包括女人）来说意味着一切，因此，前马克思主义者斯蒂文·塞德曼（Steven Seidman，1948— ）基于个人的转折点，将之与同性恋自由联系起来——而或许它是有用的，甚至是在指向这个世纪最初几年的窘况时无法回避的词汇，但与其说它只是在最主观的和泛泛的意义上定义了一个转折点，倒不如说它为后马克思主义、后达尔文学说、后尼采哲学、后弗洛伊德学说、后历史的乃至后人文时代提供了相当多元的转向。[2]

对历史学家来说，后现代主义是一个消磁的过程，根基被腐蚀的过程，是对元叙事的否定。不过，在这一关联中，比起海德格尔对形而上学的破坏，尼尔斯·玻尔（Niels Bohr，1885—1962）的互补原理，沃纳·海森堡（Werner Heisenberg，1901—1976）的非决定论，汉斯·费英格（Hans Vaihinger，

---

1 "Structuralism and Poststructuralism," *Telos*, 55 (1983), 204. 实际上，至少目前为止，我在互联网上检索并发现关于"后现代主义"一词超过51 000次的点击次数和关于"后现代转向"一词超过10 000次的点击——我想这个量太大，以至于它们不再能算作是一个新词儿了。

2 参见 N. Katherine Hayles, *Chaos Bound: Orderly Disorder in Contemporary Literature and Science* (Ithaca, 1990)。

1852—1933)的仿佛哲学，库尔特·哥德尔（Kurt Gödel，1906—1978）对元逻辑的批判，以及所谓的混沌和复杂的"新科学革命"中的诸多新形式等现代主义和反基础主义的思想路线的扩张，后现代主义似乎没什么太新的进步。[1] 以这种普遍的视角来看，后现代主义或许的确被视作"启蒙计划"的消极方面的延续——一位现代哲学家称之为从笛卡尔到尼采的"指向苛刻的现代计划"——也就是，怀疑主义、批判主义以及元批判主义，这是每一代人都把其当代新东西捡起来。[2] 理性达成了，转而是想象，或是历史。记忆和情感穷尽了，就转向自然科学。实证主义无效了，就瞄准人文科学。现代主义被榨干了，就到了后现代主义——那么接下来又是什么呢？我们能向哪里转呢？每一代人都有在转向（turning）或是回归（returning），还有转移（turning away）或是反戈（turning against），或说是颠覆（overturning），那么谁知道下一个转折点何时何处出现，或谁因此而名声大噪？我们已经走到了一个千年的末尾，而现在面向的是开始，这或许也是一个转折点，只是从什么转到什么，我们说法不一，但我们一直在追问。

似乎已经清楚的，是这一代人已经看到了上半个世纪的两次世界大战所引发并随后因之而大失人心的意识形态走到了末路。历史学家，即使是那些不关注当代史学的史学家，不得不在这两

---

[1] 参见 Mitchell Waldrop, Complexity: The Emerging Science at the Edge of Order and Chaos (New York, 1992)。
[2] Patrick Madigan, *The Modern Project to Rigor: Descartes to Nietzsche* (Lanham, Md., 1986).

端之间假模假式地比画,留下了大量不纯粹的,只适合成为其自我审查材料的文字。[1]正如德国的中世纪学术受到时代错置的国家主义和种族主义的泛滥的感染,法国大革命史学也因俄国革命的影响进行了左倾主义的修订,而20世纪的历史学(也就是**当代的历史学**,*histoire contemporaine*,*Zeitgeschichte*)被卷入了意识形态和战后的修正主义的漩涡之中,以至于刺激着职业历史学家在国家事务领域奔走忙碌。当然,留下来的,是国家主义,它粉饰和曲解了苏联帝国解体、欧盟成立和很大成分被看作新的美帝国主义兴起之后这一时代的全球主义。丹尼尔·贝尔关于"意识形态终结"的印象似乎比他在"冷战"期间的印象更为恰当。

历史一直都是过去(实际上是关于过去的书写),但它有尽头吗?在后现代的想象王国里,答案或许是肯定的(只是附带着进一步的问题,对于谁而言走到了尽头?),并且实际上,不止一次走到尽头。尽管想象中的主叙事非但不会终结(这是利奥塔的观点所暗示的),甚至都没存在过,但构建于特定情境且来自特定视角的碎片的小体量叙事必定要全部终结并被取代——且实际上是被"历史学"的另一种转向排挤掉。所以,如果有后现代和新人类,那么,为什么没有"后历史学"(post-history)?这是一个在千年的末尾实际上已经出现,或说是再次出现的词汇和概念。[2]这或许标志着转折点的终结,但对"后历史

---

[1] François Furet,*The Passing of an Illusion*:*The Idea of Communism in the Twentieth Century*,tr. Deborah Furet(Chicago,1999).

[2] Lutz Niethammer,*Posthistoire*:*Has History Come to an End*? *tr. Patrick Camiller*(London,1992),和 Francis Fukuyama,*The End of History and the Last Man*(New York,1992),以及"The End of History,Five Years Later,"*History and Theory*,34(1995,Theme Issue),27-43;还有 Gianni Vattimo,The End of Modernity,tr. Jon R. Snyder(Baltimore,1988).

学"来说，也存在着一段历史。在纳粹时期，阿诺德·盖伦（Arnold Gehlen，1904—1976）宣称从安托万·库尔诺那里借鉴了"后历史学"（posthistoire），（尽管这个词没有在库尔诺的著作中出现），但后者在19世纪60年代推断，现代晚期将因科学和世俗的原因而发生形势变化。盖伦将"后历史学"与极端的世俗化和背离德国唯心主义的那种我们希望加以修正的潮流联系起来，而实际上在那个世纪之后的阶段，这个新鲜的词语（就像"后现代主义"在更早的时候被使用的那样）总是被与腐朽和衰落联系在一起。[1] 更切近地看，它已经有了更为积极的，且实际上是更为进步的表现。即便如此，在世纪的尾声，"后历史学"似乎仅仅是被用来揭示当前时代的特殊性的一个符号，也或许是老式的历史学考察和老式的历史主义中无关紧要的部分。1989年以后，弗兰西斯·福山故弄玄虚地谈到了"历史的终结"，并随后讽刺性地认为"历史学在五年后终结"，尽管他只是在重复着黑格尔以来的老生常谈，即像后者那样将其时代视作"历史的、我们世界的、我们时代的最后阶段"。[2] 但就像T. S. 艾略特指出的，"我们的终结之中孕育着起点。"

可是立足于"我们的"终点和起点之处的"我们"是指谁？这个"我们"已经包含了也在共享"我们的"地球的"他者"吗？本书的第一册开篇讲的是对两位史坛巨擘希罗多德和修昔底德塑造的两副面相。而临近尾声，我们或许回到了这种象征式的区分，这一次呈现的是早期历史学和当代历史学之间的不

1　Niethammer, *Posthistoire*, and Vattimo, *The End of Modernity*.
2　*The Philosophy of History*, tr. J. Sibree（New York, 1944）, 442.

同——并且也表现了全球史和地方史（民族史或民俗史）之间的差异。让·波丹在其谈论历史阅读的沿袭次序的《易于认识历史的方法》一书的参考文献附录中，已经区分了普遍史学者和"普遍地理史学者"（universal geographistorians）以及专门的宗教（或迷信）史和民族史学者，接下来还有传记史家，既有东方的也有西方的。而在我看来，似乎这些被纳入了18世纪历史教学的范畴仍未动摇，这也是从普遍到个体的逻辑演变。以前，"普遍史"（*historia katholike*，波里比阿创造的词）用来指民族史或专门史的总和，或离现今更近些讲，是文明史的总和。并且除了这个大杂烩的范畴，从帝国（罗马及其效法者们）到周边地区再到现代"世界体系"，人类已经被置于或正式或非正式的不同机制性框架中来理解。不过，在一个全球化的时代，"元地理学"的以及生态史的学者试图赋予它一副更与众不同的外形，它通常靠其他学科和方法的辅助，并且集中关注诸如移民、贸易、疾病和文化交流等国际性的现象。

历史学的空间已经通过对地球的星际范围的开拓取得了极大的延展，而历史学的时间范围由于史前的兴起和回溯性的开发，其拓展同样值得一提。不过，这里"最后的边际"还是未来。而在这里，修昔底德的那种对"考古学"的拒斥和对当代的或邻近当代的事件的关注开始起作用——尽管在赫伊津加所谓的"明天的阴影下"写作，使历史学家要面对未来，但"未来学"尚未被纳入历史学的辅助科学之中。当前的历史学不仅要以时间来定义，也要根据有效性、"利益"和实际相关性（以波里比阿的"实用性历史学"［pragmatic history］为传统）来定义，因为人类经历的更早阶段即便没有带来消极和绝望，充其量就是一种反思性的智慧和慰藉。自然科学的发现，如托马斯·库恩所认为的，或许有"历史的作用"，但对于政治性的和社会性的政策来说，历史似乎无关痛痒。可是，一个人如何以一种普遍的方式，而不是通过过去的或人为的史料，以及以其他学科和理论为投射去解释当代的历史学呢？一种方式是下调至回忆录或自传的小范围，并试探着将历史视野拓展到世界视角的领域，就像温斯顿·丘吉尔所做的那样（如同一些人所评论的，他写了自传并冠名为《世界危机》），可这是一个拒绝了大多数人的视角。除了在小说里，实际上很多历史学家都被刻画为高高在上地揭示过去经历的形象。

就如地理上的边际已经扩展一样，综合性的世界史的优越性也超过了推测性的生物进化论和人口学的抽象处理。全球主义倚重联系和接触，而不是可以用于历史学家叙事的任何类型的整体性，尽管它确实落位于一个其他自然科学也能操作的领域，且它提倡的是绕过了传统的政治和经济范畴的普遍化。全球史或许是一个汤因比所说的"可理解的研究领域"，但只是通过专门学科，或许还有区域研究所带有的局部视野，所凭借的是比较方法。这种比较方法倚重的不是历史学自身，而是倾向于那些专门学科（这就是为什么我反对"比较史学"这种误导性的词汇）。无论如何，以本质上已过时的，最多是有些教育意义的形式出现的全球范围的历史学，必定是推测性的或哲学式的。它不是相对主义、怀疑主义或后现代主义的，而是在面对国家、经济、社会以及文化的浮躁吵嚷之际对理智的谦逊态度的认可。这一片混乱局面使历史学家开始拒斥单一的"宏大叙事",并面向这样一种观念,即存在着从不同主观立场和文化情境加以讲述的数不胜数的故事。

问询未来,也就是在问终结之后又是什么这种后现代的问题。这无疑是陌生的东西,因为不仅是过去,未来也是一处"异域",并且更是如此,尽管可以根据熟悉世界进行规划、预言和推断。我倾向于遵循旧式的历史编纂习惯,即没有某种痕迹,就没有历史学,不过史前史通过一些方式证明了这个谬论,所以对接下来是什么这个问题,我的回答是,可能会有"更多的历史学"。而如果相对于几乎是已成为过去的我所谓的"我们的时代"做判断,它的确属于异域。然而这种异域性也是要放在视角上,置于语义环境中来看,与哲学相适应,被历史叙事所接受,溶解于人们所说的历史主义的强力溶剂中——并且随后,很大程度上也处于被遗忘的状态。这种被遗忘状态与信息的过载是同步的。这种信息过载如今以指数级的增速泛滥,从碎片化状态中创造出了杂乱无章的科学,并在我们正在弱化的文化边界上,使历史学的面相加倍多了起来。还要考虑到,历史学(就古代的习惯说法)仍可被视作一面镜子,但却是一辆高速行驶的车辆上的后视镜。

欧洲在1989年共产主义衰落的那个重大的年头之后,经历了1980年铁托死后碎片式的巴尔干化的重演,随同的是波兰、(两种传统的)捷克斯洛伐克、匈牙利、罗马尼亚以及南斯拉夫的民族运动和民族史学的复兴。[1] 历史书写的苏维埃化创造的伪

---

1 参见"Historiography of the 'Countries of Eastern Europe,'" *American Historical Review*, 97 (1992) 列出的六条。

第六章 现状和前景

普世主义被关于民族传统的自由追问所取代,取而代之的还有通过国际接触和会谈所促动的西方风格的研究和批评,以及围绕民族神话的旧式争论被重提,如罗马尼亚人认为他们与古代罗马帝国的达西亚人有关联。这开启了批判性的语文学和考古学争论。可是从史学史角度讲,这事非同寻常,因为学者们也不得不面对晚近的法西斯主义、苏联共产主义、大屠杀以及过去那个世纪发生的其他排异现象制造的创伤,所有这些都衍生出进一步的"修正主义"运动。

全球主义在第三个千年的一开始有很多影响了历史学的实践和理论的喻指,它以民族国家的时代错置,以及将之包括在一个无边界的世界里的国际秩序观念为开端,在这个世界里,环境和种族的冲突不再仅仅起到背景的作用。[1] 然而种族冲突本身因爆炸性的人口增长而复杂化了,尤其是在城区,因迁徙("被逼迫的"或"被拉拢的"),因经济利益和政治操纵而变得复杂的情况。而西方老式的自由民主理念,以及法律的原则在当代情境下甚至已经变得更为遥远。世界在萎缩,也在扩张,不止是交往和信息交流,也有文化帝国主义和日常生活中骇人的部分。这些因素以及其他因素通过包罗万象的媒介,已使我们——以及"他者"——标定出一种文化霸权,但也终结了宏大叙事和统一的历史理解的可能性。

所以,知识的问题已经在这个新的千年有了一种不同的形式——非认识论意义上的知识问题(其在现代的历史已被恩斯

---

[1] 参见,例如:Patrick O'Meara et al., *Globalization and the Challenges of a New Century* (Bloomington, 2002)。

特·卡西尔在一个世纪以前做了寻踪），或者更确切地说是智识的组织和控制问题：如何保存、整理、复原、交流、传达和阐释那些自记录被保存的时代以来就对人类记忆占支配地位的堆积如山的资料。当然，我是在"古腾堡群英"（就如马歇尔·麦克卢汉40年前所说的那样）的语境下追问这个问题的。可是更亟待处理的是，这段日子里另一种革命正在形成，即电子文本的革命，令我们中的一些人颇感有趣的是，中世纪那种滚动式的和煽动性的文本活动又恢复了活力。T. S. 艾略特问道："我们在知识中遗失的智慧哪去了？"或换一种问法，我们如何从扑面而来的大量且日益增长的过剩知识中提炼出智慧？关于书的崇拜深植于西方传统之中："念书之人，他是有福的"是圣约翰的《启示录》中的首要信息，而很多有诚意的图书管理员和正在寻觅听众的作者必定对这句祷文有所响应。然而就如所罗门所说，"著书，没有穷尽"，而这句格言在印刷术的时代被桑丘·潘沙（Sancho Panza）*重复说着，琢磨着他那可怜的精神错乱的主人，对他的主人来说，书已经代替了事实。如蒙田所写的，每当解释处于首要地位，"对解释进行解释就比解释事物更为麻烦，并且针对书而写书就比针对任何主题写书都要更为麻烦。除了互为解释，我们什么都没做"。如果哲学和文学的经典都如此，更何况一直在重复和修订的历史学家呢？

和以往一样，我们所处的认识论窘境揭示了更深刻的问题。我们必须要将我们的记忆奉献给技术性操作的伪精确、异想天

---

* 《唐·吉诃德》中主人公的随从。——译者注

开和意外发现吗？我们必须要在一个后语言学转向的时代让我们的问题适应于——回答集中于——电脑语言吗？叙事将要面对的是什么？它会被虚构的形式所占据吗？实际上，在新闻业的刺激下，虚构正在与历史写作发生重叠。简化不到位将会取代过分简单化成为历史学家主要的谬见吗？而又有多少读者会切实在乎这个呢？或许，创造了现代历史意识的印刷文化如今正在通过其过盛产出和电子版延展，以旧式的学术模式产出一种对历史的后现代反应——以阅读旧书及写作新书为基础的历史学。这就是历史学走向"终结"的方式吗？没有重挫或抽泣，只有不假思索地对信息重负的束手待毙吗？不过即便是那样，就如汉斯·布鲁门伯格（Hans Blumenberg，1920—1996）针对其已颜面扫地的神话的研究所问的那样，"可如果还有什么要讲的东西，那究竟是什么呢？"[1]

前　景

那么，再一次也是这里的最后一次，历史学是什么？我从诠释学和人类学那里寻找灵感而获得的答案总是这样的：历史学是出自——曾经出自——历史学家之手，且它指引我（以欧洲和自我为中心地）从阿克顿到了维柯，到了历史学在文艺复

---

[1] *Work on Myth*，tr. Robert M. Wallace（Cambridge，Mass.，1985），636；并参见 Joseph Mali，*Mythistory：The Making of a Modern Historiography*（Chicago，2003）。

兴时期的"艺术"形态和现代以来的"科学"形态,以及各种各样的"新史学",从那里,以一种长视角,连同所有这些形态的不同目标、方法、视角以及语境,追溯回古代和中世纪的探询方式的更广阔的面貌,也回顾了更切近的对这种复杂的、矛盾的和多层面的遗产的现代和后现代继承者们。在这番漫游的最后,我想起了里尔克的反思,也就是:

> 我在不断延伸的螺旋轨迹上度日
> 那盘旋于世间万物之上的螺旋。
> 或许我永远不能到达最后的那一圈,
> 但那就是我要尝试的。[1]

那么经此反思,历史学是什么呢?对我来说,答案仍在酝酿中。

不过,历史学在其最晚近的诸种模式下状态如何?对一些人来说,它仍处于"危机"之中,尽管这样的观点完全是老生常谈——一种提倡近窥而非远观的现代主义的习惯性说法。[2] 没什么好说的,当前的条件有助于将更年轻的历史学家从那种方法论或意识形态的压制中解放出来,以多元主义和"自由"的名义摆脱"宏大叙事",尽管也满足了自我放纵、口无遮拦、流连琐事的趣味,使历史探询脱离了其古代的权威和文字习惯。

1　*Selected Poems of Rainer Maria Rilke*, tr. Robert Bly(New York, 1981), 13.
2　Gérard Noiriel, *Sur la "crise" de l'histoire*(Paris, 1996), 并参见 Lutz Raphael, *Geschichtswissenschaft im Zeitalter der Extreme: Theorien, Methoden, Tendenzen von 1900 bis zur Gegenwart*(Munich, 2003)。

第六章 现状和前景

随着对现代或后现代混乱局面的一塌糊涂且商业化的屈从，第三个千年的历史研究已经失去了它的天真。我所说的"失去天真"，不是指经验能力的幻灭，而是通过与其他探询思路的接触获得的洞见。并且我所谓的其他，并不主要地指社会科学，而是人文学科（humanities），特别是哲学、文学理论以及科学史。可以确认的是，历史学家从经济学、社会学、政治科学以及人类学那里学了很多。不过在很多方面，这种接触是加强了而不是批判了传统历史学的前提。大体上，通过人文学科，历史学家开始理解了其计划的根基和优势，抛弃了他们的一些幻觉，从梦境中幡然醒悟，无论是多么"高贵的"梦想。

我在这里没有呼吁任何当前历史写作的值得称颂的创新，如"新历史主义"和"新文化史"，我也没有意在抱怨政治史和"被鼓吹的历史"。这种悲观情绪——对现代和古代的经典话题感到厌倦的情绪——和西方史学传统一样古老。我们几乎不需要人类学的催动来引导我们关注我们的生活的文化和私人方面。相反，在关于自我经历的历史学的总结性反思中，我想做的是评论几个基本洞见，这些洞见我们应该已经掌握，且被作为我们实践以及理论中的学术公理。一定程度上，我或许言过其实了，因为我表示怀疑的每个措辞，或是概念，都表现为一种过分简化了的历史学的速记形式。问题就在于我们最好清楚地认识到它们是有问题的，且最终是被虚构的性质。我从一个智慧且值得纪念的老文本入手讲这个事情，《1066年及所有那些事》："历史不是你所想的样子。**它是你能记住的样子**（It is what you can remember）。"这是对学生的好建议，但对历史撰写者来说，它或许要变一种说法："历史不是它发生的样子，**它是你所能发现的与之有关的样子**（It is what you can find out about）。"让我们用几个与历史学技艺有关的说法对此番说法做详细的说明。

1. **不存在"过去"**。这是一种在语法上矛盾的说法。我们假设，过去**曾经**存在，但历史研究是在永远的当下（它又立刻变成了一种过去）状态中进行的。在这里，很明显我们受制于我们语言的时态结构，而且，历史学家长期以来都采用这种结构以修辞的形式去表现上述那种以当下状态呈现的过去。我们想象和争辩的过去与总是逐渐消逝的当下若即若离，形成两条永不相交的轨迹。在实践中，这个问题或许不需要历史学家多方面检验，但必须要接受发生的事情都是由无数变化的立场产生的想象——包括回忆式的或预见式的。保罗·利科提出，人类时间本身不是心理学的而是历史叙事的一种创造物。[1]

2. **不存在"事实"**。事实**曾经**存在，这毫无疑问。不过，所有我们拥有的，是对众多事实的回忆、记录或残留物。而再一次，这种证据将会被不同的历史学家以不同的方式看待。这不是深刻的认识论问题，因为即便我们时常可以用这种证据塑造的确发生过的特定事件，它的历史学呈现仍然是人为的产物。森林中，没有观测者，树就不会"倒下"。这种"事实"没有人的理解就没有意义，实际上，并不存在不经人理解的事实。

3. **不存在"语境"**。不存在"社会基础"或文化的"氛围"，

1　*Temps et récit*，I（Paris，1983）.

而只有文本，艺术作品，人为之物之类，历史学家从中看到了相似性，并由此构建评论的范畴，以此来定位**时代精神**（*zeitgeistlich*）和**民族精神**（*volkgeistlich*）这种附带生成的现象。不过，就像布克哈特谈及文艺复兴时那样，这些现象对每双眼睛来说都是不同的——并且，就像经验所显示的，这些现象也会被身负不同的职业训练和不同的观点的学者无休止地争论。

  4. **不可能存在历史学性的"解释"**。解释是要找出原因，且在一种严格的逻辑意义上，除了时序箭头的指向不同，它与预测是一回事。[1] 如以赛亚·伯林和保罗·韦纳曾说的，所有历史学家能尝试的，只是**逆向推测**（*retrodiction*）。不过，在他二人的例子中，解释的努力都要求某种还原论——即认为某些事物实际上是其他一些事物——或对因果要素进行筛选，而这种筛选又与特定的视角有关。这似乎与理想的解释方式相抵触。

  5. **不存在历史学的"真理"**。即便是作为学者，我们也是在我们自己狭小视域内生活和认知。如同巴里·艾伦（Barry Allen）在谈论哲学家时说的："我们无法言说真理。言语不可能描摹出世界存在的方式。语言将主语和谓语强加于世界，而世界本身并不存在与这些主谓范畴相对应的稳定、持久的单元。"[2] 历史学家又能在多大程度上言说关于世界**曾经**存在的方式的真理——以及语言**曾经**描摹世界的样子呢？

  6. **不存在历史性的和文化性的"记忆"**。如果我们不能相信

---

1 Alan Garfinkel, *Forms of Explanation: Rethinking the Questions in Social Theory* (New Haven, 1981).
2 *Truth in Philosophy* (Cambridge, Mass., 1993), 46–47.

我们自己的回忆，又能在多大程度上将历史与记忆视作一致呢？我们只能将历史视为利用记忆的功能与制度和文化传承的切实过程之间的相似内容的一种修辞策略。如果自传是一种想象性质的努力，更何况针对集体性的历史过程进行重构的尝试呢？实际上，"重构"（reconstruct）本身就是上述这种修辞策略的一个标志。它粉饰历史学的努力，但更准确地讲却是想象性的建构。

7. 不存在"历史"。 我不止是指过去不存在，还指人类所共有的集体经验也不存在，除非是以亲属制度为维系的、处于天然地一致对外的那种情况下的集体经验。历史不可能"说话"，除非通过人类的腹语术，并且（借鉴利奥塔的后现代主义批判）不存在捕获"人类本性和命运"的"元叙事"。我们当然拥有这种元叙事——基于各种意识形态和乌托邦——可我相信，作为解释人类历史的框架，它们迟早以失败告终。

这番评说似乎使人看到了休谟所指出的怀疑论"弊病"（malady）的表征，以显著的恶意形式复发，并走向了一种激进的相对主义和埃里克·唐纳德·赫希（Eric Donald Hirsch, 1928— ）所谓的"观念上的无神论"。如果我是一个哲学家，我可能会接受这一指控并对这个结果表示欢迎：如果注定是相对主义的，那么就最大程度地利用它。然而，我是一个历史学家，手中是另一套业务。并且，为了实际的目的，我将搁置上述所有观点，转而对下列判断再度表示认可并证明其合理性。

1. 那么，过去是存在的——但这个过去不是以传统的或是遗留物的形式，而是以文学传统的形式，它参照留存下来的记录、证词以及人为之物，并以文学体裁的形式，通过语言技巧，尤其是采用过去时态和传统的系词结构进行汇编、排布和表达。过去就是历史学家的**物自体**。

2. 事实是存在的——只是这些事实不是传统历史学所指的实体，而是特定的历史学家们建立、交流和一致认同的推断，并且总是要接受复检和修订——而且我或许要补充一下，鉴于"事实"的定义尚无定论，我们所接受的事实中的很多部分实际上都应做重新评价。

3. 情境也是存在的，或者说存在着很多种情境——不过，这些语境的建立必然来自学者们的特定观点，而它们可能采用了很多形式，有历时性的也有共识性的，就像是存在着为历史学家的解释留下踪迹的行动者和记述者的共同体。不过，如果这种情境不是传统史学的老生常谈，它们总还是关于汇集文本中的必要证据的想象性聚合——或是**拼装**（*bricolages*）——的产物。

4. 解释是存在的——只是它采用了一种有限的、反思性的阐释（interpretation）形式。而在这里，这是一种译读的模式而不是机械玩具运转的模式。尼采对"所有发生的事皆有阐释性"的论断理应成为即便是最顽固的实在论历史学家也遵循的一项规则。

5. 真理是存在的——但它不是尼采所说的那种一直被某些哲学家"以谎言的方式添枝加叶"的崇高真理。它是关于外在面貌的人类真相。那个所谓的外在背后的"真相的世界"无从使用，就像尼采所教导的，它是艰难一课，不是每个历史学家都能领悟的，但若经过反思和自我批判，即便是在无止境的连续修正活动中成长起来，就会搞清楚。我们必须满足于艾伦所说的"冒充为事实的东西"，即便它不适合哲学家和神学家，却是最适合历史学家的规则。

6. 文化性的记忆是存在的——但它是不计其数的踪迹的残留物，其意义或许能恢复，或许不能恢复。因此，它有亮点，也有错误。它也是很多超越了、也许是触犯了历史学研究常规标准的神话创造物的贮藏室。

7. 并且因此，历史必定是存在的——但只从特定的视角，以特定的形式，以及这些形式衍生出的综合状态加以表现的。

越是广角的镜头，拍出的照片越是不可靠。自传有足够多的推测性。群体的历史最具隐喻性。以国家为单位，我们进入了法律、政治和战争的领域。至于人文学科，我们仍在发掘和思索。普世史的探索已经有两千年了。可是，尽管其表面上用的是历史性证据和结论，但它是建立在一种远超出历史研究范畴的神话或元历史基础上，并缺少作为希罗多德式探询根基的"验尸"行为。历史学仍然是"地方性知识"——**其他一切不过是文学技巧**（*et tout le rest est littérature*）——尽管这不是贬义地描述"历史学"。然而就像希罗多德那样，我们大摇大摆地走入了神话、推想和臆断的王国，以至于如德塞都所说的那样，"历史可能是属于我们的神话"——甚或以回应汉斯·布鲁门伯格的和哲学式梦吟的方式讲，历史是属于我们的"最后的神话"。[1]

1　Certeau，*The Writing of History*，tr. Tom Conley（New York，1988），21；并参见 Blumenberg，*Work on Myth*。

结论：千年纪

> 可如果还有什么要讲的东西，那究竟是什么呢？
> ——汉斯·布鲁门伯格

那么，我跨越数个时代的关于历史探询的三部曲接近尾声了：《多面的历史》以长视角铺陈了西方史学的故事，到18世纪告一段落。《多舛的历史》追踪的是从启蒙运动到一战的越来越复杂的叙事。而《多向的历史》以一种更个性化的方式，基于笔者的自我审视和"立场"（"point of view"），考察了从那时开始直到新千年的第一个十年。豪尔赫·路易斯·博尔赫斯（Jorge Luis Borges，1899—1986）写道："一个人打算描画这个世界。数年过去了，他将行省、王国、山脉、海湾、船只、海岛、鱼群、房屋、器具、星辰、马匹以及一个个人的图像布置进一个空间。在死前的片刻，他发现，这幅精心布置的错综复杂的迷图是按照他自己的脸的轮廓勾勒的。"[1]

不应说我勾勒的世界是有原创性的,因为它不是以世界为基础,而基于以即便不是向来如此,也是以时不时就看到的样貌预演过多次的故事。在公元纪年(根据"尊者"比德所制定的编年方案)的第三个千年伊始,就像以往经常体现的那样,以文字书写的历史学在两极——碎片与综合,分析与叙事,研究与推测,世界一体视角与日益滋长的巴尔干化,森林与树木——之间徘徊。一方面,存在着对某种宏大叙事(这是后现代主义的陈词滥调)的宏观追问,无论是在国家意义上还是在全球意义上。另一方面,无数的微小发声和特定群体与行为的问题,闪耀和回响在我们的视域内。这种在秩序和混乱之间变幻,以及因意识形态的侵入而进一步复杂化的状况,既使学者们涣散,也给予了他们探询和阐释的方向和凝聚力,至少是暂时地给予。在这个世纪的最初阶段,法西斯主义和共产主义,还有自由民主制,为了关注度和长期以来的历史意义而争夺。这段时间,侧重已经转向——转回——了民族、种族和宗教方面的兴趣,尽管仍然笼罩在经济和政治压力的阴影之下。只剩下专门面对昨日之事实的历史学家在寻觅着各种模式并讲述着诸多细节。

21世纪初最恼人的问题和势在必行的要务,与公元前的那个千年中段希罗多德遭遇到的情况极其相似,那就是面对众多超出了地方性经验范畴的人类时空中的神秘之物。不采用类比

---

[1] *Collected Fictions*, tr. Andrew Hurley (New York, 1998), 327.

和想象的方式，希罗多德始终也不可能笼络住这些异域的维度，但即使最有学识和阅历的现代历史学家不过也就只能将很小的一部分转化进历史学的知识范畴。跳出20世纪中叶和美国的立场，我能做的只是向与我所在的英语世界并存于世或有所重叠的异国语言和作为"异国"的过去做几番试探性的涉猎。面对全球史出现的问题和当务之急，我没法与那些已被涉足过且实际上仅限于那些凭运输工具衔接起来的文明区域中的很多人接触交流。至于对我所属的文化地带之外的、通过印刷术和博物馆收藏认识到的人类过去的探索，我发现我自己求助的是字典、百科全书，以及历史学的辅助内容。其实就是说，这些材料提供的是参考的清单，即过去的作者、文本和其他保留至今的人类活动——当然，依靠的还是以主要的欧洲语言对这些内容的讲述。目前为止，网络搜索只能是对这类研究的补充（或者说对我这代人似乎是这样）。当然，以多种语言呈现的经典作品是存在的，但翻译得不多，或也很少能被吸纳入主流的历史学。对于这些作品，整个世界即便不是火星，也相当于斯基泰亚。无论如何，给人的印象是，历史学从"各种历数"（lists）中来，也正在回到这种古代的体裁中去。

至于西欧，除了跳出政治界域的经济制度和活动，故事仍是那个通过侵占或接管边缘少数民族而使民族国家壮大和扩张的故事，而在中欧和东欧（这是一个地区还是两个地区呢？），这个故事已经成了那些屈从于列强的小民族的彼此对抗和吞并，无论是否在官方上自称是"帝国"。[1] 另一个问题是国家间或种

1　Jenó Szúcs，*Les Trois Europes*（Paris，1985），附有布罗代尔作的序。

族间认同的缺乏,例如巴尔干半岛的穆斯林,他们仅被塞尔维亚和克罗地亚视为一个宗教团体。[1] 无论如何,较小的国家希望自己不再是如特拉伊安·斯托亚诺维奇所说的"小菜一碟",而是"鹰""熊"和"狮子"。[2] 作为最后的帝国式结构,苏联曾抱有国际共产主义运动发展的历史愿景,但这个愿景在1989年时就不存在了,只在那些有社会不满情绪的领域幸存。可是民族主义以各种形式再一次主导了东欧(最严重的是巴尔干半岛,也包括波罗的海地区)、非洲以及拉丁美洲。实现政治独立后,小国可以在构建西方风格的史学和民族传统后,致力于意识形态的和社会的进步——然而,是以一种批判的和职业的模式,既避免过度浪漫空想,也避免党派的泛滥,同时对地球村理念保持着开放的态度。

民族史学的西方模式在各个层面的政治成就被很多文化传统所模仿,或是与之并行。俄罗斯、中国、印度、日本、韩国、越南、印度尼西亚、伊斯兰世界、土耳其以及其他语言的系群,还有加拿大、澳大利亚、新西兰、南非以及波利尼西亚等英语系地区,普遍都有遵循进步模式的史学传统,

---

[1] Francine Friedman, *The Bosnian Muslims: Denial of a Nation* (Boulder, 1996),以及 Jean Forward, *Endangered Peoples of Europe: Struggles to Survive and Thrive* (Westport, 2001)。

[2] *Between East and West: The Balkans and the Mediterranean Worlds*, IV (New Rochelle, 1995), 84;并参见 Benedict Anderson, *Imagined Communities* (London, 1983), Eric Hobsbawm and Terence Ranger (eds.), *The Invention of Tradition* (Cambridge, 1983),还有 Mikuláš Teich and Roy Porter (eds.), *The National Question in Europe in Historical Context* (Cambridge, 1993)。

结论：千年纪　　　　　　　　　　　　　　　　　　　　　　453

最初是神话、编年、诗歌以及记录的搜集和阐释，继而是确认与19世纪和20世纪的民族复兴运动形成关联的智识奠基者，随后是科学方法的建立、职业组织的形成（通常调用的是兰克那慈父般的形象）、大学的育人、官方的和危险分子的意识形态曲解、修正主义者的争论、特别是通过国际性的研究和出版物，以及在全球史中争取一席之地的方式，围绕起源、承袭、历史分期以及地区融合的争论。[1]这个模式被其他种系重复，尽管那些在资料方面通常缺乏独立于中国或俄罗斯的传统结构的中亚国家，或是非洲，并不是以集中的方式重复这种传统。对于此，最近的一位作家提问道："是针对哪个非洲的怎样的历史？"[2]这个问题可用于所有的大陆，它已经在"元地理学"的新标准下产生了新的问题。[3]当然，最终构成因素仍然是原始资料的确认和运用。

　　历史是安居乐业的和有组织可依的民众们的奢侈品，而流离失所的群体很难生根发芽或是"发明"（invent）他们的民族。在我们的全球框架下考虑语言种系和潜在的民族性的范畴

1　参见，例如 W. G. Beasley and E. G. Pulleyblank (eds.)，*Historians of China and Japan* (Oxford, 1961); S. P. Sens (ed.)，*Historians and Historiography in Modern India* (Calcutta, 1973); H. A. J. Klooster，*Indoniërs Schrijventum Geschiedenis* (Dordrecht, 1985); Sopedjatmoko (ed.)，*An Introduction to Indonesian Historiography* (Ithaca, 1965)。

2　Bogumil Jewsiewicki and David Newbury (eds.)，*African Historiographies* (Beverly Hills, 1986)，以及 Steven Feierman，"Africa in History: The End of Universal Narrative," *After Colonization: Imperial History and Postcolonial Developments*, ed. Gyan Prakash (Princeton, 1995), 40ff。

3　Martin W. Lewis and Kären E. Wigen，*The Myth of Continents: A Critique of Metageography* (Berkeley, 1997)。

和数量是非同寻常之举。据估计，截然不同的语言远超 4000 种，遍布于众多语族之中（尽管在历史语言学现今声誉尚低的情况下，个中关系仍存在异议），并且——尽管语言在以堪比生物种群消亡的比率消亡——问题是，这是否意味着有着相当数量的潜在和处于萌芽的史学，存在着它们融合以及竞争的史学史。[1] 在勾勒语言的地图时，或许除了一种移植过来的粗鄙的进化论，其轮廓和毗邻关系的历史变得混乱且几乎经不起普遍性的解释，[2] 而就人类的范畴而言，简化意味着为服务于推测性建构而排除异己。这是全球化的硬币背面，并且它越来越表现出对叙事史旧有惯例的挑衅性。

那么接下来是什么？历史指向了过去，但它处于与未来相关联的连续性之中。而未来，尽管不可触及，但或许是可预见且某种程度上能够如愿。尽管历史具有限定性的结构并且依赖于立场，但很明显，在过去的一两代人中已经基本上实现了全球化（虽然是基于那些早得多的成就），并正在变得对熟识的事物感到习以为常。然而全球化的实际效果更多体现在数量上，而不是概念上，因为需要考虑来自数百个国家的讲上千种语言的人们，包括那些以移民身份流动或离散地定居在我们过去以平地看待世界的那些地方——我们现在仍称那是个四角世

---

1 Bernard Comrie (ed.), *The World's Major Languages* (New York, 1990), 2; George L. Campbell (ed.), *Concise Compendium of the World's Language* (London, 1995); 以及 Meic Stephens, *Linguistic Minorities in Western Europe* (Llandysul, Wales, 1976)。

2 John McWhorter, *The Power of Babel: A Natural History of Language* (New York, 2003).

界——的遗迹中的人们。[1] 历史材料同样也已经发生了计量式的转型，因为历史材料被置于"线上"（On Line），并被归拢成貌似合理的分类和可供搜索的信息元素，与意义无关。旧式的历史学家可以按照他们认为合理的样子重新排布这些材料，无论是不是按照故事线索，也仍然是要符合主要是从尚未与电子化交流相适应的（尽管有机器翻译的奇迹）语言提炼而来的解释标准。这是一个对某些人来说越发熟悉，但实际上对另一些人来说却是异国他乡的世界，尽管传统的著作、图书馆和出版社仍然支持我们的历史认知行为，至少现在还仍是这样。

然而，当下也正在变成异国他乡，且仍然像过去那样，会引发希罗多德式的探询和修昔底德式的分析。在我们预期的领域中，将要出现什么？长久以来，调和未来的一种方式是崇尚新奇之物，它兴起于现代早期，经"古腾堡群英"以及书籍、信件、小册子和期刊的买卖和宣传而得到加强。直到 16 世纪，思想家们开始考虑着不仅将哲学视作用以研究和传授的遗产，也可以作为激发新奇的（也是更好的）发展规划。新哲学、新科学、新史学，以及乏味的"新闻"都曾是印刷文化蔓延的产物，也是我们当下的历史学窘境和史学界的浮躁状况的先兆。对于米歇尔·德塞都来说，历史是一位"呈碎片状态的神祇……，喋喋不休——在新闻中，在统计资料中，民意调查中，在文献中……无处不在，因此，形成了'我们的'历史一团乱

---

[1] 参见，例如 A. G. Hopkins（ed.），*Globalization in World History*（New York，2002）；John McWhorter，*The Power of Babel：A Natural History of Language*（New York，2001）。

麻的局面"。[1]

革新的结果之一是更早些时候的作品被较新的作品（用商业行话说是新的和改良的）取代或覆盖。由此，观念、主张和结论一直不得不被重新确认，就像是重新被发现一般——用索罗金的话说，制造早已有过的"新的哥伦布们"，他们不知情地成为跟风者和剽窃者，踏上已被发现但后来被遗忘的航程。时至今日，我们应该已经有了更好的认知。当我们已离开了哥白尼的、达尔文的和弗洛伊德的革命的中心，我们不应该在深层的历史意义上对进一步的边缘化和碎片化感到惊讶。福柯就此写道，认为当前已到了历史的高潮阶段的想法是"现代思想最具破坏性的习惯之一"。他随后补充说，"你必定会谦恭地承认你自己生活中的时间不属于独一无二的、根本性的、革命性的、作为一切事件始终的历史时间。"[2]

然而，虽然我们不再坚持唯一性，便避免不了我们视角的持续更新，并且，既要面对充分认知的不可能性，也逃不过知识过剩的弊端。在一篇发表于1939年的小随笔中，豪尔赫·路易斯·博尔赫斯设想了一种机制，他称之为"总体图书馆"（"the Total Library"），它既是神圣的，也是地狱般的，既是乌托邦式的，也是荒唐的。他的观点或许曾受到著名的猴子团队假说的启发，即如果时间充裕的话，猴子将会用键盘敲击出

---

[1] *Heterologies: Discourse on the Other*, tr. Brian Massumi (Minneapolis, 1986), 206.

[2] *Foucault Live* (Interviews, 1966 - 1984), tr. John Johnston (New York, 1989), 251.

狄更斯全集。因为，他在一处笔记中评价道："严格来说，有一只不死的猴子就万事俱备了。"无论如何，博尔赫斯的"总体图书馆"超越了猴子的成就，那将是一个"天文级的规格"，也包括了绝对的"一切事物"，不止是以各种语言呈现的图书馆编目，还有无限多样的词条，诸如详尽的关于未来的历史，诺瓦利斯思想集成的百科全书，贝克莱（George Berkeley，1685—1753）主教未能公布的悖论，皮埃尔·费马（Pierre Fermat，1601—1665）定理的证明，艾德温·德鲁德（Edwin Drood，狄更斯小说中的人物）未能成文的且琐碎的篇章，有的已成文，有的只停留在可能性阶段，没有结尾。这种博尔赫斯所谓的"低档次的惊惧"或许萦绕在历史学家以及诗人的想象之中。任何精湛的技法也不能使我们摆脱这些埋没于时间之下，且在原始人那就足以产生的飘忽不定的世界观。事实和荒诞都是时间的女儿。

历史学家再也无法避免"信息过载"永远持续下去的状态，它（不像19世纪的历史资料扩张）既是恐慌的原因，也是欢欣庆贺的原因。[1]"科学的"历史学探询的中心不再是档案，而是信息技术的诸种新形式，包括向电子记录、存储、传送和交互的转型，它将争议性地导致对文字的推敲、风格和标准的关注有所下降，并使有意无意的重复性行为和刻板的剽窃劣行兴旺

---

[1] Michael E. Hobart and Zachary Schiffman, *Information Ages*: *Literacy*, *Numeracy*, *and the Computer Revolution*（Baltimore，1998），而关于"信息泛滥"参见 Ann Blair 在 *Journal of the History of Ideas*，64（2003），1-72 部分集中发表的文章。

起来。20世纪50年代以来，学者们称颂计量史学，而在电子计算机时代，他们甚至更兴高采烈地这样做着。不过，计量史学通常是为了加强传统史学探询，对新技术和新媒体的认识论效用则漠不关心。在这里，马歇尔·麦克卢汉所谓的"后文字"（post-literacy）的洞见仍然适用。[1] 经历了战争与和平，传统的研究与写作实践确实会继续下去，通常的写法和讲授方式也会继续下去。不过，历史探询会与教学和阅读越来越疏离。世界史的一些主题将会吸收原始资料中的研究，但关于国家的、国际的和比较的历史的更大范围的叙事必定是依靠二手的、三手的、四手的材料，以学术界和大众能接受的推测和争论的方式塑造的。抑或，这些只是那古老且熟知的困局的现代或后现代的，在技术上有所强化的版本吗？信息无限，历史学家必须总是要在地方性的视域中做选择性操作吗？——或许政治的巴尔干模式加剧了这一困局。[2]

随着马克思主义和其他"元叙事"寿终正寝，对人类活动的经济根源的追问已转向了其周边的物质文化也就不令人惊讶了——显然，"文化研究"也促使一些主题的研究得到深入。对于很多历史学家来说，他们已厌倦了对政治进行新闻报道式的追踪，厌倦了做新闻式的发言人调查小道消息和丑闻，"政治文化"似乎是更具挑战性的，或也是更切合实际的目标，其与权

---

[1] *The Gutenberg Galaxy*：*The Making of Typographic Man*（Toronto，1962），46.
[2] 参见 Stephen G. Meštrovič，*The Balkanization of the West*：*The Confluence of Postmodernism and Post Communism*（London，1994）。

力的结构和压迫感一同被反映在民主的和公共的创造物和表现之中。其中一部分是女性史转向的结果。不过，当然有更深刻的根源在其中，比如在文化史研究者的作品中，至少要追溯到18世纪。凯瑟琳·海尔斯（Katherine Hayles，1943— ）认为文学不能与物质性及其周围的媒介疏离开，这种观点或许也适用于历史学，尤其在它将注意力从话语转向事物的时候更是这样，就像艺术史家们前赴后继所做的那般。[1] 与此同时，被一些历史学家长期置于历史学变化中心位置的"观念史"，已经被有意无意地归入政治史、宗教史和科学思想史的范畴，也被归入文学的范畴，说着这些学科的语言。

寻觅一种对生命和语言不再困惑和矛盾之科学的诉求在新的千年继续着，而实际上关于混沌和复杂性的理论似乎是就19世纪的统计式的科学深思熟虑的对应物——仍试图将地方性的知识化约成全球性的理论和绝对的规律。当然，它达不到不稳定性背后存在可预见性的程度，尽管它在非线性和碎片化的模式下，或许与"文化的后现代主义"主张是一致的。[2] 对海尔斯来说，"有序的混乱"（orderly disorder）是因在语言、情境和时间方面发生连续的"去本质化"（denaturing）而造成的。每一种表述都屈从于建构性的解释，时间与时序和因果律都不再有关联，人类自身的去本质化的未来清晰可见。所以，经典型

1　Hayles，*Writing Machines*（Cambridge，Mass.，n. d.），并参见 George Kubler，*The Shape of Time: Remarks on the History of Things*（New Haven，1962）。
2　在众多作品中，尤参见 N. Katherine Hayles，*Chaos Bound: Orderly Disorder in Contemporary Literature and Science*（Ithaca，1990），266。

式的历史学被化简成地方性的和线性的故事，或许也是补充性的故事。这种故事的历时性框架被破坏，并投射到"系统性"的理解和表现模式中。这或许是串联微观史与宏观史的一种方式。[1]然而，串联的尝试很多部分是本着游戏的精神——后现代的"戏谑文化"——实施的，如赫伊津加所指出的，它比严谨性更具包容性，因为微观史包含了宏观史，反之却不然。

当然，在历史学研究的某些领域，仍要解决以往遇到过的问题。例如，正是在印刷版书籍的历史以传统模式发展，其前途因"信息过载"和经济压力而遭到质疑的时候，它也成了一条非常有活力的研究思路。并不是说印刷版书籍，特别是历史学方面的书籍的数量在不久的将来会下降，而是在处理拓展性论述和触及基本信息过程中存在的问题，使得老式的研究方法越来越难以发挥作用和无关紧要。印刷版书籍的使用期限将急剧缩水，而目录检索将越来越容易，它也会因为作者和读者间的技术媒介，变得越来越随便。它的机制环境也会发生变化。它将不会倾向于教室和研讨班，以及放着笔、打字机和纸张的桌子，而是倾向于方便阅读、写作的计算机范畴。并且，极具讽刺意味的是计算机领域中对古代的卷轴技法，附于文本之上的旁注方式，以及打印预览的再度运用——得以保留的印刷文化主要是面向更大范围的读者受众和教科书市场。

然而，百科全书派的那种动力仍然在延续着，实际上，我们似乎在一定程度上正向着中世纪的"神学大全"的新时期发

---

1 Arkady Plotnitsky, *Complementarity: Anti-Epistemology after Bohr and Derrida*（Durham，1994）.

展。这不仅能通过教科书的增殖来证明,还有字典、百科全书、"导读"、评注等类似文本的增殖——其中的很多内容也都可以在线上读到。在这些条件下,不再有很多供历史学家考察的"原始资料",只有"信息"(不是个体事实性质的,而是可供计量的信息)和技术员操作的设备,再加上另一些对历史学认识论来说很复杂的情况,例如立场和偏见还是从另一个层面融入了资料当中。从足够普遍的范畴看,且从教育目的考虑,或许没有什么不一样的——而实际上或许在某些方面超越了更早些时候的印象主义——可是,抛开文化上的老生常谈和意识形态的既有框架,历史学品评和批判的基础又在哪里?电子计算机技术的霸权威胁到的正是人类时间的排布,以至于,根据阿诺·伯斯特(Arno Borst,1925—2007)从时间研究的专家尤里乌斯·弗雷泽(Julius Fraser,1923—2010)那里获得启示的说法:"当下的全球联网……已经越来越多地破坏了过去历时性秩序的复杂构成,压缩了工作日和自由时间,老年与青年,生理的、心智的和社会的发展之间的偏差区间。"[1] 我们忙忙碌碌,而实际上正是在"浪费时间"。

"后现代主义"掌握了现代历史学学术精神的这些状况了吗?这个被广泛接受并仍在被广泛加以解释,且迄今为止没有淡去迹象的词汇,已经成了当代智识风尚的保护伞。这种风尚是在试图超越令人敬畏且被过度使用的"现代主义"标签,甚

---

[1] *The Ordering of Time: From the Ancient Computus to the Modern Computer*, tr. Andrew Winnard (Chicago, 1993), 129, and Hobart and Schiffman, Information Ages.

至是寻求超越其被最恶性滥用的意义的身份。实际上，后现代主义遵循了那种为人熟知的世代传袭的反传统的模式，不过它通过追问质疑历时性本身的惯例，使自己凌驾于时间之上，加剧了风险。当然，这是通过与语言和历史经验毫无关系的诸多修辞策略来实现的。而如果不讲其目标，而论其影响的话，则它优先考虑的是想象性解释，并且——通过断绝与年代问题和传统历史学活动权威的关系——将学者和作家提升到法官、"文化批评家"，甚至先知的高度上。[1] 对于一个不考虑理论的历史学家来说，后现代主义如果不是给老的主题注入新生机，就是给以异域为目标和意图的做法颁发了准钓执照。[2] 其中当然没有什么特别新的东西，且它仍然允许历史学家对这种努力和后现代主义之类的标签（我不称之为概念）"进行历史化处理"。一个世纪之前，尼采预言了"我们新的无限"（"Our new infinite"），意指"这个世界对我们来说已经再一次呈现为无限的状态：我们不可能拒绝可能性，**因为它包含了无限的解释**"——并且推知"所有的装模作样都需要忘记"。[3] 对于无止境的臆断和推测，这是一封邀请函还是请辞信？是预见一种"混沌理论"还是否定此类事件不可能发生？

在这些条件下，历史的用处是什么？古代处理事实、利益

---

[1] 参见 Elizabeth Deeds Ermarth, *Sequel to History: Postmodernism and the Crisis of Representational Time*（Princeton，1992）。

[2] 参见 Daniel Gordon（ed.），*Postmodernism and the Enlightenment: New Perspectives in Eighteenth-Century French Intellectual History*（New York，2001）。

[3] *On the Advantage and Disadvantage of History for Life*，tr. Peter Preuss（Indianapolis，1980），10.

和愉悦的办法仍然管用,但在现代这个大众化社会中,在技术变革的条件下,以及巴尔干化的威胁下,这或许的确要在"后现代主义"这个无所不包的红色标题之下以不同的形式进行"阐释"。最引人注意的,或许是现代读者可以接触到的多元视角,即接触到成为历史的和尚未成为历史的那些过去的多样性,经由印刷出版的书籍产生,在电子文化背景下被精雕细琢。18世纪被认为是现代诠释学和"立场"概念产生的时期。此后,它并入了历史学方法之中,并颠覆了人类经验的单一叙事的理念,无论是天启主义的还是世俗主义的单一叙事理念。就如布克哈特在其研究文艺复兴的伟大著作开篇所写的,"一种文化的轮廓,在不同人的眼里可能是不同的图景",并且,这种印象主义的洞见已经变成了后现代史学的决定性前提。可是,"文化"这个词也已经呈现出复数化和碎片化的特征,而实际上,比布克哈特早一个世纪的学者们一直在调查的不仅是高端文化,也有"物质文化",关心的不仅是统治阶级精英的历史,还有中产阶级和劳动阶级的历史,下等阶级、女性、儿童、同性恋、老人、残疾人、罪犯、动物、物质文化因素(包括作为商品的书籍)和环境的历史,以及从人类生活链条中延伸出的诸如此类的历史。对此,必须要加上"他异性"的经验,如与东方世界和新大陆的接触,产生了复杂的欧洲中心论的历史和已遭破坏的亚当(与夏娃)的古老故事。当然,从旧式的《圣经》结构到进化论,再到更深邃的历史哲学,时不时融入半宗教式的预言和乌托邦式的观念,普遍史的路数一直拱卫着宏大叙事。不过,时间和空间上新的探索都再次瓦解了那种认为过去、当下以及未来的人类历史一以贯之的幻想，而新的进化论已经使"我们"这些现代人类的轮廓变得模糊。

　　现代历史学术的另一个传统是争论处于重要地位。当然，学术争论在古代和中世纪的哲学和神学派系间就很常见，但在凭借印刷物形成交流和学术性刊物出版的时代，通过文人共和国、期刊文献、越来越多的书评活动，以及作者的自我宣传，学术争论得到强化，且越发顺理成章。它在"批判主义"的红字标语下有所衰落。这种"批判主义"是古代**批评技艺**（*ars critica*）的延伸物，其现代形式是向历史探询以及文学阐释发起攻击的文学理论。批判主义的副产品之一是这样一种现象，即在过去一个多世纪的时间里，它获得了"修正主义"的标签，并使得一个学派向另一个学派发起冲击——通常以两代人的代际差异的形式出现。这种修正主义不仅成为宗教思想和社会思想中的固定要安装的部件，在历史学研究中也是如此——今天紧随其后的（你会毫不惊讶地想到）是"后修正主义"。恢复争论形式的积极方面是使人们意识到学术成就不是个人的灵光一现或论说，而是历史研究中的那些对话和合作的产物，尽管这通常只在回顾中才能辨识清楚。将这些联系起来，考虑其中的学派、学科及其相关情况的发展史的固化和增殖，要牢记诸学科孵化出的各种从属学科，例如不仅产生出作为文学特殊分支的史学史（就像爱德华·富埃特的欧洲史学史），还有史学史的历史（histories of the history of history，德语表述为 *Historiographiegeschichte*，如霍斯特·布兰克近期献给富埃特的著作）。哈利·埃尔默·巴恩斯很久以前就预见到这种不断的叠加

结论：千年纪

无疑将产生出更低端的从属性体裁之类的东西（史学史的历史的历史），就像桂格燕麦（Quaker Oats）盒子上的小人。这表明，历史尽管使人受益匪浅，但其根基却没那么坚实。它更像是线性透视纵深那消失在远处的灭点。

看起来可以确认的是，仍将会出现一个或另一个领域的"新史学"，并且这些新史学至少会无意中不做郑重声明地利用更古老的形式，或许忘记了是在使用更古老形式的情况下使用了它们，直到史学史揭示其一致性、连续性、和重复性。这并不是说我们不会再经历和宣扬新奇之物，因为历史知识总是新的，且我们总是站在前沿，向前看也向后看。历史学家将知识与男性（并且如今有必要补充上，女性）做普遍的分享，蒲柏为历史学家留下了格言：

> 他的知识受限于他所处的状态和立场；
> 他的时间是片刻之间，他的空间就是一个点。[1]

无论如何，我们再也不能佯装在一个精确标定的空间内（尽管现代地图编绘者成绩斐然）沿着一条单线移动，而唯一不变的是探索新的界域和迷思的好奇心。希罗多德，而非修昔底德，会明白这是怎样一种状态。

---

1 *Essay on Man*，71—72.

人名索引

注意：索引中的页码均为原书的页码，即本书的边码。

Aasen, Ivan　伊凡·奥森 40
Acton, John, Lord　阿克顿勋爵 14, 41, 50, 67, 101, 102, 111, 145, 149, 238
Adams, Brooks　布鲁克斯·亚当斯 71
Adams, C. K.　查尔斯·肯德尔·亚当斯 117
Adams, George Burton　乔治·伯顿·亚当斯 124
Adams, Henry　亨利·亚当斯 5, 117, 121, 122
Adams, Herbert Burton, 117（全书正文处没有此人）
Adams, J. T.　詹姆斯·特拉斯洛·亚当斯 53
"Agathon"　"阿伽通"，亨利·马西斯和阿尔弗雷德·德·塔尔德的笔名 23
Albertini, Luigi　路易吉·阿尔贝蒂尼 174
Alexander the Great　亚历山大大帝 66
Allen, Barry　巴里·艾伦 240, 241
Allen, J. W.　艾伦 48
Altamira, Rafael　拉斐尔·阿尔塔米拉 118, 134
Anaximander　阿那克西曼德 122
Anderson, Benedict　本尼迪克特·安德森 204

人名索引

Andler, Charles 夏尔·安德莱 50
Andreas, Willy 威利·安德烈亚斯 91, 92, 95, 97
Ankersmit, Frank 弗兰克·安克斯密特 192, 193, 215, 216, 220, 221
Appleby, Joyce 乔伊斯·阿普尔比 221
Ariès, Philippe 菲利普·阿利埃斯 114, 184, 186, 199, 200, 201
Aristotle 亚里士多德 21, 65
Ashley, William 威廉·阿什利 103
Assmann, Jan 扬·阿斯曼 225
Aston, William 威廉·阿斯顿 108
Aubin, Hermann 赫尔曼·奥宾 98
Auerbach, Erich 埃里希·奥尔巴赫 149, 213, 228
Augustine, St. 圣奥古斯丁 31, 80, 82, 119
Aulard, Alphonse 阿尔方斯·奥拉尔 32, 50, 110, 186
Bacon, Francis 弗兰西斯·培根 22, 229
Bainton, R. H. 罗兰·赫伯特·班顿 134
Bakhtin, M. M. 米哈伊尔·米哈伊洛维奇·巴赫金 192, 202
Balbo, Cesare 切雷萨·巴尔博 42
Balzac, Honoré de 奥诺雷·德·巴尔扎克 220
Bancroft, George 乔治·班克罗夫特 42, 120, 121
Barker, Ernest 恩斯特·巴克尔 48
Barnes, Harry Elmer 哈利·埃尔默·巴恩斯 90, 119, 123, 176, 212, 252
Baron, Hans 汉斯·巴龙 70, 98, 139, 149, 159, 160, 209, 228
Baronius, Cardinal 巴罗尼乌斯大主教 69
Barraclough, Geoffrey 杰弗里·巴勒克拉夫 53, 142, 147, 148, 149
Barth, Hans 汉斯·巴尔特 41
Barth, Paul 保罗·巴尔特 82
Barthes, Roland 罗兰·巴特 216
Bartok, Antonin 安东宁·巴尔托克 40
Barzun, Jacques 雅克·巴尔赞 162
Bate, Walter Jackson 瓦尔特·杰克逊·贝特 14, 207
Baudelaire, Charles 夏尔·波德莱尔 123

Bauer, Wilhelm 威廉·鲍威尔 95

Beard, Charles 查尔斯·比尔德 92, 120, 122, 123, 124, 134, 142, 144, 158, 162

Beard, Mary Ritter 玛丽·里特尔·比尔德 120, 122, 134

Becker, Carl 卡尔·贝克尔 87, 120, 134, 189

Bede, the Venerable "尊者"比德 211, 243

Beer, G. L. 乔治·路易斯·比尔 52

Bell, Daniel 丹尼尔·贝尔 191, 233

Beloch, Julius 朱利乌斯·贝洛赫 61, 65, 66

Below, Georg von 格奥尔格·冯·贝罗 29, 30, 32, 33, 37, 38, 42, 55, 95, 96, 99, 152

Bémont, Charles 夏尔·波蒙特 50

Bennett, Arnold 阿诺德·贝内特 6

Berdyaev, Nicolas 尼古拉斯·别尔嘉耶夫 71, 75, 76

Berger, Adolph 阿道夫·贝格尔 159

Bergmann, Gustav 古斯塔夫·贝格曼 192

Bergson, Henri 亨利·柏格森 26, 28, 49, 79, 83, 212

Berkeley, Bishop 贝克莱主教 247

Berkhofer, Robert 罗伯特·贝克霍弗 193, 194, 221, 223

Berlin, Isaiah 以赛亚·伯林 142, 160, 212, 239

Bernal, Martin 马丁·贝尔纳 60, 66, 224

Bernhardi, General 伯恩哈迪将军 48

Bernheim, Eduard 爱德华·伯恩海姆 24, 29, 30, 65, 117

Berr, Henri 亨利·贝尔 8, 9, 25, 28, 30, 66, 109, 110, 111, 112, 113, 114, 116, 118, 120, 134, 140, 141, 202

Binion, Rudolph 鲁道夫·比尼恩 161

Biondo, Flavio 弗拉维奥·比昂多 70

Bismarck, Otto von 奥托·冯·俾斯麦 31, 32, 33, 34, 37, 38, 55, 84, 93, 94, 154, 155, 157, 171, 172, 175

Blackwell, Constance 康斯坦斯·布莱克韦尔 211

Blair, Ann 安·布莱尔 229

Blanc, Louis 路易·勃朗 82

Blanke, Horst　霍斯特·布兰克 175, 176, 212, 252
Bloch, Ernst　恩斯特·布洛赫 71
Bloch, Gustav　古斯塔夫·布洛赫 23, 68, 136
Bloch, Marc　马克·布洛赫 26, 109, 111, 112, 113, 114, 115, 116, 117, 136, 137, 138, 139, 141, 182, 183, 185, 200, 220
Blok, P. J.　佩特鲁斯·约翰内斯·布洛克 41, 118
Blumenberg, Hans　汉斯·布鲁门伯格 238, 242, 243
Bodin, Jean　让·波丹 21, 26, 30, 56, 58, 71, 79, 82, 111, 114, 194, 200, 213, 234
Boeckh, P. A.　奥古斯特·伯克 31
Bohr, Niels　尼尔斯·玻尔 233
Boia, Lucian　卢奇安·博亚 132
Bolton, H. E.　赫伯特·尤金·博尔顿 121
Boniface VIII, Pope　教宗卜尼法斯八世 229
Boorstin, Daniel　丹尼尔·布尔斯廷 158
Borges, Jorge Luis　豪尔赫·路易斯·博尔赫斯 243, 247
Bossuet, J. B.　雅克-贝尼涅·波舒埃 82, 200
Bourdeau, Louis　路易·布尔多 113
Bourdieu, Pierre　皮埃尔·布尔迪厄 187
Boutroux, Emile　埃米尔·布特鲁 26, 49
Brachmann, Albert　艾尔伯特·布莱克曼 91, 94, 95, 97, 98, 147
Bracton, William　威廉·布莱克顿 15
Bradley, F. H.　弗朗西斯·赫伯特·布拉德雷 205
Brandenburg, Erich　埃里希·布兰登伯格 30, 32, 47, 53, 55, 59, 90, 91, 92, 95, 152, 153
Brandi, Karl　卡尔·布兰迪 47, 53, 55, 92, 93, 95, 98, 154, 155
Braudel, Fernend　费尔南·布罗代尔 111, 113, 136, 139, 140, 141, 166, 171, 180, 183, 196, 202, 220
Breasted, James　詹姆斯·伯利斯坦德 62, 63, 126
Breysig, Kurt　库特·布列锡格 9, 10, 30, 77, 94
Bridenthal, Renate　里纳特·布里登塔尔 208
Brinton, Crane　克兰·布林顿 125, 207

Brooks, Van Wyck 范·威克·布鲁克斯 126, 190
Brown, Peter 彼得·布朗 184, 199
Brugsch, Heinrich 海因里希·布鲁格施 62
Bruni, Leonardo 列奥纳多·布鲁尼 70
Brunner, Otto 奥托·布伦纳 15, 139, 153, 172
Bryce, James 詹姆斯·布莱斯 48, 66
Buckle, Henry T. 亨利·托马斯·巴克尔 22, 117, 216
Buffon, G. L. I. 孔德·德·布封 215
Bugge, Alexander 亚历山大·布格 131
Bull, Edward 爱德华·布尔 131
Burckhardt, Jacob 雅各布·布克哈特 7, 10, 29, 33, 58, 84, 85, 92, 124, 154, 156, 209, 216, 218, 220, 251
Burgess, J. W. 约翰·威廉·伯吉斯 51, 119, 120
Burke, Edmund 埃德蒙·伯克 145, 182
Burke, Kenneth 肯尼斯·伯克 215
Burke, Peter 彼得·伯克 212
Burleigh, Michael 迈克尔·伯利 98
Bury, J. B. 伯里 20, 21, 22, 62, 66, 67, 79
Bush, Douglas 道格拉斯·布什 207
Butterfield, Herbert 赫伯特·巴特菲尔德 13, 144, 145, 148, 182
Bynum, Caroline 卡罗琳·拜纳姆 199
Caesar, Julius 尤里乌斯·凯撒 31, 128
Cam, Helen Maud 海伦·蒙德·凯姆 207
Camus, Albert 阿尔贝·加缪 86
Cantimori, Delio 德里奥·坎蒂莫里 134, 139
Cantor, Norman 诺曼·康特 210
Carbonell, Charles 夏尔-奥利维耶·卡博内尔 212
Carlyle, Thomas 托马斯·卡莱尔 18, 20, 104
Caron, Pierre 皮埃尔·卡龙 23
Carr, E. H. 爱德华·霍列特·卡尔 142, 147, 148, 178
Carrard, Philippe 菲利普·卡拉德 194, 222
Carruthers, Mary 玛丽·卡拉瑟斯 225

人名索引

Carter, Howard　霍华德·卡特 61
Cassirer, Ernst　恩斯特·卡西尔 35, 236
Castro, Américo　阿梅利戈·卡斯特罗 134
Catherine of Aragon　阿拉贡的凯瑟琳 210
Cavour　加富尔 19
Celan, Paul　保罗·策兰 167
Cellarius, Conrad　康拉德·策拉留斯 31
Censer, Jack　杰克·森瑟 230
Certeau, Michel de　米歇尔·德塞都 242, 247
Chabod, Federico　费代里科·沙博德 134, 139
Chakrabarty, K. N.　迪佩什·查克拉博蒂 168
Channing, Edward　爱德华·钱宁 120, 121
Charlemagne　查理大帝 6
Charles I, King　国王查理一世 87
Charles V, Emperor　皇帝查理五世 31, 93, 96, 154
Chartier, Roger　罗杰·夏蒂埃 184, 187, 188, 201, 229, 230
Chateaubriand, René　勒内·夏多布里昂 185
Chaucer, Geoffrey　杰弗雷·乔叟 19, 104
Chaudhuri, K. N.　基尔提·纳拉扬·乔杜里 166
Cheyney, Edward P.　爱德华·波茨·切尼 121
Childe, V. Gordon V.　戈登·柴尔德 61, 68
Chladenius, J. W.　克拉登尼乌斯 30, 173, 193, 203
Chrimes, Stanley　斯坦利·克赖姆斯 16, 177
Churchill, Winston　温斯顿·丘吉尔 48, 235
Cicero, Marcus Tullius　马库斯·图利乌斯·西塞罗 225
Claggett, Marshall　马歇尔·克拉格特 210
Clanchy, M. T.　米歇尔·托马斯·克兰奇 225
Clapham, J. H.　约翰·哈罗德·克拉潘 103, 105, 106, 107, 108, 151
Clough, Shepherd　谢泼德·克拉夫 210
Cobb, Richard　理查德·科布 183
Cobban, Alfred　阿尔弗雷德·科班 142, 147
Cobbett, William　威廉·科贝特 106

Cochrane, Eric 埃里克·科克伦 208, 212
Coke, Edward 爱德华·科克 182
Cole, G. D. H. 乔治·科尔 84, 105, 106
Cole, Margaret 玛格丽特·科尔 105
Coleman, Janet 珍妮特·科尔曼 225
Collingwood, R. G. 罗宾·乔治·柯林武德 57, 72, 74, 80, 81, 163, 212, 213, 214
Columbus, Christopher 克里斯托弗·哥伦布 123, 124
Commager, Henry Steele 亨利·斯蒂尔·康马杰 126
Commines, Philippe de 菲利普·德·科米纳 31
Commodus, Emperor 皇帝康茂德 69
Comte, Auguste 奥古斯特·孔德 12, 21, 22, 28, 71, 77, 85
Conant, James Bryant 詹姆斯·布赖恩特·科南特 207
Condorcet, Marquis 马基·德·孔多塞 21, 22, 31, 77
Constantine, Emperor 皇帝君士坦丁 12
Conze, Werner 维尔纳·康策 153, 171, 173
Coolidge, Archibald Carey 阿奇博尔德·凯里·柯立芝 52
Copernicus, Nicolaus 尼古拉·哥白尼 2
Coulton, G. G. 乔治·戈登·库尔顿 104
Cournot, Antoine 安托万·库尔诺 28, 234
Cowley, Malcolm 马尔科姆·考利 122
Craig, Gordon 戈登·克雷格 56, 92
Crèvecoeur, J. 圣约翰·德·克雷夫科尔 159
Croce, Benedetto 贝奈戴托·克罗齐 9, 28, 30, 57, 58, 74, 78, 80, 81, 85, 96, 125, 139, 176, 193, 195, 212, 216
Cromwell, Thomas 托马斯·克伦威尔 124, 177
Culler, Jonathan 乔纳森·卡勒 215
Cumont, Franz 弗兰兹·屈蒙 68
Cunningham, William 威廉·坎宁安 103, 105, 106, 107
Curti, Merle 默尔·科蒂 126
Curtius, Ernst Robert 恩斯特·罗伯特·库尔提乌斯 35, 66, 94, 152, 202

人名索引

Dahlmann, F. C. 弗里德里希·克里斯托弗·达尔曼 41
Dante Alighieri 但丁·亚利盖利 67, 196
Darmstädter, Paul 保罗·达姆施泰特 50
Darnton, Robert 罗伯特·达恩顿 187, 210, 229, 230
Darwin, Charles 查尔斯·达尔文 22, 60, 61, 117
Daston, Lorraine 洛兰·达斯顿 227
Daunou, P. C. F. 皮埃尔·多努 22
Davis, H. W. C. 亨利·威廉·卡莱斯·戴维斯 49
Davis, Natalie 娜塔莉·戴维斯 219
Dawson, Christopher 克里斯托弗·道森 79, 165
Deeks, Florence 弗洛伦斯·阿梅利亚·迪克斯 165
De Grazia, Sebastian 塞巴斯蒂安·德葛拉奇亚 210
Dehio, Ludwig 路德维希·德约 150, 154, 156
Delbrück, Hans 汉斯·德尔布吕克 30, 32, 35, 48, 51, 52, 53, 54, 55, 90, 91, 92, 154, 156
Delumeau, Jean 让·德吕莫 198
Dempf, Alois 阿洛伊斯·邓普夫 76
Den Boer, Pim 皮姆·德恩博埃 212
Dennis the Menace 淘气阿丹 185
Derrida, Jacques 雅克·德里达 59, 187, 217, 223
Descartes, René 勒内·笛卡尔 22, 76, 78, 80, 185, 233
Detienne, Marcel 马塞尔·德蒂安 186
De Voto, Bernard 伯纳德·德沃托 190, 210
Dickens, A. G. 阿瑟·杰弗里·狄更斯 181
Dickens, Charles 查尔斯·狄更斯 209, 247
Diderot, Denis 丹尼·狄德罗 112
Diels, Hermann 赫尔曼·迪尔斯 35
Diggens, J. P. 约翰·帕特里克·迪金斯 191
Dill, Samuel 塞缪尔·迪尔 68
Dilthey, Wilhelm 威廉·狄尔泰 8, 11, 12, 25, 33, 38, 75, 77, 79, 81, 86, 129, 156, 161, 212
Dionysius the Areopagite 亚略巴古的狄奥尼修斯 183

Dobb, Maurice 莫里斯·多布 106, 107, 142
Dodds, E. R. 埃里克·罗伯森·多兹 161
Dolet, Etienne 艾蒂安·多莱 115
Döllinger, Ignaz von 伊格纳兹·冯·道林格尔 69
Domanovsky, Sándor 山多尔·多马诺夫斯基 129
Dominian, Leon 利昂·多米尼安 43, 44
Dopsch, Alfons 阿尔方斯·多普施 42, 109, 129, 137, 139
Dorn, Walter 沃尔特·多恩 56, 160, 210
Dos Passos 翰·多斯·帕索斯 John, 122
Dow, Sterling 斯特林·道 207
Dreyfus, Alfred 阿尔弗雷德·德雷福斯 23
Droysen, Johann Gustav 约翰·古斯塔夫·德罗伊森 6, 24, 30, 31, 34, 42, 55, 67, 72, 74, 85, 91, 160, 220
Duby, Georges 乔治·杜比 183, 184, 201, 220
Duchesne, Louis 路易·迪歇纳 69, 70
Duhem, Pierre 皮埃尔·迪昂 26
Dumezil, Georges 乔治·杜梅齐尔 111, 183
Duncker, Max 马克斯·伦茨 34, 62
Durkheim, Emile 埃米尔·迪尔凯姆 12, 25, 27, 28, 30, 50, 65, 66, 71, 111, 113, 115, 137, 140, 198, 225
Duruy, Victor 维克多·杜卢伊 62, 165
Edward I, King 国王爱德华一世 18
Edward II, King 国王爱德华二世 104
Edward III, King 国王爱德华三世 18
Egan, Maurice Francis 莫里斯·弗朗西斯·伊根 133
Ehrenberg, Victor 维克多·埃伦伯格 177
Einstein, Albert 艾伯特·爱因斯坦 56
Eisenstein, Elizabeth 伊丽莎白·爱森斯坦 187, 229, 230
Elias, Norbert 诺贝特·埃利阿斯 187
Eliot, T. S. 托马斯·S. 艾略特 89, 126, 234, 237
Elizabeth I, Queen 女王伊丽莎白一世 97, 143, 178
Elliott, John H. 约翰·埃利奥特 210

人名索引

Elton, G. R. 杰弗里·鲁道夫·埃尔顿 16, 135, 177, 180, 221
Elwitt, Sanford 桑福德·埃尔维特 210
Emerton, Ephraim 伊弗雷姆·埃梅尔东 117
Engel-Janosi, Friedrich 弗里德里希·恩格尔-亚诺西 160
Engels, Friedrich 弗里德里希·恩格斯 168
Erasmus, Desiderius 德西德里乌斯·伊拉斯谟 19, 115
Erdmann, Karl 卡尔·埃德曼 98
Erikson, Erik 爱利克·埃里克森 161
Erman, Adolph 阿道夫·埃尔曼 62
Erskine, John 约翰·厄斯金 123
Espinas, Georges 乔治·埃斯皮纳斯 42
Eucken, Rudolph 鲁道夫·欧肯 10
Eusebius 攸西比乌斯 1, 3, 69
Evans, Arthur 阿瑟·埃文斯 21, 61, 63, 67
Fay, Sidney B. 西德尼·布拉德肖·费伊 51, 124, 125, 174, 207
Febvre, Lucien 吕西安·费弗尔 26, 109, 110, 111, 112, 113, 114, 115, 116, 117, 136, 137, 139, 140, 141, 182, 183, 185, 187, 188, 200, 202, 203, 220, 229
Felix III, Pope 教宗费利克斯三世 70
Ferguson, Wallace 华莱士·弗格森 134
Fermat, Pierre 皮埃尔·费马 247
Ferrero, Gugliermo 古格列莫·费雷罗 67, 68, 69
Fichte, J. G. 约翰·戈特利布·费希特 33, 48, 49
Ficker, Julius von 尤里乌斯·冯·菲克尔 93
Figgis, John Neville 约翰·内维尔·菲吉斯 16, 84
Finke, Heinrich 海因里希·芬克 29
Finkel, Ludwig 卢德维克·芬克尔 41
Firth, C. H. 查尔斯·弗思 155
Fischer, Fritz 弗里茨·费歇尔 157, 172, 174
Fisch, Max H. 马克斯·哈罗德·费西 208
Fisher, David Hackett 大卫·哈克特·费舍尔 205
Fisher, H. A. L. 赫伯特·艾伯特·劳伦斯·费舍尔 102

Flacius Illyricus, Matthias　马赛厄斯·弗拉奇乌斯·伊利里卡斯 69
Flint, Robert　罗伯特·弗林特 30
Florovsky, George　乔治·弗洛罗夫斯基 59
Ford, Franklin　富兰克林·福特 160
Ford, Guy Stanton　盖伊·斯坦顿·福特 51
Ford, Henry　亨利·福特 123
Foucault, Marcel　米歇尔·福柯 157, 166, 186, 187, 192, 221, 230, 232, 247
Fouillé, Alfred　阿尔弗雷德·富耶 25
Fournier, Jacques　雅克·富尼埃 184, 185
Fowler, W. Ward　威廉·沃德·福勒 68
Fox, D. R.　迪克逊·瑞安·福克斯 122
Frank, Tenney　坦尼·弗兰克 68, 69
Frank, Walter　瓦尔特·弗兰克 59, 99, 150, 151, 153, 155
Franklin, Alfred　阿尔弗雷德·富兰克林 201
Franklin, Julian　朱利安·福兰克林 210
Fraser, J. T.　尤里乌斯·弗雷泽 250
Frederick I　弗雷德里克一世 96
Frederick II, Emperor　皇帝弗雷德里克二世 84, 94, 155
Frederick the Great　腓特烈大帝 31, 36, 58, 155
Fredericq, P.　保罗·弗雷德里克 118
Freedman, Charles　查尔斯·弗里曼 210
Freeman, Edward A.　爱德华·奥古斯图斯·弗里曼 14, 66, 67
Freud, Sigmund　西格蒙德·弗洛伊德 5, 74, 85, 89, 160, 161, 162, 200, 208
Freyer, Hans　汉斯·弗莱尔 150
Friedell, Egon　埃贡·弗里德尔 39, 84
Friedjung, Heinrich　海因里希·弗里德永 129
Friedländer, Ludwig　路德维希·弗里德兰德 68
Friis, A.　奥格·费里斯 129
Froude, James Anthony　詹姆斯·安东尼·弗劳德 14, 17, 18
Fruin, Robert　罗伯特·弗勒因 41

Frye, Northrup 诺思罗普·弗莱 216

Fueter, Eduard 爱德华·傅埃特 78, 95, 96, 152, 208, 212, 252

Fukuyama, Francis 弗兰西斯·福山 223, 234

Furet, François 弗朗索瓦·弗雷 110, 163

Fustel de Coulanges, Numa Denis 努马·德尼·福斯特尔·德·库朗热 23, 27, 28, 49, 66, 112, 116, 137, 138, 141, 183

Gabriel, Ralph 拉尔夫·加尔里埃尔 126

Gadamer, Hans-Georg 汉斯-格奥格尔·伽达默尔 8, 173, 186, 192, 200, 212, 213, 214, 219

Gallagher, Catherine 凯瑟琳·加拉格尔 221

Gandhi, Mohandas K. 莫罕达斯·卡拉姆昌德·甘地 161

Gardiner, Samuel Rawson 塞缪尔·罗森·加德纳 14, 143

Garibaldi, Giuseppe 朱塞佩·加里波第 18, 19

Gasquet, F. A. 弗朗西斯·艾登·加斯奎特 19

Gasset, Ortega y 奥特加·伊·迦塞特 71, 85

Gay, Edwin 埃德温·盖伊 103

Gay, Peter 彼得·盖伊 47, 52, 98, 159, 160, 162, 189, 215, 216

Geary, Patrick 帕特里克·吉尔里 204, 225

Geertz, Clifford 克利福德·格尔茨 192, 210, 221

Gehlen, Arnold 阿诺德·盖伦 234

Geijer, E. 埃里克·古斯塔夫·耶伊尔 43, 129

Gelbart, Nina 尼娜·基尔巴特 230

Genovese, Eugene 尤金·吉诺维斯 210

George III, King 国王乔治三世 145, 178

George, Stefan 斯特凡·乔治 31, 94

Gerhard, Dietrich 迪特里希·格哈德 98, 156, 159

Geyl, Peter 彼得·盖尔 128, 134

Gibbon, Edward 爱德华·吉本 20, 66, 67, 68, 69, 70, 87, 126, 164, 195, 215

Gierke, Otto von 奥托·冯·吉尔克 15, 101

Giesebrecht, Wilhelm von 威廉·冯·吉泽布莱希特 42

Giesey, Ralph E. 拉尔夫·吉西 210

Gilbert, Felix　费利克斯·吉尔伯特　50, 51, 92, 98, 99, 139, 149, 159, 160, 209, 210

Gilmore, Myron　迈龙·吉尔莫　207

Ginzburg, Carlo　卡洛·金兹伯格　185, 229

Glotz, Gustav　古斯塔夫·格罗兹　27, 66

Glover, T. R.　特洛特·里夫利·格罗弗　68

Gödel, Kurt　库尔特·哥德尔　233

Goethe, Johann Wolfgang　约翰·沃尔夫冈·冯·歌德　13, 15, 37, 40, 56, 58, 59, 83, 151, 152, 153, 154, 156

Goetz, Walter　瓦尔特·格茨　30, 91, 99, 150

Goll, Jaroslav　雅罗斯拉夫·戈尔　41, 43, 130, 131

Gooch, G. P.　乔治·皮迪·古奇　5, 53, 100, 101, 102

Goody, Jack　杰克·古迪　167, 168

Gothein, Eberhard　艾伯哈德·戈泰因　29, 94

Grafton, Anthony　安东尼·格拉夫顿　187, 229

Gramsci, Antonio　安东尼奥·葛兰西　87

Grant, Madison　麦迪逊·格兰特　43

Green, J. R.　约翰·理查德·格林　13, 14, 17, 19, 121, 122

Greenblatt, Steven　斯蒂芬·格林布拉特　215, 221

Gregory of Tours　图尔的格里高利　194, 200

Grimm, Jakob　雅各布·格林　15

Gross, Charles　查尔斯·格罗斯　41, 124

Grossi, Paolo　保罗·格罗西　212

Grote, George　乔治·格罗特　66, 67

Grundmann, Herbert　赫伯特·格伦德曼　91, 94

Guenée, Bernard　贝尔纳·葛内　185

Guerard, Albert, Jr.　小艾伯特·格拉尔德　207

Guicciardini, Francesco　弗朗切斯科·圭恰迪尼　160, 218

Guizot, François　弗朗索瓦·基佐　40, 110, 116, 137, 195

Gundolf, Friedrich　弗里德里希·贡多尔夫　31, 94

Gurevich, Aaron　阿隆·古列维奇　202

Haas, Stefan　斯特凡·哈斯　39

人名索引　　479

Habermas, Jürgen　于尔根・哈贝马斯 174, 187, 227, 228
Haeckel, Ernst　恩斯特・海克尔 50
Haigh, Christopher　克里斯托弗・黑格 177
Halbwachs, Maurice　莫里斯・哈布瓦赫 185, 200, 225
Halecki, Oskar　奥斯卡・哈莱茨基 130
Halévy, Elie　埃利・阿累维 104
Hall, H. R.　哈里・雷金纳德・霍尔 63
Haller, Johannes　约翰内斯・哈勒尔 30, 53, 54, 92, 95, 96, 97, 98
Hallgarten, G. W. F　乔治・沃尔夫冈・费利克斯・哈尔加尔滕 171
Halphen, Louis　路易・阿尔芬 116
Hamilton, Earl　厄尔・汉密尔顿 203, 208
Hammond, Barbara　芭芭拉・哈蒙德 105, 106, 107
Hammond, J. L.　约翰・劳伦斯・哈蒙德 105, 106, 107
Hammond, Mason　梅森・哈蒙德 207
Hampe, Karl　卡尔・汉佩 94, 95, 97
Handlin, Oscar　奥斯卡・汉德林 125, 158, 207, 221
Hanotaux, Gabriel　加布里埃尔・阿诺托 82
Hanssen, Georg　格奥尔格・汉森 93
Harnack, Adolph von　阿道夫・冯・哈纳克 57, 69, 101
Harrington, James　詹姆士・哈灵顿 70
Hart, A. B.　艾尔伯特・布什内尔・哈特 117, 122
Hartman, Ludo　卢多・莫里茨・哈特曼 129
Hartog, François　弗朗索瓦・阿尔托格 227
Hartung, Fritz　弗里茨・哈通 59, 91, 92, 95, 98
Hartz, Louis　路易斯・哈茨 158
Hasbach, W.　威廉・哈斯巴赫 106
Haskins, Charles H.　查尔斯・霍莫・哈斯金斯 42, 52, 53, 124
Hauptmann, Gerhard　格哈特・霍普特曼 50
Hayles, Katherine　凯瑟琳・海尔斯 248, 249
Hazard, Paul　保罗・阿扎尔 85
Headlam-Morley, J. W.　黑德勒姆-莫利 53
Hearnshaw, F. J. C.　福塞・科布・赫恩肖 48

Hecataeus　赫卡泰乌斯 21

Heeren, Arnold　阿诺尔德·黑伦 41, 42, 91

Hegel, G. W. F.　黑格尔 30, 33, 34, 49, 58, 71, 78, 80, 82, 85, 122, 188, 202, 218, 222, 227, 228

Heidegger, Martin　马丁·海德格尔 85, 86, 90, 135, 160, 167, 168, 170, 198, 213, 214, 219, 220, 231, 233

Heisenberg, Werner　沃纳·海森堡 233

Hellwald, Friedrich　弗里德里希·黑尔瓦尔德 39, 165

Hempel, Carl G.　卡尔·亨佩尔 205

Henry VIII, King　国王亨利八世 17, 18, 104, 178, 210

Herder, J. G.　赫尔德 11, 31, 40, 56, 58, 64, 71, 80, 81, 118, 126, 151, 154, 164, 192, 212, 213, 216, 224, 227, 231

Herodotus　希罗多德 1, 2, 4, 21, 30, 60, 126, 165, 193, 194, 212, 213, 215, 216, 223, 224, 226, 234, 242, 244, 246, 252

Hesse, Hermann　赫尔曼·海塞 9

Heussi, Karl　卡尔·霍伊西 10, 57

Hexter, J. H.　杰克·赫克斯特 17, 134, 141, 179, 181, 182, 210, 215, 222

Heyne, C. G.　爱德华·波茨·切尼 91, 227

Hicks, Granville　格兰维尔·希克斯 190

Higgs, Henry　亨利·希格斯 103

Higham, John　约翰·海厄姆 158

Hildebrand, Emil　埃米尔·希尔德布兰 43

Hill, Christopher　克里斯托弗·希尔 73, 108, 142, 178, 179

Himmelfarb, Gertrude　格特鲁德·希梅尔法布 221

Hintze, Otto　奥托·欣策 10, 29, 30, 32, 33, 35, 36, 37, 42, 50, 53, 54, 55, 56, 57, 92, 154, 160

Hirsch, E. D.　埃里克·唐纳德·赫希 241

Hitler, Adolf　阿道夫·希特勒 37, 99, 147, 153, 154, 155, 156, 157, 161, 175

Hjärne, Harald　哈拉尔德·耶内 131

Hobbes, Thomas　托马斯·霍布斯 17

人名索引

Hobsbawm, Eric 埃里克·霍布斯鲍姆 73, 179, 182
Hodgkin, T. 托马斯·霍奇金 48
Hoetsch, Otto 奥托·赫奇 97
Hofmannsthal, Hugo von 胡戈·冯·霍夫曼斯塔尔 7
Hofstadter, Richard 理查德·霍夫斯塔特 126, 158, 159, 191
Holborn, Hajo 豪约·霍尔伯恩 98, 99, 154, 159, 160, 189
Hölderlin, Friedrich 弗里德里希·荷尔德林 135
Holdsworth, William 威廉·霍尔兹沃思 14
Holl, Karl 卡尔·霍尔 35
Hölzle, Erwin 埃尔温·霍尔茨勒 95, 98, 174
Hóman, Bálint 巴林特·霍曼 129, 130
Homo, Léon 莱昂·奥莫 68
Hotman, François 弗朗索瓦·奥特芒 210
Hughes, H. Stuart 亨利·斯图尔特·休斯 160, 161, 190, 207
Huizinga, Johan 约翰·赫伊津加 45, 71, 85, 86, 134, 193, 198, 199, 205, 213, 216, 220, 235, 249
Humboldt, Alexander von 亚历山大·冯·洪堡 26
Humboldt, Wilhelm von 威廉·冯·洪堡 33
Hume, David 大卫·休谟 13, 75, 181, 198, 241
Hunt, Lynn 林·亨特 191, 221
Huntington, E. 埃尔斯沃斯·亨廷顿 111
Hus, Jan 扬·胡斯 131
Husserl, Edmund 埃德蒙德·胡塞尔 76, 85, 231
Hutton, Patrick 帕特里克·赫顿 186
Ibn Khaldün 伊本·赫勒敦 164
Iggers, Georg 格奥尔格·伊格尔斯 176, 212
Imbart de La Tour, Pierre 皮埃尔·安巴尔·德·拉图尔 49
Iorga, Nicolae 尼古拉·约尔卡 132
Isabella, Queen (England) （英国）女王伊丽莎白 104
Israel, Jonathan 乔纳森·伊斯雷尔 210, 212
Ivinskis, Zenonas 泽诺纳斯·伊温斯基斯 132
Jacobs, Margaret 亨特-玛格丽特·雅各布 221

Jaeger, Friedrich 弗里德里希·耶格尔 171
Jaeger, Werner 瓦纳尔·耶格尔 60
James, William 威廉·詹姆斯 5
Jameson, Fredric 弗雷德里克·詹明信 223
Jameson, John Franklin 约翰·富兰克林·詹姆逊 52, 117, 118, 119
Jan of Leiden 莱顿的扬 153
Jaspers, Karl 卡尔·雅斯贝斯 81, 86, 89, 99
Jászi, Oskár 奥斯卡·亚西 130
Jaurès, Jean 让·饶勒斯 110
Jay, Martin 马丁·杰伊 2, 190, 192
Jireček, Constantin 康斯坦丁·伊尔查科夫 43
Joachim of Flora 弗洛拉的约阿基姆 94
John, St. 圣约翰 237
Johns, Adrian 阿德里安·约翰斯 229
Johnson, Samuel 塞缪尔·约翰逊 87, 179
John the Baptist 施洗约翰 72
Joinville, Jean 让·儒安维尔 31
Jones, Howard Mumford 霍华德·芒福德·琼斯 190, 207
Jonson, Ben 本·琼森 206
Josephson, Matthew 马修·约瑟夫森 122
Joyce, James 詹姆斯·乔伊斯 4, 5, 46, 194, 196, 197, 207, 213, 214
Julian, Emperor 皇帝朱利安 70
Jullian, Camille 卡米尔·朱利安 49, 66
Kafka, Franz 弗朗茨·卡夫卡 7, 86, 135, 207
Kahler, Erich 埃里希·卡勒尔 80
Kammen, Michael 迈克尔·坎曼 158
Kant, Immanuel 伊曼纽尔·康德 8, 11, 71, 75, 77, 80, 82, 86, 227
Kantorowicz, Ernst 恩斯特·康特洛维茨 94, 95, 98, 139, 150, 159
Karl, Friedrich 弗里德里希·卡尔 7, 13
Karpovich, Michael 迈克尔·卡尔波维奇 59, 207
Kautsky, Karl 卡尔·考茨基 73
Kazin, Alfred 阿尔弗雷德·卡津 190

人名索引

Kehr, Eckhard 埃克哈特·克尔 92, 98, 159
Kellner, Hans 汉斯·凯尔纳 215, 219, 220, 221, 222
Kern, Fritz 弗里茨·克恩 98
Keyser, R. 鲁道夫·凯泽 129
Kienast, Walter 瓦尔特·基纳斯特 98
Kierkegaard, Søren 索伦·克尔凯郭尔 160
Kingdon, Robert 罗伯特·金登 212
Kinser, Samuel 塞缪尔·金瑟 208
Kisch, Guido 基多·吉什 159
Klee, Paul 保罗·克利 70
Klemperer, Victor 维克多·克莱普勒 153
Kliuchevskii, V. O. 瓦西里·奥西波维奇·克柳切夫斯基 42
Knape, Joachim 约阿希姆·克纳佩 212
Knowles, David 大卫·诺尔斯 142
Knowles, Lilian 莉莲·诺尔斯 105
Kocka, Jürgen 于尔根·科卡 171, 172, 174
Köhler, Erich 埃里希·科勒 30
Koht, Halvadan 哈尔夫丹·科特 109, 131
Korbzybski, Alfred 阿尔弗雷德·柯日布斯基 125
Koselleck, Reinhart 赖因哈特·科泽勒克 173, 203, 212
Kossina, Gustav 古斯塔夫·科辛纳 64
Koyré, Alexandre 亚历山大·柯瓦雷 26
Kramer, Samuel Noah 塞缪尔·挪亚·克莱默 63
Krieger, Leonard 伦纳德·克里格尔 189
Kristeller, Paul Oskar 保尔·奥斯卡·克里斯特勒 149, 160, 209, 211
Kruus, Hans 汉斯·克鲁斯 132
Kuhn, Thomas 托马斯·库恩 163, 171, 210, 235
Kurth, Godefroid 戈德弗鲁瓦·屈尔特 41
Labrousse, Ernest 恩斯特·拉布鲁斯 110—11
La Capra, Dominick 多米尼克·拉卡普拉 192, 215, 219, 220, 221
Lacombe, Paul 保罗·拉孔布 25, 113, 140
La Croix, Paul 保罗·拉克鲁瓦 201

Ladner, Gerhard 格哈德·拉德纳 160

Lamprecht, Karl 卡尔·兰普雷希特 8, 9, 10, 24, 28, 29, 30, 32, 33, 36, 37, 38, 42, 50, 55, 56, 58, 91, 92, 113, 118, 120, 122, 149, 150, 152, 161, 171, 220

Landauer, Carl 卡尔·兰道尔 159

Landes, David 大卫·兰德斯 162

Langer, William L. 威廉·伦纳德·兰格 124, 160, 161, 174, 207

Langland, William 威廉·朗格兰 104

Langlois, C. V. 夏尔·维克托·朗格诺瓦 22, 23, 24, 26, 28, 104, 113, 117, 137, 140

Lanson, Gustav 古斯塔夫·朗松 50

La Popelinière, Henri de 朗瑟洛·拉·波普利尼埃尔 145

Laski, Harold 哈罗德·拉斯基 84, 106

Laslett, Peter 彼得·拉斯莱特 181

LaTour, Bruno 布鲁诺·拉图尔 2

Lavin, Irving 欧文·拉文 210

Lavisse, Ernest 恩斯特·拉维斯 22, 23, 24, 26, 41, 49, 50, 53, 97, 101, 118

Leavis, F. R. 弗兰克·雷蒙德·利维斯 216

LeBon, Gustav 古斯塔夫·勒庞 52

Lecky, W. H. 威廉·莱基 14

Lefebvre, Georges, de 乔治·勒费弗尔 73, 110, 186

Lefranc, Abel 阿贝尔·勒弗朗克 112, 115

Le Goff, Jacques 雅克·勒高夫 184, 185, 202, 220

Leibniz, G. W. 戈特弗里德·威廉·莱布尼茨 17, 137

Lenormant, François 弗朗索瓦·勒诺尔芒 61

Lenz, Max 马克斯·伦茨 29, 30, 32, 34, 35, 36, 37, 42, 53, 54, 55, 92, 156

Le Queux, William 威廉·勒克 5

LeRoy, Louis 路易·勒卢阿 21

LeRoy Ladurie, Emmanuel 埃马纽埃尔·勒华拉杜里 140, 163, 183, 184, 185, 196, 202

Lessing，Gotthold　戈特霍尔德·莱辛 153
Lessing，Theodor　特奥多尔·莱辛 74，76，77
Levin，Harry　哈利·列文 207
Levine，Joseph　约瑟夫·莱文 212
Levi-Strauss，Claude　克劳德·列维-斯特劳斯 140
Lévy-Bruhl，Lucien　吕西安·列维-布留尔 12，26，27，28，114
Lewis，Wyndham　温德姆·刘易斯 6
Liebermann，Felix　费利克斯·利博曼恩 14
Lingard，John　约翰·林加德 13
Lipsius，Justus　尤斯图斯·利普修斯 70
Livy　李维 1，21，68，127，223
Löwith，Karl　卡尔·勒维特 71
Lord，R. H.　洛德 52
Lorenz，Otto　奥托·洛伦茨 152
Loria，Achille　阿基尔·洛里亚 118
Lot，Ferdinand　费迪南德·洛特 53
Louis XIV，King　国王路易十四 96
Lovejoy，Arthur O.　阿瑟·O. 洛夫乔伊 50，51，188，210，211
Lowenberg，Peter　彼得·洛温伯格 161
Loyseau，Charles　夏尔·卢瓦瑟 183
Luchaire，Achille　阿希尔·吕谢尔 23，102
Lucian　琉善 217，218
Lucretius　卢克莱修 63
Luden，Heinrich　海因里希·卢登 91
Lukács，Georg　格奥尔格·卢卡奇 73，86，87
Lukes，Steven　斯蒂芬·卢克斯 27
Lunt，William　威廉·伦特 52
Luther，Martin　马丁·路德 31，37，55，112，115，154，155，161，175
Lyon，Bryce　布赖斯·莱昂 207
Lyotard，Jean-François　让-弗朗索瓦·利奥塔 223，232，234
Mabillon，Jean　让·马比荣 104，137
Macaulay，Thomas Babington　托马斯·巴宾顿·麦考莱 14，15，17，

20，42，121，122，215
Machiavelli, Niccolò　尼可洛·马基雅维利 21，31，38，58，68，70，83，139，155，160
MacKay, Donald　唐纳德·麦凯 125，207
MacKechnie, William　威廉·麦基奇尼 14
Mailer, Norman　诺曼·梅勒 207
Maitland, Frederick William　弗里德里克·威廉·梅特兰 14，15，16，18，116，124，138，143，216
Mâle, Emile　埃米尔·梅勒 26
Malia, Martin　马丁·马利亚 207
Mandelbaum, Maurice　莫里斯·曼德尔鲍姆 205
Mandrou, Robert　罗伯特·芒德鲁 141，187
Mann, J. S.　詹姆斯·索马里兹·曼恩 101
Mann, Thomas　托马斯·曼恩 46，92，156，207，220
Mannheim, Karl　卡尔·曼海姆 10，11，57，75，85，86，122，125
Marchand, Susan　苏珊·马钱德 64
Marcks, Erich　埃里希·马克斯 29，32，36，37，47，50，54，59，92，95，97，98，99
Marco Polo　马可·波罗 104
Marcusa, Herbert　赫伯特·马尔库塞 161
Marcus Aurelius　马可·奥勒留 69
Marquard, Odo　奥多·马夸尔德 214
Marshall, Alfred　阿尔弗雷德·马绍尔 105
Martin, Henri-Jean　亨利-让·马丁 23，187，229
Marvin, F. S.　弗朗西斯·西尼·马尔文 49，74，75
Marx, Karl　卡尔·马克思 31，59，69，72，73，75，80，85，87，88，92，99，106，107，108，109，113，114，117，122，130，137，139，141，157，162，165，166，168，170，179，180，186，187，191，208，209，216，223，226，227，228，248
Masaryk, Thomas　托马斯·马塞里克 130，131
Maspero, C. G. C.　加斯顿·卡米尔·夏尔·马斯佩罗 62，63，135
Maspero, Henri　亨利·马斯佩罗 136

人名索引

Massis, Henri　亨利·马西斯 23
Masur, Gerhard　格哈德·马苏尔 98
Mathiez, Albert　艾尔伯特·马迪厄 110, 160
Matthiessen, F. O.　奥托·马西森 190, 191
Mattingly, Garrett　加勒特·马丁利 134, 210
Maurer, Konrad von　康拉德·冯·莫伊雷尔 15, 93
Mauss, Marcel　马塞尔·莫斯 28, 186
Mayer, Thomas　托马斯·迈尔 95, 159
Mazlish, Bruce　布鲁斯·马茨里斯 161
Mazzini, G.　马志尼 139
McIlwain, C. H.　查尔斯·霍华德·麦基文 14, 124, 134, 182
McKitterick, Rosamond　罗瑟蒙德·麦基特里克 225, 228
McLuhan, Marshall　马歇尔·麦克卢汉 230, 237, 248
McMaster, John Bach　约翰·巴赫·麦克马斯特 120, 121
McNeill, William　威廉·麦克尼尔 81, 165
Megill, Allan　阿兰·梅吉尔 193, 223
Meillet, Antoine　安东尼·梅耶 111, 116
Meinecke, Friedrich　弗里德里希·梅尼克 10, 30, 32, 33, 34, 35, 36, 37, 50, 51, 52, 53, 54, 55, 56, 57, 58, 59, 79, 86, 92, 94, 95, 97, 98, 99, 139, 150, 151, 152, 153, 154, 156, 160, 171, 176, 187, 196, 209, 212, 220
Meiners, Christoph　克里斯托弗·迈纳斯 199
Melanchthon, Phillip　菲利浦·墨兰顿 229
Menache, Sophie　索菲亚·梅纳谢 228
Mencken, H. L.　亨利·路易斯·门肯 51
Menéndez Pelayo, R.　梅南德斯·佩拉尤 42
Menéndez Pidal, Ramón　罗曼·梅嫩德斯·皮达尔 134
Menger, Carl　卡尔·门格尔 10, 57
Mentré, F.　弗朗索瓦·门特 75
Merk, Frederick　弗雷德里克·默克 125, 207
Merleau-Ponty, Maurice　莫里斯·梅洛-庞蒂 198, 231
Merriman, R. B.　罗杰·比奇洛·梅里曼 124, 180

Metternich, Clemens 克莱门斯·梅特涅 129, 151
Mexia, Pedro 佩德罗·马克西亚 70
Meyer, Eduard 爱德华·迈尔 28, 42, 51, 53, 56, 62, 63, 64, 65, 81, 102, 178, 212
Michelet, Jules 儒勒·米什莱 22, 23, 24, 42, 110, 114, 122, 141, 183, 185, 186, 195, 200, 202, 214, 216, 217, 218, 220, 221, 222
Mickiewicz, Adam 亚当·密茨凯维奇 98
Miller, Perry 佩里·米勒 123, 125, 159, 190, 191, 207
Mills, James 詹姆斯·密尔 161
Mills, John Stuart 约翰·斯图尔特·密尔 161
Milton, John 约翰·弥尔顿 70, 181
Momigliano, Arnaldo 阿纳尔多·莫米利亚诺 1, 70, 134, 212
Mommsen, Hans 汉斯·蒙森 174
Mommsen, Theodor 特奥多尔·蒙森 6, 10, 20, 30, 32, 35, 42, 65, 67, 68, 91, 98, 159, 178, 216
Mommsen, Wolfgang 沃尔夫冈·蒙森 172, 174
Monod, Gabriel 加布里埃尔·莫诺 22, 27, 28
Montaigne, Michel de 米切尔·德·蒙田 232, 237
Montesquieu, Baron de 孟德斯鸠 22, 68, 114
More, Thomas 托马斯·莫尔 155
Morgan, Jacques 雅克·德摩根 61
Morgan, Lewis Henry 路易斯·亨利·摩尔根 168
Morison, Samuel Eliot 塞缪尔·埃利奥特·莫里森 123, 124, 125, 134, 191, 207
Mortillet, Guillaume de 纪尧姆·德·莫尔蒂耶 27
Mosheim, J. L. 约翰·洛伦茨·莫斯海姆 69
Mousnier, Roland 罗兰·穆尼埃 184, 208
Müller, K. A. 卡尔·亚历山大·冯·穆勒 150, 153
Mulsow, Martin 马丁·穆尔索 212
Mumford, Lewis 刘易斯·芒福德 165, 190
Mundy, John 约翰·门迪 210
Munro, Dana 达纳·芒罗 52

人名索引

Munz, Peter 彼得·门茨 212
Murdock, Kenneth 基尼斯·巴拉德·默多克 123, 125, 190, 191
Musil, Robert 罗伯特·穆齐尔 46, 149
Namier, Lewis 刘易斯·纳米尔 53, 81, 101, 120, 142, 143, 144, 145, 146, 148, 177, 178, 179
Napoleon III 拿破仑三世 55, 60, 93
Naville, Adrien 阿德里安·纳维尔 28
Neale, J. E. 约翰·恩斯特·尼尔 101, 142, 143, 178
Needham, Joseph 李约瑟 142
Neumann, Franz 弗朗茨·诺伊曼 171
Nevins, Alan 阿兰·内文斯 126, 215
Nicholson, Marjorie Hope 玛乔丽·尼科尔森 210
Niebuhr, Barthold Georg 巴尔托德·格奥尔格·尼布尔 68, 151, 195, 216
Niebuhr, Reinhold 莱因霍尔德·格奥尔格·尼布尔 71, 72, 159
Nietzsche, Friedrich 弗里德里希·尼采 4, 9, 48, 65, 83, 84, 86, 160, 161, 170, 193, 198, 213, 214, 222, 233, 241, 250
Nipperdey, Thomas 托马斯·尼佩代 91, 172, 174
Nisbet, Robert 罗伯特·尼斯比特 79
Noah 挪亚 61
Nolte, Ernst 恩斯特·诺尔特 170, 174, 175
Nora, Pierre 皮埃尔·诺拉 183, 186, 214, 225
Nordau, Max 马克斯·诺尔道 82
Notestein, Wallace 华莱士·诺特斯坦 52
Novalis (G. F. P. Hardenburg) 诺瓦利斯 33
Novick, Peter 彼得·诺维克 125
Nürnberger, Richard 里夏尔德·尼恩贝格尔 91
Oestreich, Gerhhard 格哈德·厄斯特赖西 153
Olson, Charles 查尔斯·奥尔森 5
Oman, Charles 查理·奥曼 14
Oncken, Hermann 赫尔曼·翁肯 37, 42, 50, 53, 55, 59, 90, 95, 98, 150, 155, 156

Orosius 奥罗修斯 69
Orr, Linda 琳达·奥尔 192, 215
Ortega y Gasset, José 奥尔特加·加塞特 9, 71, 84, 85, 89, 90
Otto of Freising 弗莱辛的奥托 3
Owen, David 大卫·欧文 207
Owen, Robert 罗伯特·欧文 100
Pagden, Anthony 安东尼·帕戈登 212
Pais, Ettore de 埃托尔·派斯 68, 118
Palacký, František 弗兰基谢克·帕拉茨基 41, 43, 130
Palmer, Robert 罗伯特·帕尔默 210
Panofsky, Erwin 欧文·潘诺夫斯基 225
Pannwitz, Rudolph 鲁道夫·潘维茨 60, 232
Paolo Emilio 保罗·埃米利奥 23
Pares, Richard 理查德·帕雷斯 148
Paret, Peter 彼得·帕雷特 190, 210
Pareto, Vilfredo 维弗雷多·帕累托 71, 189
Park, Katherine 凯瑟琳·帕克 227
Parrington, Vernon L. 弗农·路易斯·帕灵顿 123, 124, 126, 158, 190
Parsons, Talcott 塔尔科特·帕森斯 71
Partner, Nancy 南希·帕特纳 194
Pastor, Ludwig 路德维希·帕斯托尔 38, 39, 69
Patrizi, Francesco 弗朗西斯科·帕特里齐 79
Paul, St. 圣保罗 232
Paulsen, Friedrich 弗里德里希·包尔生 6, 7
Pausanias 鲍桑尼亚 26
Šustas, Josef 约瑟夫·舒斯塔斯 130
Perry, W. J. 威廉·詹姆斯·佩里 61
Petit-Dutaillis, Charles 夏尔·佩蒂-迪塔伊 14, 19
Petrarch, Francesco 弗兰西斯科·彼特拉克 31
Pfister, Christian 克里斯蒂安·普菲斯特 50
Phillip IV, King of France 腓力四世 229

人名索引

Phillip of Alexandria 亚历山大里亚的腓力 66
Phillip II, King of Spain 西班牙国王腓力二世 111
Pico della Mirandola 乔瓦尼·皮科 60
Piganiol, André 安德烈·皮加尼奥尔 68
Pirenne, Henri 亨利·皮朗 41, 109, 112, 115, 116, 118, 128, 137, 207
Plumb, J. H. 约翰·哈罗德·普拉姆 148
Pocock, J. G. A. 约翰·格雷维尔·阿加德·波考克 70, 181, 182, 209, 212
Poe, Edgar Allen 爱伦·坡 123
Poirot, Hercule 赫尔克里·波洛 212
Pokrovskii, M. N. 米哈伊尔·尼古拉耶维奇·波克洛夫斯基 59
Pollard, A. F. 艾尔伯特·弗雷德·波拉德 15, 17, 18, 48, 49, 101, 102, 142, 143, 182
Pollock, Frederick 弗雷德里克·波洛克 15
Polybius 波里比阿 21, 127, 164, 194, 212, 234, 235
Poole, Reginald Lane 雷金纳德·雷恩·普尔 14, 15
Pope, Alexander 亚历山大·蒲柏 176, 252
Popkin, Jeremy 杰里米·波普金 230
Popkin, Richard 理查德·波普金 210, 212
Postgate, Raymond 雷蒙德·波斯特盖特 107
Potter, David 大卫·波特 158
Poullain de la Barre, François 弗朗索瓦·浦兰·德·拉巴尔 198
Pound, Ezra 埃兹拉·庞德 135
Power, Eileen 艾琳·鲍尔 104, 105, 142
Powicke, Maurice 莫里斯·波威克 76
Prescott, William H. 威廉·希克林·普雷斯科特 124
Prothero, G. W. 乔治·瓦尔特·普罗瑟罗 53
Proudhon, P. J. 皮埃尔-约瑟夫·蒲鲁东 210
Proust, Marcel 马塞尔·普鲁斯特 185, 186, 207
Ptolemy 托勒密 26
Rabb, Theodore 西奥多·瑞伯 210

Rabelais, François 弗朗索瓦·拉伯雷 112, 115
Rachfels, Felix 费利克斯·拉赫菲尔斯 29
Raleigh, Walter 瓦尔特·雷利 49, 51
Rambaud, Alfred 阿尔弗雷德·朗博 41, 43
Ramus, Peter 彼得·拉姆斯 159
Randall, Jr., John Herman 约翰·赫尔曼·兰德尔 210
Ranke, Leopold von 利奥波德·冯·兰克 6, 8, 10, 29, 30, 31, 32, 33, 34, 36, 37, 38, 50, 52, 58, 62, 66, 76, 91, 92, 96, 125, 127, 132, 145, 146, 151, 152, 156, 157, 171, 172, 176, 178, 195, 209, 216, 217, 218, 219, 220, 221, 222, 223, 231, 245
Ranum, Orest 奥瑞斯特·兰姆 208
Ratzel, Friedrich 弗里德里希·拉采尔 25, 111
Rawlinson, George 乔治·罗林森 62
Rawlinson, Henry 亨利·罗林森 63
Redlich, Josef 约瑟夫·雷德利希 129
Renan, Ernest 恩斯特·勒内 22, 28
Renard, G. 乔治·勒纳尔 63
Renouvier, Charles 夏尔·勒努维耶 26
Renouvin, Pierre 皮埃尔·勒努万 90
Reville, André 安德烈·雷维尔 19
Rhodes, James Ford 詹姆斯·福特·罗兹 120, 121
Richardson, H. D. 理查德森 101
Rickert, Heinrich 海因里希·李凯尔特 11, 28, 33, 38, 56, 76, 77, 81, 85, 212
Ricoeur, Paul 保罗·利科 186, 192, 214, 239
Riegl, Alois 阿洛伊斯·李格尔 35, 75
Riehl, Wilhelm 威廉·里尔 39
Rienzo, Cola di 迪里恩佐 67, 153
Rigney, Ann 安·瑞格尼 222
Rilke, Rainer Maria 赖内·马利亚·里尔克 6, 89, 238
Rimbaud, Arthur 阿尔蒂尔·兰波 7
Ritter, Gerhard 格哈德·里特尔 91, 139, 150, 154, 155, 156, 157,

人名索引

174，187

Ritter，Karl 卡尔·里特尔 26，98

Ritter，Moriz 莫里兹·里特尔 53，55，95，98，152

Rivers，W. H. R. 威廉·哈尔斯·里弗斯·里弗斯 61

Robertson，J. M. 约翰·迈金农·罗伯逊 51

Robinson，James Harvey 詹姆斯·哈维·鲁滨逊 9，118，119，120

Roelker，Nancy 南希·罗尔克 212

Rogers，Thorold 索罗尔德·罗杰斯 103

Romein，Jan 扬·罗曼 134

Roosevelt，Theodore 西奥多·罗斯福 121

Rörig，Fritz 弗里茨·勒里希 98

Rorty，Richard 理查德·罗蒂 192

Rose，J. Holland 约翰·霍兰·罗斯 47，48

Rosenberg，Arthur 阿瑟·罗森博格 98，159，171

Rosenberg，Hans 汉斯·罗森博格 98，99，159，171，173

Rostovtzeff，Michael 米歇尔·罗斯托夫采夫 68，69

Rothfels，Hans 汉斯·罗特菲尔斯 99，157，159，172，174

Round，J. H. 约翰·贺拉斯·朗德 14

Rousseau，Jean-Jacques 让-雅克·卢梭 56，217

Rowse，A. L. 阿尔弗雷德·莱斯利·罗斯 148

Rudé，Georges 乔治·吕德 73

Rüsen，Jörn 约恩·吕森 176，212

Sacy，Silvestre de 西尔维斯特·德萨西 61

Sagnac，Philippe 菲利普·萨尼亚克 23

Saint-Pierre，Abbé 艾比·德·圣皮埃尔 21，22

Saint-Simon，C. H. 圣西门 22，185

Sallust 撒路斯特 21

Salmon，Lucy Maynard 露西·梅纳德·萨蒙 119，164

Salvatorelli，Luigi 卢杰·萨尔瓦托里 134

Salvemini，Gaetano 加埃塔诺·萨尔韦米尼 134，139

Sánchez Albornoz，Claudio 克劳迪奥·桑切斯·阿尔沃诺斯 134

Sanchez-Alonzo，Claudio 克劳迪奥·桑切斯-阿隆索 41

Sanctis, Gaetano de 加埃塔诺·德·桑克提斯 68
Sars, Johann 约翰·萨尔斯 43
Sarton, George 乔治·萨顿 134
Sartre, Jean-Paul 让-保罗·萨特 86
Saussure, Ferdinand de 费迪南·德·索绪尔 192, 193
Savigny, Friedrich Karl von 弗里德里希·卡尔·冯·萨维尼 15, 34, 210
Sayles, G. O. 乔治·奥斯本·塞尔斯 101
Scaliger, J. J. 约瑟夫·尤斯图斯·斯卡利杰 61
Schäfer, Dietrich 迪特里希·舍费尔 29, 32, 33, 36, 42, 50, 53, 55, 91, 97
Scheler, Max 马克斯·舍勒 85, 86, 156
Schelling, F. W. J. 弗里德里希·威廉·约瑟夫·谢林 71
Schevill, Ferdinand 费迪南·谢维尔 206
Schieman, Theodor 特奥多尔·席曼 97, 132
Schlegel, Friedrich von 弗里德里希·冯·施莱格尔 31, 33, 71, 232
Schlesinger, Arthur M. 老施莱辛格 122, 123, 125, 207
Schlesinger, Arthur M., Jr. 小施莱辛格 125, 126, 161, 191
Schliemann, Heinrich 海因里希·施里曼 61
Schlosser, F. C. 弗里德里希·克里斯托弗·施洛瑟 31, 91
Schlözer, A. L. 奥古斯特·路德维希·施勒策 39, 91
Schmitt, Carl 卡尔·施密特 84, 85, 86, 95
Schmitt, Charles 查尔斯·施密特 212
Schmoller, Gustav 古斯塔夫·冯·施穆勒 36, 51, 92, 93
Schnabel, Franz 弗兰茨·施纳贝尔 98, 150, 151
Schneider, Ulrich Johannes 乌尔里希·约翰内斯·施耐德 212
Schorske, Carl 卡尔·休斯克 160, 190, 207
Schramm, Percy Ernst 佩尔西·恩斯特·施拉姆 98, 139, 159
Schulze, Winfried 温弗里德·舒尔茨 174, 175
Schumpeter, Joseph 约瑟夫·熊彼特 87, 93
Scott, James 詹姆斯·斯科特 52
Scott, Walter 瓦尔特·司各特 20

Seeck，Otto　奥托·泽克 68，69，83
Seeley，J. R.　约翰·罗伯特·西利 117
Seidman，Steven　史蒂文·塞德曼 232
Seigel，Jerrold　杰洛德·塞吉尔 210
Seignobos, Charles　夏尔·瑟诺博司 8，22，23，24，25，26，27，28，49，111，113，117，133，137，140
Selden，John　约翰·赛尔丹 182
Seligman，Edwin　埃德温·塞利格曼 103
Seraphim，E. and A. E.　谢拉菲姆 43
Shapin，Steven　史蒂文·夏平 186
Shaw，George Bernard　萧伯纳 107，135
Shepard，William R.　威廉·罗伯特·谢泼德 121
Shorter，Edward　爱德华·肖特 200
Shotwell，J. T.　詹姆斯·肖特韦尔 53，119，120
Shrimpton，Gordon　戈登·施林普顿 225
Sieyès，Abbé E. J.　艾比·伊曼纽尔·约瑟夫·西哀士 110
Sigonio，Carlo　卡罗·西格尼奥 70
Simiand，François　弗朗索瓦·西米昂 25，28，111，113，114，140，196
Simmel，Georg　格奥格尔·齐美尔 5，10，11，74，75，77，81，82，85，86，212
Šišič，Ferdo　费尔多·西希奇 133
Skinner，Quentin　昆廷·斯金纳 181，210，211
Sleidan，Johann　约翰·斯雷丹 218
Smith，Bonnie　邦妮·史密斯 164，208
Smith，Grafton Elliot　格拉夫敦顿·艾略特·史密斯 61
Soboul，Albert　艾尔伯特·索布尔 73，110
Soll，Jacob　雅各布·索尔 229
Solomon　所罗门 237
Sombart，Werner　维尔纳·桑巴特 93，107，122，156
Somerset，Protestor　摄政王萨默塞特 17
Sorel，Georges　乔治·索莱尔 101
Sorokin，Pitrim A.　皮季里姆·索罗金 71，165，247

Spencer, Herbert　赫伯特·斯宾塞 21
Spengler, Oswald　奥斯瓦尔德·斯宾格勒 13, 55, 56, 58, 60, 65, 71, 74, 75, 76, 80, 81, 83, 84, 85, 86, 99, 122, 160, 165, 212, 232
Spiller, Robert　罗伯特·斯皮勒 190
Spitzer, Leo　莱奥·施皮策 153
Srbik, Heinrich von　海因里希·冯·斯尔比克 93, 95, 98, 129, 139, 149, 151, 152, 154
Stadelmann, Richard　理查德·施塔德尔 91, 95, 98, 156
Stalin, Josef　约瑟夫·斯大林 108
Stanojeviç, Stanoje　斯塔诺耶·斯塔诺耶维奇 43
Stearns, Peter　皮特·斯特恩斯 163
Steenstrup, Johannes　约翰内斯·斯滕斯楚普 43, 131
Steinhausen, Georg　格奥尔格·斯坦豪森 30, 39
Stephenson, Carl　卡尔·斯坦福逊 207
Stern, Fritz　弗里茨·斯特恩 160, 189
Stevens, Wallace　华莱士·史蒂文斯 8, 185
Stoianovich, Traian　特拉伊安·斯托雅诺维奇 113, 166, 245
Stone, Lawrence　劳伦斯·斯通 147, 163, 178, 180, 192, 200, 210, 215
Strabo　斯特拉波 114
Strayer, Joseph　约瑟夫·斯特雷耶 204
Stubbs, William　威廉·斯塔布斯 14, 15, 19, 102, 105, 124, 143, 182, 216
Šustas, Josef　约瑟夫·舒斯塔斯 130
Sybel, Heinrich von　海因里希·冯·西贝尔 32, 82, 91
Syme, Ronald　罗纳德·塞姆 144
Szekfü, Gyula　久洛·塞克菲 129, 130
Szilágy, Sándor　山多尔·西拉吉 43, 129
Tacitus　塔西佗 21, 30, 31, 67, 68, 125
Tagliacozzo, Giorgio　乔治·塔利亚科佐 72, 212, 213
Taine, Hippolyte　伊波利特·泰纳 25, 28, 140, 216
Tarde, Alfred de　阿尔弗雷德·德·塔尔德 23

Tardieu, André 安德鲁·塔迪厄 53

Tawney, R. H. 理查德·亨利·托尼 103, 105, 106, 107, 142, 147, 206

Taylor, A. J. P. 艾伦·约翰·珀西瓦尔·泰勒 129, 142, 146

Taylor, Henry Osborn 亨利·奥斯本·泰勒 124

Teggart, F. J. 弗雷德里克·约翰·泰加特 81

Teilhard de Chardin, Pierre 皮埃尔·泰亚尔·德·夏尔丹 71, 79, 165, 204

Tellenbach, Gerd 戈尔德·特伦巴赫 91

Temperley, Harold 哈罗德·泰姆普利 53, 98, 101

Terence 特伦斯 141

Thackeray, William Makepeace 萨克雷 223

Thienemann, Theodor 特奥多尔·蒂内曼 129

Thierry, Augustin 奥古斯丁·梯叶里 222

Thiers, Adolphe 梯也尔 82

Thomas, Keith 基思·托马斯 178, 182

Thompson, A. H. 汤普森 104

Thompson, E. P. 爱德华·帕尔默·汤普森 73, 108, 144, 179, 221

Thompson, James Westfall 詹姆斯·韦斯特福尔·汤普森 118, 212

Thorndike, Lynn 林·桑戴克 134

Thou, J. A. de 雅克-奥古斯图·德·图 208

Thucydides 修昔底德 1, 4, 11, 21, 29, 30, 81, 113, 194, 212, 217, 224, 234, 246, 252

Tito 铁托 133, 236

Tocqueville, Alexis de 阿列克西·德·托克维尔 216

Tolstoy, Leo 列奥·托尔斯泰 5, 223

Tönnies, Friedrich 弗里德里希·滕尼斯 86

Tout, T. F. 托马斯·弗雷德里克·陶特 14, 16, 48, 102, 177

Toynbee, Arnold 阿诺德·汤因比 13, 53, 71, 80, 81, 85, 106, 138, 142, 148, 149, 165, 168, 195, 205, 232, 235

Toynbee, Arnold (the elder) 老阿诺德·汤因比 103, 106, 107, 108, 206

Traill, H. D.　亨利·达夫·特雷尔 101

Treitschke, Heinrich von　海因里希·冯·特赖奇克 29, 30, 32, 33, 34, 35, 37, 38, 42, 48, 49, 52, 54, 58, 82, 90, 92, 101, 150, 151, 216

Trevelyan, George Macaulay　乔治·麦考莱·屈维廉 15, 17, 18, 19, 20, 87, 101, 106, 118, 142, 146, 215

Trevelyan, George Otto　乔治·奥托·屈维廉 18

Trevor-Roper, Hugh　休·特雷弗-罗珀 142, 146, 147, 179, 189

Troeltsch, Ernst　恩斯特·特洛尔奇 10, 11, 33, 35, 50, 53, 54, 55, 56, 57, 58, 65, 71, 77, 78, 92, 107, 160

Troje, Hans　汉斯·特罗耶 212

Trollope, Anthony　安东尼·特罗洛普 223

Tunstall, Cuthbert　卡斯伯特·滕斯托尔 19

Turner, Frederick Jackson　弗里德里克·杰克逊·特纳 52, 118, 120, 121, 122, 125, 158, 159, 165, 207

Twain, Mark　马克·吐温 5

Tyler, Moses Coit　莫西斯·科伊特·泰勒 126, 190

Ukert, F. A.　弗里德里希·奥古斯特·尤克特 42

Ullmann, Walter　瓦尔特·厄尔曼 139

Unamuno, Miguel de　米盖尔·德·乌纳穆诺 160

Vaihinger, Hans　汉斯·维亨格尔 125

Valentin, Veit　法伊特·瓦伦丁 98, 99, 159

Valla, Lorenzo　洛伦佐·瓦拉 38, 192

Van Cogh, Vincent　文森特·梵高 160

Van Houts, Elizabeth　伊丽莎白·范·霍茨 225

Vann, Richard　理查德·范恩 222

Varga, Lucie　卢奇厄·瓦尔加 137

Veblen, Thorstein　托斯丹·凡勃伦 171

Verene, Donald　唐纳德·维瑞恩 212

Vergil　维吉尔 94

Vernadsky, George　乔治·维尔纳斯基 59

Veyne, Paul　保罗·韦纳 113, 184, 186, 239

人名索引

Vico, Giambattista 詹巴迪斯塔·维柯 4, 64, 71, 72, 76, 78, 80, 81, 82, 83, 85, 109, 126, 160, 185, 192, 200, 212, 213, 219, 222, 227, 238

Victoria, Queen 女王维多利亚 146

Vidal de la Blache, Paul 保罗·维尔达·德拉·白兰士 23, 26, 111, 114

Vilar, Pierre 皮埃尔·维拉 73

Vincens Vives, Jaime 海梅·文森斯·比韦斯 134

Vinogradoff, Paul 保罗·维诺格拉多夫 14, 15, 49

Viollet, Paul 保罗·维奥莱 102

Visagier, Jean 让·维萨日 115

Voegelin, Erich 埃里希·沃格林 71, 80

Voltaire, François 弗朗索瓦·伏尔泰 22, 31, 71, 118, 126, 137, 164, 195, 217

Von Martin, Alfred 阿尔弗雷德·冯·马丁 98

Vossius, G. 福西厄斯 30

Vossler, Kurt 卡尔·福斯勒 149

Vovelle, Michel 米歇尔·伏维尔 187, 199

Wachler, Ludwig 路德维希·瓦赫勒 91, 152

Waitz, Georg 格奥尔格·魏茨 15, 41, 91, 116

Wallerstein, Immanuel 伊曼纽尔·沃勒斯坦 166

Waquet, François 弗朗索瓦·瓦克 230

Warburg, Aby 艾比·瓦尔堡 149

Ward, A. W. 霍华德·卡特 48, 102

Weaver, Stewart 斯图尔特·韦弗 106

Webb, Beatrice 比阿特丽斯·波特·韦伯 105, 106, 107, 108

Webb, Sidney 悉尼·韦伯 105, 106, 107, 108

Weber, Alfred 阿尔弗雷德·韦伯 39, 77, 86, 94

Weber, Max 马克斯·韦伯 11, 39, 59, 65, 71, 86, 92, 107, 123, 171

Weber, Wolfgang 沃尔夫冈·韦伯 91

Wedgwood, C. V. 西塞莉·维罗妮卡·韦奇伍德 86, 87, 154

Wegele, F. X. von 弗朗茨·克萨维尔·冯·韦格勒 152

Wehler, Hans-Ulrich　汉斯-乌尔里希·韦勒 99，171，172，175
Wells, H. G.　赫伯特·乔治·韦尔斯 57，71，85，165，206
Wendell, Barrett　巴雷特·温德尔 5
Westerman, William　威廉·韦斯特曼 52
White, Andrew Dickson　安德鲁·迪克逊·怀特 117
White, Hayden,　海登·怀特 187，192，215，216，217，218，222
White, Morton　莫顿·怀特 205，210
Willamowitz-Moellendorf, Ulrich von　乌尔里希·冯·维拉莫维茨-默伦多夫 65，67
Williams, Raymond　威廉·阿普尔曼·威廉斯 108，109，221，226，227
Williams, William Appleman　威廉·阿普尔曼·威廉斯 159
Wilson, Edmund　埃德蒙·威尔逊 122
Wilson, Woodrow　伍德罗·威尔逊 44，52，119，120，133
Winckler, Henrich August　海因里希·奥古斯特·温克勒 172，174
Windelband, Wilhelm　威廉·文德尔班 11，33，38，76，77，81，212
Wittgenstein, Ludwig　路德维希·维特根斯坦 86，192
Wittke, Raxane　罗克珊·维特克 209
Wolf, Eric　埃里克·沃尔夫 168
Wolf, F. A.　弗里德里希·奥古斯特·伍尔夫 91
Wolf, Gustav　古斯塔夫·伍尔夫 55
Wolfe, Thomas　托马斯·沃尔夫 206，207
Wooley, Leonard　莱昂纳德·乌利 61
Woolf, Virginia　弗吉尼亚·伍尔芙 5
Wundt, Wilhelm　威廉·冯特 50
Wycliffe, John　约翰·威克利夫 19
Xénopol, Alexandre　亚力山德鲁·克塞诺波尔 25，28，43，132
Zagorin, Perez　佩雷兹·扎戈林 108，179
Zimmern, Alfred　阿尔弗雷德·齐默恩 53

光启新史学译丛

《牛津历史著作史》（五卷本）

  第一卷　从开端到公元 600 年

  第二卷　公元 400 年到 1400 年

  第三卷　公元 1400 年到 1800 年

  第四卷　公元 1800 年到 1945 年

  第五卷　公元 1945 年至今

《全球史学史》

《当代史学前沿》

《历史的机运》

《从希罗多德到人文网络：史学的故事》

《历史与历史学家：理查德·威廉姆·索森选集》

《过去的诞生》

《进步主义史学家》

《从经验主义到表达主义：布兰顿解读塞拉斯》

《时间、叙述与历史》

《历史的艺术：18 世纪四位伟大历史学家的研究》

《实践的过去》

《意大利史学专业化》

《牛津世界历史研究指南》

《历史阐释：从孔子到汤因比》

《多向的历史：20 世纪的历史学探询》

《从文化史到社会史：战后历史学家的思想轨迹》

图书在版编目(CIP)数据

多向的历史:20世纪的历史学探询/(美)唐纳德
·R.凯利著;李根译.—上海:上海三联书店,
2025.5
(光启新史学译丛)
ISBN 978-7-5426-8447-9

Ⅰ.①多… Ⅱ.①唐… ②李… Ⅲ.①思想史-史学史-研究-西方国家 Ⅳ.①K091

中国国家版本馆CIP数据核字(2024)第072294号

著作权合同登记号:09-2023-1145

多向的历史:20世纪的历史学探询

著　　者／[美]唐纳德·R.凯利
译　　者／李　根

责任编辑／李天伟　殷亚平
装帧设计／吴　昉　祁　杰
监　　制／姚　军
责任校对／王凌霄

出版发行／上海三联书店
　　　　　(200041)中国上海市静安区威海路755号30楼
邮　　箱／sdxsanlian@sina.com
联系电话／编辑部:021-22895517
　　　　　发行部:021-22895559
印　　刷／上海雅昌艺术印刷有限公司

版　　次／2025年5月第1版
印　　次／2025年5月第1次印刷
开　　本／655mm×960mm　1/16
字　　数／340千字
印　　张／33
书　　号／ISBN 978-7-5426-8447-9/K·773
定　　价／138.00元

敬启读者,如发现本书有印装质量问题,请与印刷厂联系 021-68798999